AF551903

LUKA MODRIĆ

LUKA MODRIĆ

Meine Autobiografie

mit Robert Matteoni

Übersetzt von Andreas Bredenfeld

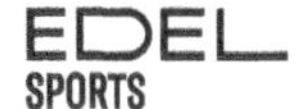

Inhalt

Vorwort von Toni Kroos 9
Vorwort von Sir Alex Ferguson 13
Vorwort von Zvonimir Boban 15

KAPITEL EINS 19

KAPITEL ZWEI 25
Opa Luka 34
Vertrieben 41
In der Schule 43

KAPITEL DREI 47
Wir bleiben in Zadar 51
Mein Lieblingstrainer 55
Hajduk Split – eine Enttäuschung 59
Wieder am Ball 64

KAPITEL VIER 69
In der großen Stadt 74
Die Fußballakademie 78
Zum ersten Mal ausgeliehen – Mostar Zrinjski 83
Die zweite Leihe – Inter Zaprešić 87
Wenn die Liebe anklopft 90
Die Richtige 94
Endlich wieder Meister 98

KAPITEL FÜNF 103
Höhen und Tiefen bei Dinamo 106
Die Feurigen 111
Lockrufe aus Europa 116

KAPITEL SECHS **121**
Die EM 2008 – Euphorie und Drama 124
Wunden lecken 130
Neues Leben in London 137
Verschnaufpause 145
Angst um Vanja 150
Zum ersten Mal in der Champions League 154
Turbulente Zeiten und der Hafen der Ehe 158

KAPITEL SIEBEN **171**
Noch ein Sommer des Unbehagens 182
Der „Real deal“ 190
Begrenzte Einsatzzeit 195
Die Wende 199
Mutter mit Courage 204
Mourinho, der Kompromisslose 210
Ciao, Carlo! 216
La Décima 220
Weltmeisterschaft 2014 in Brasilien 230
Eine Saison voller Verletzungspech 235
El Grande 243
Tiefschlag in Frankreich 258

KAPITEL ACHT **265**
Schwere Zeiten 279
Erst Absturz, dann Höhenflug 293
Jagd aufs Triple 306

KAPITEL NEUN **315**
„Operation WM 2018“ 318
Nigeria 326

Argentinien 329
Island 334
Dänemark 337
Russland 348
England 353
Das Finale 359

KAPITEL ZEHN **371**
And the awards go to … 376

Nachwort 391
Dank 395

Vorwort
von Toni Kroos

Es war schon weit nach Mitternacht, als Luka neben mir vor dem Spiegel auftauchte. Wir waren jeder mit einem Föhn bewaffnet und trockneten uns in der Kabine die Haare. Als sich unsere Blicke trafen, huschte ein Lächeln über Lukas Gesicht. Soeben hatten wir im Halbfinale der Champions League Manchester City geschlagen. Wenn auch mit Ach und Krach. Das Hinspiel in England hatten wir 3 : 4 verloren, und auch zu Hause, im Estadio Santiago Bernabéu, waren wir einem Rückstand hinterhergelaufen. Doch wir hatten uns nicht aufgegeben, unermüdlich weitergekämpft und uns in letzter Sekunde in die Verlängerung gerettet, die wir dann für uns entscheiden konnten.

Schon im Achtelfinale gegen Paris hatten wir eine Hinspielniederlage gedreht. Und auch im Viertelfinale gegen Chelsea waren wir kurz davor auszuscheiden, hatten zwischenzeitlich mit drei Treffern hinten gelegen.

„Komm, Toni“, sagte Luka, während seine Haare vom Föhnwind wild durch die Gegend flogen. „Lass uns das Ding noch einmal gewinnen. Lass uns diesen Pott noch einmal holen.“

Ich nickte: „Ich bin dabei. Verlass dich drauf.“

Uns beiden reichten schon immer wenige Worte, um uns zu verständigen. Wir müssen nicht in einer Tour reden. Dabei war Luka einer meiner ersten Ansprechpartner, als ich 2014 aus München nach Madrid wechselte. Er hatte vier Jahre für Tottenham Hotspur gespielt und sprach daher gut Englisch und ich konnte noch kein Spanisch.

In der Kabine sitzen wir fast nebeneinander – nach Rückennummern sortiert, er ist unser Zehner, ich trage die Acht, nur

Karim Benzema ist noch zwischen uns. Auch auf dem Feld sind wir uns positionsbedingt sehr nah. Dabei müssen wir nicht viel sprechen, unsere Aktionen sind aufeinander abgestimmt. Uns reichen kleine Gesten, winzige Bewegungen, um zu wissen, wer was als Nächstes unternimmt. Wer wohin läuft und wohin passt. Wir sind nach – ich schätze – mehr als 300 gemeinsamen Spielen vertraut wie ein altes Ehepaar.

Achteinhalb Jahre habe ich mit Luka bisher zusammengespielt, ein paar Tausend Trainingseinheiten mit ihm absolviert. Dabei habe ich, wirklich wahr, noch nie erlebt, dass er irgendwie halbherzig oder mit angezogener Handbremse agiert. Kein Trainingsspiel, in dem er nicht Vollgas gibt. Luka lebt nach dem Motto: Besser heute als gestern. Er sieht jede Trainingseinheit als Chance, als Invest in sich selbst, um besser zu werden. Deshalb ist er ein Glücksfall für jedes Talent, das ihn im Training hautnah erleben darf. Er ist das perfekte Vorbild.

Er hat nie seine Gier verloren, ist trotz all der Titel nicht ruhiger oder satter geworden. Er will immer spielen, immer gewinnen. Zufriedenheit ist tatsächlich ein Fremdwort für ihn.

Luka verkörpert Perfektion.

Real Madrid ist kein Verein, der es Spielern erlauben würde, sich auszuruhen oder nachzulassen. Deshalb ist dieser Verein auch so erfolgreich. Und deshalb passt Luka so perfekt zu Real. Madrid und Modrić – das ist eine hervorragend funktionierende Symbiose.

Luka liebt den Fußball. Und er liebt das Gewinnen.

24 Tage nach unserem Föhnschwur lagen wir uns auf dem Rasen in Paris in den Armen. Wir hatten Liverpool im Champions-League-Finale geschlagen. Viermal haben Luka und ich gemeinsam den wichtigsten Pokal im Vereinsfußball mit Real Madrid gewinnen können. Trotzdem trainierte er nur wenige Wochen später jedes Mal wieder mit der gleichen

Gier und Leidenschaft. So ist er. So wird er immer sein. Und deshalb ist Luka völlig zu Recht eine der größten Legenden dieses Vereins.

Und ich bin verdammt stolz, Teil seiner persönlichen Story zu sein.

Vorwort
von Sir Alex Ferguson

Wenn wir heute von Luka Modrić sprechen, reden wir über einen unglaublich talentierten Spieler, der in einem Atemzug mit den herausragenden Mittelfeldspielern der vergangenen zwei Jahrzehnte zu nennen ist – mit Xavi, Iniesta und Scholes. Seine Wahl zum besten Spieler der Weltmeisterschaft 2018 war hochverdient; er war mit Abstand der beste Spieler des Turniers.

Als er 2008 zu den Spurs wechselte, waren wir bei Manchester United überrascht, weil wir ihn nicht auf dem Schirm hatten – obwohl er ein Jahr zuvor einem unserer Scouts aufgefallen war. Wir hatten allerdings Keane, Scholes und Carrick im Kader. Seit ich Luka zum ersten Mal gegen uns hatte spielen sehen, war ich überzeugt, dass er in der englischen Premier League bestehen konnte. Was Luka draufhatte, war nicht zu übersehen. Er entwickelte sich schnell weiter und 2011 nahm ich ihn ins Visier, aber die Spurs waren nicht zum Verkauf bereit, nachdem wir vorher schon Carrick und Berbatow von ihnen losgeeist hatten.

2011 nannte ich ihn meinen Spieler des Jahres. Die Entscheidung fiel mir nicht schwer. Er unterschrieb bei Real Madrid und der Rest ist Geschichte. Er reifte zu einem der besten Spieler heran, die Real je hatte. Das Champions-League-Spiel gegen Real im Old Trafford im März 2013 war mein letzter Anlauf, den Heiligen Gral zu holen, aber durch eine skandalöse Schiedsrichterentscheidung wurde uns der Sieg genommen: Als wir das Spiel vollständig im Griff hatten und mit 1 : 0 in Führung lagen, wurde Nani vom Platz gestellt. Kaum hatte Nani das Spielfeld verlassen, brachte Mourinho Modrić ins Spiel. Die Partie drehte sich – und Luka machte uns den Garaus.

Wenn man Lukas Laufbahn unter die Lupe nimmt und sich vor allem anschaut, wie er sich als junger Bursche entwickelte, erkennt man in ihm das Paradebeispiel eines Nachwuchsspielers, der mit seinem Können mehr erreicht als andere mit Muskelkraft. Als Paul Scholes mit dreizehn Jahren zu Manchester United kam, war er gerade mal 1,60 Meter groß, und so mancher – ich auch – fragte sich, ob er nicht zu klein war. Doch als wir sahen, wie er auf dem Spielfeld agierte, änderten wir alle innerhalb kürzester Zeit unsere Meinung. Wer sich wirklich ein Bild von einem Spieler machen will, muss sich anschauen, wie er auf dem Rasen agiert.

Luka Modrić ist ein leuchtendes Vorbild für alle jungen Spieler – ganz unabhängig von Körpergröße, Statur und Körperkraft. Ich sende herzliche Grüße an einen Mann, der alle landläufigen Vorstellungen von Physis und Konstitution mit seinem fußballerischen Können entkräftet.

Vorwort
von Zvonimir Boban

Dieses Buch über ein Fußballgenie, das auf dem Teppich geblieben ist – ein Genie aus einem kroatischen Dorf in der Nähe von Zaton Obrovački –, ist ein besonderes Buch. Als ich mir Gedanken über dieses Vorwort machte, bat mich der Ko-Autor des Buches, mein langjähriger Freund Robert Matteoni, Luka aus einer eher taktischen Perspektive zu beschreiben.

Ich bin nicht sicher, ob ich das leisten kann, aber das ist auch nicht so wichtig. Wichtig ist vor allem, dass es das Phänomen „Luka Modrić" gibt und wir alle dieses Phänomen genießen dürfen.

Luka und seine Art, Fußball zu spielen, ist so einfach und doch so besonders. Unverwechselbar und anders als alles andere.

Seine Leichtigkeit, sein Instinkt für raffinierte Spielgeometrie, seine Harmonie und Dynamik, seine Gelassenheit und Ruhe – das lässt sich unmöglich in einem kurzen Vorwort unterbringen.

Seine ganze fußballerische Intuition, seine nur scheinbar einfachen Lösungen schöpft Luka aus der einzig möglichen Quelle: der meistverehrten Trikotnummer im Fußball, der Nummer 10. Paradoxerweise hat Luka auf dem höchsten fußballerischen Niveau nie wirklich als traditioneller Zehner gespielt, aber er ist ein geborener Zehner, er wurde dazu gemacht – und wird immer als Nummer 10 geführt. Niemand kann behaupten, Luka sei ein Vierer, ein reiner Spielmacher oder ein Achter. Genauso wenig lässt sich sagen, er sei heute kein Zehner mehr. Die Wahrheit ist: Er ist all das in einer Person. Alle diese Qualitäten sind in diesem unglaublichen Spieler vereint, der seit jeher mit beinahe unbegreiflicher Zuverlässigkeit spielt – ob im Trikot seines

Vereins oder der Nationalmannschaft. Er hat in seiner Karriere all das in sich vereint – und damit alles, was er sein sollte.

Kreativ sein, wo es am schwersten ist, in den Stromschnellen und engen Schluchten des Mittelfelds, im Zentrum des Geschehens, das sich jedes Mal anders anfühlt, im Inspirationszentrum, in der Schaltzentrale des Spiels. Hier, rund um den Mittelkreis, sondiert Luka permanent die Lage und erkennt Situationen, die die meisten anderen nicht erkennen. Hier lebt er sein Mantra und stellt sich die wichtigste Frage im Fußball, auf die er immer eine Antwort parat hat: *Wie kann ich in diesen neunzig Minuten plus x für meine Mannschaft in jeder Sekunde das Maximum aus mir herausholen – egal ob ich im Ballbesitz bin oder nicht?*

Das klingt kompliziert, aber für Luka ist das alles ganz einfach. Und doch muss er in unzähligen Situationen die Antwort auf diese Frage in sich selbst finden.

Er meistert das mit Leichtigkeit. Dafür opfert er sich auf mit einem Ehrgeiz, der sich schon vor langer Zeit vom „Ich“ gelöst hat und sich konsequent in den Dienst des „Wir“ stellt. Es ist der einzige Weg, der zu wahrer Größe führt. Alle Umstellungen und das pausenlose Hintergrundgemurmel, ob man ihm und dem Fußball überhaupt die 10 wegnehmen sollte, wendet er im Handumdrehen zu seinem Vorteil und wird dadurch noch besser. Wenn er sich selbst abschaffen musste, um einen noch besseren Luka Modrić zu erfinden, gelang ihm das schnell und überzeugend. Er zweifelte nie an seinem Weg als Fußballer. Das ist sein größter Sieg. Das macht ihn zu dem, der er heute ist.

Dafür braucht es einen Ausnahmecharakter, einen unerschütterlichen Glauben an sich selbst und fanatische Hingabe. Diese Qualitäten sind mit Sicherheit die Errungenschaften seiner von Armut geprägten Kindheit, die er in einer rauen und kargen Umgebung verbrachte, tatkräftig unterstützt von seiner bescheidenen Familie aus dem Arbeitermilieu.

Tag für Tag, von Training zu Training und von Spiel zu Spiel bereitete er den Boden für die größten Triumphe, die im Fußball möglich sind – als Mannschaft und als Einzelspieler – und die ihm alle vergönnt waren. Und jeder einzelne Triumph war verdient.

Luka sticht als rundum ausgereifter, überragender Zehner hervor. Ein vollendeter Fußballer mit enormer Strahlkraft.

Es fällt vielen schwer zu benennen, was eigentlich Lukas Alleinstellungsmerkmal im Vergleich zu den großen Mittelfeldspielern seiner Zeit ist. Er ist kein Spielmacher wie Xavi, bewegt sich nicht so geschmeidig wie Iniesta und ist kein Architekt wie Andrea Pirlo. Und doch vereint er auf seine Weise all diese Qualitäten in sich. Mit seinem perfekten Timing als Passgeber, seinem Zickzackkurs auf engstem Raum und den einfach gehaltenen Spielideen hat er ein neues, sein ganz eigenes Profil entwickelt – dabei sind seine Ideen nicht so einfach, wie es scheint, sie stellen die Weichen für alles, was auf dem Spielfeld als Nächstes passiert.

Eine Fähigkeit besitzt Luka, die Xavi, Iniesta und Pirlo nicht oder nicht in diesem Maß besitzen: die Fähigkeit, seine Mitspieler zu besseren Fußballern zu machen, und zwar in beiden Richtungen des Spielfelds!

Er ist eine Inspirationsquelle für viele und bleibt sich doch immer treu. Er hält an seiner Vision von Fußball fest – die Mannschaft ist wichtiger als die eigene Person – und reifte damit zum Führungsspieler der Extraklasse.

Ich behaupte nicht, er sei ein geborener Leitwolf. Das habe ich bei ihm nie gespürt. Er führt durch seine Spielweise und in seiner Funktion als Vorbild, für seine Teamkollegen, den Verein und vor allem die Fans – ob bei Dinamo Zagreb, bei Real Madrid oder in der kroatischen Nationalmannschaft. Immer hat er es geschafft, Luka Modrić zu bleiben.

Es gab zwei Situationen, in denen das ganz besonders deutlich wurde.

Bei der WM 2018 haben wir ihn als mutigen Kapitän erlebt. Als Kapitän, der aller Erschöpfung zum Trotz in den letzten Sekunden der Nachspielzeit durch die kompakten russischen Abwehrreihen sprintet, vom Mittelkreis bis zum Strafraum, und eine klare Botschaft aussendet: Ihr müsst alles aus euch herausholen. Gewinnen ist eine Frage der richtigen Einstellung. Eine Frage der Werte.

Die zweite Szene ereignete sich im Finale der UEFA Champions League gegen Juventus. Real Madrid war in der zweiten Hälfte die spielbestimmende Mannschaft. Mit letzter Entschlossenheit sprintete Luka zur Torauslinie, flankte zu Ronaldo, und der machte das entscheidende Tor.

Die Botschaft, die er mit solchen Aktionen aussendet, offenbart das Wesen von Luka Modrić.

Noch ein Wort zu Luka als Mensch. Das Schicksal hat ihm viel zugemutet. Er musste angstvolle Zeiten durchstehen und schnell erwachsen werden. Er musste sich seine Erfolge hart erarbeiten, und er hat sie sich erarbeitet und ist dabei immer stärker und besser geworden – als Mensch und als Spieler.

Ich möchte zum Abschluss dieses Vorworts, das ich als Brief an Luka verstehe, auf meine Eingangsworte zurückkommen, weil ich finde, dass sie ihn am besten charakterisieren: Luka ist ein Genie, das auf dem Teppich geblieben ist. Denn das ist, was allen Freunden dieses schönsten Sports der Welt eines Tages von Luka Modrić am stärksten in Erinnerung bleiben wird.

Dass ich einem Spieler wie ihm als Vorbild dienen durfte, ehrt mich sehr. Jahrelang streifte sich mein Sohn vor dem Zubettgehen sein Luka-Trikot über. Das zeigt eindrücklich, welche Hochachtung dieser fantastische Fußballspieler und wunderbare Mensch in meiner Familie genießt. Respekt für die überragende Nummer 10!

KAPITEL EINS

Ich stand auf dem Podest, in den Händen die Trophäe für den besten Spieler der Fußballweltmeisterschaft 2018. Als ich ein kleiner Junge war und noch nicht wusste, wie anstrengend der Weg nach ganz oben ist, träumte ich davon, eines Tages der Beste der Welt zu sein. Jetzt war dieser Traum Wirklichkeit geworden: Ich hielt den Goldenen Ball in Händen und war nur – traurig. Dabei hätte es der glücklichste Augenblick meiner Karriere sein können. War es aber nicht. Wir hatten gerade eben das WM-Finale verloren. Meine Adern waren noch vollgepumpt mit Adrenalin, und in meinem Kopf ratterte nur ein Gedanke: *Das wars.*

Ich wartete auf dem Rasen, bis mich der offizielle Ansager auf das Podest rief, und versuchte, die andere Trophäe nicht zu sehen. Aber ich konnte mich nicht zurückhalten. Magisch zog der WM-Pokal meinen Blick an. Wir hatten wirklich geglaubt, wir würden ihn nach Kroatien mitnehmen. Ich war bodenlos enttäuscht. Wir waren so nah dran gewesen! Wir hatten so aufopferungsvoll gekämpft und dann glitt uns der Titel doch noch aus den Händen. In diesem Augenblick im strömenden Moskauer Regen stellte ich mir vor, wie es wohl gewesen wäre, wenn mein Name aufgerufen worden wäre und man mir den WM-Pokal überreicht hätte. Was musste das für ein Gefühl sein, diesen Pokal mit den Mannschaftskameraden hochzuheben und mit den Fans zu schreien: „Ajmoooo Hrvatska!"? *Auf gehts, Kroatien!* Was für ein Glücksmoment …

Als mein Name über die Stadionlautsprecher ausgerufen wurde und lauter Beifall aufbrandete, wurde ich aus meinen Gedanken gerissen. Alles, was danach passierte, kommt mir im Nachhinein so vor wie von einem Band abgespult. Dieses Gefühl hatte ich schon in dem Moment gleich nach dem Abpfiff gehabt. Die Franzosen brachen in Jubel aus und eine offizielle FIFA-Vertreterin kam auf mich zu. Sie geleitete mich hinter das Podest, das in Windeseile aufgebaut wurde, und eröffnete mir, ich sei zum besten Spieler der WM gekürt worden. Sie war freundlich, gratulierte mir und erklärte mir in wenigen Worten, wie die Zeremonie ablaufen würde. Ich habe nicht die geringste Erinnerung daran, was sie genau sagte. Ich schleppte mich danach mit meinen Teamkollegen einfach nur über den Rasen und hätte mich am liebsten in einer Ecke verkrochen und geheult. Ich sah hinüber zu den Tribünen und den vielen Menschen in den karierten Trikots, mit ihren Hüten, Schals, Flaggen und Botschaften. Sie waren aus allen Ecken der Welt angereist und hatten alle möglichen Strapazen auf sich genommen, um nach Russland zu kommen, ein Ticket zu ergattern und uns anzufeuern. Ich dachte an die Hunderttausenden, die in Kroatien auf den Plätzen, in den Kneipen und Wohnungen oder wo auch immer die Fernsehübertragung verfolgt, mitgefiebert und auf den Sieg gehofft hatten. Es überkam mich das Gefühl, dass wir sie enttäuscht hatten.

Dieses Gefühl hielt zum Glück nicht lange an. Unsere Fans im Stadion taten ihr Bestes, um uns zu trösten. Sie zeigten uns mit ihren Sprechchören, Gesängen und Gesten, wie stolz sie waren. Das machte es fast noch schwerer. Ich war am Boden zerstört: Wir hatten es nicht geschafft, den letzten Schritt zu tun und für sie – und natürlich auch für uns – den Weltmeistertitel zu holen. In diesem Moment hätte ich mir nicht im Traum vorstellen können, was ich einen Tag später in Kroatien erlebte, als über eine halbe Million Menschen uns auf den Straßen von Zagreb empfingen, wie wirkliche Weltmeister.

Ich trottete über den Rasen und versuchte die Atmosphäre möglichst tief in mich aufzusaugen, denn ich wusste, dass mir diese Momente für immer im Gedächtnis bleiben würden. Gleichzeitig gingen mir alle möglichen Gedanken durch den Kopf. Ich hatte einen Kloß im Hals. Mario Mandžukić holte mich aus meinem geistesabwesenden Zustand. Dieser hochgewachsene, kräftige, raubeinige Kerl kam auf mich zu und sagte mit brüchiger Stimme, aber voller Stolz: „Na komm! Ich weiß: Es ist hart. Auch für mich ist es hart, aber lass uns jetzt nicht heulen. Wir haben alles gegeben. Wir haben etwas Großartiges geleistet. Wir sollten stolz sein."

Mario war viele Jahre lang mein Kampfgefährte gewesen. Wir haben viele Siege und Niederlagen zusammen erlebt. Er ist stolz, hat einen eisernen Willen und lässt sich nicht unterkriegen. Ich glaube, in diesem Punkt sind wir uns ähnlich – mit dem Unterschied, dass Mario seine Gefühle besser im Griff hat. Wenig später gesellte sich Vedran Ćorluka zu mir, einer meiner liebsten Weggefährten und Freunde, und sagte etwas Ähnliches wie Mario. Wir munterten uns gegenseitig auf, denn wir empfanden alle dasselbe. Meine Mannschaftskameraden halfen mir, nicht durchzudrehen. Stattdessen teilte ich das Elend mit meinen Freunden, den Teamkollegen, den Fans und beruhigte mich zumindest so weit, dass ich dem Protokoll Genüge tun konnte.

Begleitet vom lautstarken Jubel meiner Mitspieler und vom kräftigen Applaus der französischen Spieler kletterte ich schließlich auf das Podium, wo Gianni Infantino, Wladimir Putin, Emmanuel Macron, die kroatische Staatspräsidentin Kolinda Grabar-Kitarović und andere Offizielle schon warteten. Ich sammelte mich, so gut ich konnte. Mir wurde bewusst, dass die ganze Welt zusah und ich mich, mein Team und mein Land nicht blamieren sollte. Als ich am Weltmeisterschaftspokal vorbeiging, würdigte ich ihn keines Blickes. Das war wohl meine Art, mich mit der Wahrheit zu konfrontieren und mir einzugestehen, dass unsere wunderbare Geschichte zu Ende war. Zu akzeptieren, dass nur in ganz seltenen Fällen wirklich alles perfekt läuft.

Würde man mich heute fragen, was ich von dem, was die Präsidenten der FIFA, von Russland, Frankreich und Kroatien mir auf dem Podium sagten, noch in Erinnerung habe, müsste ich passen. Diese Momente sind mir nur bruchstückhaft in Erinnerung. Ich weiß nur noch, dass alle ihr Mitgefühl zum Ausdruck brachten und wohl ihre Sympathie mit den Unterlegenen des WM-Finales demonstrieren wollten. Infantino sagte mir, er freue sich für mich und es tue ihm leid, dass Kroatien verloren habe. Putin überreichte mir die Trophäe für den besten Spieler der WM, gratulierte mir auf Englisch und sagte „Bravo". Macron meinte, dass wir ein fantastisches Turnier gespielt hätten oder etwas in der Art. Unsere Präsidentin Kolinda Grabar-Kitarović war genauso traurig über das verlorene Endspiel wie wir, aber auch stolz, dass wir es bis ganz nach oben geschafft hatten.

Mir wurde sehr viel leichter ums Herz, als ich meinen Platz auf dem Podest eingenommen hatte, denn dort konnte ich für mich sein. In dem Augenblick, in dem mir die höchste persönliche Ehre meiner Karriere zuteilwurde, war mir schwer ums Herz. Mit der Trophäe in Händen stand ich vor den Fotografen und tat, was man von mir erwartete. Da hörte ich die aufmunternden Rufe meiner Teamkollegen im Hintergrund, den lautstarken Beifall des ganzen Stadions, und ich begann zum ersten Mal zu realisieren, dass ich diese Auszeichnung gewonnen hatte, und bekam eine Gänsehaut. Ich winkte den Zuschauern zu. Allmählich verstand ich, dass Kroatien etwas Unglaubliches erreicht hatte. Ich empfand gewaltigen Stolz und suchte mit den Blicken die Ränge ab, wo meine Frau, meine Kinder, meine Eltern, Schwestern und Freunde sein mussten.

Kurz danach gesellte sich Kylian Mbappé zu mir aufs Podium, er war zum besten Nachwuchsspieler der WM gekürt worden.

Der geniale Stürmer besaß mit seinen 19 Jahren bereits die Fähigkeit, Spiele auf höchstem Niveau zu entscheiden. Wenn er noch mehr Erfahrung und Routine gewinnt, wird nichts und niemand ihn aufhalten. „Gratulation! Ich freue mich sehr für dich", sagte er zu mir. Im Gegenzug zollte ich ihm meine Anerkennung, dass er in so jungen Jahren den WM-Titel geholt hatte. Mbappé wirkte auf mich wie ein Mensch, der trotz allem Glamour und Erfolgsdruck mit beiden Beinen auf dem Boden steht. Wenn er sich das bewahrt, kann dieser leistungsstarke Spieler noch Wunder vollbringen.

Als ich vom Podest herunterstieg und die Tatsache, dass man mich zum besten Spieler der WM gewählt hatte, weiter in mein Bewusstsein einsickerte, musste ich plötzlich an meinen Opa Luka denken. Ich war sechs Jahre alt, als die Tschetniks ihn vor seiner Haustür umbrachten. Er war nur kurz Teil meines Lebens – aber doch lange genug, dass ich dank ihm in meinem tiefsten Innern weiß, wie wichtig familiäre Liebe, Verbundenheit und Loyalität sind.

KAPITEL ZWEI

Kvartirić in Kroatien. Ein kleines Steinhaus an der Straße. Das letzte Haus, bevor es hinaufgeht zu den felsigen Hängen des Velebitgebirges. Sechseinhalb Kilometer von meinem Elternhaus in Zaton Obrovački. Bis wir 1991 fliehen mussten, war dieses Haus der Mittelpunkt meiner kleinen Welt. Hier lebten die Eltern meines Vaters: Opa Luka und Oma Jela. Mein Großvater war als Straßenarbeiter bei der Gesellschaft beschäftigt, die die alte Staatsstraße zwischen Dalmatien und der Lika in Schuss hielt – also zwischen der Küste und dem gebirgigen Hinterland Kroatiens. Meine Großmutter war Haushälterin, eine fleißige und bescheidene Frau. Das Haus, in dem Oma und Opa wohnten, gehörte der Straßenbaugesellschaft, aber als Kind war es für mich immer nur das Großelternhaus. Wir nannten es das „obere Haus".

Meinen Großvater mütterlicherseits habe ich nie kennengelernt. Er starb, bevor ich auf die Welt kam. Seine Frau, Oma Manda, lebt bis heute in Obrovac.

Meine Eltern arbeiteten in der Textilfabrik Trio in Obrovac, vier Kilometer von unserem Haus entfernt. Dort haben sie sich auch kennengelernt. Meine Mutter Radojka war Näherin und mein Vater Stipe kümmerte sich als Mechaniker um die Instandhaltung der Maschinen. Als meine Mutter nach einem Jahr Mutterschaftsurlaub wieder arbeiten ging, meldeten mich meine Eltern bei einem Kindergarten in Obrovac an. Dort hielt es mich allerdings nicht lange. Eines Tages erfuhr meine Mutter im Gespräch mit einer Arbeitskollegin, deren Kind in denselben Kindergarten ging wie ich, dass sich alle Kinder dort wohlfühlten – bis auf dieses eine Kind, das die ganze Zeit weinte. Meine Mutter fragte, wie dieses Kind denn angezogen sei. Ihre Vermutung bestätigte sich. Sie und mein Vater beschlossen, mich aus dem Kindergarten herauszunehmen. Das hatten sie schon vorher in Erwägung gezogen, weil mir bereits die Eingewöhnung sehr schwergefallen war – auch aus gesundheitlichen Gründen. Ich war dauernd krank, permanent lief die Nase, und einmal fing ich mir eine Bronchitis ein. Mit dem Weinen wurde es nicht weniger, ganz im Gegenteil: Ich weinte und weinte. Da merkten sie, dass es keine Alternative gab. Damals war mir natürlich nicht bewusst, was ich tat, aber später behauptete ich im Scherz, ich hätte absichtlich immer weitergeweint, damit sie Mitleid mit mir bekommen und mich nach Hause holen würden.

Statt in den Kindergarten brachten meine Eltern mich von nun an zu meinen Großeltern. Für den Weg dahin brauchten wir ungefähr eine Viertelstunde, und da ich gerne bei Oma und Opa war, konnten meine Eltern endlich wieder mit gutem Gefühl zur Arbeit fahren. Als sie merkten, wie sehr mein Opa Luka sich über diese Wendung der Ereignisse freute, fühlten sie sich noch wohler mit ihrer Entscheidung. Ich war nach zwei Enkelinnen der erste Enkelsohn, und mein Vater erzählt mir immer wieder, mein Opa sei regelrecht in mich vernarrt gewesen. Es gab niemanden, mit dem Opa Luka so sanftmütig und nachgiebig umging wie mit mir. Darüber waren alle sehr überrascht – allen voran mein Vater, der wusste, was für ein harter Knochen mein Opa war. Als Kind macht man sich so etwas nicht bewusst, aber in diesen unbeschwerten Stunden, in denen wir spielten und miteinander redeten, spürte ich seine Güte und Warmherzigkeit. Ich spürte die Geduld, mit der er sein Wissen an mich weitergab. Ein Zeichen seiner Güte war vor allem, dass er auf den Unfug, den ich anstellte, mit Nachsicht reagierte oder beim Zubettbringen so lange bei mir sitzen blieb, bis ich eingeschlafen war. Ich konnte es gar nicht abwarten, bis wir wieder zu ihm fuhren, zu dem Steinhaus am Fuß des Velebitgebirges. Auch daran zeigte sich unsere besondere Verbundenheit. In ihrer ganzen Tiefe verstehe ich diese Gefühle erst heute, nachdem ich reifer geworden bin und eine Menge erlebt habe.

Ich habe viele Erinnerungen an diese ersten sechs Jahre meines Lebens, an die Zeit vor den gewaltigen und traumatischen Veränderungen, die meine Familie durchleben musste. Meistens schießen mir diese Erinnerungen wie ein Blitz ins Gedächtnis, wenn eine bestimmte Situation oder ein Ort mich an diese Zeit denken lassen – wenn ich zum Beispiel in meiner Heimat bin und meine Verwandten besuche, die noch in unserer Gegend leben; wenn ich Menschen über den Weg laufe, die Teil meiner Kindheit waren; wenn ich in das Familienhaus komme, das meine Eltern wiederaufgebaut haben. Oder wenn ich dem alten Steinhaus oben in Kvartirić wieder einmal einen Besuch abstatte. Es brannte bis auf die Grundmauern nieder und wurde so gründlich zerstört, dass nur die Wände noch stehen, und doch spüre ich dort immer noch jenes intensive Gefühl, das mich für mein Leben geprägt hat. Verbundenheit mit der Familie und Geborgenheit in ihrem Lebensumfeld. Diese Gefühle haben sich nicht verändert und sind heute sogar stärker denn je. Es ist wohl so, dass wir uns mit den Jahren mehr uns selbst und denen zuwenden, die uns am nächsten stehen. Wir gründen eine Familie, freuen uns über unsere Kinder, ziehen sie groß und schauen ihnen beim Erwachsenwerden zu. Ich bin meinen Eltern dankbar, dass sie mir vermittelt haben: Die Familie ist das Fundament für alles andere. Sie haben mir beigebracht: Wie gut ich in meinem Leben zurechtkomme, hängt davon ab, wie fest meine Familie zusammenhält. Inzwischen bin ich selbst Vater und lebe ein komplett anderes Leben als meine Eltern. Doch wenn es um die Erziehung meiner Kinder geht, lasse ich mich von den Gefühlen leiten, die meine Eltern mir in ganz jungen Jahren vermittelt haben.

Mein Vater Stipe ist ein Mann mit festen Überzeugungen. Auf den ersten Blick mag er rüde wirken, aber in Wahrheit ist er ein sehr gefühlvoller Mensch. Vor langer Zeit hat er mir einmal erzählt, wie sehr es ihn umhaute, als er mich zum ersten Mal sah. Als er mich als neuen Erdenbürger begrüßte, seien ihm Freudentränen in die Augen gestiegen. Das sei der außergewöhnlichste Moment in seinem Leben gewesen. Er war damals 24, und seit diesem Augenblick konnte er mit seinen Gefühlen nicht mehr hinter dem Berg halten und so tun, als wäre er ein knallharter Bursche.

Meine Mutter Radojka, die von allen Rada genannt wird, ist eine kräftige Frau. Sie ist empathisch, weiß aber ihre Gefühle auch zu kontrollieren. Unzählige Male hat sie gezeigt, dass sie meine Schwestern und mich bedingungslos liebt, aber wenn es etwas geradezurücken gab, war sie nicht zu beirren. Heute glaube ich, dass meine Eltern die Gratwanderung zwischen Entschiedenheit und Sensibilität gut hinbekommen haben. Das war die Grundlage für ihr harmonisches Miteinander und für die Harmonie in unserer ganzen Familie.

Ich bin ihr erstgeborenes Kind. Am 8. September 1985 um 23 Uhr setzten bei meiner Mutter die Wehen ein. Für die Fahrt ins Krankenhaus war alles vorbereitet. Wie immer in solchen Situationen herrschten eine gewisse Anspannung und die bange Sorge, ob auch alles gut gehen würde. Deshalb begleitete Oma Jela, die vier Kinder zur Welt gebracht hatte, meine Mutter ins Krankenhaus, um ihr zur Seite zu stehen. Mein Vater fuhr sie im Eiltempo nach Zadar. Da die Ärzte nicht sagen konnten, wie lange sich die Wehen hinziehen würden und wann ich in dieser Welt ankommen würde, rieten sie meinem Vater, wieder nach Hause zu fahren und dort zu warten, bis es etwas Neues gab. Als disziplinierter Mensch tat er, was man ihm sagte. Die meisten Angehörigen meiner Familie waren sicher, dass meine Mutter ein Mädchen zur Welt bringen würde.

Sie hatte fünf Schwestern und einen Bruder, mein Vater zwei Schwestern und einen Zwillingsbruder – die Chancen standen also acht zu drei für ein Mädchen. Aber um 2:10 Uhr war ich dann da! Die Geburt war komplikationslos verlaufen. Der Erste, der von dem freudigen Ereignis erfuhr, war Željko, der Bruder meines Vaters. Wir hatten zu Hause kein Telefon. Da Željko in einem Hotel arbeitete, rief das Krankenhaus ihn an, damit er die Nachricht an meinen Vater weitergeben konnte. Mein Vater fuhr in seinem weißen Zastava 850 in Windeseile zum Krankenhaus. Als er mich zum ersten Mal auf den Arm nahm, konnte er die Tränen nicht zurückhalten. (Bei den späteren Feierlichkeiten floss dann alles Mögliche, nur keine Träne. Mein Vater war außer sich vor Glück.)

Die beste Story über den Tag meiner Geburt ist wohl die Geschichte von meiner Oma Jela. Mein Vater hatte sie in dem Hotel abgeholt, in dem sie arbeitete, und zur Feier der Geburt ihres ersten Enkelkindes trug sie ihr Haar ein bisschen offener als sonst und trank ein paar Schnäpse. Es war noch früh am Tag, und nach der anfänglichen Euphorie wurde ihr erst schwindelig und dann fühlte sie sich krank. Sie behielten sie im Krankenhaus in Zadar. Wenn wir daran denken, auf welche Weise Oma Jela meine Geburt feierte, und an den Kater danach, müssen wir heute noch lachen.

Den einjährigen Mutterschaftsurlaub bezeichnet meine Mutter oft als eine der schönsten Zeiten ihres Lebens. Sie kümmerte sich um mich, das Haus, den Rest der Familie und führte ein erfülltes Leben. Als frisch geborenes Baby war ich ausgesprochen pflegeleicht. Das änderte sich, als ich fünf Monate alt war und meine Mutter mich abstillte. Ich wurde hibbelig, wollte nicht essen und weigerte mich, an der Flasche zu nuckeln. Ich wachte mitten in der Nacht auf. Noch Jahre später war ich beim Essen sehr wählerisch. Ich aß kaum Fleisch, wehrte mich gegen Suppen und Salate und wollte nur Milch,

Käse und Schinken. Diese drei Dinge gab es bei Opa Luka in Hülle und Fülle – und zwar aus eigener Herstellung. Neben seinem Haus in Kvartirić gab es einen Pferch, in dem er bis zu 150 Schafe und Ziegen hielt. Dort gab es außerdem Puten, Hasen und Hühner – und jede Menge Arbeit. Alle Familienangehörigen packten mit an, auch ich. Jedenfalls soweit ich das als kleiner Junge schon konnte. Mit meinem Vater oder meinem Großvater brachte ich die Schafe zum Weiden auf die nahe gelegenen Hänge. Das alles machte mir Riesenspaß. Ich war sehr umtriebig und hatte viel Unsinn im Kopf. Besonders gern zog ich die Ziegen am Schwanz und amüsierte mich über ihre Reaktionen. Ich fühlte mich der Tierwelt sehr verbunden und hatte keine Angst vor Tieren. Selbst dann nicht, wenn uns die Erwachsenen vor den Wölfen warnten, die oft in unserer bergigen Umgebung umherstreiften. Die einzigen Tiere, vor denen ich Angst hatte, waren Schlangen. Wenn wir das Vieh auf die Weide brachten, schärften meine Eltern mir jedes Mal ein, ich solle mich nicht zu weit entfernen, denn an den Hängen und in den Sturzrinnen versteckten sich gefährliche Hornottern. Einmal fing mein Vater eine dieser Schlangen, steckte sie in eine große Flasche und brachte sie mit nach Hause. Von diesem Tag an brauchte mich niemand mehr zu warnen – ich hielt mich von Schlangen fern und sogar von der Hornotter in der Flasche, die wir als „Dekoration“ aufbewahrten. Die Angst vor Schlangen ist mir bis heute geblieben. Sobald ich eine Schlange sehe, bekomme ich ein mulmiges Gefühl.

Als Kind hatte ich große Freude daran, zu spielen und die Natur zu entdecken, und hatte ein ganz unbeschwertes Leben. Während sich mein Großvater oder mein Vater um das Vieh kümmerten, spielte ich mit meinen Cousinen Mirjana und Senka. Einmal zogen Mirjana und ich mit Opa Luka los, um frische Zweige für die Ziegenbabys zu schneiden. Opa Luka fuhr in seinem roten Kleintransporter, einem Zastava 430, mit uns in den Wald. Ich fand das Auto interessant, weil es aussah wie eine aufgeblähte Version des weißen Zastava 850, den mein Vater fuhr. Während mein Großvater die Zweige sammelte, blieben Mirjana und ich im Wagen. Wir vergaßen im Spiel alles um uns herum und taten so, als würden wir Auto fahren. Ich weiß nicht mehr, wer es war und wie es dazu kam, aber einer von uns beiden löste die Handbremse, ohne auch nur im Geringsten zu ahnen, was das für Folgen haben konnte. Der Kleintransporter war bergab geparkt und bewegte sich langsam hangabwärts. Wir waren wie versteinert – wir wussten ja nicht, wie wir das Fahrzeug zum Stehen bringen sollten. Wer weiß, was passiert wäre, wenn nicht direkt neben der Straße eine Steinmauer gestanden hätte! Niemand war sauer auf uns, weder unsere Eltern noch unser Großvater. Sie waren einfach nur erleichtert, dass uns nichts zugestoßen war. Die einzigen Folgen waren ein paar Beulen und Kratzer – und eine Angst, die uns davon abhielt, jemals wieder in einem geparkten Auto zu spielen!

Das war nicht das einzige Mal, dass ich meinen Eltern einen Schreck eingejagt habe. Eines Nachmittags – ich war ungefähr drei Jahre alt – krabbelte ich um meine Mutter und meine Großmutter herum, während sie Bohnen pflückten. Wahrscheinlich aus Langeweile griff ich mir eine der Schoten. Im Nu hatte ich sie geöffnet und kam auf die Idee, mir eine Bohne in jedes Nasenloch zu stecken. Ich fand das sehr witzig, aber meine Mutter merkte, dass mit mir etwas nicht stimmte. Ich bekam fast keine Luft mehr. Die Bohnen hatten meine Atemwege blockiert. Sie rief meinen Vater, und mit vereinten Kräften versuchten sie, die Bohnen aus mir herauszuziehen. Sie gaben ihr Bestes und ich habe einfach die ganze Zeit weitergelacht. Irgendwann bekam mein Vater mit einer Pinzette endlich eine der beiden Bohnen zu fassen und zog sie heraus. Die zweite Bohne rührte sich nicht von der Stelle. Es blieb meinen Eltern nichts anderes übrig, als mit mir ins Krankenhaus zu fahren. Als mein Gesicht blau anlief und ich mit den Augen zu rollen begann, bekamen sie es mit der Angst zu tun. Zum Glück war es nichts Ernstes!

Meine Mutter sagt immer, ich sei ein lebhaftes, aber nettes und höfliches Kind gewesen. Auf Kindergeburtstagen verhielt ich mich meist ungewöhnlich ruhig. Wenn die Erwachsenen Boccia spielten, saß ich am liebsten bei meiner Mutter auf dem Schoß, sah den Spielenden zu und genoss, wie meine Mutter mir durch die Haare strich. Aber sobald mir etwas nicht in den Kram passte, rupfte ich die Blumen aus den Töpfen, nur um meine Mutter zu ärgern. Ich versteckte mich auch gerne, sowohl bei meinen Großeltern als auch in unserem Haus. Einmal versteckte ich mich so gekonnt, dass meine Mutter es mit der Angst zu tun bekam, weil sie mich nirgendwo finden konnte. Panisch rief sie meinen Namen, während ich es auskostete, dass sie es diesmal nicht schaffte, mein Versteck ausfindig zu machen. Ich verkroch mich in den hintersten Winkel eines kleinen Schrankes, reagierte nicht auf die Rufe und trieb meine Mutter damit zur Verzweiflung. Als ich schließlich mit Siegermiene hervorkam, verging mir mein lautes Lachen ganz schnell. Meine Mutter war fuchsteufelswild und diesmal gar nicht verständnisvoll.

Besonders lebhaft war ich, wenn ich bei meinem Großvater war. Meine Eltern erzählen, dass ich bei ihm auch meine ersten Schritte machte. Ich war erst neun Monate alt. Ich verbrachte viel Zeit bei ihm und fühlte mich seinem Haus irgendwie stärker zugehörig als dem Haus meiner Eltern, das größer und komfortabler war. Im Obergeschoss gab es ein Schlafzimmer; im Erdgeschoss befanden sich die Küche und ein weiteres Zimmer. Neben dem Haus hatten wir außerdem eine Garage. Meine Eltern mussten mein kleines Bett mit einem Holzgitter versehen, weil ich sehr unruhig schlief und sie die Sorge hatten, ich könnte aus dem Bett fallen. Im Haus meines Großvaters gab es keinen Stromanschluss; für Licht sorgten Petroleumlampen. Später schleppte mein Vater einen Generator an. Fließendes Wasser gab es auch nicht; deshalb benutzten wir den Brunnen. Wenn wir im Fernsehen Fußball schauen wollten, mussten wir uns zum unteren Haus begeben.

So wie alle Kinder hatte ich natürlich Spielzeug, freute mich über Geschenke und mochte es, mit Gleichaltrigen zu spielen. Diese Kindheitsgeschichten erzähle ich, weil ich ein Bild davon vermitteln will, wie sich das Leben in der rauen Umgebung dieser kleinen Siedlung an den Hängen des Velebitgebirges anfühlte. Mein Alltag sah ganz anders aus als bei Kindern, die in größeren Orten oder in der Stadt wohnten. Diese frühen Lebensjahre, in denen ich zwar in kargen Verhältnissen, aber in Liebe und Geborgenheit aufwuchs, haben mich zu dem geformt, der ich bin. Das darf man sich trotzdem nicht so vorstellen, als wäre ich die ganze Zeit über Berg und Tal gerannt und hätte immer nur auf grasende Ziegen aufgepasst. Ich bin auch nicht die ganze Zeit von Fels zu Fels gesprungen, stets auf der Hut vor den Hornottern. Ich war nicht die ganze Zeit damit beschäftigt, die Ziegen am Schwanz zu ziehen oder Hasen zu jagen. In dem Haus dort oben an der Straße gab es zwar weder Strom noch fließendes Wasser, aber das Haus meiner Eltern war gemütlich und bot allen üblichen Komfort. Ich hatte mein eigenes Zimmer und einen geräumigen, grünen Hof. Meine Verwandten lebten nicht weit weg, sodass es jede Menge Kinder gab, mit denen ich spielen und Zeit verbringen konnte. Wir spielten oft Verstecken, hatten kleine Modellautos und konnten uns auf der Straße frei bewegen, denn viel Verkehr gab es dort nicht.

Was mich von anderen Kindern unterschied, war – wie meine Eltern mir später erzählten – meine unbändige Leidenschaft für dieses spezielle runde Etwas! Sie kauften mir öfter Spielzeugautos, zum Geburtstag bekam ich alle möglichen anderen Geschenke, aber nichts zog meine Aufmerksamkeit so dauerhaft auf sich wie ein Fußball. Es gibt ein Foto, das an meinem ersten Geburtstag aufgenommen wurde und auf dem ich auf einem Fußball sitze – vermutlich das einzige Foto, auf dem ich nicht mit dem Ball herumrenne. Als ich groß genug war, dass meine Eltern mich ohne Aufsicht draußen spielen ließen, wurde der Ball zu meinem engsten Freund. An dem unteren Haus an der Schotterpiste übte ich mit meinen Verwandten Tricks ein. Meistens schoss ich den Ball gegen das Garagentor meines Großvaters. Mein Vater erzählte mir, dass er meine besondere Gabe fürs Fußballspielen erkannt habe, als ich drei oder vier war. Als weiteres Talentsignal wertete mein Vater, dass ich schnell dazulernte – er brauchte mir nur einmal vorzumachen, wie man den Ball annimmt und schießt, und schon hatte ich es begriffen. Ich wiederholte die Bewegungen immer wieder und perfektionierte sie.

Mein Vater spielte auch Fußball. Er spielte für den Club Rudar Obrovac, der in einer der unteren Spielklassen antrat. Diejenigen, die ihn als Spieler erlebt haben, beschreiben ihn als schnellen und energiegeladenen Rechtsverteidiger, der endlos rennen konnte. Leider war seine Laufbahn beendet, als er sich in einem Spiel einen Kreuzbandriss zuzog. Sein Knie macht ihm bis heute zu schaffen. Auch mein Großvater Luka spielte Fußball; er soll ein guter Hallenfußballer und talentierter Basketballer gewesen sein. Ich kann von mir ohne falsche Bescheidenheit behaupten, dass ich gut Basketball spiele und mich auch in den meisten anderen Ballsportarten ganz geschickt anstelle. Das habe ich wohl von ihm geerbt. Ach, Opa …

Opa Luka

Wie ich heißen würde, war schon lange vor meiner Geburt klar. Mein Vater Stipe war nach seinem Großvater benannt und ich bekam dieser Tradition entsprechend den Namen meines Opas Luka. Dass mein Großvater mich so sehr in sein Herz schloss, lag aber nach allem, was man mir erzählt hat, weniger an dem Namen als an der Tatsache, dass ich sein erster Enkelsohn war.

Er passte nicht nur auf mich auf, bis meine Eltern von der Arbeit kamen; als ich klein war, spielte er die ganze Zeit mit mir. Sobald ich groß genug war, um auf eigenen Beinen herumzulaufen, nahm er mich überallhin mit. Schnee schippen, Heu aufschichten, das Vieh auf die Weide bringen, Baumaterial kaufen, alles Mögliche reparieren und alles, was sonst noch am Haus und drum herum zu erledigen war. Mein Großvater behandelte mich wie seinen Assistenten. Ich liebte es, wenn wir in seinem kleinen Transporter unterwegs waren oder unsere Verwandten besuchten. Besonders aufgeregt war ich, wenn er mich zur Hasen- oder Rebhuhnjagd mitnahm und ich sein Gewehr in der Hand halten durfte, um für ein Foto zu posieren. Er unterhielt sich mit mir, witzelte mit mir und brachte mir alles Mögliche bei. An jedem Tag, den ich mit ihm verbrachte, lernte ich eine Menge. Und ich brannte auf immer neue Abenteuer.

Mein Opa war ein groß gewachsener und gut aussehender Mann. Er war stets sorgfältig frisiert und trug sein Haar mit Pomade nach hinten gekämmt. Er strahlte Selbstvertrauen und Selbstsicherheit aus. Heute würde man sagen, er war ein „echt tougher Typ“. Als Kind sah ich ihn aber nicht so. Dass ich mich in seiner Nähe so sicher fühlte, dass es Spaß machte, Zeit mit ihm zu verbringen, und ich auf alles neugierig war, was er tat – all das erklärt, was für mich das Besondere an ihm war. Ich vergötterte ihn – auch wenn er seine Autorität als Familienoberhaupt ausspielte und befahl, ich solle mir die Haare schneiden lassen. Meine Mutter fand meine langen Haare hübsch; deswegen war ich es so gewohnt. Doch wenn mein Großvater der Meinung war, meine Haare seien zu lang, fragte er meine Mutter gar nicht erst und mich schon gar nicht: Er griff kurzerhand zur Schere und legte selbst Hand an. Manchmal vergoss nicht nur ich, sondern auch meine Mutter Tränen, aber das half alles nichts. Wenn mein Großvater sich etwas in den Kopf gesetzt hatte, zog er es durch.

Als ich vier Jahre alt war, bekam unsere glückliche Familie Nachwuchs: Meine Schwester Jasmina wurde geboren. Auch das war eine ganz besondere Erfahrung. Ich weiß nicht mehr, ob ich mir einen Bruder oder eine Schwester gewünscht hatte. Ich erinnere mich auch nicht mehr im Detail daran, wie die Familie sich auf das zweite Kind vorbereitete. Ich weiß nur, dass ich ganz aufgeregt war, als sie nach Hause kam – und ich sie zum ersten Mal sah, anfasste und küsste. Jasmina wurde zu einem Teil meines Lebens, und in der Zeit, in der wir zusammen aufwuchsen, entstand zwischen uns eine enge Bindung – Bruder und Schwester eben.

Ich hatte nicht das Gefühl, dass sich mein Leben veränderte, weil meine Schwester jetzt ihre Portion familiäre Aufmerksamkeit und Fürsorge bekam. Ich war mit meiner eigenen Welt beschäftigt, hatte Spaß am Spielen und genoss das Miteinander in der Familie – zu Hause, bei Tisch, bei den täglichen Verrichtungen im Haushalt oder bei Verwandtenbesuchen. Was meine Eltern mir später erzählten, deckt sich mit den Eindrücken, die ich von diesen ersten sechs Jahren meines Lebens gespeichert habe. Angst hatte ich nicht – ich war sehr umtriebig, vergnügt und verspielt. Offenbar wusste ich aber immer, welche roten Linien ich nicht überschreiten durfte. Wenn ich mir anhören sollte, was sie zu sagen hatten, stand ich still und hörte es mir an. Wenn sie mir sagten, ich solle mich abregen und zur Ruhe kommen, dann regte ich mich ab. Ich bin sicher: Dass ich in meiner Familie Respekt und Warmherzigkeit erfuhr und mir klare Grenzen gesetzt wurden, legte das Fundament für all das, was heute meinen Charakter ausmacht. Meine Kindheit am Fuß des Velebitgebirges war schön und unbeschwert und ich habe in dieser Zeit viel gelernt. Ich war früh selbstständig und fand mich außerhalb der eigenen vier Wände zurecht. Damals gab es noch keine Handys, Computer oder Tablets und auch kein Internet. Ich verbrachte die Tage draußen in der Natur und hatte meine Freude daran, ihre Schönheiten zu entdecken, aber ich lernte auch, die Gesetzmäßigkeiten der Natur zu beachten. Alles lief rund und schien immer noch runder zu laufen. Doch das Schicksal hatte andere Pläne …

Ich begriff nicht, was los war, sondern spürte nur, dass sich irgendetwas zu verändern begann. Als würde alles um mich herum, das bisher in so geordneten Bahnen lief, auf einmal in Unordnung geraten. Meine Eltern fuhren nicht mehr nach Obrovac zur Arbeit. Wenn sie sich unterhielten, redeten sie leise und ernst. Auch bei meinem Großvater spürte ich eine Veränderung: Seine Stimmung war nicht mehr die alte, obwohl er und meine Oma genauso wie meine Eltern versuchten, so weiterzumachen wie zuvor. Das sollte sich allerdings bald ändern.

Was mir von dem schrecklichen, grauenhaften Tag am intensivsten in Erinnerung blieb, ist die Angst meines Vaters. Mein Großvater war nicht nach Hause gekommen. Also gingen sie ihn suchen. Als sie ihn in unser Haus trugen, hatte ich keine Ahnung, was passiert war. Ich spürte nur: Da war Trauer. Mein Vater nahm mich in den Arm und führte mich zum Sarg. Er sagte: „Mein Sohn, sag deinem Opa auf Wiedersehen." Dass ich in diesem Moment meinen Opa zum letzten Mal sah, verstand ich nicht. Meine Eltern brachten mich aus dem Zimmer – sie wollten das tragische Geschehen von mir fernhalten, so gut es ging.

Die Beerdigung fand in Obrovac statt. Opa Luka war ein angesehener Mann und ein echter Charmeur. Mein Vater liebte ihn über alles, und ich kann mir nur ungefähr vorstellen, wie ihm zumute war. Jahre später erzählte er mir, wie entsetzlich es für ihn war, den leblosen und blutüberströmten Körper meines

Großvaters zu finden. Er fand ihn auf einer Wiese, direkt neben der Straße, keine 500 Meter vom „oberen Haus“ entfernt. Mein Opa hatte die Ziegen auf die Weide geführt. Es war Dezember 1991; der Krieg hatte kurz zuvor begonnen. Mein Großvater hatte vor nichts Angst, aber vielleicht war ihm auch der Ernst der Lage nicht recht bewusst. Oma Jela erzählte später, sie habe an dem Tag in der Frühe ein paar Armeefahrzeuge auf der Straße gesehen. Sie versteckte sich im Haus und schloss die Tür ab. Morgens eilte mein Vater, als hätte er eine Vorahnung, zum Haus seiner Eltern, um nach dem Rechten zu sehen. Er sah, dass die Ziegen ohne meinen Großvater nach Hause zurückgekommen waren. Da wusste er, dass etwas Entsetzliches passiert sein musste.

Opa wurde mit einer Maschinenpistole niedergemäht. Aus nächster Nähe. Er wurde 66 Jahre alt. Wenn ich mir vorstelle, wie er buchstäblich vor der eigenen Haustür starb, bricht es mir das Herz. Was sind das für Menschen, die das Leben eines unschuldigen alten Mannes auslöschen, ohne mit der Wimper zu zucken? Das fragte ich mich mit meinen knapp zehn Jahren. Die Lehrerin, die uns in der dritten Klasse unterrichtete, gab uns einmal die Aufgabe, eine Geschichte über ein Ereignis aufzuschreiben, das uns beeindruckt, traurig gemacht oder uns Angst eingejagt hat. Da brach es zum ersten Mal aus mir heraus:

Ich bin noch klein, aber ich habe in meinem Leben viel Angst erlebt. Langsam vergesse ich die Angst vor Krieg und Granaten ein bisschen.

Das Ereignis und das Gefühl, das ich nie vergessen werde, passierten vor vier Jahren, als die Tschetniks meinen Großvater umbrachten. Ich habe ihn so sehr geliebt. Alle weinten, und ich konnte einfach nicht begreifen, dass mein geliebter Opa nicht mehr lebte.

Ich habe mich oft gefragt, ob man die Leute, die das getan haben und uns gezwungen haben, von unserem Zuhause zu fliehen, Menschen nennen kann.

Ich habe seither selten über meinen Großvater gesprochen und in der Öffentlichkeit noch weniger. Durch eine ganze Reihe von Ereignissen geriet unser Leben aus den Fugen; neue traumatische Erlebnisse nahmen unsere Gedanken restlos in Beschlag. Mein Vater zog in den Krieg. Immer wenn wir zusammen waren, versuchte er, meiner Schwester und mir ein Gefühl von Sicherheit zu vermitteln, und sagte uns, alles werde ein gutes Ende nehmen. Obwohl so viel Tragisches passierte und ich meinen Vater schmerzlichst vermisste, spürte ich keinen Hass in seinen Worten. Er äußerte nie auch nur ansatzweise Rachegedanken. Als ich etwas größer war und erst richtig begriff, was in diesem Krieg geschehen war, wurde mir klar, wie sehr sich mein Vater trotz allem Leid seine Würde bewahrt hat. Das zeigt einmal mehr sein freundliches Wesen, aber auch das Verantwortungsgefühl seinen Kindern gegenüber. Er sagte uns immer wieder: Es kommt nicht darauf an, wo man herkommt, wo man dazugehört, was man besitzt oder nicht besitzt; wichtig ist nur, ob man ein guter Mensch ist oder nicht. Die Zeiten damals waren schrecklich und voller Tragödien. Doch gemeinsam mit meiner Mutter erzog mein Vater uns nach dem Grundsatz, dass man seine Mitmenschen achten und lieben soll. Meine Eltern wollten uns zu normalen Menschen erziehen, die Gut und Böse unterscheiden können. Dafür bin ich beiden dankbar, denn diese Einstellung hat meine Weltsicht stark geprägt. Prägend waren auch die widrigen Lebensbedingungen im Exil, die Furcht vor den Raketenangriffen und die Angst um meine engsten Familienangehörigen, aber auch die schwierigen Jahre danach, in denen die Menschen mit den Folgen des Krieges fertigwerden und sich auf die neue Wirklichkeit einstellen mussten. Für mich fiel das zeitlich mit der Pubertät zusammen, in der man leicht auf Abwege gerät, wenn man die falsche Einstellung hat. Aber meine Eltern wussten, wie sie mich auf dem richtigen Weg durch diese Zeit zu steuern hatten, und als später meine Karriere als Fußballer ihren Lauf nahm, war ich umso fester entschlossen, auf diesem Weg zu bleiben.

Die Lebenseinstellung meines Vaters hat ihre Wurzeln wohl in der Art und Weise, wie er selbst von seinem Vater erzogen wurde. Opa Luka hat auch mich stark beeinflusst, auch wenn ich damals noch ein Kind war und das Schicksal beschlossen hatte, dass wir nur wenige Jahre miteinander verbringen würden. Ich denke oft an ihn. Es ist vielleicht das erste Mal, dass ich ausführlicher über ihn spreche. Ich vermisse ihn. Es hätte mich ungeheuer glücklich gemacht, wenn er meine Erfolge als Fußballer hätte miterleben können. Ich bin sicher: Er wäre stolz gewesen, so wie er auch auf meine Familie stolz gewesen wäre. Er sagte immer, die Familie stehe an erster Stelle, und diese Einstellung gab er an uns alle weiter. Das erklärt unsere enge Verbundenheit. Wenn ich nach Hause fahre, suche ich die Orte auf, an denen ich mit meinem Großvater war. Dann werden Erinnerungen wieder lebendig, die bei mir starke Gefühle wecken. Meine Kinder, die ein völlig anderes Leben führen, nehme ich mit, damit sie wenigstens eine ungefähre Vorstellung von der Umgebung und der Zeit bekommen, in der ich aufwuchs. Das Haus meines Großvaters ist heute eine verlassene Ruine und von Unkraut überwuchert. Das Schild mit der Aufschrift „Achtung Minen!" erinnert auf unheimliche Weise an all das Traurige, was sich dort abgespielt hat. Das Haus gehört dem Staat; sonst hätte ich etwas daraus gemacht. Als Hommage an meinen Opa, an meine Oma und an uns alle. Denn es erinnert uns an einen wichtigen Teil unseres Lebens. An der Stelle, an der sie am 18. Dezember 1991 meinen Opa Luka auffanden, steht ein kleiner Grabstein. Mein Vater hat ihn aufgestellt. Wenn ich dort bin, denke ich daran, wie viel Lebensfreude mein Opa versprühte. Was wir zusammen erlebt haben, wird wieder lebendig. Und ich bin sicher: Wenn er mir zu meinen Erfolgen hätte gratulieren können, hätte er als Erstes die Schere in die

Hand genommen und gesagt: „Luka, ich bin sehr stolz auf dich, aber du brauchst eine neue Frisur. Komm her und lass dir die Haare schneiden, damit du anständig aussiehst.“

Vertrieben

Nach Großvaters Tod wurde meinem Vater klar, dass wir sofort von zu Hause weg und irgendwo hingehen mussten, wo wir in Sicherheit waren. Ich war noch zu klein, um zu verstehen, was vor sich ging, und meine Eltern waren bemüht, unser Leben weiterhin so locker und gemütlich wie möglich zu gestalten. Trotzdem spürte ich, dass alles anders war – gerade im Vergleich zu den unbeschwerten Jahren zuvor in Zaton Obrovački. Zuerst gingen wir nach Makarska und besuchten meinen Onkel Željko, der dort als Kellner arbeitete. Er war wie ein zweiter Vater für mich – wohl weil er und mein Vater eineiige Zwillinge sind, aber auch weil er immer nett zu meinen Schwestern und mir war und uns beschützt hat. Er selbst ist kinderlos, aber er hat uns immer wie seine eigenen Kinder behandelt. Was wir auch brauchten: Auf ihn konnten wir bauen.

Für ein Kind sind die Eltern das Ein und Alles, und wenn die Eltern eine besondere Beziehung zu anderen Familienangehörigen oder Freunden haben, wachsen dir diese Menschen ebenfalls ans Herz. Ich spürte die bedingungslose Bruderliebe zwischen meinem Vater und meinem Onkel. Noch heute sehe ich diese unglaubliche Bindung, wenn ich mir die beiden so anschaue. Sie telefonieren jeden Tag mindestens ein Dutzend Mal miteinander; wenn einer von ihnen auf Reisen oder unterwegs ist, rufen sie sich ungefähr alle fünfzehn Minuten an. So viel beträgt übrigens auch der Altersunterschied zwischen meinem Onkel und meinem Vater: eine Viertelstunde. Mein Vater ist ein etwas schweigsamerer Typ und fährt leichter aus der Haut, während Onkel Željko offener und geselliger, ruhiger und gelassener ist und andere Leute gerne auf den Arm nimmt. Vermutlich kommen die beiden gerade wegen dieser Charakterunterschiede so ausgezeichnet miteinander aus. Ich habe sie noch nie streiten sehen.

In Makarska kamen wir in einem Flüchtlingslager namens Dječje selo (Kinderdorf) unter. Dort blieben wir ungefähr vier Monate. Im April 1992 zogen wir nach Zadar weiter, wo ich im Herbst desselben Jahres eingeschult werden sollte. Einquartiert wurden wir im Hotel Kolovare. In der ersten Zeit hatten wir ein Zimmer im Erdgeschoss. Meine Mutter, mein Vater, meine Schwester und ich teilten uns alle ein Bett. In dem beengten Zimmer gab es immerhin eine Toilette; auf einem kleinen Tisch in der Ecke stand unser Kocher. Später wurden wir ins dritte Obergeschoss verlegt, wo wir zwei Zimmer hatten – eines für meine Schwester Jasmina und mich und ein zweites, das als Elternschlafzimmer und Wohnzimmer diente. So sah unsere neue Wirklichkeit aus. Sie war beschwerlich, aber wir stellten uns schnell darauf ein. Bescheidene Lebensverhältnisse war meine Familie auch vor der Flucht schon gewohnt; darum beklagten sich meine Eltern nicht. Sie hatten es natürlich schwer, weil sie sich um mich und meine Schwester sorgten und obendrein mein Vater freiwillig zur Armee ging und an die Front geschickt wurde. Um uns allen ein besseres Leben zu ermöglichen, suchte sich meine Mutter einen Job. Ihre Kollegin aus der Fabrik in Obrovac machte einen Laden auf, in dem Kleidung ausgebessert wurde, sie bot ihr an mitzumachen. Ich glaube, die Arbeit tat ihr gut – nicht nur weil dadurch mehr Geld hereinkam, sondern auch weil sie dabei wenigstens für Momente ihre Sorgen ein wenig vergessen konnte.

Im Hotel gab es viele Kinder in meinem Alter. Wir hingen den ganzen Tag auf dem Spielplatz vor dem Haus. Wir spielten Fußball, Völkerball und Verstecken und schlossen

Freundschaft. Abgesehen von den Granaten- und Raketenangriffen, vor denen wir uns in den Schutzraum flüchteten, hatten wir Kinder ein ganz annehmbares geselliges Leben. Das Hotel war voller Menschen, die ebenso wie wir ihre Heimat zurückgelassen hatten, um ihr Leben zu retten; darunter auch viele Verwandte von uns, wie zum Beispiel Marija, die ältere Schwester meines Vaters, und ihre Familie. Es gab häufig Beschuss. Manchmal wurde auch das Hotel getroffen. Bei einem der Angriffe wurde Marijas Ehemann Mile verwundet. Das Geschoss detonierte in der Nähe ihres Zimmers. Abgesehen von der Angst und den Granatsplittern hatte der Angriff zum Glück keine schweren Folgen.

Es klingt vielleicht seltsam, aber an die Sirenen und das Rennen in den Schutzraum gewöhnte ich mich schnell. Anfangs hatte der Beschuss etwas Beängstigendes, später empfand ich ihn nur noch als lästig. Was mir durch Mark und Bein fuhr, war das Geräusch der Raketen, ein fürchterliches Pfeifen mit anschließender Detonation. Wir rannten nicht immer in denselben Schutzraum – das kam darauf an, wo wir gerade waren, wenn die Sirenen aufheulten. In allen Schutzräumen waren immer viele Kinder, und jedes Mal dachten wir uns schnell irgendein Spiel aus, damit die Zeit schneller verging. Am sichersten fühlte ich mich, wenn meine Familie beisammen war, aber wenn sich mein Vater an der Front aufhielt, lebten wir in Angst. Die Angst war unterschwellig ständig präsent, wir lernten, irgendwie mit ihr zu leben, und unser Leben ging seinen Gang. Bis ich in die Schule kam.

In der Schule

Die Kruno-Krstić-Grundschule in Arbanasi – einem Stadtviertel von Zadar – lag ungefähr einen Kilometer von unserem

Hotel entfernt. Am ersten Schultag brachte mich meine Mutter dorthin, doch schon am nächsten Tag erlaubten mir meine Eltern, allein zur Schule zu laufen. Das gefiel mir sehr, weil ich auf dem Weg mit zwei Freunden herumalbern konnte, die ich aus dem Hotel Kolovare kannte: Marko Oštrić und Ante Crnjak. Wir waren unzertrennlich. Marko kam aus Pridraga und wir verstanden uns vom ersten Augenblick an. Wir gingen zusammen zur Schule, saßen im Unterricht nebeneinander und gingen in Zadar gemeinsam zum Fußballtraining. Wir wurden Freunde fürs Leben. Ich war Markos Trauzeuge und Marko war meiner. Unsere Familien stehen sich nahe. Am meisten mag ich an ihm, dass er sich nie verändert hat. Er ist ein guter Freund, der mich seit der Kindheit und den Kriegsjahren begleitet, und er ist immer noch genau so, wie er war, als wir sechs Jahre alt waren. Für ihn bin ich bis heute einfach nur Luka und nicht der Fußballspieler Luka Modrić. Das schätze ich sehr an ihm.

Ich sage es ganz offen: Ein guter Schüler war ich nicht. Sagen wir, ich war Durchschnitt. Geschichte und Sport mochte ich und in diesen beiden Fächern hatte ich immer super Noten. In Naturwissenschaften und Mathematik war ich keine große Leuchte. Das lag unter anderem daran, dass ich immer auf den letzten Drücker lernte. Ich rannte ständig zum Training, jeden Tag und jeden Abend, und an den Wochenenden hatten wir Spiele. Mich hingesetzt und gelernt habe ich nur vor den Arbeiten. Ich war mit mittelmäßigen Noten zufrieden. Immerhin hielt ich sehr gut Ordnung. Das ist auch heute noch so. Ich finde es gut, wenn alles an seinem Platz ist, wenn meine Sachen wohlgeordnet sind und ich genau weiß, wo ich was finde. Wenn ich nach Hause komme, merke ich sofort, wenn etwas nicht mehr an seinem angestammten Platz ist oder die Ordnung verändert wurde.

Meine Eltern reagierten nachsichtig auf die Höhen und Tiefen meiner Schullaufbahn. Sie sagten, ich solle mich anstrengen und mein Bestes geben, aber aufgrund unserer Lebenssituation war ihnen wohl vor allem wichtig, dass ich Fortschritte machte. Das Beste an der Schule waren für mich die Freunde und Mitschüler. Wir nahmen uns gegenseitig auf den Arm und ließen uns harmlose Streiche einfallen. Mein Betragen war meistens gut, manchmal schlug ich auch über die Stränge. Das gehört zum Größerwerden dazu. Es gab uns irgendwie das Gefühl, einfach nur Schulkinder zu sein, die das machen, was Schulkinder eben machen, obwohl wir in schwierigen und gefahrvollen Zeiten lebten. Wir wussten, dass das Leben schnell vorbei sein konnte. Unsere Lehrerinnen und Lehrer halfen uns bestmöglich, mit der Situation zurechtzukommen. Da ich den Sportunterricht liebte, mochte ich besonders unseren Sportlehrer Albert Radovniković, aber auch unsere Klassenlehrerin Maja Grbić, die sehr verständnisvoll mit Flüchtlingskindern wie mir umging. An manchen Tagen fiel die Schule wegen Granaten- oder Raketenbeschuss aus. Wenn wir wieder in die Schule durften, war das ein Zeichen, dass sich die Lage beruhigt hatte, nur unsere Angst ließ sich nicht so einfach aus der Welt schaffen. Unseren Lehrerinnen und Lehrern wurde viel Geduld und Verständnis abverlangt.

Ich nutzte jede freie Minute zum Fußballspielen. Wir kickten auf einem Betonplatz hinter der Schule und nach dem Heimkommen spielten wir auf dem hoteleigenen Parkplatz weiter. Daneben gab es eine kleine Rasenfläche mit ein paar Bäumen. Ein Baum musste als Torpfosten herhalten; der andere Pfosten war ein großer Stein. Wir spielten, bis wir vor Erschöpfung umfielen. Manchmal stand ich zwischen den Pfosten und machte den Torwart, aber Dribbeln und Schießen waren mir immer lieber. Irgendwann in dieser Zeit fiel meinem Vater auf, dass ich beides gut konnte. Wenn er nicht an der Front war, nahm er mich mit zu einem Fußballplatz im benachbarten Arbanasi und brachte mir bei, wie man den

Ball kontrolliert, wie man ihn annimmt und weiterpasst. Das machte mir großen Spaß. Mit meinem Vater spielen, der Ball, das Spiel – das war wie jene unbeschwerte Zeit in der Heimat. Doch anders als in Zaton Obrovački, wo es rund um unser Haus viel freie Fläche gab, standen vor dem Hotel Kolovare viele Autos. Natürlich trafen wir auch sie manchmal mit dem Ball … Gelegentlich ging eine Fensterscheibe zu Bruch. Einmal wurde die Lage etwas ernster. Der Ball traf das Rad eines geparkten Autos. Da tauchte plötzlich ein älterer Herr auf, griff sich wutentbrannt unseren Ball und stach vor unseren Augen hinein! Dann befahl er Marko und mir, wir sollten verschwinden. Zuerst war ich geschockt, aber schon kurz danach stieg Wut in mir hoch. Ich ging in unser Hotelzimmer und brach in Tränen aus, weil wir unseren Lederball verloren hatten – den einzigen, den wir hatten. Als ich meinem Vater erzählte, was passiert war, ging er sofort nach draußen und stellte den Mann zur Rede. Der Mann arbeitete in dem Hotel und hatte, als mein Vater ihn antraf, noch den Schraubenzieher in der Hand, mit dem er unseren Ball zerstochen hatte.

„Erstens: Legen Sie den Schraubenzieher weg. Und zweitens: Warum haben Sie den Kindern ihren Ball kaputt gemacht?“, fragte ihn mein Vater mit fester Stimme.

„Die haben den Ball gegen mein Auto geschossen!“, gab der Mann zurück.

Mein Vater hielt dagegen, das sei noch lange kein Grund, so aggressiv zu werden. So könne man mit Kindern nicht umgehen. Er forderte ihn auf, den Schaden wiedergutzumachen. Irgendwann bat der Mann um Entschuldigung – und am nächsten Tag fuhr er mit uns in einen Laden und kaufte uns einen neuen Ball. Das war das erste Mal, dass ich meinen Vater so habe reagieren sehen. Ich war natürlich stolz und schon bald wieder ganz vergnügt.

KAPITEL DREI

Eines Tages kam mein Vater nach Hause und sagte, er habe mich an der Zadar-Fußballakademie angemeldet. Das war im Herbst 1992, relativ kurz nach der Einschulung. Ungeduldig wartete ich auf das erste Training. Mein Freund Marko ging auch zu der Akademie und mein Vater fuhr uns mit dem Auto hin. Wir waren total aufgeregt! Das Training fand auf dem ehemaligen Militärstützpunkt statt, den wir Banine nannten. Das Gelände war riesengroß und ist heute ein Sportzentrum. Anfangs hatten wir keine Umkleidekabinen und zogen uns deshalb auf der Tribüne um. Ich kann mich noch an meine Fußballschuhe erinnern. Mein Vater hatte sie mir gekauft. Sie waren hellgrün und von der Marke Lotto. Meiner Meinung nach waren sie das Schönste, was es auf der Welt gab! Meine Eltern mussten allerhand Opfer bringen, um uns alles zu besorgen, was wir brauchten. Mein Vater war fest davon überzeugt, dass ich ein guter Fußballer war. Unter anderen Umständen wäre er vielleicht selbst ein erfolgreicher Fußballspieler geworden, aber er bekam nicht die Chance dazu. Er erklärte meiner Mutter, ich hätte eine besondere Fußballbegabung und er werde mir die Möglichkeit verschaffen, diese Begabung zu nutzen – die Möglichkeit, die er nie bekam.

Mein Trainer hieß Željko Živković. Nach dem ersten Training steckte er mich sofort in eine Gruppe mit älteren Jungs. Ich war körperlich schwächer, hatte aber vor niemandem Angst. Ich hatte sein Vertrauen offenbar dadurch gewonnen, dass ich auf der Straße Fußball spielte, auf Parkplätzen oder auf dem Rasen vor dem Hotel Kolovare. Dort fragte niemand, wie alt man war: Man spielte mit älteren Jungs, und wenn man spielen wollte, musste man eben lernen, sich zu behaupten.

Oft waren meine Schienbeine wund von den vielen Tritten, die ich abbekam. Ich flog auf den harten Betonboden und blutete überall. Aber ich habe nie geweint oder gejammert. Ich rappelte mich einfach wieder auf und spielte weiter. Vielleicht deswegen akzeptierten mich die älteren Jungs und wählten mich in ihre Mannschaft. Ich glaube, dass ich mir durch meine Straßenerfahrung die Zähigkeit antrainiert habe, die später so wichtig werden sollte.

Wir trainierten dreimal in der Woche. In der ersten Zeit fuhr mich mein Vater zum Training. Da er oft viel zu tun hatte, fuhr ich später allein mit dem Fahrrad hin. Vom Hotel Kolovare brauchte ich zwanzig Minuten bis zu unserem Trainingsgelände. Ich wusste, dass sich meine Eltern Sorgen machten, wenn die Sirenen angingen und der Beschuss losging, während ich auf dem Weg zum Training oder dort schon angekommen war. In solchen Fällen brachten unsere Trainer uns schnell in die Vereinsgebäude, wo wir in Deckung gehen konnten. Wenn ich mich heute, da ich selbst Vater bin, an diese Zeiten zurückerinnere und daran denke, wie die Eltern mancher Vereinskameraden sich verhielten, weiß ich das Verhalten meines Vaters noch mehr zu schätzen. Wenn er beim Training zuschaute, stand er die meiste Zeit neben Markos Vater, der ähnlich tickte wie er. Er mischte sich nie in die Arbeit des Trainers ein und setzte weder mich noch irgendjemanden sonst unter Druck. Bei einigen Eltern war das anders. Nur einmal griff mein Vater ein – um mich gegen den Vater eines anderen Spielers zu verteidigen. Dieser Vater gehörte zu den Leuten, die nur das eigene Kind sehen und der Meinung sind, ihm sollte alles mundgerecht serviert werden. Er schrie die ganze Zeit herum, gab ätzende Kommentare von sich und hatte offenbar irgendetwas über mich gesagt. Mein Vater stand auf der anderen Spielfeldseite und flippte aus. Er rannte quer über das Spielfeld und sagte ihm lautstark und unmissverständlich, er solle aufhören, die Kinder zu drangsalieren. Mein Vater kann eine große Überzeugungskraft entwickeln, wenn ihm etwas gegen den Strich geht. Die Störmanöver hörten auf.

Ich trainierte gern. Unser Trainer – Živković und später Matošević – brachte uns die Basics bei. Ballannahme, Passspiel und anderes. Auch wenn wir gerade kein Training hatten, spielte ich die ganze Zeit Fußball. Auf dem Parkplatz vor dem Hotel fanden wir immer ein Fleckchen. Wir legten einfach zwei Steine an jede Spielfeldseite und legten los. Das waren echte Fußballgefechte! Meistens spielten wir fünf gegen fünf, manchmal waren die Mannschaften auch kleiner oder größer. Ich hatte dabei nur eines im Sinn: Ich wollte gewinnen und besser sein als die anderen. Das hatte seinen Preis – meine Hosen, T-Shirts und vor allem die Schuhe waren oft übel zugerichtet. Ich hatte damals nicht viele Klamotten und konnte mir nicht nach Belieben neue Sportschuhe leisten. Deshalb behandelte ich die, die ich hatte, so behutsam wie nur irgend möglich. Die Schuhe waren nicht teuer, ganz im Gegenteil. Aber diese schlichten weißen Leinenschuhe waren mein Ein und Alles. Jedes Loch, das ich entdeckte, flickte ich deshalb so gut, wie ich konnte.

Nach der „Operation Sturm", mit der die kroatische Armee den entscheidenden Sieg im Unabhängigkeitskrieg errang, begann mein Vater 1995 eine Ausbildung zum Flugzeugmechaniker. Als Militärangehöriger im aktiven Dienst war er beim Flughafen in Zemunik angestellt. Für uns bedeutete es, dass wir ins Hotel Iž umzogen. Es war kleiner und bescheidener und fünfzehn Gehminuten vom Hotel Kolovare entfernt. Auch mein Freund Marko Oštrić zog aus dem Hotel Kolovare aus, er wurde mit seiner Familie im Hotel Zagreb einquartiert. Die einschneidendste Veränderung war jedoch der Schulwechsel. Ich hatte die sechste Klasse hinter mir und wechselte zur Šime-Budinić-Schule, weil sie näher an unserer Unterkunft lag. Meine neue Schule war hübsch und gefiel mir sehr, obwohl die Lehrerinnen und Lehrer ein bisschen strenger waren. Ich hatte mich schon bald eingewöhnt, ebenso wie in unserer neuen Bleibe im Hotel Iž. Dort wohnten wir im ersten Obergeschoss auf knapp dreißig Quadratmetern, und wir hatten einen größeren Raum, der als Wohnzimmer, Esszimmer und Schlafzimmer meiner Eltern diente. Außer dem kleinen Badezimmer gab es noch ein winziges, notdürftig hergerichtetes Zimmer mit zwei Betten; dort schliefen Jasmina und ich. Doch schon bald waren wir zu dritt: Im Juni 1998 wurde meine Schwester Diora geboren.

An den Sommer 1998 denke ich auch deswegen gern zurück, weil die kroatische Nationalmannschaft bei der Weltmeisterschaft in Frankreich einen fantastischen Erfolg feierte. Auch mit meinen knapp dreizehn Jahren begriff ich, dass sie mit dem dritten Platz bei der WM eine ganz außergewöhnliche Leistung abgeliefert hatten. Erst im Halbfinale musste sich das kroatische Team geschlagen geben. Das war nicht die erste Weltmeisterschaft, die ich mir ansah. Auch von der WM 1994 in den USA waren mir einige Details in Erinnerung geblieben, obwohl ich damals erst neun war – vor allem Romário, der mir wegen seiner Dribbelkünste gefiel, und der Torjubel, mit dem Bebeto nach jedem erzielten Treffer die Geburt seines Kindes feierte. Den tiefsten Eindruck hatte die Spannung beim Elfmeterschießen im Endspiel zwischen Brasilien und Italien hinterlassen. Damals hatte ich natürlich keine Vorstellung davon, welche Bürde auf den Spielern lastet, wenn ihr Elfmeter darüber entscheidet, wer Weltmeister wird. Heute habe ich davon eine sehr klare Vorstellung.

1998 merkte man bei jedem Kroatienspiel schon am Verhalten der Menschen im Hotel, auf der Straße, auf den Plätzen, in den Cafés und Kneipen, dass gerade etwas Grandioses vor sich ging. Ich war beeindruckt von der Stimmung; von der Euphorie der Erwachsenen, die die sensationelle Leistung unserer Nationalmannschaft am Bildschirm verfolgten. Diese Emotionen haben sich tief in mein Gedächtnis eingegraben. Wie alle Jungs malte ich mir in der Fantasie aus, wie es wäre, so etwas als Spieler zu erleben. Auf welcher Position ich als Erwachsener spielen wollte und welche Nummer auf meinem Trikot stehen musste, hatte ich längst entschieden: die Nummer 10, die auch Mannschaftskapitän Zvonimir Boban auf dem Rücken trug. Boban war mein Idol. Ich verfolgte seine Auftritte in der Nationalmannschaft und beim AC Mailand. Ich wuchs in der Zeit auf, als Mailand eine dominierende Rolle in der Fußballwelt zu spielen begann – und Boban dort einer der besten Spieler war. Ein Fußballer aus meinem Heimatland war ein wichtiger Spieler dieser großartigen Mannschaft! Dass ich zum Fan der Rossoneri wurde, war nur logisch. Meine Eltern besorgten mir einen Trainingsanzug mit dem Logo des AC Milan und ich besaß Aufkleber mit dem Konterfei meines Lieblingsspielers. Ich hätte mir nicht träumen lassen, dass mein Idol und Vorbild mir eines Tages die Auszeichnung für den besten Spieler eines Turniers überreichen würde – und dann auch noch für den besten Spieler der Weltmeisterschaft.

Wir bleiben in Zadar

In dieser Zeit geschah etwas, das auf mein ganzes weiteres Leben einen riesigen Einfluss hatte. Der Krieg war zu Ende; jetzt ging es an den Wiederaufbau. Nach und nach kehrten die Menschen in ihre Heimat und ihre Häuser zurück. Alle gingen davon aus, dass auch meine Eltern nach Hause zurückgehen würden, nach Zaton Obrovački. Doch sie trafen eine folgenreiche Entscheidung: Wir blieben in Zadar! Viele, die in ihre Heimat zurückkehrten, versuchten, meine Eltern ebenfalls dazu zu überreden. Der Hauptgrund dafür, dass wir in Zadar blieben, war ich – oder vielmehr der Wunsch meiner Eltern, mir unbedingt eine ordentliche Ausbildung zu ermöglichen und die Chance zu geben, Fußballer zu werden. Mein Vater war davon überzeugt, dass ich das nötige Talent hatte, um ein sehr guter Spieler zu werden. Nichts und niemand konnte ihn von dieser Überzeugung abbringen. Wichtig war natürlich, meine Mutter mit ins Boot zu holen. Nachdem sie sich einverstanden erklärt hatte, beschlossen meine Eltern, alles Nötige zu tun, damit ich die Chance bekam, etwas wirklich Großes zu erreichen. Heute weiß ich, wie mutig das war und welche Opfer meine Eltern auf sich nehmen mussten, um mir dorthin zu verhelfen, wo ich heute stehe.

Von der allerersten Trainingssaison an – damals war ich erst sieben – war das Fußballspielen mit enormen Kosten verbunden. Meine Eltern waren beide berufstätig und konnten die Familie ernähren, aber sie mussten jeden Cent umdrehen. Trotzdem sagte mein Vater immer: „Ich hatte keine Chance, Luka bekommt eine – koste es, was es wolle." Und genau so war es. Meine Eltern kauften alles, was ich an Ausrüstung brauchte, zahlten die Vereinsbeiträge, finanzierten meine Auswahlcamps. Hätten meine Eltern mich nicht unterstützt und wären sie nicht felsenfest davon überzeugt gewesen, dass mein Talent dieses Opfer wert war, hätte ich nie die Chance bekommen, mich zu beweisen. Auch mein Onkel Željko half uns fast ebenso sehr wie meine Eltern – finanziell, moralisch und emotional. Mein Vater sagte oft, dass er ohne die Unterstützung seines Zwillingsbruders die vielen Kosten niemals hätte aufbringen können. Und Onkel Željko war zur Stelle, wann und weshalb auch immer meine Familie ihn brauchte.

In den Juniorenklassen machte ich schnelle Fortschritte. Ich war Teil einer talentierten Spielergeneration, die tolle Ergebnisse erzielte. Die Journalisten schrieben über uns; sie veröffentlichten Fotos, die heute schöne Erinnerungen sind. Dass wir über ein gutes Foto- und Pressearchiv aus dieser Zeit verfügen, ist meiner Mutter zu verdanken. Sie verfolgte die Berichterstattung in den Medien, schnitt Zeitungsartikel aus, ordnete die vielen Fotos sorgfältig und hob alles auf. Mein Vater war für die technische Seite zuständig. Er zeichnete die Spiele mit seiner Videokamera auf. Die Aufnahmen dienten einem doppelten Zweck: Zum einen waren sie Erinnerungsstücke, und zum anderen konnte mein Vater anhand der Videos das eine oder andere zeigen, wo ich mich noch verbessern konnte.

Wenn ich in Fotoalben aus dieser Zeit blättere oder Videoaufnahmen von damals sehe, ist vieles wieder ganz gegenwärtig. Nicht nur die Fußballmomente, sondern auch die Freundschaften. Wir verbrachten Zeit zusammen, reisten zusammen und wurden im wahrsten Sinne des Wortes gemeinsam groß. Oft spielten wir Turniere in Kroatien und im Ausland. Diese Reisen genossen wir, denn die Zugehörigkeit zu einem Verein hieß nicht nur, dass man spielt und gewinnt – wir fühlten uns als Teil einer Gruppe. Zwischen uns gab es eine besondere Verbundenheit. Wir waren erfolgshungrig und freuten uns darauf, unsere Siege gemeinsam zu feiern. In diesen frühen Jahren war alles unbeschwert und kindlich. Du malst dir aus, du wärst ein echter Fußballer in einer berühmten Mannschaft. Wenn du später U 16 und dann U 18 spielst, wirst du reifer und realisierst, dass Fußball ein Sport ist, der dir sehr viel abverlangt. Das heißt nicht, dass die romantische Seite des Spiels oder der Teamgeist verloren gehen – all das gehört unbedingt mit dazu, auch auf der obersten Stufe des Profifußballs; sonst macht es keinen Spaß. Aber wenn du weiter vorankommst, rücken andere Aspekte stärker in den Vordergrund. Ich meine die Opfer, die du bringen musst und die deine Altersgenossen nicht bringen müssen. Du musst früh ins Bett, während andere mit ihren Freunden um die Häuser ziehen. Du musst andauernd körperlich trainieren und immer fokussiert bleiben – auch wenn du technische, taktische und kämpferische Fähigkeiten trainierst. Du musst Fortschritte machen, und das gelingt dir nur, wenn du gedanklich bei der Sache bist und nicht ständig daran denkst, was deine Freunde machen, wo sie gerade sind, ob sie es sich gut gehen lassen und ob das Mädchen, das du gut findest und mit dem du gerne ins Kino gehen würdest, wohl auch dabei ist.

Meine Erinnerungsstücke an diese Jugendjahre sind viele Trophäen, die ich mit meinen Mannschaften und als Einzelspieler bekam. Die Teams, für die ich spielte, waren gut – und ich auch. Ich kann in diesem Buch nicht alle Einzelheiten auflisten, aber eines hat sich in meinem Gedächtnis fest verankert: unsere drei Siege in Folge bei unseren Jugendturnieren gegen Hajduk Split. Für meine Generation – also für die Spieler der Geburtsjahrgänge 1984 und 1985 – war das eine sensationelle Erfahrung. Wir gewannen gegen einen Club, dessen Fangemeinde fast alle Einwohner von Dalmatien umfasst und in dessen Trikot so gut wie jeder Spieler für sein Leben gern einmal auflaufen würde. Auch bei internationalen Turnieren waren wir erfolgreich. Bei einem dieser Wettbewerbe – das war in Bergamo – wurde ich zum besten Spieler des Turniers gewählt. Das Foto von der Preisverleihung wurde in den Zeitungen abgedruckt; ich war mächtig stolz. Es waren viele Zuschauer im Stadion und ich kam mir wichtig vor. Obendrein wurde mein bester Freund Marko Oštrić Torschützenkönig.

Die eigentliche Story dieses Turniers war das kleine Drama, das ich in der Nacht vor dem Finale durchleiden musste. Ich bekam Fieber. Ich legte mich ins Bett, kroch unter die Decke und zitterte wie Espenlaub. Meine Körpertemperatur muss durch die Decke gegangen sein, aber kein Mensch kam mit dem Fieberthermometer, denn ich verriet niemandem, dass ich krank war. Niemandem. Hätte es unser Trainer Domagoj Bašić erfahren, hätte er mich im Endspiel nicht spielen lassen. Das wäre für mich der Horror gewesen. Während ich da lag, gepeinigt vom Fieber und von der Angst, nicht aufzulaufen, und auch von der Erschöpfung der bisherigen Partien, schlief ich ein. Am nächsten Morgen wachte ich auf und alle Symptome waren weg. Ich war nicht erkältet, mir tat nichts weh, und ich vergaß beinahe, was sich am Abend zuvor abgespielt hatte. Ich spielte im Endspiel mit und machte ein Tor – und dann auch noch per Kopf!

Mein Lieblingstrainer

In den zehn Jahren an der Jugendakademie in Zadar hatte ich verschiedene Trainer. Der erste war Željko Živković. Es folgten Davorin Matošević, Miodrag Paunović, Domagoj Bašić und Robert Botunac. Für kürzere oder längere Zeit beeinflusste jeder von ihnen meinen Entwicklungsweg. Dankbar bin ich ihnen allen. Zwei Trainer waren für meine Entwicklung mit Abstand am wichtigsten – als Fußballspieler und als Menschen: Tomislav und Domagoj Bašić, Vater und Sohn. Tomo Bašić war *die* Fußballlegende von Zadar und ein Experte, ein angesehener und charismatischer Mann. Er leitete auch die Jugendakademie in Zadar und beschloss, dass sein Sohn Domagoj die U-12-Mannschaft trainieren sollte, in der ich spielte.

Domagoj war ein talentierter Fußballer, dessen Karriere früh zu Ende war. Er machte vom ersten Training an großen Eindruck auf mich und mit den Jahren wurde sein Einfluss immer größer. Er war unser Trainer, als wir gerade in die Pubertät kamen. In dem Alter schaut man den Mädels hinterher, will ausgehen und Spaß haben – wie die großen Jungs. In diesem Alter hält man sich für cleverer als alle anderen. Man hat alle möglichen hochtrabenden Ideen im Kopf und weiß alles besser. Domagoj Bašić hielt zu uns. Heute weiß ich, wie wichtig es ist, in dieser Lebensphase einen Trainer zu haben, der in dir nicht nur den

Spieler sieht. Er achtete sehr auf unsere Umgangsformen, gab uns Orientierung und erzog uns. Mit seinen Trainingseinheiten schlug er uns in seinen Bann, auch weil er ein unverwechselbarer Typ war. Er begnügte sich nicht damit, uns zuzurufen: „Renn, pass, kämpf dich durch, schieß!" Er brachte uns zum Beispiel bei, wie man mit Ungerechtigkeiten umgeht. Er teilte uns in zwei Teams ein, mimte den Schiedsrichter und pfiff, wie es ihm gerade in den Kram passte. Er benachteiligte jemanden absichtlich und beobachtete anschließend, wie wir reagierten. Einige von uns gerieten in Wut, andere lamentierten über das erlittene Unrecht. Hinterher erklärte er uns, dass im Fußball wie auch im Leben alles Mögliche auf uns warte. Dass es Ungerechtigkeiten geben werde und wir lernen müssten, mit solchen Situationen fertigzuwerden. Er brachte uns bei, verantwortungsvoll zu handeln und uns an Regeln zu halten. In solchen Dingen war er unerbittlich.

Domagoj Bašić war sehr belesen – und er forderte uns auf, ebenfalls Bücher zu lesen. Das fanden wir zunächst befremdlich. Wir waren nicht begeistert, aber der Trainer kannte kein Pardon. Er gab uns ein Buch und eine Woche Zeit, es zu lesen. Danach veranstaltete er ein Quiz, um festzustellen, ob wir das Buch auch wirklich gelesen hatten. Er ließ die Mannschaft im Kreis zusammenkommen und stellte jedem Spieler eine Frage zu diesem oder jenem Kapitel. Was wir lasen, konnten wir selbst aussuchen; er hatte alle Bücher sowieso schon längst gelesen. Und er kam schnell dahinter, wenn jemand mogelte. Wer es nicht schaffte, ihn davon zu überzeugen, dass er das Buch gelesen hatte, wurde nach Hause geschickt. Ich erklärte mich bereit, *Robinson Crusoe*, *Heidi* und ein drittes Buch zu lesen, an das ich mich nicht mehr erinnere. Ich las sie alle durch. Er wollte uns vermitteln, dass wir unsere Zusagen einhalten müssen, ob es uns gefällt oder nicht. In diesem Punkt war er konsequent – und bestrafte diejenigen, die ihm nicht gehorchten. Wenn zum

Beispiel die Zadarska noć (die Nacht von Zadar) stattfand und in fast allen Stadtvierteln Tausende Touristen und Einheimische mit Musik und Partys den Sommer verabschiedeten, gab es von ihm eine klare Ansage: „Nach ein Uhr nachts will ich keinen von euch mehr auf der Straße sehen. Wenn ich jemanden erwische, wird derjenige hier nicht mehr trainieren!"

Was er sagte, machte er auch. Wir mochten ihn sehr, weil hinter dieser eisernen und unnachgiebigen Haltung ein Mensch steckte, der uns extrem gut beschützte. Er ließ nicht zu, dass jemand uns attackierte; er verteidigte und unterstützte uns immer. Er gab uns ein ganz besonderes Selbstvertrauen. Abgesehen von seiner intellektuellen Seite hatte Domagoj auch Stil. Er war groß gewachsen, sah gut aus, trug immer Ray-Bans und strahlte eine unverwechselbare Energie aus. Wir wussten, dass er auch im Krieg gekämpft hatte.

Unser Training fing oft um 17 oder 18 Uhr an. Gelegentlich trainierten wir auch morgens; dann starteten wir in der Regel um 10 Uhr. Zu einem dieser Trainingstermine fanden wir uns auf dem Platz ein, nur Domagoj tauchte nicht auf. Wir dachten, er würde sich verspäten, was allerdings seltsam gewesen wäre, weil das noch nie vorgekommen war. Nach zwei Stunden kam jemand vom Verein und teilte uns mit: Unser Trainer war tot!

Wir waren schockiert. Ich weiß nicht mehr, ob jemand uns sagte, wie er gestorben war. Später erfuhren wir, dass persönliche Probleme in seiner Vergangenheit eine Rolle spielten. Aber seine Todesursache war nicht ausschlaggebend. Was mich schockierte, war die Erkenntnis, dass dieser Mann nicht nur mein Trainer war, vor dem ich so großen Respekt hatte, sondern auch ein Mensch, der mir sehr ans Herz gewachsen war. Was es heißt, einen wichtigen Menschen zu verlieren, hatte ich schon beim Tod meines Großvaters Luka erfahren. Aber seit ich meine Heimat verlassen hatte, waren die Dinge und Situationen, die mich an diese Tragödie erinnerten, in den Hintergrund gerückt. Dazu trugen auch meine Eltern nach Kräften bei. Die Zeit tat ebenfalls ihre Wirkung, sodass ich mich nach und nach daran gewöhnte, keinen Großvater mehr zu haben. Domagoj war aber ein Mensch, den ich als Trainer sehr gerne mochte und als Autorität respektierte.

Die Pubertät ist eine schwierige Zeit, in der solche Verluste besonders schmerzhaft sind – auch weil man erkennt, welche Leere sie hinterlassen können. Ich würde nicht sagen, dass ich auf einen Schlag erwachsen wurde, aber diese traurige Erfahrung hat mich geprägt und meinen Reifeprozess sicherlich beschleunigt. Alles, was er uns über Verantwortungsbewusstsein und Regeln beigebracht hatte, über das Einlösen von Zusagen und den Umgang mit Ungerechtigkeiten und schwierigen Phasen, wurde für meine Einstellung noch wichtiger. Es gab in meinem Leben viele schwierige Situationen, in denen mir seine Worte später wieder in den Sinn kamen.

Nach Domagoj Bašić wurde Robert Botunac unser Coach. Er hatte eine andere Herangehensweise, aber meine Erfahrungen mit ihm waren positiv. Ebenso wie Bašić und andere Trainer setzte mich Botunac als offensiven Mittelfeldspieler direkt hinter der Sturmspitze ein. Ich war kleiner als die anderen Spieler und physisch schwächer, aber für meine Explosivität bekannt. Es hieß, ich sei ein sehr guter Techniker und würde meine mangelnde Körpergröße dadurch wettmachen, dass ich schnell und wendig sei. Ich dribbelte gerne; manchmal übertrieb ich es aber auch mit meinen Tricks und Finten. Ungefähr um diese Zeit fing ich an, meine Pässe mit dem rechten Außenrist zu spielen. Als ich merkte, dass ich Spieler, die viel stärker waren als ich, austricksen und mich gegen sie durchsetzen konnte, gewann ich immer mehr an Selbstvertrauen. Das bestätigte sich bei einem großen Turnier in Vodice, bei dem wir gegen die besten Mannschaften aus Kroatien antraten und ich zum besten Spieler gekürt wurde – obwohl Zadar nicht ins Endspiel kam und nur auf Platz drei landete.

Auch an eine andere Geschichte aus dieser Zeit erinnere ich mich gerne. Damals interessierten sich die Medien stark für einen anderen offensiven Mittelfeldspieler. Er hieß Niko Kranjčar und war auch bei jüngeren Spielern wie mir Gesprächsthema. Er war der Sohn der Dinamo-Zagreb-Legende Cico Kranjčar, galt als Ausnahmetalent und wurde als baldiger Anwärter für die erste Mannschaft von Dinamo gehandelt. Ich sah ihn spielen und merkte nach ein paar Ballberührungen, dass er ein brillanter Techniker war. Es war eine Freude zuzuschauen, wie er sich bewegte und den Ball kontrollierte. Bald ergab sich für mich die Gelegenheit, ihn persönlich kennenzulernen. Dinamo kam zu einem Freundschaftscamp nach Zadar und die Spieler wohnten bei unseren Familien. Die Verteilung hatte unser Trainer Bašić gemacht und Niko landete bei meiner Familie im Hotel Kolovare. Wir verbrachten zwei Tage zusammen, spazierten durch Zadar, machten Sightseeing und unterhielten uns. Wir hatten eine tolle Zeit. Damals hätten wir uns nicht träumen lassen, dass wir eines Tages Seite an Seite zusammen spielen würden – für Kroatien und für Tottenham Hotspur.

Hajduk Split – eine Enttäuschung

Ein einschneidendes Erlebnis während meiner Zeit unter Trainer Robert Botunac war mein Probetraining bei Hajduk Split. Als ich zu Dinamo wechselte, und auch später nach meinen Transfers zu Tottenham und zu Real Madrid, wurde darüber viel geschrieben. Dinamo und Hajduk sind zwei kroatische Schwergewichte, deren erbitterte Rivalität immer wieder Zündstoff für Auseinandersetzungen liefert. Deshalb holten die Medien nach jedem Erfolg, den ich in meiner Karriere erzielte, die Geschichte von den Hajduk-Trainern wieder aus der Schublade, die mein Talent nicht erkannten. Ich habe inzwischen verschiedene Theorien gelesen, die oft auf Fußballgrößen wie Josip Skoblar und Zvonimir Boban verwiesen. Beide blickten auf eine glanzvolle Karriere zurück, und die Kritiker konnten es kaum abwarten, die Trainer an den Pranger zu stellen, die das angeblich nicht vorhergesehen hatten. In meinem Fall kursierten allerdings viele falsche Informationen. In den Zeitungen wurde zum Beispiel oft behauptet, Mario Grgurović wäre mit mir zusammen zu dem Testtraining erschienen und Hajduk hätte sich für ihn statt für mich entschieden. In Wahrheit spielte Grgurović zu diesem Zeitpunkt schon für Hajduk, während ich erst später in Split auftauchte – zusammen mit meinem besten Freund Marko Oštrić.

Mein Vater war seit jeher eingefleischter Hajduk-Fan. Genau wie der Rest meiner Familie. Für uns war Hajduk eine Institution. Für meinen Vater – wie für alle Eltern in Dalmatien, deren Kind Fußball spielt – wäre ein Traum wahr geworden, wenn ich für Hajduk gespielt hätte. Als Kind war ich ein leidenschaftlicher Fan der „Weißen" aus Split, woraus ich übrigens auch nie einen Hehl gemacht habe, als ich bei Hajduks Erzrivale Dinamo spielte. Das wäre albern und unaufrichtig gewesen. Trotzdem ist nach den vielen tollen Erfahrungen, die ich im berühmten blauen Trikot machen durfte, logischerweise Dinamo der Club, für den heute mein Herz schlägt – so wie es ganz natürlich ist, großen Respekt vor Hajduk zu haben und vor allem, was dieser Verein für seine Fans und die Menschen in Dalmatien bedeutet.

Mit Unterstützung von Onkel Željko, der über einen Mittelsmann Kontakt zu den Trainern von Hajduk aufgenommen hatte, fädelte mein Vater das Testtraining ein. Da zu dieser Zeit in Zadar keine Trainingstermine anstanden, ging mein Vater davon aus, dass er niemanden informieren müsse – auch nicht Tomo Bašić, den Leiter der Jugendakademie von Zadar. Das sollte sich später als großer Fehler erweisen. Mein Vater fuhr mit uns zum

Poljud-Stadion, wo Marko und ich in den vereinseigenen Gebäuden untergebracht wurden. Das Probetraining fand unter den wachsamen Augen von Trainer Mario Ćutuk auf dem nahe gelegenen Trainingsgelände statt. Ich hatte das Gefühl, mich gut präsentiert zu haben, und ging davon aus, dass die Trainer und Scouts von Hajduk zufrieden waren. Doch als die für den Test anberaumten zwei Wochen um waren, kam der Leiter von Hajduks Jugendakademie zu mir, Marin Kovačić. Mir war sofort klar, dass das kein gutes Ende nehmen würde. Kovačić machte es kurz: Für mich sei es zu früh, bei Hajduk anzufangen.

Diesen Moment werde ich nie vergessen. Die erste große Enttäuschung in meiner Fußballerlaufbahn. Ich konnte die Entscheidung einfach nicht akzeptieren und auch nicht die kaltherzige Art und Weise, wie diese Entscheidung vermittelt wurde. Mir kam der Verdacht, dass vielleicht jemand aus Zadar spitzgekriegt hatte, dass wir zu dem Probetraining gefahren waren, und bei Hajduk interveniert und die dortigen Verantwortlichen aufgefordert hatte, uns abzulehnen und nach Hause zu schicken. Darauf kam ich deswegen, weil es Marko, der sich bei dem Probetraining allem Anschein nach ebenfalls gut geschlagen hatte, schon einmal so ergangen war. Ich rief meinen Vater an und bat ihn, uns abzuholen. Er war unangenehm überrascht von dieser Wendung der Ereignisse. Für ihn war ich immer der Beste, wo auch immer ich spielte.

Als ich später als Vereins- und Nationalspieler bewiesen hatte, was ich konnte, verspürte ich nicht mehr die bittere Enttäuschung, die dich als Kind überkommt, wenn du hörst, dass du nicht gut genug bist. Dass die Begabung eines Spielers falsch beurteilt wird, kann in so jungen Jahren vorkommen – besonders dann, wenn die Entscheidung schnell getroffen werden muss und viele Kinder zur Auswahl stehen. Ich kenne eine Menge junge Spieler, die auf dem Rasen ihr Talent unter Beweis stellten und bei denen ich sicher war, dass sie sehr gute

Spieler werden. In den meisten Fällen lag ich falsch. Bei manchen schmolz der körperliche Vorsprung mit zunehmendem Alter dahin. Anderen fehlte es an Durchhaltevermögen. Wieder andere hatten nicht das Glück, dass ihre Fähigkeiten erkannt wurden und sie zur richtigen Zeit die Unterstützung bekamen, die sie gebraucht hätten. Für manche hatte die Schule höhere Priorität, sodass sie nicht bereit waren, sich voll reinzuhängen und dem Fußball alles zu opfern. Ob jemand, der mit zehn oder zwölf oder sogar mit sechzehn Jahren hervorragend spielt, gut genug ist, um Profi zu werden, kann niemand mit Gewissheit sagen. Auch der umgekehrte Fall kommt vor: Es gibt Spieler, die in den jüngeren Altersklassen nicht sehr vielversprechend spielen, aber irgendwann herausstechen und eine erfolgreiche Karriere hinlegen. Und es gibt solche Typen wie mich, die mit der körperlichen Entwicklung hintendran sind und übersehen werden und sich trotzdem durchsetzen. Die Experten, die sich darüber auslassen, dass man bei Hajduk oder bei irgendeinem anderen Verein Talente nicht erkennt, kommen mir immer einigermaßen ignorant vor.

„Ihr Sohn erfüllt die Kriterien nicht; es tut uns leid. Er ist immer noch zu klein", sagte man bei Hajduk zu meinem Vater. Das war für ihn schwer zu akzeptieren, aber er musste es wohl hinnehmen. Ich ließ mich nicht entmutigen. Ich fühlte mich sogar noch stärker motiviert und wollte den Beweis antreten, dass sie falschlagen. Auf dem Spielfeld merkte ich, dass ich gegen jeden beliebigen Gegner eine solide Leistung abliefern konnte. Das zu merken ist sehr wichtig. Jeder von uns weiß selbst am besten, was er kann oder nicht kann – das realisierte ich erst später, als ich auf Topniveau spielte. Im Training oder im Spiel merkst du, wo du im Vergleich zu anderen stehst. Wenn du beim Tempo mithalten und einen Gegner ausdribbeln kannst, in die Zweikämpfe gehst und zielgenaue Pässe spielst, dann heißt das, dass du das angestrebte Niveau erreicht hast und dich nach neuen Herausforderungen und Gelegenheiten umsehen solltest, damit du dich weiterentwickeln kannst. Wenn ich dieses Gefühl hatte, wusste ich immer, dass ich für die nächste Stufe in meiner Laufbahn bereit war.

Nach meiner schmerzlichen Erfahrung bei Hajduk waren wir schon bald wieder in Zadar, doch dort folgten weitere Probleme und Enttäuschungen. Tomo Bašić war dahintergekommen, dass wir zu einem Testtraining gefahren waren. Das nahm er meinem Vater übel, um es vorsichtig auszudrücken. Bis dahin hatten die beiden ein sehr gutes Verhältnis gehabt.

„Wie konntest du das tun, ohne mir etwas zu sagen?!", fragte er vorwurfsvoll. Es ließ ihm keine Ruhe, dass mein Vater ihn nicht eingeweiht und schon gar nicht um Rat gefragt hatte. Mein Vater war auf Tomo Bašićs Reaktion nicht gefasst – und litt darunter. Für mich war es das zweite Schockerlebnis innerhalb von zwei Tagen.

„Wenn er nicht gut genug ist für Hajduk, ist er auch für Zadar nicht gut genug! Für die nächsten drei Monate wird er vom Training ausgeschlossen!"

Ich traute meinen Ohren nicht, als mein Vater mir das erzählte. Dass ich so lange ohne Fußball, meine Teamkollegen und Freunde auskommen sollte, war hart. Bei der Vorstellung, dass ich drei Monate lang auch keine Spiele bestreiten durfte, wurde mir übel. *Wie konnte ausgerechnet mir das passieren?* Ein Tag ohne den Verein kam mir vor wie ein ganzes Jahr!

Gelegentlich räumte mein Vater ein, dass Tomo Bašić zu Recht sauer war – aber seine drakonische Strafe konnte er nicht akzeptieren. Ich weiß, dass sich die beiden heftig stritten und es eine Weile dauerte, bis sie wieder miteinander redeten.

Die ganze Geschichte machte mich wahnsinnig. Aber mein Vater sagte: „Es gibt keine andere Option." Und er hatte recht. Wir mussten umdisponieren. Tomo gab mir eine Reihe von Stretchingübungen auf, durch die ich wenigstens ein bisschen größer werden sollte. Diese Übungen machte ich mehrmals täglich; sie wurden zu einer Obsession. Immer wieder hängte ich mich an irgendwelche Zäune. Alle, die mich dabei gesehen haben, müssen mich für einen Irren gehalten haben. Ich dachte nur daran, was mit den Übungen letztlich erreicht werden sollte: größer werden.

Wenn ich nicht gerade Dehnungsübungen machte, spielte ich mit meinen Freunden Fußball und Basketball. Wenn mein Vater von der Arbeit kam, fuhr er mit mir zum Trainieren zu einem Parkplatz oder einem Betonspielfeld bei uns in der Nähe. Wir feilten an meiner Technik und speziell an der Schusstechnik und übten, wie ich mich bei der Ballannahme in die richtige Position brachte. So ging der Sommer gemächlich dahin; ich fuhr an die Küste, badete im Meer, hing mit meinen Freunden ab und machte pausenlos meine Stretchingübungen. Zu meiner großen Überraschung ging gegen Ende des Sommers mein Wunsch in Erfüllung: Ich war größer geworden! Ich bin nicht sicher, ob das Programm großen Anteil daran hatte – irgendwie wahrscheinlich schon etwas, aber ich glaube, vor allem die Natur hat das Ihrige dazu beigetragen.

Inzwischen hatten mein Vater und „Mr. Tomo" Frieden geschlossen und redeten wieder miteinander. Eines Tages sagte Tomo bei einem Kaffee schließlich zu ihm: „Du kannst Luka sagen, dass er jetzt wieder mit der Mannschaft trainieren darf."

Wieder am Ball

Als mein Vater mir das erzählte, war ich hellauf begeistert. Noch bevor die vollen drei Monate um waren, durfte ich wieder mitmachen. Ich war ganz aus dem Häuschen, auch weil ich Mr. Tomos Entscheidung, mich vom Verein ein Stück fernzuhalten, ein bisschen nachvollziehen konnte. Sowohl er als auch mein Vater bedauerten, dass das Probetraining bei Hajduk ohne sein Wissen stattgefunden hatte. Er hatte stets eine hundertprozentig positive Einstellung und enorm viel Erfahrung und hatte immer Ratschläge auf Lager, die einen weiterbrachten. Als ich mich Jahre später als Profi etabliert hatte, sagte mein Vater einmal zu mir: „Jetzt klopfen sich viele auf die Brust, aber der Einzige, der dein Talent erkannt und immer gesagt hat, dass du es schaffen wirst, war Tomo Bašić. Für ihn warst du nie eine kleine Leuchte; er hatte immer eine klare Vision davon, was aus dir werden würde."

Mr. Tomo war ein Unikum, streng und fordernd. Für einen heranwachsenden Fußballspieler und Menschen hat die Autorität eines solchen Menschen etwas Einschüchterndes. Aber seine Ratschläge waren Gold wert. Seine disziplinarischen Maßnahmen ebenfalls. Er bestellte uns zum Einzeltraining und sagte uns, was wir zu tun hatten. Wenn er mit unserer Leistung nicht zufrieden war, schickte er uns weg. Einfach so. Mit ihm konnte man sich keine Scherze erlauben. Er wusste unheimlich viel und brauchte nicht lange, um ein Talent zu erkennen und zu sehen, wer zum Fußballer taugte und wer nur so tat. Wenn er zu mir sagte: „Luka, du hast das Zeug!", fühlte ich mich in dem Glauben bestärkt, dass meine Stunde eines Tages kommen würde. Dass ich es schaffen konnte.

Es klingt vielleicht überheblich, aber dass ich auf dem Rasen eine Menge vorzuweisen hatte, spürte ich schon früh, als wir noch Kids waren und in Banine trainierten. Wir waren viele, sodass die Trainer uns in Gruppen aufteilten. Meine Gruppe nannte sich in Anlehnung an einen damals sehr beliebten Fußballmanga „die Hurricanes". Die andere Gruppe hieß „Mistrals". Sie waren unsere Erzrivalen, aber manchmal spielten wir auch gegen ältere Jungs. Wer auch immer unsere Gegner waren – ich schaffte es, das durchzuziehen, was ich mir vorgenommen hatte. Ich beherrschte das Spielgeschehen, sobald ich den Ball hatte; dass ich den Ball verlor, kam selten vor. Die älteren Jungs hatten Respekt – das zeigte sich, wenn sie die Spieler für ihre Mannschaft aussuchten.

Es gab natürlich auch weniger erfreuliche Momente. Ich bekam oft Tritte ab, zumal wenn ich dribbelte. Ich ging ohne Angst in die Zweikämpfe und machte mir keinen Kopf, wenn mein Gegenüber stärker war als ich. Die üblichen Zweifel wegen meiner Körpergröße begleiteten mich von meiner ersten Trainingsstunde an, aber daran gewöhnte ich mich. Immer wenn ich ein gutes Spiel abgeliefert hatte und die Leute meine Leistung lobten, kam irgendwann das unweigerliche Aber: „Der Junge ist ein Wunderkind, *aber* er ist zu klein!" Natürlich gab es hochgewachsene und kräftige Spieler, die herausstachen und viele Tore schossen, aber je älter ich wurde, umso mehr verlor sich der physische Kräfteunterschied und wurde das technische Können zum ausschlaggebenden Faktor.

Seit meinem Erlebnis bei Hajduk fühlte ich mich erst recht motiviert, wenn jemand Zweifel an mir äußerte. Von klein auf glaubte ich an mich, aber vielleicht hat gerade die Erfahrung, dass an mir gezweifelt wurde, meinen Kampfgeist und mein Selbstvertrauen besonders gestärkt. Es kann auch sein, dass ich diese Eigenschaften geerbt habe – meine Mutter ist sehr hart im Nehmen und selbstbewusst, und mein Vater ist ein hartnäckiger Kämpfertyp, der nie aufgibt.

Parallel zum Fußball ging ich weiter zur Schule. Nach der Primarschule besuchte ich die Gastronomie- und Tourismusschule und lernte unter anderem Kellnern. Wenn ich als Fußballer keinen Erfolg gehabt hätte, wäre ich wahrscheinlich Kellner geworden. Der Gedanke gefiel mir. Im ersten Jahr machten wir unsere praktische Ausbildung in einem Restaurant an der Marina in Zadar, das Hochzeitsdinner ausrichtete. Ohne falsche Bescheidenheit darf ich sagen, dass ich beim Servieren der Drinks ein Ass war. Das war unsere Hauptaufgabe.

Das Einzige, dem ich nichts abgewinnen konnte, war der Abwasch. Wir Auszubildenden wurden gute Freunde und hatten in den Pausen und bei unseren Mahlzeiten in der Küche großen Spaß. Nach dem ersten Sekundarschuljahr war es jedoch Zeit für eine neue Herausforderung – und für eine Entscheidung, die mein Leben verändern sollte.

***

In der ersten Zeit nach dem Tod seines Sohnes ließ sich Mr. Tomo kaum im Verein blicken. Das Begräbnis unseres jungen Trainers war todtraurig. Für Domagojs Eltern und seinen Bruder Silvio war sein Tod ein schwerer Schlag. Mr. Tomo wirkte bedrückt, aber unter Aufbietung aller Kräfte mischte er wieder im Club mit und betreute ein paar jüngere Spieler wie mich. Eines Tages lud er meinen Vater und mich zu sich ein und wollte mit uns sprechen. „Luka ist sehr gut und hat das Zeug, ein großer Fußballer zu werden. Aus Zadar ist er hinausgewachsen. Es ist an der Zeit für den nächsten Schritt. Er muss auf ein höheres Niveau wechseln, damit er sich weiterentwickeln und sein Potenzial entfalten kann."

Da das erfolglose Testtraining bei Hajduk zufälligerweise gerade genau ein Jahr her war, hatten Mr. Tomos Worte besonderes Gewicht. Ich fühlte mich geehrt, weil er kein Schmeichler war, und ich wusste, dass er von dem, was er sagte, wirklich überzeugt war.

Mitten in das Schweigen, das einen Moment lang am Tisch herrschte, platzte es spontan aus mir heraus: „Ich bin bereit. Jetzt sofort!"

Mein Vater reagierte ähnlich, aber in seinen Augen sah ich eine gewisse Unsicherheit. Einen Schritt nach vorn – gut, aber wohin und wie? Nachdem wir uns bei Hajduk die Finger verbrannt hatten, war er vorsichtig geworden.

Mr. Tomo erklärte, dass er nicht an Hajduk denke, auf das er naheliegenderweise nicht gut zu sprechen war.

„Ich habe eine andere Idee", sagte er.

Diese Idee hieß Dinamo.

KAPITEL VIER

Die meisten Gedanken machte ich mir in dieser Zeit darüber, wie ich mich als Spieler weiterentwickeln konnte. Mr. Tomo hatte recht: Wenn du merkst, dass du in deinem bisherigen Umfeld keine Fortschritte mehr machst, hast du zwei Optionen: Entweder du bleibst in deiner sicheren Umgebung – was meistens Stillstand bedeutet –, oder du stellst dich der Herausforderung und lässt dich auf ein Umfeld ein, das dich stärker fordert und in dem du besser werden musst, wenn du deine Rolle spielen willst. Als wir uns alle einig waren, dass es an der Zeit war, Zadar Adieu zu sagen, nahm Mr. Tomo Kontakt zu Zdravko Mamić auf. Damals saß Mamić im Vorstand von Dinamo und betrieb außerdem eine Beratungsagentur, die mehrere junge Spieler betreute und sich um ihre Karriere kümmerte. Er galt als ausgesprochen kompetenter Fußballagent mit zunehmendem Einfluss. Das hatte ich alles aus den Erzählungen anderer Leute und aus den Nachrichten erfahren. Jetzt gewann Mr. Tomo ihn dafür, mir eine Chance zu geben. Anschließend mussten wir mit den Leuten bei Zadar reden und ihnen die Erlaubnis abringen, bei Dinamo zu unterschreiben. Das führte zu einigen Problemen. Die Leute bei Zadar wollten, dass ich einen Stipendiumsvertrag unterschrieb, weil sie damit ihre Verhandlungsposition bei möglichen zukünftigen Transfers stärken wollten. Mein Vater wollte gar nichts unterschreiben. Während des Transferfensters bat er schriftlich um die Auflösung meines Vertrags mit Zadar. Mit diesem Dokument in der Hand konnte ich bei einem neuen Verein unterschreiben. Es wurde vereinbart, dass Zadar für mein Training und meine Ausbildung einen Solidarbeitrag bekommen sollte, den sie später nach meinen Wechseln zu Tottenham und dann zu Real Madrid erhielten.

Der Sommer 2001 war ein entscheidender Wendepunkt in meiner Karriere und in meinem Leben. Während ich noch in Zadar blieb, die Zeit genoss und mit meinen Freunden abhing, fuhren meine Eltern nach Zagreb, um meinen Status zu klären. Da ich mit meinen fünfzehn Jahren noch minderjährig war, mussten sie den Vertrag mit Mamićs Sportagentur unterschreiben. Sie trafen sich mit dem Agenturmitarbeiter Damir Jozić, der ihnen die ganze Zeit über zur Verfügung stand. Sie lernten auch Zdravko Mamić kennen, der einen rundum positiven Eindruck bei ihnen hinterließ.

In den nächsten sieben Jahren, in denen ich bei Dinamo spielte (inklusive der beiden Leihen an Zrinjski Mostar und Inter Zaprešić), hatte mein Vater nur selten Kontakt mit Mamić. Er schaltete sich, wie gesagt, nur dann in meine Karriere ein, wenn es sein musste – wie zum Beispiel wenn er Dokumente unterschreiben musste, weil ich noch zu jung war.

Als ich klein war, fuhr er mich meistens zum Training, brachte mir in seiner Freizeit das eine oder andere bei, kaufte mir die Ausrüstung, bezahlte alles und war zusammen mit meiner Mutter meine wichtigste Stütze. Er war fürsorglich wie alle guten Eltern. Meine Mutter und mein Vater ließen mir schon sehr früh meine Unabhängigkeit, sodass ich rasch lernte, außerhalb des Spielfelds Situationen richtig einzuschätzen, Entscheidungen zu treffen und die damit verbundene Verantwortung zu übernehmen. Manche Situationen waren nach Meinung meines Vaters nicht das Richtige für mich. Eine davon war meine zweite Leihe an Inter Zaprešić. Er machte keinen Hehl daraus, wenn er unzufrieden war oder Zweifel hatte, aber die endgültige Entscheidung überließ er wie so oft mir. Als ich für Zrinjski Mostar in einer Liga spielte, in der den Spielern körperlich viel abverlangt wurde, war ich noch Jugendspieler.

Viele sagten auch diesmal wieder, ich sei zu schwach – zumal für eine so fordernde Erwachsenenliga. Meinem Vater bereitete das allerdings keine Sorgen. Er machte keinen Versuch, mir die Sache auszureden. Er merkte, wie fest entschlossen ich war, und sagte nur: „Wenn du der Meinung bist, dass es gut für dich ist, mein Sohn, dann geh hin und zeig ihnen, was du draufhast!" Ihm kam es einzig und allein darauf an, dass ich zufrieden war. Mehr, so sagte er immer wieder, brauche er nicht.

Mein erster Vertrag mit der Agentur von Zdravko Mamić beinhaltete die Unterbringung, eine Mahlzeit pro Tag und jeden Monat 500 D-Mark, von denen 80 D-Mark als Ausbildungsgebühr abgingen. Der Umzug nach Zagreb bedeutete auch, dass ich die Schule wechseln musste. Ich besuchte die Hotel- und Tourismusschule, die denselben Lehrplan hatte wie meine bisherige Schule in Zadar. Es war eine Abendschule, da ich die meiste Zeit mit Team- und Einzeltrainings, Spielen und Reisen verbrachte. Meine Priorität hieß Fußball, und das war der Grund, warum ich in die Hauptstadt zog.

Die Aussicht, zu einem großen Verein zu wechseln und demnächst in der Großstadt zu leben, löste bei mir bis kurz vor dem Aufbruch Bauchkribbeln aus. Als der Tag des Abschieds näher rückte, wurde ich immer emotionaler. Mir war klar, dass sich mein Leben grundsätzlich verändern würde; zugleich dachte ich intensiv noch einmal über alles nach, was ich bis dahin erlebt hatte. Der Abschied von Zadar fiel mir schwer. Zehn Jahre hatte ich in dieser Stadt verlebt, die immer *meine Stadt* gewesen war. Hier hatte ich meine Kindheit verbracht, war ich aufgewachsen und zur Schule gegangen. Erste Verliebtheiten und der Fußball gehörten ebenso zu diesen zehn Jahren wie die Granaten- und Raketenangriffe, die Angst und jugendlichen Enttäuschungen. Das alles ging mir die ganze Zeit durch den Kopf. Mit meinen beinahe sechzehn Jahren war ich ängstlich gespannt auf den großen Schritt, der vor mir lag, und ich machte mir klar, was ich alles hinter mir ließ. Die Jahre in Zadar hatten für mich eine große Bedeutung – vor allem wegen der Menschen um mich herum: meine geliebten Eltern, meine großartigen Schwestern und mein bester Freund Marko Oštrić, aber auch meine übrigen Freunde und meine fußballerische Vaterfigur Mr. Tomo. Sie blieben zurück; ich ging weg. Ich ging allein in die große Stadt und wusste nicht, was mich dort erwartete.

Am Abend vor meiner Abreise war ich nicht unruhig. Gespannt dachte ich darüber nach, wie das alles wohl werden würde. Angst hatte ich nicht. Ich wusste, dass der anstehende Schritt für meine Karriere entscheidend sein würde. Mir war klar, dass ich selbstständig werden musste, weil die Situation das einfach verlangte. Genauso klar war mir, dass Zagreb meine große Chance war, ein erfolgreicher Fußballer zu werden. Ich dachte keine Sekunde daran, zu Hause zu bleiben.

Am nächsten Morgen war ich etwas aufgeregt, aber gerüstet. Viel Gepäck hatte ich nicht – alles, was ich brauchte, passte in eine große Sporttasche. Kurz vor der Abreise gab es noch einmal einen schweren Moment, als ich meiner Familie Auf Wiedersehen sagte. Mein Vater fuhr mich nach Zagreb, weil ich dort mit der U-17-Nationalmannschaft zwei Spiele gegen Slowenien bestreiten sollte. Danach würde ich in Zagreb bleiben und ins Training bei Dinamo einsteigen. Dieser Morgen war also mein Abschied von Zadar. Meine Kindheit war zu Ende. Ich war fünfzehn Jahre und elf Monate alt und wusste, dass ich von diesem Tag an die ganze Verantwortung tragen würde, die ein Erwachsener trägt. Nur so würde ich die vielen Hürden nehmen können auf dem Weg zu den Zielen, die ich mir selbst gesetzt hatte. Nur so konnte ich damit klarkommen, dass ich von meiner Familie getrennt war, und mich an ein neues Leben in der Großstadt gewöhnen.

Als ich aufbrach, war meine Mutter sehr gefasst. Sie ist ihrem Wesen nach ein ruhiger Mensch, aber ich spürte doch, dass sie sich zusammennahm, um sich keine Schwäche anmerken zu lassen und mir den Abschied nicht schwer zu machen. Ich umarmte sie. Ich vergoss keine Tränen, aber spürte einen Kloß im Hals. Meine Schwester Jasmina weinte bitterlich. Wir stehen uns sehr nahe. Seit frühester Kindheit wollte sie immer in meiner Nähe sein. Sogar wenn ich mit den Jungs aus meiner Straße Fußball spielte, wollte sie lieber bei mir sein, als mit anderen Mädchen zu spielen.

Der Moment, als ich ins Auto stieg und die Tür zumachte, war hart. Als ich mich umdrehte, um meiner Mutter zu winken, sah ich, dass mein Vater am Steuer weinte. Wir fuhren los, meine Mutter, meine Schwestern und dahinter meine Stadt – das war ein herzzerreißender Anblick. Mir kamen die Tränen, ich saß einfach still da. Während der rote Zastava 128 uns nach Zagreb beförderte, ging mir alles durch den Kopf, was ich erlebt hatte und was vor mir lag. In Zadar hatte es schwierige Zeiten gegeben, Tage voller Kummer und Not, aber auch unzählige freudige und glückliche Momente. Ich durfte in einer liebevollen Familie aufwachsen, die mich mit Zuneigung überschüttete. Ich hatte gelernt, bescheiden zu leben und mit dem zufrieden zu sein, was ich hatte. Ich spürte, dass es mir an nichts fehlte.

Es wird viel geschrieben über meine Kindheitsjahre in armen Verhältnissen, über die Schrecken des Krieges und mein Leben als Flüchtlingskind. Es stimmt, dass wir nicht viel besaßen. Es stimmt auch, dass Raketenangriffe und Angst lange zu meinem Alltag gehörten. Fünf oder sechs Jahre lebten wir als Flüchtlinge, in Behelfsunterkünften zusammen mit anderen, die mit demselben traurigen Schicksal zurechtkommen mussten. Trotzdem wäre es falsch, zu sagen, ich hätte ein schlechtes Leben gehabt oder mich durchs Leben quälen müssen. Wegen meiner Eltern und aller anderen Menschen um mich herum, die zu diesen ersten sechzehn Jahren meines Lebens gehörten, erinnere ich mich gern an diese Zeit.

Wenn ich dieses Leben in einem Bild oder auch in einem Symbol charakterisieren müsste, würde ich die Geschichte von meinen Schienbeinschonern aussuchen. Ich war kein schwieriges Kind – im Gegenteil. Wie alle fußballverrückten und Fußball spielenden Jungs hatte ich meine Helden. Einer meiner ersten Helden und mein größter Held überhaupt war Il Fenomeno – Ronaldo Luís Nazário de Lima, kurz Ronaldo. Mich begeisterte, wie er sich dribbelnd seinen Weg durch die Verteidigung bahnte und den Ball mit Leichtigkeit ins Tor beförderte. Mein Vater wusste, dass ich ein großer Ronaldo-Fan war, und besorgte mir immer wieder Sachen mit dem Konterfei oder der Rückennummer des Brasilianers darauf. Wenn er merkte, dass ich mir etwas Bestimmtes wünschte, scheute er keine Mühen, um mir diesen Wunsch zu erfüllen. Unterstützt wurde er dabei von meiner Mutter, und auch mein Onkel Željko half, wo er nur konnte. Deswegen hatte ich immer alles, was ich brauchte – für den Fußball, für die Schule und auch für meine Reisen. Ich hatte meine Fußballschuhe, Trainingsschuhe, Jogginganzüge und sogar ein Fahrrad, Taschen, Trikots, Bälle und T-Shirts. So kam ich auch zu einem Paar Schienbeinschoner aus Kunststoff. Solche Schoner hatten alle, aber nur auf meinen prangte ein Bild von Ronaldo. Ich war total aus dem Häuschen, als mein Vater sie mir kaufte. Ich behütete sie, als wären sie mein Ein und Alles. Die Geschichte, mein Vater hätte mir Schienbeinschoner aus Holz gebastelt, ist wie so viele andere Storys über meine Kindheit eine Legende.

In der großen Stadt

In Zagreb zog ich in eine Mietwohnung in Ravnice. Von dort war es nicht weit zum Trainingsgelände und zum Stadion – ungefähr zehn Gehminuten. Ich teilte mir ein Zimmer mit Marko

Čirjak, einem großartigen Menschen. Ich hatte ihn schon bei einem Futsalturnier in Zadar kennengelernt, das unsere Mannschaft gewonnen hatte. Čiro – so nannten wir ihn – spielte auch für die Jugendmannschaften bei Dinamo. Leider war ihm keine große Karriere beschieden, obwohl er damals ein herausragender Mittelfeldspieler war. Heute ist er Handelsvertreter und nach wie vor einer meiner engsten Freunde.

Meine erste Wohnung in Zagreb war ziemlich klein; wir hatten nur ein Zimmer, eine Küche und einen kleinen Balkon. Der Vormieter hatte keinen Gedanken an uns Nachmieter verschwendet und die Wohnung komplett vermüllt. Wir mussten sie erst einmal auf Vordermann bringen – und zwar zügig, denn zum Glück legte Čiro genauso viel Wert auf Ordnung wie ich. Wir machten uns ans Werk und schafften den ganzen Müll aus dem Haus. Anschließend ruhten wir uns ein bisschen aus und unterhielten uns lange. Ich war müde, sodass ich bald einschlief und mich vermutlich bis zum Morgen nicht mehr regte. Das war meine erste Nacht in der großen Stadt.

Ich war nicht zum ersten Mal in Zagreb – schon als ich für Zadar spielte, war ich mehrmals dort gewesen. Schon damals hatte mich die Stadt beeindruckt, obwohl wir nicht viel von ihr gesehen hatten. Seit ich hierher umgezogen war, verbrachte ich die meiste Zeit in der Wohnung und auf dem Stadiongelände. Unser tägliches Training fand beim Club statt, und gelegentlich hatten wir Einzeltrainings, bei denen es schwerpunktmäßig um Technik oder Fitness ging. Organisiert wurden diese Trainings von der Agentur, die auch für unsere Mittagsverpflegung sorgte. Wir speisten gemeinsam im Restaurant Pod Mirnim Krovom, das nicht weit weg vom Club lag. Um das Abendessen mussten wir uns selbst kümmern. Mein Frühstück bestand meistens aus einem Sandwich und einem Glas Kakao.

In den ersten Monaten hatte ich natürlich manchmal Heimweh. Ich vermisste meine Familie, die vertraute Atmosphäre in

Zadar und konnte kaum die paar Tage abwarten, bis ich in den Bus steigen und nach Hause fahren konnte. Wie immer halfen mir meine Eltern, diese Zeiten durchzustehen. Oft kamen sie am Wochenende zu Besuch, um mich spielen zu sehen und bei mir nach dem Rechten zu schauen. Mein Vater und ich sprachen darüber, wie ich gespielt hatte. Diese Gespräche liefen freundschaftlich ab. In Zadar hatte er in meiner Anfangszeit ständig an mir herumkritisiert. Einmal machte er mir so lange Vorhaltungen, dass ich in Tränen ausbrach, als wir nach Hause kamen. Daraufhin wurde meine Mutter laut und verbot ihm, zu meinen Spielen zu gehen, weil er mich nicht in Ruhe ließ. Sie redete mir gut zu und sagte, ich solle Geduld haben. Sie war sehr duldsam mir gegenüber. Meinem Vater passte es nicht, dass er meinen Spielen fernbleiben sollte. Er ging heimlich ins Stadion und schaute mir bei den Spielen zu. Ich hatte keine Ahnung, dass er auf der Tribüne saß.

In meiner Zeit bei Dinamo verbrachte ich jeden Sommer in Zadar. Die ganze Familie kam dann zusammen; es war wie früher. Auch wenn meine Mutter immer so tapfer wirkte, wenn wir uns auf dem Parkplatz vor dem Hotel Iž voneinander verabschiedeten, machte die Trennung ihr schwer zu schaffen. Mein Vater ist ein empfindsamer Mensch und weicht, wenn wir uns Auf Wiedersehen sagen, noch heute mit dem Blick aus, damit ich die Tränen in seinen Augen nicht sehe. Aber er hatte ein Mantra, das ihm Erleichterung verschaffte: „Mein einziger Wunsch ist, dass Luka glücklich ist!" Das sagt er oft, wenn ich ihn um einen Rat bitte. Er sagt, was er denkt, und fügt dann hinzu: „Mein Sohn, ich bin überzeugt, dass du die richtige Entscheidung triffst. Wie immer." Er liebt Fußball, und mich spielen zu sehen macht ihn glücklich. Ob ich auf dem Spielfeld eine gute Figur mache oder nicht, spielt dabei keine Rolle – sobald das Spiel vorbei ist, bin ich für ihn immer der Beste.

„Aber hast du irgendetwas gesehen, das ich hätte anders machen können?“, frage ich ihn oft. „Eine falsche Entscheidung?“ Egal was ich frage – ihn bringt nichts aus der Fassung.

Meine Mutter kann mit Fußball nicht besonders viel anfangen. Fußball schaut sie nur deswegen, weil ihr Sohn Fußballer ist. Sie hätte es gern gesehen, wenn ich weiter zur Schule gegangen wäre und einen guten Job bekommen hätte. Sie pochte selbst dann noch auf eine Ausbildung, als längst klar war, dass eine Karriere als Fußballprofi für mich in greifbare Nähe rückte, und beklagte sich immer wieder.

Nach meinem Umzug nach Zagreb riefen mich meine Eltern jeden Tag an. „Mein Gott, Mutter, nun hör doch auf, ihn ständig anzurufen; er ist doch kein kleines Kind mehr! Luka kann auf sich selbst aufpassen“, sagte meine Schwester Jasmina immer wieder. Aber meine Mutter konnte nicht anders, obwohl sie wusste, dass sie es übertrieb. Sie musste immer fragen: „Isst du auch genug? Bekommst du genug zu essen? Wie war das Training? Bist du müde?“ Sie ermahnte mich auch jedes Mal, mich warm anzuziehen, damit ich mich nicht erkälte, oder eine zweite Bettdecke zu benutzen, weil es im kroatischen Hinterland kälter ist als an der Küste. Noch heute stellt meine Mutter mir diese altbekannten Fragen und sorgt sich wie eh und je, auch wenn ich mittlerweile selbst Familie und Kinder habe.

Diora war noch zu klein, um zu verstehen, was vor sich ging, aber Jasmina war damals dreizehn und über alles im Bilde. Meine Eltern warteten auf den richtigen Zeitpunkt, um ihr zu eröffnen, dass ich wegzog, denn sie machten sich Gedanken darüber, wie sie diese Nachricht wohl aufnehmen würde. Es lief dann besser als erwartet. Jasmina sah ein, dass ich froh war, so eine Chance zu bekommen, und das war für sie das Wichtigste. Trotzdem war es hart für sie, als der Moment gekommen war und ich tatsächlich wegging. Sie weinte, denn sie wusste genauso gut wie ich, dass damit ein besonderer Abschnitt unseres

Lebens zu Ende ging. Wir waren vier Jahre auseinander; wir hatten immer ein sehr enges Verhältnis und hatten zusammen eine Menge durchgemacht. Natürlich gab es auch Momente, in denen ich rausgehen und mit meinen Freunden spielen wollte und nicht gerade begeistert war, wenn meine Mutter entschieden sagte: „Luka, nimm Jasmina mit. Siehst du nicht, dass sie weint? Sie möchte doch nur mitspielen." Ich dachte mir oft: *Warum kann sie nicht mit anderen Mädchen spielen? Was weiß sie schon über Fußball?* Aber sie kam immer mit. Für Jasmina und Diora habe ich eben einfach eine ganz besondere Schwäche.

Die Fußballakademie

Ich merkte sofort, dass das Training bei Dinamo eine ganz andere Qualität hatte und viel intensiver war. Es war hochgradig professionell, und die Rahmenbedingungen waren vollkommen anders als alles, was ich bis dahin erlebt hatte. Es dauerte eine Weile, bis ich mich an die neuen Strukturen gewöhnte. Mein erster U-16-Trainer war Miroslav Stipić; später bekamen wir Stjepan „Štef" Deverić.

Nicht nur an den Trainingseinheiten, sondern auch sonst merkte ich schnell, was es bedeutete, für Dinamo zu spielen. Der Unterschied war riesengroß. Bei Zadar herrschte eine entspanntere Atmosphäre und Niederlagen wurden nicht so schwergenommen. Bei Dinamo schrillten sofort die Alarmglocken. Nach ein paar Siegen zu Saisonbeginn in der kroatischen U-17-Liga verloren wir ein Auswärtsspiel gegen Cibalia Vinkovci. Die Trainer waren unverkennbar sauer, und ich gehörte zu den Spielern, deren Leistung sie nicht zufriedenstellte. Dementsprechend saß ich beim nächsten Heimspiel – das wir im Stadion Maksimir gegen Šibenik bestritten – zu Spielbeginn auf der Bank. Wenn ich es richtig verstand, war das Problem meine Abneigung gegen

Defensivaufgaben. Bei Zadar hatte ich mehr Freiheiten und spielte meistens im Sturm. So lief das bei Dinamo nicht. Als Mittelfeldspieler musste ich in beiden Spielfeldhälften meinen Mann stehen. Das bedeutete eine andere Spielweise, und es war klar, dass es mir nicht gut ergehen würde, wenn ich nicht tat, was von mir verlangt wurde. Zur Halbzeit lagen wir hinten und der damalige Akademieleiter Hrvoje Braović kam auf mich zu und sagte: „Du gehst jetzt rein. Wir erwarten, dass du für einen anderen Spielstand sorgst und uns zeigst, was du kannst. Wenn das, was du bis jetzt gezeigt hast, alles ist, kann auch kein Zdravko Mamić dich retten!"

Ich spielte als zentraler offensiver Mittelfeldspieler in einer 4-2-3-1-Formation und machte ein gutes Spiel. Wir gingen als Sieger vom Platz und von nun an ging es mit meiner Leistung und meinem Standing bergauf. Ich begriff, dass ich in beide Richtungen rennen musste und dass ich nicht nur im Angriff, sondern auch in der Verteidigung aktiv sein musste. Ich machte Fortschritte – das sagte mir Braović vor versammelter Mannschaft, als wir in Kvarnerska Rivijera bei einem wichtigen Jugendturnier spielten.

Mit drei Mannschaftskameraden freundete ich mich besonders an: Hrvoje Čale war ein kräftiger Linksverteidiger, der schon für die Erwachsenenmannschaft spielte; Marko Cindrić spielte auf der rechten Seite, war pfeilschnell und hatte nach meiner festen Überzeugung eine glänzende Karriere vor sich; und der unglaublich ballsichere Vedran Ćorluka spielte entweder als Innenverteidiger oder im defensiven Mittelfeld. Ćorluka und ich waren später zusammen in der Nationalmannschaft und bei Tottenham. Čale und ich spielten bei Dinamo und kurzzeitig in der Nationalmannschaft zusammen und wurden enge Freunde – so eng, dass ich sein Trauzeuge und er der Pate meines Sohnes Ivano und seine Frau Ilijana die Patentante meiner Tochter Ema wurde. Wir machen heute noch im Sommer gemeinsam

Urlaub und unsere Familien stehen sich sehr nahe. Nach meiner ersten Spielzeit bei Dinamo lud ich Cindrić nach Zadar ein, um dort den Sommer mit meinen Freunden und mir zu verbringen. Er ließ es ruhig angehen und machte sich eine schöne Zeit, während ich versuchte, ein bisschen aktiver zu sein. Ich joggte, spielte Fußball und Basketball, ging schwimmen. Um die Häuser gezogen bin ich nicht so oft, denn ich wollte kräftiger werden und fit für die nächste Saison. Ich wusste, was bei Dinamo auf mich wartete.

In der zweiten Saison spielte ich für die U-17-Mannschaft. Unser Trainer war die Dinamo-Legende Stjepan Deverić. Ich hatte mich inzwischen an das Leben in Zagreb gewöhnt und fand mich mit allem zurecht. Physisch hatte ich noch nicht das Niveau der anderen Spieler erreicht, aber ich merkte, dass meine Kräfte zunahmen. Das zeigte sich auch in den Spielen. Leistungsmäßig gehörte ich zu den Besten meiner Altersgruppe. Dass ich genau wie viele andere Spieler einen Vertrag mit der Sportagentur von Zdravko Mamić hatte, verhalf mir nicht zu einem besseren Status. Einige andere Spieler standen in der Rangfolge vor mir, weil sie physisch kräftiger waren oder weil sie für die Nationalmannschaft spielten oder beides. Sie wurden besser behandelt. Čale schaffte es fast in die erste Mannschaft, aber wenn jemand anderes sich weiterentwickelte, haderte ich damit nie, sondern freute mich für denjenigen. Vor allem aber kämpfte ich für mich selbst und wusste, dass mir nichts in den Schoß fallen würde. Ich demonstrierte auf dem Spielfeld immer, was ich wert war, und war überzeugt, dass ich damit die wirkungsvollste Botschaft aussandte.

Zdravko Mamić bin ich zum ersten Mal im Restaurant Pod Mirnim Krovom begegnet, als ich dort gerade mit meinem Mitbewohner Marko Čirjak zu Mittag aß. Mamić kam auf mich zu und fragte, wie es mir bei Dinamo so gehe und ob ich mit meinem Standing zufrieden sei. „Solange ich spiele, bin ich glücklich", antwortete ich. Viel mehr als das und ein paar Grußworte gab es nicht an Kommunikation zwischen uns.

Apropos Standing: Eine Sache, die in dieser Spielzeit passierte, muss ich erzählen. Sie macht deutlich, warum Deverić meiner Meinung nach einen so enormen Einfluss auf meinen Entwicklungsweg hatte. Er kritisierte mich oft ausführlich während des Spiels, und meistens konnte ich es akzeptieren, wenn er etwas an mir auszusetzen hatte. Einmal aber fand ich seine Kritik überzogen und reagierte dementsprechend. Als er mal wieder etwas im hitzigen Ton zu beanstanden hatte, starrte ich ihn an und breitete meine Arme aus, als wollte ich sagen: *Ach, lass mich doch in Ruhe!* Da ist er, um es vorsichtig auszudrücken, ausgerastet und hat mich angebrüllt: „Wie führst du dich denn hier auf?! Was glaubst du eigentlich, wer du bist?" Das war beschämend, zeigte aber Wirkung. Eine solche Reaktion erlaubte ich mir nie wieder. Deverić verhielt sich mir gegenüber fair und wir hatten ein gutes Verhältnis. Ich wusste, dass er mich als Spieler respektierte. Später arbeiteten wir noch einmal während einer besonders wichtigen Zeit zusammen – in meinem ersten Jahr in der Erwachsenenliga bei Zrinjski.

Irgendwann in dieser Zeit beschloss die Vereinsführung von Dinamo, eine zweite Jugendmannschaft auf die Beine zu stellen – Dinamo II. Die Initiative ging vom damaligen Sportdirektor Ilija Lončarević aus, einem ausgesprochen erfahrenen Mann. Die Mannschaft wurde aus den talentiertesten U-16- und U-18-Spielern gebildet. Ich spielte während der Frühjahrssaison zusammen mit Čale, Ćorluka, Lončarić, Šarić, Glavina, Kardum und Mikulić in dieser Mannschaft. Unser Trainer war Romeo Jozak, der ein besonderes Trainingsprogramm für uns parat hatte. Das war eine gute Vorbereitung auf die Erwachsenenmannschaft. Im Sommer 2003 bekam ich allerdings überraschend die Gelegenheit, leihweise für Zrinjski Mostar zu spielen, einen Verein, der in der ersten bosnischen Liga antrat.

Der Vizepräsident von Zrinjski war Zdenko Džidić. Dieser unterhielt exzellente Beziehungen zu Dinamo und hatte arrangiert, dass sein Sohn Ivica sowie Davor Landeka und Leonardo Barnjak an Zrinjski ausgeliehen werden sollten. Ivo und Davor, mit denen ich mich bei Dinamo angefreundet hatte, schlugen vor, ich solle mitkommen. Dinamo war einverstanden und mein Vater auch. Und ich auch!

Ich hatte keine Ahnung, was auf mich zukam. Die bosnische Liga war bekannt dafür, dass es dort brutal zuging und dass gerade junge und körperlich schwächere Spieler zu leiden hatten. Es hieß, ich könnte dort gar nicht spielen, denn die schonungslosen Gegner würden mich zum Frühstück verspeisen. Aber ich hatte keine Angst. Ich spürte, dass es an der Zeit war, einen neuen Schritt nach vorne zu machen – meinen Schritt in den Erwachsenenfußball.

Schon bald gab es Komplikationen, nicht zum ersten Mal in meiner Laufbahn. Als ich schon in Mostar eingetroffen war, bekam ich einen Anruf von Dinamo: „Planänderung. Du wirst dringend in Zagreb gebraucht!" Einerseits freute ich mich, denn das hieß, dass ich in die frisch formierte Mannschaft Dinamo II zurückkehren und mit meinen Freunden in einem Team spielen konnte. Aber eine halbe Stunde später, als ich noch darüber nachdachte, was gerade passiert war, klingelte das Telefon schon wieder: „Du bleibst doch in Mostar!" Das war, wie sich später herausstellte, gerade mit Blick auf meine fußballerische Entwicklung eine glückliche Wendung.

Nach elfjähriger Lehrzeit tat ich endlich den Schritt in den Erwachsenenfußball. Der Wechsel von Zadar nach Zagreb hatte sich als weise Entscheidung erwiesen. Ich hatte mich als Spieler weiterentwickelt, mit besseren Spielern trainiert, die Rahmenbedingungen waren erstklassig und die Trainer hatten sehr viel Ahnung. Die Dinamo Football Academy ist die beste Fußballschule in Kroatien und wohl eine der besten überhaupt in diesem Teil Europas. Sie hat in der Zeit, in der ich dort war, viele Topspieler hervorgebracht. Die beiden Jahre in Zagreb machten mich unabhängig, und von nun an ordnete ich alles meinem Ziel unter, Profi zu werden.

Zum ersten Mal ausgeliehen – Mostar Zrinjski

Mostar lag mir vom ersten Tag an. Das merkte ich sofort. Ich fand eine Wohnung in der Nähe des Bijeli-Brijeg-Stadions. Von dort musste ich zwar jeden Tag 400 Stufen zum Stadion steigen, aber das machte mir nichts aus. Mein Mitbewohner war mein Teamkollege Davor Landeka, der ein guter Freund von mir wurde – ebenso wie Ivica Džidić, der in Mostar aufgewachsen und mir deswegen in vielen Dingen eine große Hilfe war.

Bei den ersten Trainingseinheiten las ich in den Augen der Vereinsvertreter, aber auch der Zuschauer, dieselbe Frage, die mich schon durch meine ganze Laufbahn verfolgt hatte: *Wie soll dieses magere Kerlchen denn hier zurechtkommen?!* Inzwischen bin ich gegen diese Frage immun und lasse mich von den bangen Blicken nicht aus der Ruhe bringen. Damals musste ich mich allerdings zum ersten Mal auf Erwachsenenniveau behaupten – und dazu noch in einer besonders aggressiven Liga. Doch ich war bereit. Zur Saisonvorbereitung fuhren wir ins Trainingslager nach Kupres. Ich bestritt ein paar Spiele und zeigte, dass ich nicht das Bürschlein war, für das manche mich hielten. Ich konnte es kaum abwarten, dass der reguläre Spielbetrieb losging. Ich suchte mir die Trikotnummer 23 aus. Diese Nummer war noch frei, und außerdem war das die Nummer von zwei Sportlern, die ich damals sehr verehrte. Der erste war der fantastische Michael Jordan, der wenige Monate zuvor seine Basketballkarriere beendet hatte. Der andere war

David Beckham, der in jenem Sommer bei Real Madrid unterschrieben und sich ebenfalls die 23 ausgesucht hatte. Beckham war einer der Fußballspieler, die mir nicht nur als Spieler, sondern insgesamt als Sportlerpersönlichkeit gefielen. In Gedanken malte ich mir schon aus, wie ich das Trikot überziehe und in meinem ersten Spiel in der Erwachsenenliga auflaufe, aber der Trainer holte mich schon bald auf den Boden der Tatsachen zurück.

Nach dem Abschlusstraining vor Saisonbeginn verlas der Trainer die Namen der Spieler, die er für das erste Spiel gegen Borac Banja Luka aufstellte. Ich wartete darauf, dass er „Modrić" sagte, aber das passierte nicht. Ich war, gelinde gesagt, unangenehm überrascht. Mir war zum Heulen zumute. Ich war kreuzunglücklich. Ich fragte mich, wozu ich überhaupt hergekommen war. Zum Glück ließ ich mir nichts anmerken, denn wenig später kam der Trainer auf mich zu und erläuterte die Lage. „Luka, nur damit du es weißt: Du stehst deswegen nicht auf der Liste, weil der Club dich noch nicht angemeldet hat." Ich war erleichtert – es lag also nicht an meiner Leistung, sondern an irgendwelchen Dokumenten. Wie gesagt: Komplikationen aller Art verfolgen mich durch meine ganze Karriere.

Im nächsten Spiel gegen Široki Brijeg hatte ich meinen ersten Einsatz, aber in bester Erinnerung habe ich die Partie nicht. Wir verloren verdient mit 0 : 3. Die nächste Begegnung – die erste im eigenen Stadion – ist mir im Gegensatz dazu in guter Erinnerung geblieben. Der Gegner hieß Čelik Zenica und ich machte ein prima Spiel. Etwa in der 50. Minute bekam ich einen Muskelkrampf und musste ausgewechselt werden. Die Fans verabschiedeten mich mit Standing Ovations. Das war der Anfang einer tollen Beziehung zwischen mir und den Zrinjski-Fans, die bis zum Ende der Spielzeit und meiner Zeit in Mostar Bestand hatte. Die Ergebnisse waren nicht berauschend, weil wir eine junge und unerfahrene Mannschaft waren. Fünf

Wochen nach Saisonstart bekamen wir einen neuen Coach, Stjepan Deverić, der mich schon bei der U 18 von Dinamo trainiert hatte. Zrinjski landete zum Saisonende auf Rang elf der bosnischen Liga, in der sechzehn Clubs gegeneinander antreten. Trotzdem wurden in dieser Saison die Grundlagen dafür geschaffen, dass die Mannschaft in der nachfolgenden Spielzeit mit ihrem ersten Meisterschaftstitel Geschichte schrieb. Dieser grandiose Erfolg fiel passenderweise in das Jahr des 100. Vereinsjubiläums. Zu dem Zeitpunkt spielte ich nicht mehr dort, aber ich freute mich trotzdem so, als wäre ich noch bei Zrinjski. Ich wurde dort so großartig behandelt, dass ich dem Verein zu großem Dank verpflichtet bin. Ich gab für den Club mein Bestes und der Club hatte es mir gedankt. Ich bekam für meine Leistung viel Lob; die Zeitungen erklärten mich zu einem der besten Spieler der Liga. Die schönste Anerkennung war für mich allerdings die Filip-Šunjić-Pipa-Trophäe, die von den Zrinjski-Ultras an den besten Spieler der Saison verliehen wird und für mich auch aus einem anderen Grund wichtig war: Sie war die erste Einzelauszeichnung, die ich im Erwachsenenfußball verliehen bekam.

Fußballerisch habe ich in der bosnischen ersten Liga wichtige Erfahrungen gesammelt. Die Trainer stellten mich im rechten Mittelfeld auf, aber Deverić sah mich eher als rechten Flügelflitzer und gab mir mehr Freiheiten. Dadurch konnte ich zeigen, was ich offensiv draufhatte. Was man mir vorher über die Liga erzählt hatte, stellte sich als zutreffend heraus. In der bosnischen Liga ging es ausgesprochen hart zur Sache – besonders bei Auswärtsspielen. Am schlimmsten war Trebinje; gleich dahinter kamen Banja Luka und Zenica. Die Schiedsrichter versuchten gar nicht erst, die Spieler der Gästemannschaft zu schützen. Meine Schienbeine und Füße mussten eine Menge einstecken. In Trebinje wurden meine Lieblingsschienbeinschoner mit dem Ronaldo-Konterfei ruiniert, die ich jahrelang wie meine Augäpfel gehütet hatte. Irgendein Kerl sprang mit beiden Füßen in mich hinein und bohrte mir mit seinen Metallstollen ein Loch in den Kunststoffschoner. Das Ronaldo-Konterfei bewahrte mich vor schweren Blessuren.

Glücklicherweise überstand ich die Spielzeit ohne Verletzung. Ich lernte, mich aus Zweikämpfen schnell zu lösen, den Gegner im Moment der Ballannahme abzuschütteln und dann direkt zu passen. Dabei kam mir zugute, dass ich sehr beweglich war. Ausdauer war für mich kein Problem. Das einzig Störende waren meine Muskelkrämpfe. Fast in jedem Spiel verkrampften sich nach ungefähr sechzig Minuten meine Waden. Sorgen machte ich mir deswegen nicht. Ich erklärte mir die Krämpfe damit, dass ich noch so jung war und mich auf die Belastungen im Erwachsenenfußball erst einstellen musste. Ich nahm eine Menge Kalium ein, machte regelmäßig meine Dehnungsübungen, trainierte gewissenhaft und arbeitete weiter an meiner Muskelkraft.

Die Spiele waren gut besucht, vor allem die Derbys gegen Široki Brijeg, Sarajevo und Željezničar. Die Stimmung war oft beeindruckend, allerdings waren auch die ethnischen Spannungen spürbar. Mir hat es immer gefallen, wenn es auf dem Spielfeld und auf den Rängen leidenschaftlich zugeht, und die Liga von Bosnien-Herzegowina war damals schon sehr speziell.

Angst hatte ich trotzdem nicht. Ich hatte bei Zrinjski und in Mostar eine sehr schöne Zeit – wir waren eine tolle, eingeschworene Mannschaft, die Fans liebten mich und die Leute waren freundlich. Das genoss ich. Die anspruchsvolle Liga machte mich stärker, und die aggressive Spielkultur zwang mich, einfacher, schneller und intuitiver zu spielen. Am besten lässt sich meine damalige Gemütslage daran ablesen, dass ich den Verantwortlichen bei Dinamo sagte, ich würde gern eine weitere Saison als Ausleihspieler in Zrinjski bleiben. Mir war klar, dass meine Chancen, bei Dinamo zum Einsatz zu kommen, nicht allzu groß waren. In Mostar zu bleiben und weiter in der bosnischen Liga zu spielen, schien vor diesem Hintergrund die beste Lösung. Doch Dinamo hatte anderes mit mir vor.

Die zweite Leihe – Inter Zaprešić

Umgeben von Vitrinen voller Trophäen unterschrieben drei weitere Nachwuchsspieler und ich im Blauen Salon des Maksimir-Stadions Mitte Juni 2004 unsere Profiverträge mit Dinamo. Ich war überglücklich – mein erster Profivertrag! Der Fünfjahresvertrag war der Beweis, dass ich mein Ziel erreicht hatte. Ich war Fußballprofi. Mein nächstes Ziel: Trophäen holen.

Während der Sommertransferperiode lieh mich Dinamo zusammen mit Čale, Ćorluka, Marko Janjetović und Teo Kardum an Inter Zaprešić aus. Inter stellte eine exzellente Mannschaft zusammen, einen Mix aus erfahrenen und jungen Spielern, bei denen die Chemie stimmte. Viel zu verdanken hatten wir unserem Trainer Srećko Bogdan, der früher für Dinamo und für den Karlsruher SC gespielt hatte. Der Start war allerdings nicht besonders glorreich. Der Trainer sagte mal hü und mal hott: An einem Spieltag kam ich zum Einsatz, am nächsten saß ich auf der Bank – in diesem Stil ging es weiter bis zum Saisonvorbereitungsturnier in Slowenien. In der ersten Partie gegen Varteks durfte ich spielen und machte meine Sache schlecht. In der nächsten Begegnung gegen Olimpija Ljubljana sollte ich erst einmal auf der Ersatzbank Platz nehmen, doch dann verletzte sich ein Mitspieler und der Trainer nahm mich in die Startelf. Ich machte ein gutes Spiel und schoss ein Tor. Damit hatte ich meinen Stammplatz praktisch sicher. Aber schon wieder hörte ich jenen bekannten Satz – diesmal von einem der Trainer: „Wie soll dieses magere Kerlchen ...?“ Bei einem Turnier in Vinjani lieferte ich eine Spitzenleistung ab und steuerte im

Finale ein Tor zum 4:1-Sieg gegen meinen früheren Club Zadar bei und wurde zum besten Spieler des Turniers gekürt. Kurz vor dem Start der Ligasaison sagte der Trainer zu mir: „Luka, bleib ganz entspannt und mach dir keine Gedanken. Du bekommst zehn Spiele, in denen du zeigen kannst, was du draufhast!"

Bogdan hielt Wort; er setzte großes Vertrauen in mich. Für einen jungen Spieler ist das sehr wichtig – vor allem für das Selbstvertrauen. Ich kam in allen achtzehn Partien der Hinrunde als Mittelfeldmann oder als offensiver Mittelfeldspieler zum Einsatz, meistens auf der linken Seite, und schoss vier Tore. Mein erstes Tor in der ersten kroatischen Liga erzielte ich gegen Varteks im achten Saisonspiel, nur neun Tage nach meinem neunzehnten Geburtstag. Ich freute mich auch deswegen, weil mein Tor uns einen 3:2-Sieg bescherte und wir unsere erste Saisonniederlage, die wir uns eine Woche zuvor geleistet hatten, wiedergutmachen konnten. Zum Saisonauftakt in der Meisterschaft hatten wir eine furiose Serie hingelegt und die ersten sechs Saisonspiele gewonnen. Nach kurzer Zeit waren wir Tabellenführer. Wir hatten einen Lauf und hielten uns bis zum fünfzehnten Spieltag auf dem Spitzenplatz, aber in den letzten Spielen vor der Winterpause ging uns die Puste aus, sodass wir die Hinrunde auf Rang vier beendeten. Dinamo beschloss, mich in der Winterpause vorzeitig von der Leihe zurückzuholen. Danach lieferte sich Inter bis zum letzten Spiel der entscheidenden Meisterrunde im Frühjahr mit Hajduk einen Kampf um den Titel. Leider zog Inter den Kürzeren. Noch heute bedauere ich, dass ich bei Inters Jagd um den Titel nicht dabei sein konnte.

Der Hauptgrund für meine Rückkehr nach Zagreb war der Konflikt zwischen Dinamo und Niko Kranjčar. Niko war der Kapitän von Dinamo, das größte Talent und der Liebling aller Fans. Um ihn gab es viele hitzige Diskussionen, zumal nachdem er sich mit dem Club verkracht hatte und zu Dinamos Erzrivalen Hajduk wechselte. Der Zufall wollte, dass in dieser

Spielzeit allerlei Unerwartetes passierte. Niko holte mit Hajduk auf Anhieb den Titel, während Dinamo seine schlechteste Saison in der Geschichte der kroatischen Fußballliga hinlegte. Es war demütigend. Aber der Verein lernte eine Menge daraus. In den nächsten vierzehn Spielzeiten wurde Dinamo dreizehnmal Meister. Während die Blauen immer stärker wurden und zu uneinholbaren Champions heranwuchsen, hatte Hajduk zu kämpfen.

In dieser bittersten Rückrunde aller Zeiten gehörte ich zur Mannschaft von Dinamo. Nach Kranjčars Weggang klaffte eine Lücke im offensiven Mittelfeld, und das Management entschied, dass ich diese Lücke füllen sollte. Einerseits war ich traurig, Inter Zaprešić zu verlassen – Trainer Bogdan hat oft gesagt, dass Inter seinen ersten Titel geholt und Geschichte geschrieben hätte, wenn ich in der Mannschaft geblieben wäre. Ich weiß nicht, was passiert wäre, aber wenn ich Revue passieren lasse, wie wir im ersten Teil der Saison spielten, lag Bogdan sicher nicht ganz falsch. Es wäre für ein kleines Team aus der Peripherie von Zagreb ein fantastischer Erfolg gewesen. Andererseits freute ich mich auf meine Rückkehr ins Maksimir-Stadion. Dinamo bleibt Dinamo. In Dinamos schlechtester Rückrunde hatte ich allerdings eine der schwächsten Phasen in meiner Profikarriere.

In der Abstiegsrunde der kroatischen Meisterschaft bestritt ich nur eines von vier Spielen. Durch einen Sieg gegen Kamen Ingrad sicherten wir uns den Klassenerhalt, aber in der Relegation gegen den Abstieg anzuspielen war die vielleicht schmerzhafteste Erfahrung meiner Karriere. Das Management kam zu dem Schluss, dass es einen Trainerwechsel brauchte. Ilija Lončarević wurde von Zvjezdan Cvjetković abgelöst. Die Stimmung im Team war auf dem Tiefpunkt; im Training fehlte jede Struktur. Besonders qualvoll waren die Spiele, denn die Fans machten sich über uns lustig. Zu allem Überfluss verletzte ich mich auch noch am Fuß und fiel mehr als einen Monat aus. Ich verpasste vier Spiele und kam in den drei Begegnungen danach nur als Einwechselspieler zum Einsatz. Im letzten Saisonspiel traten wir im Maksimir-Stadion gegen Zadar an. Die Partie war der passende Abschluss einer ausgesprochen schwierigen Zeit: Sie wurde in der 62. Minute beim Spielstand von 7 : 0 für Dinamo abgebrochen, weil Zadar nach vier Roten Karten und einigen Verletzungen weniger als sieben Spieler auf dem Platz hatte, was nach den Regularien zum Spielabbruch führt. Damit endete eine extrem wechselvolle Saison – mit Bilderbuchstart und einem Ende mit Schrecken. Es war also eine Zeit mit allerhand Freud und Leid, aber auch die Zeit, die mir das größte Glück meines Lebens bescherte: Ich lernte die Frau meiner Träume kennen.

Wenn die Liebe anklopft

Viele haben sich aus meiner Zeit bei Inter Zaprešić vor allem ein Detail gemerkt – meine kurzen Haare! Jeder weiß, dass ich meine Haare gern lang wachsen lasse. Damals leistete ich meine einjährige Wehrpflicht ab – als Angehöriger der Sportkompanie – und musste mir deshalb die Haare schneiden lassen. Ausgerechnet da klopfte die Liebe bei mir an.

In meiner Zeit in Zadar und Zagreb war ich ein paarmal verknallt und hatte kurze Beziehungen, aber da ich mich mit vollem Einsatz dem Fußball hingab und mich fürs Partymachen nicht interessierte, hatte ich entsprechend geringere Chancen, eine Frau kennenzulernen, bei der ich gedacht hätte: *Die ist anders als alle anderen!* Ich war noch jung und machte mir darüber keinen Kopf. Ich war sicher, dass es früher oder später passieren würde – und wenn es so weit wäre, würde ich es sofort merken. Dann passierte es aber doch schneller als gedacht.

Zum ersten Mal aufgefallen war mir diese Frau im Maksi Pub, das südlich vom Maksimir-Stadion liegt. Später, als ich aus Mostar zurück war, sah ich sie ein paarmal zwischen Tür und Angel. Čale und Ćorluka erzählten mir, sie arbeite bei der Sportagentur von Mamić. Da ich dort nur selten war, erinnerte ich mich nicht an sie. Es kann sein, dass wir ein- oder zweimal am Telefon miteinander gesprochen haben, wenn die Agentur mich anrief und fragte, ob ich irgendetwas brauchte. Wer weiß. Im Sommer 2004 spürte ich, dass ich interessiert war. Ich war zu schüchtern, als dass ich auch nur auf die Idee gekommen wäre, mich ihr vorzustellen. Ich wusste nur, dass sie Vanja hieß. Außerdem hatte ich gehört, dass sie fünf Jahre älter war, was man ihr nicht ansah. Sie sah jung aus und war schön und, ja, ich hatte den Eindruck, dass sie anders war als alle anderen. Das spürte ich einfach …

Als die Saison bei Inter Zaprešić losging, hatte ich nur Fußball im Kopf – Training, Spiele, Anstrengung, die leichte Euphorie wegen unserer Siegesserie. Ich war damals auf der Suche nach einer neuen Wohnung, weil ich beschlossen hatte, dass ich allein wohnen wollte. Meine Agentur sollte sich darum kümmern. Im August wurde ich für die U-21-Nationalmannschaft nominiert. Die wurde inzwischen von Slaven Bilić trainiert, der später zu einem wichtigen Faktor in meiner Karriere werden sollte. Ich weiß noch, dass wir uns in Terme Tuhelj trafen und drückende Hitze herrschte. Ich fühlte mich an diesem Morgen krank; wahrscheinlich hatte ich mir eine Magen-Darm-Grippe eingefangen. Als ich mich in meinem Hotelzimmer ausruhte, klingelte das Telefon. Es war Vanja. Sie rief von der Agentur aus an und wollte Besichtigungstermine für ein paar Wohnungen absprechen, die die Agentur für mich ausgesucht hatte. Ich war aufgeregt wegen ihres Anrufs, aber ich fühlte mich nicht gut. Ich bat sie, mich am Abend noch einmal anzurufen, gegen 20 Uhr. Sie war einverstanden. Von diesem Augenblick an musste ich die ganze Zeit an sie denken. Ich wusste, dass das meine Chance war und ich sie nicht verpassen durfte. Zum Glück ließen meine Magenprobleme im Laufe des Tages nach.

Ich konnte es kaum abwarten, bis es 20 Uhr war, und ich war ganz nervös, als sie dann anrief. Natürlich ließ ich mir nichts anmerken. Sie stellte sich vor, wir tauschten ein paar Bemerkungen aus, und ich sagte ihr, dass ich sie ein paarmal flüchtig gesehen hatte. Dann erzählte sie von den Wohnungen, die zur Miete angeboten wurden. Ich solle sie mir ansehen, sobald ich wieder da sei. Wenn dies das Hauptthema geblieben wäre, wäre es ein kurzes Gespräch geworden. Also versuchte ich, weitere Fragen zu stellen und das Gespräch auf andere Themen zu lenken, damit sie noch ein bisschen länger am Telefon blieb. Wir sprachen über alles Mögliche – über ihren Job, meine Mannschaftskollegen, über Dinamo und die laufende Saison, die Jugendmannschaft, wie es mir bei Inter Zaprešić erging und wie sich mein Leben in Zagreb gestaltete. Ich merkte, dass sie lockerer wurde, und so kam es, dass unser erster direkter Kontakt mehr als drei Stunden dauerte. Ich frage mich, wie das wohl auf Mario Grgurović gewirkt haben mag, meinen Zimmergenossen in Tuhelj. Ich jedenfalls war hin und weg – zum einen deswegen, weil wir uns so unterhalten hatten, als würden wir uns schon lange kennen, und zum anderen wegen Vanja als Person. Ich mochte ihre Energie und ihre Gedanken. Schließlich verabredeten wir ein Treffen, wenn ich wieder in Zagreb war. Sinn und Zweck war natürlich, eine Wohnung zu finden, aber schon der Gedanke, sie zu treffen, war … umwerfend! Hoffentlich, so dachte ich in meinem tiefsten Inneren, hatte die Tatsache, dass wir uns drei Stunden lang unterhalten hatten, etwas zu bedeuten. Ich spürte, dass sich hier etwas Ernstes anbahnen könnte.

Wir trafen uns nach einigen weiteren Telefongesprächen schon bald, um die eine oder andere Wohnung zu besichtigen. Aus der Nähe und in der direkten Begegnung wirkte Vanja so auf mich, wie ich sie mir vorgestellt hatte: schön und unkompliziert, witzig und total natürlich. Sie haute mich um – treffender lässt es sich nicht beschreiben. Wir besichtigten ein paar Wohnungen, und ich entschied mich wieder für eine Wohnung in Ravnice, wo ich schon in meiner ersten Zeit in Zagreb gewohnt hatte. Noch wichtiger: Die Wohnung war nicht weit entfernt von ihrer Wohnung – nur ein paar Hundert Meter.

Da ich damals weder ein Auto noch einen Führerschein hatte, bat ich Vanja, mir beim Umzug zu helfen. Sie sagte ohne Zögern zu und hielt zum verabredeten Zeitpunkt mit einem großen Auto vor dem Haus, in dem ich wohnte. Ich ging mit zwei Taschen in der Hand nach unten. Sie fragte, ob sie mir helfen solle, das restliche Gepäck herunterzutragen.

„Ich habe sonst nichts; diese zwei Taschen sind alles, was ich besitze", sagte ich, als wäre es das Normalste von der Welt. Sie war verwundert.

„Bist du echt so bescheiden? Wenn ich gewusst hätte, dass das alles ist, hätte ich nicht den großen Wagen genommen. Ich dachte, du brauchst ein großes Auto für deine Sachen."

Wir mussten beide lachen. Ich machte mir nichts aus materiellen Dingen – ich wohnte zur Miete und umgab mich nur mit dem, was ich brauchte. Ich aß meistens außer Haus, und was Kleidung anging, war ich nicht wählerisch. Ich gehörte nicht zu denen, die andauernd neue Klamotten haben müssen. Alles, was ich brauchte, passte in diese beiden Taschen.

Die Fahrt zu meiner neuen Wohnung dauerte nicht einmal eine Minute. Ich lud sie zu einem Kaffee ein, um mich bei ihr zu bedanken. Mit ihr verging die Zeit wie im Flug – und war immer zu kurz. Wir trafen uns einige Male auf einen Kaffee. Manchmal schaute ich bei ihr vorbei, weil ich in der Nähe wohnte. Wir waren Freunde, verbrachten gerne Zeit miteinander und unterhielten uns über das Leben. Vanja erzählte mir, dass sie in anderen, besseren Verhältnissen aufgewachsen war als ich und es trotzdem alles andere als leicht hatte. Vor allem emotional. Geboren wurde Vanja in Varaždin. Ihre Mutter, Vesna Juraić, musste während der Schwangerschaft drei Monate im Krankenhaus bleiben. Vanja ist in der Stadt Kutina aufgewachsen, die ungefähr achtzig Kilometer von Zagreb entfernt ist. Dort spielte ihr Vater Milan Bosnić Basketball und betrieb ein Restaurant. Ihre Mutter Vesna hat ein Wirtschaftsdiplom. Vanjas Großvater mütterlicherseits, Milan Juraić, war ein angesehener Geschäftsmann und Chef des Chemieunternehmens Petrokemija. Sie wuchs in einer wohlhabenden Familie auf. Sie erzählte mir, dass ihre Familie viele Reisen unternahm: Sie fuhr im Sommer und im Winter in den Urlaub und 1984 sogar zu den Olympischen Winterspielen nach Sarajevo. Als sie elf Jahre alt war, war es mit der Idylle auf einen Schlag vorbei. Ihre Eltern ließen sich scheiden, und ihre Mutter beschloss, nach Zagreb zu ziehen und Vanja mitzunehmen. Dort lebten schon ihr Großvater Milan und ihre Großmutter Dobrila. Sie hatten eine Wohnung in Ravnice. Vanja und ihre Mutter zogen bei ihnen ein, bis sie eine eigene Wohnung fanden. In den ersten sechs Monaten pendelte Vanjas Mutter jeden Tag nach Kutina, wo sie an einer Oberschule unterrichtete. Dann fand sie eine Stelle in Zagreb und mietete eine eigene Wohnung – ebenfalls in Ravnice. Sie hatte Schwierigkeiten, über die Runden zu kommen, aber Vanjas Großeltern griffen ihr unter die Arme. In der ersten Zeit fühlte sich Vanja durch die massive Veränderung belastet und dachte pausenlos darüber nach, was passiert war. Nach und nach begriff sie, dass ihre Familie nie wieder zusammen sein würde. Sie vermisste ihren Vater sehr.

Die Richtige

Vanjas Mutter hat zwei Schwestern: Jasna und Helena. Vanja hat einen Cousin und eine Cousine: Maks und Eva. Ihre Tanten überschütteten sie mit Fürsorge und Zuwendung, weil sie die Leere füllen wollten, die durch die Scheidung der Eltern entstanden war. Jasna ist Architektin und lebt in Zagreb; Helena ist Designerin und so alt wie Vanja. Deshalb wuchsen sie zusammen auf und sind eher wie Schwestern.

Schon mit zwölf Jahren musste Vanja viele Aufgaben übernehmen, um ihre Mutter zu entlasten. Während ihre Altersgenossinnen spielten und eine unbeschwerte Kindheit hatten, lernte sie kochen, die Wohnung putzen, die Wäsche machen und bügeln. Nach ein paar Jahren hatte Vanja ein bisschen Geld angespart und verkaufte einen Teil des Familienbesitzes. Davon kaufte sie eine Wohnung in Ravnice. Als ihre Mutter einen Job bei Dinamo annahm, war Vanja schon auf der Oberschule. Ihre Mutter arbeitete vierzehn Jahre für Dinamo. Da in ihrer Familie alle eine Hochschule besucht hatten, war es nur logisch, dass auch Vanja studierte. Sie entschied sich für Wirtschaftswissenschaften und war eine gute Studentin. Als sie 21 war, hatte ihre Mutter eine Überraschung für sie. Sie hatte ihr eine kleine Wohnung gekauft, zwei Häuserblocks von ihrer eigenen entfernt, und sagte zu ihr: „Vanja, hier sind die Schlüssel. Jetzt hast du deine eigene Wohnung. Sie liegt nicht weit weg von meiner Wohnung, für den Fall, dass du irgendetwas brauchst. Es ist gut, wenn du unabhängig wirst und lernst, für dich selbst zu sorgen."

Das war eine völlig neue Situation, aber Vanja wusste, dass ihre Mutter das alles nur zu ihrem Besten tat. Sie hatte keinen Kontakt zu ihrem Vater und hatte lernen müssen, was es heißt, für sich selbst zu sorgen und auf eigenen Beinen zu stehen. Das alles hat sie stärker und belastbarer gemacht. Sie kam für sich selbst auf, studierte und jobbte nebenher. Als eine Mitarbeiterin von Mamićs Sportagentur in den Mutterschaftsurlaub ging, übernahm Vanja deren Stelle. Zwei Jahre lang erledigte sie administrative Aufgaben für die Spieler, die bei der Agentur unter Vertrag standen – auf diese Weise lernten wir uns ja kennen.

Durch ihre Geschichte wurden meine Gefühle für sie noch intensiver. Sie war ein wunderbarer Mensch. Ihre frühe Kindheit war so, wie man sie sich nicht besser wünschen kann, aber als ihre Familie auseinanderbrach, musste sie schnell erwachsen werden und Verantwortung für sich selbst übernehmen. Als ich später ihre Mutter kennenlernte, stellte ich fest, dass auch sie eine wunderbare Frau war. Es war absolut klar, warum Vanja trotz der finanziellen Sorgen und emotionalen Schwierigkeiten, mit denen eine alleinerziehende Mutter zu kämpfen hat, zu dem wurde, was sie ist: ein Mensch, der mit beiden Beinen auf dem Boden steht.

Die Traurigkeit, die sie überkam, wenn sie über ihren Vater sprach, berührte mich. Als sie dreizehn war, hatte sie den Kontakt zum Vater abgebrochen, weil es für sie zu schmerzhaft war festzustellen, dass er ihre Liebe nicht erwiderte. Das Schweigen währte zehn lange Jahre. Es fiel mir schwer, mir so ein Verhältnis vorzustellen. Auch in meiner Kindheit hatte sich Entsetzliches ereignet, aber meine Familie hatte sich immer ihre Verbundenheit bewahrt. Die aufwühlenden Geschichten unserer beiden Kindheiten waren extrem unterschiedlich, doch in unseren langen Gesprächen stellten wir rasch fest, dass wir in vielen Dingen eine ähnliche Sichtweise hatten – zum Beispiel in der Frage, worauf es im Leben ankommt und was Familie bedeutet.

Ich war schon schwer verliebt, als ich zum ersten Mal den Vorschlag machte, zusammen auszugehen. Das war am 1. Dezember 2004 und das wurde unser ganz besonderer Tag. An diesem Abend küssten wir uns in ihrer Wohnung zum ersten Mal. Ich weiß nicht, ob ich jemals so glücklich war wie an diesem Abend. Ich hatte die Sprüche von den Schmetterlingen im Bauch immer für hohle Phrasen gehalten, aber an diesem Abend fühlte es sich genau so an. Ich war bis über beide Ohren verliebt.

Wir waren ein Paar! Wir beschlossen, unsere Beziehung erst einmal geheim zu halten. Wir wollten nicht, dass diese Beziehung zum Gesprächsthema für andere wurde und in den Medien landete, die sich zunehmend für mich interessierten. Doch mit der Geheimhaltung war das gar nicht so einfach. Ich hatte alle Mühe, meine Gefühle vor meinen Freunden Čale und Ćorluka zu verheimlichen. Als die Geschichte schließlich doch publik wurde, wurden die beiden zu den wichtigsten Ansprechpartnern für die vielen Leute, die etwas über uns herausbekommen wollten. Ich war außer mir vor Glück, dass ich mit einer Frau zusammen war, die aufrichtig und einfühlsam, bescheiden und sensibel war. Mein Profivertrag mit Dinamo imponierte ihr nicht. Dass ich so gut wie nichts besaß, spielte für sie keine Rolle. Sie erwähnte nie, dass sie ein Wirtschaftsdiplom hatte, während ich nur einen Abschluss von der Abendschule hatte. Ich wollte aller Welt erzählen, dass ich glücklich verliebt war – und dann noch in einen so fantastischen Menschen. Ich wollte mein Glück mit anderen teilen, weil sie mich als Luka liebte und nicht als jemanden, der für Dinamo spielte. Nichts und niemand konnte mich vom Gegenteil überzeugen: Sie war die Richtige. Zwei Monate nach unserem ersten Date wusste ich, dass ich den Rest meines Lebens mit ihr verbringen wollte – und das sagte ich ihr auch.

Ich war oft bei Vanja. Wir genossen es, Zeit miteinander zu verbringen, uns zu unterhalten, Filme zu schauen, ganz entspannt und ganz für uns. Eines Tages wurde in meine Wohnung eingebrochen. Am helllichten Tag spazierten die Einbrecher einfach zur Tür herein und klauten meine Sachen. Nichts davon war besonders wichtig – mit Ausnahme einer Goldkette, die mir viel bedeutete. Trotzdem fühlte ich mich nicht mehr sicher. Ungefähr einen Monat später sagte Vanja zu mir: „Luka, du verbringst sowieso mehr Zeit hier als in deiner eigenen Wohnung. Willst du nicht hier einziehen?“

Das brauchte sie mich nicht zweimal zu fragen! Ich kündigte meine Wohnung und zog bei ihr ein. Wir waren seit sechs Monaten ein Paar und wohnten zusammen. Von diesem Tag an – und ich war damals nichts weiter als ein talentierter Fußballspieler – war sie ganz für unsere Familie und für mich da. Ihre Charakterstärke und die Bedeutung, die diese einmalige Frau für mich hat, zeigt sich in allem, was danach geschah. Wäre sie nicht in mein Leben getreten, als ich gerade mal neunzehn war, hätte ich nichts von dem erreicht, was uns heute so stolz und glücklich macht.

Endlich wieder Meister

Nach einer fürchterlichen Rückrunde mit Dinamo brauchte ich Abstand von allem. Ich hatte eine turbulente Spielzeit mit lauter Aufs und Abs hinter mir, in der ich für zwei verschiedene Clubs gespielt hatte, und der einzige Lichtblick war der Anfang meines neuen Lebens mit Vanja.

Auch bei Dinamo gab es Veränderung: Josip Kuže wurde neuer Cheftrainer. Es wurde ein neuer Kader zusammengestellt, und ich dachte, das Wichtigste sei, sich einen Platz in der ersten Mannschaft zu sichern. Damals hieß es vor der Saisonvorbereitung in den Zeitungen, ich sei das Zentrum der neuen Dinamo-Mannschaft und die anderen Spieler würden um mich herumgruppiert. Ich bekam auch meine Lieblingstrikotnummer 10. Der dazugehörige symbolische Akt wurde am 16. Juli 2005 vollzogen, als Edin Mujčin sein letztes Spiel für Dinamo machte und seinen Abschied nahm. Im letzten Spiel der Saisonvorbereitung traten wir gegen Željezničar Sarajevo an. Edin, der ein herausragender Spieler war, verließ in der 10. Minute den Platz. Als ich für ihn eingewechselt wurde, überreichte er mir sein Trikot mit der Nummer 10 und wünschte mir alles Gute für meine Karriere.

In der Meisterschaft legten wir einen Bilderbuchstart hin. Nach dem elften Spieltag hatten wir vier Punkte Vorsprung vor unseren Rivalen. Doch im Oktober passierte ein echtes Debakel: Der Viertligist Naftaš Ivanić warf uns aus dem kroatischen Pokalwettbewerb. Das war ein Riesenschock, der uns vor Augen führte, dass wir uns in Demut üben mussten. Danach dominierten wir die Meisterschaft, spielten gut und wurden verdient Meister. Die Fans kamen wieder ins Stadion; auf den Rängen saßen wieder 20 000 bis 30 000 Leute. Nach der deprimierenden Rückrunde der Vorsaison herrschte jetzt Bombenstimmung. Diese sechs Monate machten die Schrecken der Vorsaison vergessen. Es war wunderbar, vor einem Riesenpublikum zu spielen, das uns anfeuerte. Nichts wünscht sich ein Spieler mehr als das. Das gibt dir Energie und motiviert dich, alle Hindernisse zu überwinden und im Training jeden Tag alles zu geben. All das macht man, weil man ein Spiel zu einem ganz besonderen Fußballfest machen will. Und das gelingt nur, wenn die Spieler und die Zuschauer das gleiche Glücksgefühl empfinden.

Wir hatten ein Spitzenteam und einen tollen Trainer. Josip Kuže war ein Unikum. Er war früher selbst Fußballer gewesen, hatte ein Juraexamen in der Tasche und einen ganz speziellen Kommunikationsstil. Seine Kommentare waren immer sehr witzig, und er verstand es, eine gute Arbeitsatmosphäre zu schaffen. Als Trainer war er lernbegierig und innovativ – er wollte sich nicht allein auf unser Talent verlassen, auch wenn es in der Mannschaft viele hochtalentierte Spieler gab. Er bestand darauf, dass wir bestimmte Abläufe und Bewegungen so lange wiederholten, bis sie in einen Automatismus übergingen. Kuže war ein Trainer, der wusste, wie man verschiedene Angriffsoptionen entwickelt. Es gibt nicht viele Trainer von seinem Schlag. Unter seinem Kommando machte ich einen großen Schritt nach vorne, sowohl spielerisch als auch in meiner ganzen Herangehensweise. In dieser erfolgreichen Saison hatte ich auch mein Debüt in der A-Nationalmannschaft. Ich erinnere mich an unser erstes Training nach meiner Rückkehr aus Basel, als wir Argentinien mitsamt Messi mit 3 : 2 besiegten.

„Du warst super, Luka, bravo. Jetzt musst du aber noch härter arbeiten und noch mehr Energie investieren. Jetzt, wo du einmal in der Nationalmannschaft gespielt hast, sehen dich die Leute mit anderen Augen."

Ich nahm mir Kužes Rat zu Herzen und arbeitete hart, weil es jetzt um mehr ging. Ich verlor meinen Fokus nicht aus den Augen – trotz der fantastischen Erfahrung, für die Nationalmannschaft zu spielen. Mit Fingerspitzengefühl und genau im richtigen Moment vermittelte mir Kuže, dass höhere Erwartungen auch bedeuten, dass man mehr Kritik einstecken muss. Kuže blieb sich selbst stets treu. Man konnte mit ihm reden, den eigenen Standpunkt darlegen und seine Wünsche äußern.

Das ermutigte mich, ihn mit dem Rückenwind der Siegesstimmung und im Auftrag von Čale und Ćorluka zu bitten: „Chef, wir möchten gerne ausgehen. Wir arbeiten und spielen gut. Ich glaube, wir haben uns ein bisschen Entspannung verdient. Wir sind jung; Sie wissen, wie das ist."

Er antwortete mit der für ihn typischen Gelassenheit: „Klar, Jungs, aber um Mitternacht seid ihr zurück."

Wenn man den Eindruck hat, dass sich die Eltern, der Chef oder eine andere Respektsperson einem gegenüber nett und aufgeschlossen verhalten, versucht man manchmal, sich diese Nettigkeit zunutze zu machen.

„Chef, können wir nicht ein bisschen länger wegbleiben? Jugendliche gehen nicht aus vor ..."

Ich kam gar nicht dazu, meinen Satz zu Ende zu sprechen. Er erhob seine Stimme und fiel mir ins Wort: „Willst du mit mir handeln? Bis Mitternacht, habe ich gesagt!"

Kužes Botschaft war eindeutig: Es gibt immer eine Grenze, die du nicht überschreiten darfst – ganz egal wie gut das Spielergebnis, die Leistung oder das Verhältnis ist.

Das Feiern holten wir nach, als wir den Titelgewinn zelebrierten. Das war gerade für jüngere Spieler wie mich überwältigend. Wir spielten am 13. Mai. Das ist für alle Dinamo-Anhänger ein besonderer Tag – vor allem für die eingeschworenen Fans und die Ultras, die Bad Blue Boys. Am 13. Mai 1990 kam es vor dem Spiel gegen Roter Stern Belgrad zu Ausschreitungen, sodass das Spiel nie stattfand. Ich war viereinhalb, als das passierte, und wie alle kleinen Kinder hatte ich keine Vorstellung von der Tragweite dieser Geschehnisse. Nicht nur für Dinamo und seine Fans, sondern für ganz Kroatien. Für viele Menschen steht der Tag, an dem sich die Bad Blue Boys tapfer und stolz den randalierenden Roter-Stern-Fans entgegenstellten, symbolisch für den Anfang der serbischen Aggression gegen Kroatien. Viele Dinamo-Anhänger opferten ihr Leben im Krieg für die Unabhängigkeit unseres Landes. Jedes Jahr am 13. Mai versammeln sich Menschen um das Denkmal, das zu ihren Ehren in Maksimir errichtet wurde, und gedenken der Opfer.

An den 13. Mai 1990 erinnert sich auch der damalige Dinamo-Kapitän Zvonimir Boban noch gut. Bei dem Versuch, die eigenen Fans vor der Polizei zu schützen, musste er Prügel einstecken und trat einen Polizisten. Auch sein Mannschaftskamerad Vjekoslav Škrinjar wurde zusammengeschlagen. Der damalige Dinamo-Trainer versuchte ebenfalls, die Spieler und die Fans auf dem Rasen zu schützen. Sechzehn Jahre später führte Josip Kuže uns durch eine der erfolgreichsten Spielzeiten der jüngeren Dinamo-Geschichte. Für mich war der 13. Mai 2006 einer der glücklichsten Momente meiner dreieinhalb Spielzeiten bei Dinamo. An diesem Tag stimmte einfach alles!

Nachdem wir in der Meisterschaftsrunde noch gedemütigt worden waren, hatten wir jetzt den Titel gewonnen, und zum Abschluss der Saison kam es zum größten kroatischen Derby gegen Hajduk Split. Ich liebte die aufgeheizte Stimmung bei diesen Derbys. Im Februar hatten wir im Poljud-Stadion in Split gespielt und ich hatte ein spielentscheidendes Tor erzielt. Im letzten Spiel der Saison traf ich in der 11. Minute erneut und feierte Dinamos Meistertitel. Auch persönlich war es die Krönung einer überragenden Saison. Dinamo dominierte die Liga erstaunlich mühelos. Am Saisonende lagen wir 11 Punkte vor Rijeka und stattliche 36 Punkte vor Hajduk.

Wir feierten den Titel zusammen mit 30 000 Fans in unserem Stadion. Sensationell war die Parade, bei der wir mit einem Cabriobus durch die Stadt zogen – Menschenmassen jubelten uns zu, während wir uns einen Weg zum Hauptplatz zu bahnen versuchten. Auf dem Platz war die Hölle los. Nach dem Debakel der Vorsaison konnten wir alle das sehr gut gebrauchen. Das war das erste Mal, dass ich an einer solchen Feier teilnahm, und am nächsten Tag fragte ich mich, ob ich so etwas jemals ein zweites Mal erleben würde. Ich ahnte nicht, dass es erst der Anfang war.

KAPITEL FÜNF

2006 war unter anderem wegen meines Debüts in der A-Nationalmannschaft ein besonderes Jahr für mich. Um diese Geschichte ausführlich zu erzählen, müsste ich allein zwei Bücher schreiben. Jedes Spiel für Kroatien war ein besonderes Erlebnis. Die riesige Bandbreite von Emotionen und Erinnerungen in ein paar Kapiteln unterzubringen, ist wirklich schwierig. Deshalb beschränke ich mich auf die absoluten Höhepunkte dieser fantastischen Jahre, deren Spitze die Fußballweltmeisterschaft 2018 in Russland war.

Im Vorfeld der WM 2006 in Deutschland wurde damals in den Medien heftig spekuliert, ob mich Zlatko Kranjčar in den Kader der Nationalmannschaft aufnehmen würde oder nicht. Im März stand ein Freundschaftsspiel gegen Argentinien an, das in Basel stattfand. Bevor die Mannschaftsaufstellung bekannt gegeben wurde, waren die besser informierten Journalisten sicher, dass Kranjčar mich nominieren würde. Als die offizielle Einberufung bei Dinamo eintraf, freute ich mich total und war vollkommen aus dem Häuschen! Mein Traum ging in Erfüllung. Was ich mir in meiner Fantasie ausgemalt hatte, seit ich 1998 im Fernsehen gesehen hatte, wie Kroatien in Frankreich WM-Dritter wurde, wurde auf einmal Wirklichkeit. Vanja war bei mir und freute sich mit. Als sie mich zum Treffpunkt am Hotel Sheraton fuhr, war ich aufgeregt wie ein Kind.

Die Spieler begrüßten mich, als hätte ich schon immer zur Mannschaft gehört. Mein Freund Marijan Buljat, der Spaßvogel Darijo Srna und die gute Seele Marko Babić machten mir den Einstieg in den „Club der großen Jungs“ leicht. Besonders dankbar war ich für Niko Kranjčars Unterstützung. Viele versuchten, Zwietracht zwischen uns zu säen, vor allem nach seinem Wechsel zu Hajduk und meiner Rückkehr zu Dinamo, wo ich auf einer ähnlichen Position spielte wie er. Es ging die Mär, Dinamo habe von ihm mehr gehalten als von mir und sein Weggang sei für meine Karriere ein Glücksfall gewesen. Der Wahrheitsgehalt war gleich null. Ähnliches Gerede gab es auch in Bezug auf die Nationalmannschaft. Niko spiele nur deswegen in der Nationalmannschaft, so hieß es, weil sein Vater der Trainer sei, und ich bekäme wegen ihm nicht genügend Freiräume. Mit der Zeit lieferten unsere Spiele für die Nationalmannschaft und auch bei Tottenham den Beweis, dass an diesen Geschichten absolut nichts Wahres war. Ich fand, dass Niko Kranjčar vor seinem Wechsel zu Hajduk der beste Spieler bei Dinamo war und seinen Platz in der Nationalmannschaft der Tatsache zu verdanken hatte, dass er ein erstklassiger Fußballer war. Seit er damals in unserem bescheidenen Apartment im Hotel Kolovare zu Gast war, hatten wir ein gutes und respektvolles Verhältnis zueinander.

In Basel stieg meine Aufregungskurve steil an. In der Mannschaftsbesprechung vor dem Testspiel für die WM teilte mir der Trainer mit, dass ich von Anfang an spielen würde! Da Robert Kovač verletzt war, rückte Igor Tudor in die Innenverteidigung; ich wurde im Mittelfeld aufgestellt. Ich konnte es nicht abwarten, meine Familie anzurufen. Zwei Stunden vor Anpfiff rief ich Vanja an – sie war positiv geschockt.

Doch dann gab es ein Problem. Ich hatte eine Blase an der Ferse. Um den Schmerz und den Druck von der entzündeten Stelle zu nehmen, machte ich ein Loch in meinen Schuh. Anschließend überklebte ich die Stelle mit einem Stück weißem Klebeband und bestritt mein Debüt in der Nationalmannschaft mit einem Loch im Schuh.

Argentinien hatte einige spektakuläre Spieler im Kader: Messi, Riquelme, Tévez, Crespo. Das machte mir allerdings keine Angst, sondern ließ das Adrenalin nur noch schneller durch meine Adern fließen. Ich genoss das Spiel. Der Trainer gab mir die Anweisung, mich meinen Mitspielern so oft wie möglich anzubieten, zielgenaue Pässe zu spielen und mir den Ball nicht abnehmen zu lassen. Eine Minute vor Abpfiff wurde ich ausgewechselt und der Trainer gratulierte mir zu einer guten Vorstellung. Auch weil wir 3 : 2 gewannen, hat sich mir dieser besondere Abend tief eingeprägt. Das Spiel ist mir nicht nur deswegen in Erinnerung, weil es mein Debüt war, sondern auch wegen Lionel Messi. Er erzielte in Basel sein erstes Tor für Argentinien. Mich beeindruckten vor allem seine Schnelligkeit und seine unglaubliche Ballbeherrschung. Er war beweglich, konnte urplötzlich die Richtung ändern, und es war klar zu erkennen, dass er auf dem Weg war, ein Star zu werden.

Nur hundert Tage später, bei der WM in Deutschland, fühlte ich mich bereit. Im ersten Gruppenspiel traten wir in Berlin gegen Brasilien an. Ich war extrem gespannt, Ronaldo, Kaká, Ronaldinho, Roberto Carlos, Cafu, Dida und die ganzen anderen Großen aus nächster Nähe zu erleben. Die Stimmung im Olympiastadion war phänomenal. Unsere Fans aus der ganzen Welt, darunter meine komplette Familie, feuerten uns an und ließen die brasilianischen Fans verstummen. Ich erinnere mich an den Moment, als die kroatische Nationalhymne gespielt wurde und die kroatischen Fans mitsangen. Ich bekomme heute noch Gänsehaut, wenn ich daran zurückdenke. Leider verloren wir nach einem Treffer von Kaká mit 0 : 1. Ich hatte keine Chance auf einen Einsatz. Nach dem Spiel wollte ich mein Trikot mit Ronaldo tauschen, aber ich bekam sein Trikot erst später, in der Kabine. Ronaldo war mein Lieblingsspieler, und ich freute mich, dass ich sein Trikot bekam – das war extrem cool. Aber dann bat mich Stjepan Tomas, ihm das Trikot zu geben, weil er es seinem Bruder Boris versprochen hatte. Ich kannte Boris aus meiner Zeit bei Zrinjski und konnte mir vorstellen, wie viel es ihm bedeutete. Deshalb übergab ich Stjepan das Trikot, der mir dafür das Trikot von Kaká gab.

Für mich ist die WM der Gipfel jeder Spielerlaufbahn. Trotzdem war ich enttäuscht, denn ich kam nicht oft zum Einsatz – insgesamt knapp dreißig Minuten. Ich war in Form und bin bis heute überzeugt, dass ich es verdient gehabt hätte, häufiger zu spielen. Im zweiten Gruppenspiel gegen Japan lief ich mich bei entsetzlicher Hitze warm und war am Ende überhitzt. Ich wurde erst wenige Minuten vor Spielende eingewechselt. Wir kamen nicht über ein enttäuschendes 0 : 0 hinaus. Damit konnten wir uns nicht mehr aus eigener Kraft für die K.-o.-Runde des Turniers qualifizieren. Gegen das starke Australien musste jetzt im letzten Gruppenspiel unbedingt ein Sieg her. Ich erinnere mich, dass die Fans beim Spielstand von 2 : 2 lautstark meine Einwechselung forderten. In der 74. Minute kam ich tatsächlich ins Spiel, aber das Ergebnis änderte sich nicht mehr, sodass wir nach Hause fahren mussten. Ich war enttäuscht von unserem Abschneiden, aber um eine Erfahrung reicher. Ich war nicht sauer – sondern Zlatko Kranjčar dankbar. Er hatte mich in die Nationalmannschaft aufgenommen und mir die Möglichkeit gegeben, auf der großartigsten Bühne der Fußballwelt zu spielen.

Höhen und Tiefen bei Dinamo

Vor der Spielzeit 2005/06 und dem Beginn der Meisterschaft hatte ich nicht viel Kontakt zu Zdravko Mamić, der zwischenzeitlich zu einem der wichtigsten Akteure bei Dinamo Zagreb avanciert war. Nach meiner guten Leistung in Kužes Team merkte ich, dass sich seine Einstellung zu mir veränderte; er widmete mir sehr viel mehr Aufmerksamkeit. Er sah uns häufig beim

Training zu. Als wir einmal vor unserer Partie gegen Međimurje auf dem Hauptspielfeld trainierten, hielt er mir meine Kopfballschwäche vor und bot mir halb im Scherz eine Wette an: „Ich wette 5000 Euro darauf, dass du nie ein Kopfballtor machen wirst!"

Ich nahm die Wette an. In der 4. Minute traf ich zum 1 : 0 gegen Međimurje. Natürlich mit dem Kopf. Meine Teamkollegen, die von der Wette wussten, stimmten in meinen Torjubel ein, hoben ihre Hände in Richtung der Box, in der Mamić saß, und hielten jeder fünf Finger in die Luft. Wenig später kam Mamić auf der Fahrt zu einem Auswärtsspiel im Bus zu mir und überreichte mir mit ernster Miene einen Umschlag mit 5000 Euro. „Bis zum Saisonende", sagte er zu mir, „bekommst du für jedes Kopfballtor fünf Riesen."

Leider gelang mir in der ganzen Spielzeit kein weiteres Kopfballtor.

Dass ich bei Dinamo Zagreb inzwischen fester im Sattel saß, bescherte mir unter anderem einen besseren Vertrag. Während meiner Leihe bei Inter Zaprešić hatte ich 12 000 Euro im Jahr verdient. In den folgenden drei Spielzeiten wurde Dinamo dreimal Meister und zweimal Pokalsieger und holte einmal den Supercup. Dementsprechend wurde mein Vertrag dreimal verbessert. Damit honorierte der Club die Fortschritte, die ich machte. Ich für meinen Teil zeigte durch die Unterzeichnung eines Zehnjahresvertrags, wie zufrieden ich mit Dinamo war.

In der zweiten Saison wollten wir unsere Spitzenreiterrolle in der kroatischen Liga verteidigen. Gleichzeitig hatten wir den Ehrgeiz, im europäischen Wettbewerb gut abzuschneiden. Im Sommer 2006 war uns das Glück bei der Auslosung der Qualifikationsrunde für die UEFA Champions League nicht hold: Wir bekamen Arsenal London zugelost. Wir schlugen uns tapfer, aber Arsenal war stärker und qualifizierte sich für die Champions League. Wir versuchten unser europäisches Glück im UEFA-Cup, verloren aber beide Spiele. Dadurch entstand eine schwierige Situation: Wegen des frühzeitigen Ausscheidens aus dem europäischen Geschäft verlor das Management das Vertrauen in unseren Trainer Josip Kuže. Angeschlagen war das Verhältnis bereits, seit Dinamo von einem unterklassigen Gegner aus dem Pokal geworfen worden war. Wir spielten nicht so gut wie in der Saison zuvor. Mit unserer Form ging es auf und ab; woran das lag, weiß ich nicht, denn beim Training und auf dem Platz machten wir genau dasselbe wie in der Vorsaison. Wie so häufig musste der Trainer seinen Kopf hinhalten. Eine überraschende Niederlage gegen HNK Šibenik am dreizehnten Spieltag war Kužes letztes Spiel auf der Dinamo-Trainerbank. Der Coach, der uns ein Jahr vorher noch durch eine phänomenale Spielzeit geführt hatte, musste gehen. Es tat mir leid für ihn, denn wir hatten ein sehr gutes Verhältnis. In den fast achtzehn Monaten unserer Zusammenarbeit half er mir bei so manchem wichtigen Karriereschritt.

Kužes Nachfolger war Branko Ivanković, der der Mannschaft rasch Stabilität gab und unsere Form verbesserte. Wir verteidigten den Meistertitel standesgemäß und hatten bei Saisonende zwanzig Punkte mehr auf dem Konto als Hajduk. Pokalsieger wurden wir ebenfalls. Jetzt richteten wir unseren Fokus auf Europa und die Champions League. Vor unserem entscheidenden Qualifikationsspiel gegen Werder Bremen sorgte Ivanković für eine positive Stimmung. Er hatte großes Zutrauen in das Potenzial der Mannschaft. Wir waren voller Selbstvertrauen und das war im Hinspiel in Bremen auch zu sehen. Wir machten ein gutes Spiel und gingen mit einem Tor von Boško Balaban sogar in Führung, trotzdem gewann Werder leider mit 2 : 1. Wir hatten die Chance vertan, uns im Hinspiel eine gute Ausgangsbasis zu sichern, doch wir waren überzeugt, dass wir beim Rückspiel im eigenen Stadion Bremen ausschalten und uns endlich für die Champions League qualifizieren konnten.

Bremens bester Spieler war Diego, ein prominenter brasilianischer Nationalspieler, unser Trainer Ivanković erklärte unverblümt, ich sei ein viel besserer Spieler. In den Medien löste das unterschiedliche Reaktionen aus, auch wenn Ivanković nicht der erste Trainer war, der deutlich machte, dass er mir viel zutraute. Schon zuvor in der U-21-Nationalmannschaft hatte der Cheftrainer Slaven Bilić mich als Führungsfigur der Mannschaft behandelt. Als wir zwei Tage vor meinem neunzehnten Geburtstag in der Qualifikation für die UEFA-U-21-Europameisterschaft gegen Schweden antraten, rief er mich zu sich. Er legte den Arm um meine Schulter und sagte kurz und knapp: „Luka, von jetzt an bist du der Kapitän!"

Ich freute mich natürlich und versuchte gleichzeitig, Ruhe zu bewahren. Dass Bilić große Stücke auf mich hielt, wusste ich spätestens, seit er einmal einen sehr schmeichelhaften Vergleich gezogen hatte. Das war zu der Zeit, als der große Andrés Iniesta bei Barcelona im Rampenlicht stand.

„Sieh mal, Luka, Iniesta ist ein Wahnsinnsspieler. Aber du hast genauso viel Potenzial wie er; das musst du dir klarmachen. Du kannst auf dem gleichen Niveau spielen wie Iniesta; da bin ich mir sicher."

Bilić und sein Assistenztrainer Aljoša Asanović waren schon beim kroatischen Team, das bei der Weltmeisterschaft 1998 in Frankreich Dritter wurde. Für uns waren diese Männer Legenden. Wir saugten ihr Wissen auf, hörten auf ihren Rat und vertrauten ihnen, denn sie waren jederzeit bereit, uns zu helfen, was auch immer wir gerade brauchten. Sie hatten Charisma und luden unsere junge Truppe mit positiver Energie auf. Eine kleine Episode zeigt das ganz anschaulich. Vor dem Qualifikationsspiel gegen Schweden waren wir in einer kleinen Stadt untergebracht. Einmal hatten wir ein bisschen Freizeit, die Čale, Grgurović und ich nutzten, um uns im Stadtzentrum umzusehen. Dabei trafen wir zufällig auf Bilić und seine Mitarbeiter.

Er machte einen Spruch wie: „Na, macht ihr auch einen kleinen Spaziergang?" Wir schmunzelten und er kramte sein Portemonnaie aus der Hosentasche und gab jedem von uns ein bisschen Taschengeld. „Zum Shoppen", sagte er, tätschelte uns auf den Rücken und ging weiter. Wir waren neunzehn Jahre alt, er war unser Idol und unser Boss und verblüffte uns mit dieser Geste. Das Geld war natürlich gar nicht der Punkt, sondern Bilićs Art. In den nächsten acht Jahren hatte ich ein exzellentes Verhältnis zu Bilić und seinem Team. Seine Ratschläge waren oft Gold wert.

Zurück zu Dinamo. Branko Ivanković bereitete uns perfekt auf das Rückspiel gegen Werder Bremen vor. Wir waren aufgedreht. 35 000 Fans kamen zum Spiel. Trotzdem gewannen die Gäste aus Deutschland mit 3 : 2. Unsere Champions-League-Träume waren geplatzt. Wir aber ließen uns nicht hängen wie in der Saison zuvor. Für die Play-off-Runde, in der wir uns für die Teilnahme am UEFA-Cup qualifizieren konnten, wurde uns Ajax Amsterdam zugelost. Wir mobilisierten sämtliche Kräfte und holten alles aus uns heraus, um zu zeigen, was wir draufhatten. Alles sprach für einen Sieg der Spitzenmannschaft aus Amsterdam, mit Stars wie Stam, Huntelaar, Emanuelson, Suárez und Dennis Rommedahl. Beim Hinspiel in Zagreb besiegte uns Ajax vor 30 000 Fans mit 1 : 0 und verschaffte sich damit eine gute Ausgangsbasis für das Rückspiel. Alle dachten, wir wären mehr oder weniger erledigt. Das Rückspiel fand in der Amsterdam Arena vor 45 000 lautstarken Zuschauern statt. Wir sorgten dafür, dass sie schnell leise wurden, und zauberten unseren Fans ein Lächeln ins Gesicht. In der 34. Minute gab es nach einem Foul an Mandžukić Elfmeter für Dinamo und ich sollte den Elfer ausführen. Der Ball landete im Netz. Das Tor brachte uns in Führung und in die Verlängerung. Wir waren zuversichtlich, dass wir das Spiel gewinnen konnten, denn wir machten unsere Sache gut und traten mutig auf – allen voran

Mandžukić, der mit zwei Toren in den ersten sechs Minuten der Verlängerung alle Hoffnungen der Ajax-Fans zunichtemachte. Amsterdam hätte jetzt noch drei Tore schießen müssen und das war nicht zu schaffen. Ajax war geliefert. Was für ein phänomenaler Abend für uns alle! Zum ersten Mal merkten wir, dass wir mit europäischen Spitzenclubs mithalten konnten. Bei unserer Rückkehr nach Zagreb wurden wir am Flughafen mit Musik und Sprechgesängen wie Helden begrüßt. Wir waren glücklich. Dass Zdravko Mamić eine Show abziehen, sein Hemd in Stücke reißen und sich bis auf die Unterhose ausziehen würde, hatte niemand erwartet. Wir wussten, dass er gern ausgelassen feierte, aber diesmal überschritt er die Grenzen des guten Geschmacks. Seine Aktion warf nach dem grandiosen Sieg einen Schatten auf die Mannschaft und auch auf den Trainer. Alle Zeitungen ließen sich nur über diesen Vorfall aus.

In der Gruppenphase traten wir in zwei Heim- und zwei Auswärtsspielen gegen insgesamt vier Gegner an. Gegen Basel und Rennes spielten wir unentschieden und gegen Hamburg und Brann Bergen aus Norwegen zogen wir den Kürzeren. Einmal mehr verfehlte Dinamo nach 37 Jahren im Wartestand sein Ziel, in einem europäischen Wettbewerb zu überwintern.

Die Feurigen

Kroatiens sensationelle Qualifikation für die Fußballeuropameisterschaft 2008 fiel zeitlich mit unseren Triumphen bei Dinamo zusammen. Nach der WM in Deutschland rief die Öffentlichkeit nach einem Wechsel an der Spitze der Nationalmannschaft und nach jüngeren Spielern. Cheftrainer wurde der bisherige U-21-Trainer Slaven Bilić. In seinem allerersten Spiel ging es in Livorno gegen den amtierenden Weltmeister Italien. Dafür holte er mehrere neue Gesichter ins Team. Er nahm Eduardo da Silva und mich in die Startelf; Ćorluka wurde später eingewechselt. Wir machten ein gutes Spiel und gewannen 2 : 0; ein Tor erzielte ich, das andere Eduardo. Damit hatte Kroatien in der Qualifikation für die EM 2008 einen Auftakt nach Maß hingelegt. Gegen Russland spielten wir in Moskau unentschieden, waren allerdings dem Sieg näher als der Gegner. Im Oktober gewannen wir gegen Andorra mit 7 : 0. Und vier Tage später gelang uns in Zagreb zum ersten Mal in der Geschichte Kroatiens ein Sieg gegen England! Die Stimmung im Maksimir-Stadion war unglaublich. Auf den Rängen standen dicht gedrängt 38 000 Leute. Die Namen der englischen Spieler flößten uns Ehrfurcht ein: Lampard, Rooney, Terry, Ferdinand, Cole, Neville, Carrick, Crouch. Doch wir waren gerüstet. Bilić, der eine große Schwäche für den englischen Fußball hat, gab uns Selbstvertrauen und das Gefühl, dass wir das Spiel gewinnen konnten. Wir traten in einer 4-4-2-Formation an: Pletikosa im Tor, Ćorluka, Robert Kovač, Šimić, Šimunić in der Defensive, Niko Kovač und ich im Mittelfeld, Rapaić und Kranjčar auf den Außenbahnen, Petrić und Eduardo im Sturm. Ich werde diese Partie nie vergessen. Wir setzten England unter Druck und das machte sich deutlich bemerkbar. Unsere Fans waren wie ein zwölfter Mann für uns. In der zweiten Halbzeit krönte Eduardo unsere Leistung mit einem phänomenalen Tor. Acht Minuten später unterlief den Engländern in der 69. Minute ein unglückliches Eigentor. Gary Neville wollte den Ball zu seinem Torwart Paul Robinson zurückspielen, aber als Robinson ausholte und den Ball wegschlagen wollte, trat er neben den Ball, der dann über den Rasen ins Tor kullerte! Damit war einer der glorreichsten Siege der kroatischen Nationalmannschaft besiegelt.

In der letzten Begegnung des Jahres gelang Eduardo gegen Israel ein Hattrick; das vierte Tor steuerte Srna bei. Am Ende stand es 4 : 3 für uns. Das war ein weiterer wichtiger Schritt auf dem Weg zur Europameisterschaft 2008. Inzwischen schwammen die Vatreni (die Feurigen), wie wir genannt wurden, auf einer Welle der Begeisterung. Bilić war die beliebteste Persönlichkeit im Land, und die Spieler bekamen mit, dass die Medien ihn schon als künftigen Präsidenten handelten. Das ganze Land war wie in Trance. Routiniert absolvierten wir die Spiele in unserer Gruppe und führten die Qualifikation erfolgreich zu Ende. Paradoxerweise lösten wir das Ticket zur EM 2008 ausgerechnet an dem Abend, an dem wir unsere einzige Niederlage (in Mazedonien) einstecken mussten. Es war das vorletzte Qualifikationsspiel. Als wir in der Halbzeitpause den Matsch aus unseren Trikots wuschen, weil das Spielfeld ein echter Sumpf war, hörten wir, dass Russland in Israel verloren hatte. Damit war unsere Qualifikation unter Dach und Fach! Wir hielten eine lautstarke Blitzfeier in der Kabine ab und waren total erleichtert. Auf dem Schlammplatz schossen die Mazedonier, die stärker motiviert waren als wir, bei kaltem Wetter zwei Tore und gewannen verdient. Am Ende waren beide glücklich – wir sowieso und sie auch.

Von Skopje flogen wir nach London. Vier Tage später im legendären Wembley-Stadion ging es für uns nur noch ums Prestige und unser Vergnügen. Nach der Niederlage in Mazedonien sagte ich in Skopje zu Bilić: „Nachdem wir es geschafft haben, in diesem Matsch hier zu spielen, werden wir in Wembley über den makellosen Rasen fliegen und die Engländer auseinandernehmen!"

Für England hingegen ging es um alles oder nichts: Sie brauchten unbedingt einen Punkt, um Russland vom zweiten Platz zu verdrängen und sich für die Europameisterschaft zu qualifizieren. Wir gingen selbstbewusst in die Partie und waren motiviert, uns in diesem prestigeträchtigen Stadion gegen die starke englische Mannschaft von unserer besten Seite zu zeigen. So gut wie alle wetteten darauf, dass England uns schlagen würde, und absolut niemand zweifelte daran, dass sie zumindest den einen Punkt holen würden, den sie brauchten, um sich für die Europameisterschaft zu qualifizieren. Diesmal war bei den Engländern Gerrard und in der zweiten Hälfte auch Beckham mit von der Partie, die beide in Zagreb nicht gespielt hatten. Bei uns kam Srna statt Rapaić zum Einsatz, und Olić übernahm die Position von Petrić, der auf der Bank blieb.

Im Stadion waren rund 90 000 Zuschauer; die Atmosphäre war majestätisch. Das Wembley-Stadion ist ein Wunderwerk – Ehrfurcht einflößend und sehr motivierend. Auf der Nordtribüne, direkt hinter der Rasenkante, sangen sich unsere Fans die Seele aus dem Leib. Nur vierzehn Minuten nach Spielbeginn lagen wir dank zweier Treffer von Kranjčar und Olić mit 2 : 0 in Führung. England stand unter Schock. Wir hatten einen richtigen Lauf. In der ersten Halbzeit bestimmten wir das Spiel, aber nach der Pause kamen die Engländer mit mehr Entschlossenheit aus der Kabine. Beckham und Defoe, den ich bald als Mannschaftskameraden bei Tottenham schätzen lernen sollte, wurden eingewechselt. Die beiden brachten neuen Schwung ins Spiel der Gastgeber. Nach einem Foulspiel an Defoe entschied der Unparteiische auf Strafstoß, den Lampard sicher verwandelte. In der 65. Minute flankte Beckham den Ball zu Crouch, der ihn von der Brust abtropfen ließ und zum 2 : 2 ins Tor versenkte. Für unsere zwei Tore in sieben Minuten revanchierte sich England also mit zwei Toren in neun Minuten. 25 Minuten waren noch zu spielen. Bei einem Unentschieden wären sowohl wir als auch die Engländer zur Euroendrunde nach Österreich und in die Schweiz gefahren und die Russen hätten zu Hause bleiben müssen. In der 69. Minute nahm Bilić dann Eduardo aus dem Spiel und schickte Petrić aufs Feld, der acht Minuten später nach einem brillanten Solo von Pranjić aus zwanzig Metern abzog und den Ball in die Maschen drosch. Kroatien gewann die Partie und errang damit einen der größten Siege in unserer

Geschichte. Am meisten profitierte allerdings Russland, das damit für die Europameisterschaft qualifiziert war. Die Partie in London spielte, wie ich später erfuhr, eine wichtige Rolle für meinen Wechsel ins Ausland, der nicht mehr lange auf sich warten ließ.

Eine Sache, die mich an diesem Abend beeindruckte, war der unvergleichliche Sportsgeist der Engländer. Sie verloren das Spiel und verpassten die Qualifikation und waren mit Sicherheit am Boden zerstört. Trotzdem gratulierten sie uns zum Sieg und trugen die heftige Kritik, die kurz darauf auf sie einprasselte, und die ganze Enttäuschung mit Würde. Andere berühmte Mannschaften und namhafte Spieler streckten in vergleichbaren Situationen nicht die Hand aus, um den Gegner zu beglückwünschen. Die Engländer haben eine einzigartige Einstellung zum Fußball. Nach der Europameisterschaft 2008 konnte ich mich vier Jahre lang an dieser Mentalität erfreuen. Mit einer Ausnahme.

Die Auslosung für die Qualifikation zur Weltmeisterschaft 2010 bescherte England die Chance zur Revanche. Und diese Chance nutzten die Engländer gnadenlos. Unter Fabio Capello fertigten sie uns am Tag nach meinem 23. Geburtstag in Zagreb mit 4 : 1 ab. Das war in Kroatiens Fußballgeschichte die erste Heimniederlage in einem Qualifikationsspiel! Beim Rückspiel waren die Engländer vor eigener Kulisse noch erbarmungsloser: Lampard und Gerrard trafen jeweils zweimal und Rooney steuerte das fünfte Tor bei. Am Ende stand ein niederschmetterndes 5 : 1, genau an meinem 24. Geburtstag. Ich konnte nicht mitspielen, weil ich mir einen Tag vor der Länderspielpause – als wir uns in Kroatien trafen, um uns auf die Partien gegen Belarus und England vorzubereiten – das rechte Wadenbein gebrochen hatte und für drei Monate ausfiel. Deshalb konnte ich in Wembley nicht auflaufen. Aber ich sah, dass England fest entschlossen war, die Verhältnisse wieder geradezurücken. Diesmal war uns das Schicksal nicht hold. England gewann in unserer Qualifikationsgruppe alle Spiele bis auf das vorletzte in der Ukraine. Mit diesem Sieg und einem Pflichtsieg gegen Andorra hatten die Ukrainer einen Punkt mehr als wir und qualifizierten sich für die Play-off-Runde. Zum ersten Mal in seiner kurzen Geschichte war Kroatien bei einer Weltmeisterschaft nicht mit dabei.

Lockrufe aus Europa

In der Saison 2006/07 interessierten sich Clubs im europäischen Ausland für mehrere Spieler, die für Dinamo und die kroatische Nationalmannschaft spielten. Ich merkte, dass sie auch mich im Visier hatten. In der Presse wurde munter gemutmaßt – unter anderem hieß es, Bayern München hätte ein Auge auf mich geworfen, aber das war reine Spekulation. Ich machte mir keine Gedanken, weil ich nicht scharf darauf war, ins Ausland zu gehen. Trotz meiner 21 Jahre war ich erfahren genug, um zu wissen, dass Geduld eine entscheidende Voraussetzung für eine kontinuierliche Weiterentwicklung ist. Ich fühlte mich wohl bei Dinamo, und nach einer weiteren erfolgreichen Saison wusste ich, dass wir eine neue Chance bekamen, in Europa etwas zu reißen. Dinamo kündigte an, die Mannschaft noch einmal zu verstärken, und das Management erklärte, man werde keine Schlüsselspieler der Profimannschaft verkaufen. Der Verein ernannte mich zum Kapitän, womit ich mich sehr geehrt fühlte. In die Saisonvorbereitung 2006/07 startete ich mit dem Wunsch, in Europa einen guten Eindruck zu hinterlassen.

Unsere Ziele waren klar: Wir wollten uns für die Champions League qualifizieren und endlich in einem europäischen Wettbewerb überwintern. Ich war fest überzeugt, dass uns beides gelingen würde. Im Vorbereitungslager in Kapfenberg begann sich die Gesamtlage zu verändern. Wir erfuhren, dass Eduardo zu Arsenal gewechselt war. Er war einer unserer wichtigsten Spieler und Torjäger und hatte für den Verein und die Nationalmannschaft Herausragendes geleistet. Eduardo verließ uns im Sommer 2007. Damit war klar, dass die Geschichten vom Aufbau eines Spitzenteams nur Märchen waren. Das ärgerte mich; ich beklagte mich bei der Vereinsführung. Nachdem Eduardo aus unserem Trainingslager in Österreich abgereist war, kam Zdravko Mamić in mein Zimmer und sagte zu mir: „Luka, ich habe ein tolles Angebot von Schachtar Donezk. Willst du dahin?"

„Nein!", antwortete ich in einem Tonfall, der keinen Zweifel ließ, dass ich an weiteren Gesprächen über das Thema kein Interesse hatte. Das Angebot von Schachtar war beachtlich – ich glaube, sie boten 20 Millionen Euro. Aber Geld war nicht das wichtigste Argument, wenn es um meine Entscheidung über einen Wechsel ins Ausland ging. Ich hatte Hochachtung vor Schachtar, doch wenn ich über einen Umzug ins Ausland nachdachte, gingen meine Wünsche in eine andere Richtung. Damit war die Sache erledigt. Meinen Teamkollegen kam zu Ohren, dass der Verein möglicherweise auch mich abgeben wollte, aber ich sagte ihnen, dass ich dablieb.

Dinamo verpflichtete neue Spieler: Mario Mandžukić wechselte von NK Zagreb zu uns und einen Monat später kam Boško Balaban aus Belgien zurück. Doch kaum hatten wir uns mit Eduardos Weggang abgefunden, folgte der nächste Tiefschlag: Dinamo verkaufte Vedran Ćorluka an Manchester City. Das war der zweite Schock, denn Charlie und ich (Charlie war unser Spitzname für Ćorluka) waren praktisch unzertrennlich. Ich reagierte verbittert, weil Dinamo in der Öffentlichkeit einerseits seine ehrgeizigen Ziele für die anstehende Spielzeit verkündet hatte – das war ein wichtiger Grund, warum ich bleiben und alle Gespräche über meinen Wechsel ins Ausland vertagen wollte – und andererseits mit Eduardo und Ćorluka zwei Topspieler verkaufte. Ich freute mich natürlich für meine bisherigen Teamkollegen – das waren großartige Transfers – und war zugleich bitter enttäuscht, weil die Mannschaft zwei entscheidende Spieler verloren hatte. So würden wir in Europa wohl nicht sehr weit kommen. Mit dem grandiosen Duell gegen Ajax schafften wir zwar die Qualifikation für die Gruppenphase des UEFA-Cups, aber dadurch wurde die Verbitterung nur noch größer, weil wir davor in der Champions-League-Qualifikation gegen Werder Bremen ohne Eduardo und Ćorluka hatten auskommen müssen. Wir werden nie erfahren, ob es wirklich so gekommen wäre, aber ich bin sicher, dass wir uns für die Champions League qualifiziert hätten, weil wir Werder ja auch ohne sie um ein Haar geschlagen hätten.

Nach dieser Enttäuschung wurde mein Wunsch, Dinamo zu verlassen, größer. Ich bekam eindeutige Signale, dass es großes Interesse an mir gab. Der hartnäckigste Interessent war Chelsea. Als wir seinerzeit im UEFA-Cup gegen Basel spielten, informierte mich die Vereinsführung, dass Scouts des Londoner Clubs angereist waren und mich beobachten wollten. Später erfuhr ich, dass Chelseas Fußballdirektor Frank Arnesen damals im Stadion war. Ich machte ein gutes Spiel – wohl eines meiner besten überhaupt für Dinamo. Während der Winterpause, die ich in Zadar verbrachte, kam mir zu Ohren, Dinamo und Chelsea hätten sich geeinigt. Zdravko Mamić flog nach London, und ich war sicher, dass ich während der Wintertransferperiode an die Stamford Bridge wechseln würde. Ich sah mich schon als Mannschaftskollege von Drogba, Terry, Lampard, Schewtschenko und den anderen Chelsea-Stars. Während ich mit Vanja in Zadar blieb und auf den Anruf wartete, hörte ich gerüchteweise, die Verhandlungen und der Transfer seien gescheitert. Zdravko Mamić und sein Bruder Zoran kamen nach Zadar und überbrachten die „freudige" Nachricht: „Luka, wir haben beschlossen, dass wir dich noch nicht verkaufen wollen."

Ich war enttäuscht und deprimiert. Ich sagte meinen Eltern, die Geschichte habe sich erledigt, und ging aus der Wohnung. Als ich auf dem Parkplatz vor dem Haus mit Vanja noch einmal alles beredete, sackte ich in mich zusammen. Ich brach in Tränen aus. Dinamo und Zdravko Mamić hatten andere Schlüsselspieler mit der Begründung verkauft, Angebote von großen Clubs könnten sie nicht ablehnen. Aber mich konnten sie offenbar behalten, obwohl Chelsea auch ein großer Club war und das meiste geboten hatte. Ich fühlte mich unfair behandelt. Bis dahin hatte ich großes Vertrauen zu Zdravko Mamić gehabt, nach dem gescheiterten Transfer zu Chelsea war ich nur wütend auf ihn. Unser Verhältnis kühlte sich ab, und wenn ich ihm über den Weg lief, grüßte ich nur flüchtig.

Zur Saisonvorbereitung fuhren wir in ein Trainingslager in der Türkei. Als der Verein unseren Innenverteidiger Schildenfeld verkaufte, war ich schon gar nicht mehr überrascht. Mir war klar, dass es keinen Sinn hatte, sich über etwas aufzuregen, was man nicht ändern konnte. Mitte Januar trat der Trainer Ivanković zurück, nachdem Mamić ihn bei der Futsalmeisterschaft im Winter vor den Spielern mit scharfen Worten kritisiert hatte. Er musste seinen Hut nehmen, obwohl Dinamo 2007 kein einziges Spiel verloren hatte. Den Trainerjob übernahm Dinamos bisheriger U-18-Coach Zvonimir Soldo. Soldo gehörte 1998 zu dem legendären Team, das bei der WM in Frankreich den dritten Platz holte, und hatte für Dinamo und Stuttgart gespielt. Mit ihm als neuem Cheftrainer wiederholten wir den Erfolg der vorhergehenden Saison und gewannen zum zweiten Mal hintereinander Meisterschaft und Pokal. Beim Training und in der Kabine herrschte Hochstimmung. Soldo erwies sich als freundlicher und verlässlicher Mensch, aber den Spielern war klar, dass er die ungute Atmosphäre im Verein und im Umfeld nicht lange aushalten würde. Nachdem wir in Split gegen Hajduk den Pokal geholt hatten, kündigte Soldo seinen Rückzug an. Nur vier Monate nach Ivanković trat schon wieder der Trainer zurück, obwohl die Mannschaft alle Wettbewerbe dominiert und gewonnen hatte.

Nachdem ich den ersten Schock, nicht zu Chelsea zu wechseln, überwunden hatte, entschloss ich mich zu einem Reset. Wenn etwas Schlechtes passiert, weiß man nie, was daraus an Gutem erwächst. Das ist mein Motto. Also beschloss ich, mich auf meine Leistung für Dinamo und für die Nationalmannschaft zu konzentrieren. Die Chance, ins Ausland zu gehen, würde sich früher oder später ergeben – da war ich mir sicher. Nur konnte ich damals nicht wissen, wie schnell es so weit sein würde.

KAPITEL SECHS

Alles ging ganz schnell. Es war Freitag, der 25. April 2008, der Abend vor der Partie gegen Slaven Belupo. Irgendwann nach 23 Uhr rief Zdravko Mamić mich an. Er sagte, Dinamo habe sich mit Tottenham geeinigt, und fragte mich, ob ich mit den persönlichen Konditionen einverstanden sei – ob ich also bereit sei, zu Tottenham zu gehen. Ich antwortete Ja und realisierte, dass in diesem Augenblick meine internationale Karriere begann. Vor lauter Aufregung blieb ich bis tief in die Nacht wach. Vanja war bei mir. Sie war in alle Einzelheiten eingeweiht. Ich rief meine Eltern an, um ihnen die Neuigkeit zu überbringen; es flossen Freudentränen. Wir waren ganz aufgeregt: Ich würde nach England umziehen und in einer fantastischen Liga spielen. Ein riesiger Karrieresprung. Tottenham war mir immer sympathisch gewesen. Ich weiß nicht mehr genau, warum ich irgendwann angefangen hatte, die Entwicklung der Hotspurs zu verfolgen. Ich wusste jedenfalls über die Hotspurs gut Bescheid. Ich freute mich, dass ich bald zu dieser Welt dazugehören sollte, und versuchte, mir die Atmosphäre dort vorzustellen.

Am Samstagvormittag sollte alles seinen gewohnten Gang gehen wie an jedem anderen Spieltag. Schon bald kam allerdings Hektik auf. Es fing damit an, dass ich keinen richtigen Anzug besaß. Bis dahin hatte ich einen Anzug weder gebraucht noch haben wollen, aber jetzt musste ich mich anlassgerecht einkleiden. In London anreisen, den Medizincheck absolvieren und den Vertrag unterschreiben in Jeans – das hätte nicht gepasst. Vanja schaltete wie immer schnell. Kaum machte der erste Laden in der Shoppingmall auf, gingen wir hin und suchten einen Anzug für mich aus, der anschließend noch auf meine Maße zurechtgeschneidert werden musste.

Spurs-Präsident Daniel Levy kam, um mich kennenzulernen. Er wirkte freundlich und entspannt. Wir wurden einander vorgestellt, plauderten ein bisschen und fuhren später gemeinsam zum Flughafen. Wir flogen in seinem Privatjet nach London. Der damalige Dinamo-Fußballdirektor Zoran Mamić flog mit. Während des Fluges wurde nicht viel geredet, was mir ganz recht war. Mein Englisch war noch nicht gut genug, und ich war nach allem, was in den 24 Stunden zuvor passiert war, immer noch aufgeregt. Die ganze Zeit versuchte ich mir vorzustellen, was mich in London wohl erwartete. Ich verspürte erwartungsvolle Vorfreude.

In London brachte ich zuerst den medizinischen Check hinter mich. Der war schnell erledigt und förderte keinerlei Probleme zutage. Dann unterschrieb ich den Vertrag. Der eindrucksvollste Moment war die Ankunft an der White Hart Lane. Tottenham hatte an diesem Tag ein Heimspiel in der englischen Premier League gegen Middlesbrough. Es waren 36 000 Zuschauer auf den Rängen; die Stimmung war majestätisch. Als ich die Loge betrat, wurde ich von allen Seiten begrüßt. Die Zuschauer sahen mich auf dem Stadionbildschirm und ich hörte sie Beifall klatschen. Mein erster Eindruck von der Welt der Hotspurs war erhebend. Ich freute mich auf die große Herausforderung, die hier auf mich wartete. Und ich freute mich darauf, mich für diesen fantastischen Empfang an meinem ersten Tag bei Tottenham revanchieren zu können. Als ich später einen Moment Zeit fand, um Vanja, meine Eltern und einige Freunde anzurufen, schwärmte ich, wie sehr mich alles in Tottenham beeindruckte.

Vorerst musste ich nach Zagreb zurück, weil ich noch vier Spiele für Dinamo zu absolvieren hatte. Unsere drei letzten Gegner in der Liga waren als Schlusspunkt meiner Laufbahn in der kroatischen Fußballliga perfekt geeignet. Zuerst spielten wir gegen Inter Zaprešić, wo ich als Leihgabe von Dinamo meine Profilaufbahn begonnen hatte. Als Nächstes traten wir in Split zum wichtigsten kroatischen Derby gegen Hajduk an, bevor es in meinem Abschiedsspiel in Zagreb gegen Rijeka ging, das zu den drei Großen im kroatischen Fußball gehört. Das war ein besonders emotionaler Moment. Rund 20 000 Fans kamen ins Stadion, um den Titel zu feiern; die Stimmung war fantastisch. Vor dem Spiel bekam ich vom Verein Geschenke überreicht und die Fangemeinde bereitete mir einen phänomenalen Abschied. Auf einem der Transparente auf der Osttribüne stand: „Danke, Luka!" Ein schlichtes, aber bewegendes Danke – genau das wollte auch ich von meiner Seite den Fans und dem Verein Dinamo sagen. Die Ovationen und Gesänge der Fans rührten mich zu Tränen – besonders in dem Moment, in dem ich beim Spielstand von 6 : 1 für Dinamo vom Spielfeld ging und den Fans im geliebten Maksimir-Stadion zum Abschied zuwinkte. Das Spiel lief noch weiter; es waren erst achtzig Minuten gespielt, aber die Fans auf der Nord- und Südtribüne und auch die Zuschauer auf der Westtribüne erhoben sich von ihren Plätzen und verabschiedeten mich mit stürmischem Applaus. Ich war ungeheuer stolz. Als ich mich auf die Bank setzte, um die restlichen Spielminuten zu verfolgen, überfiel mich dann die Traurigkeit. Dinamo hatte mir alles gegeben und ich ging jetzt weg. Ich hatte in dieser Spielzeit eine Topleistung abgeliefert und mich selbst von dem Winterdrama um den gescheiterten Transfer nicht aus der Bahn werfen lassen. Im Frühjahr war ich beliebter denn je; ich spürte die Liebe und den Respekt der Fans. Umso bedauerlicher fand ich in diesem Moment, dass es uns in meinen dreieinhalb Jahren bei Dinamo nicht gelungen war, in Europa etwas Großes zu erreichen. Ich glaube bis heute, dass wir es hätten schaffen können.

Nach dem Spiel speisten Vanja und ich in einem Restaurant zu Abend und ich schickte eine SMS an Zdravko Mamić: „Danke für alles. Wäre ich im Winter von Dinamo weggegangen, hätte ich diesen wunderbaren Moment nicht erlebt."

Der Abschied, den die Fans mir bereiteten, und die Reaktion der Mannschaft rührten mich zutiefst. Wir feierten den Titel, den wir alle gemeinsam geholt hatten, und dennoch rückten sie mich ins Rampenlicht. Das alles machte mir den Abschied noch schwerer. Ich war sehr bewegt und weiß noch, dass ich zu Vanja sagte: „Weißt du was? Ich glaube, eines Tages komme ich zu Dinamo zurück."

Dabei war ich noch gar nicht weg. Vor uns lag noch das Rückspiel des kroatischen Pokalfinales. Wir spielten im Poljud-Stadion gegen Hajduk. Nachdem wir das Hinspiel mit 3 : 0 gewonnen hatten, war das Rückspiel eine reine Formalität. Vanja fuhr in ihrem Auto von Zagreb nach Split und wurde unterwegs in einen Verkehrsunfall verwickelt. Zum Glück blieb der Unfall folgenlos, außer dass sie zu spät zum Spiel kam. Ich bestritt meine letzten 88 Minuten im Dinamo-Trikot im Poljud-Stadion und gewann den Pokal. Nach 148 Spielen, 37 Toren und 6 Titeln war ich bereit für eine neue Herausforderung.

Die EM 2008 – Euphorie und Drama

Nachdem meine Zeit bei Dinamo zu Ende war und bevor das Abenteuer Tottenham begann, konzentrierte ich mich voll auf die Europameisterschaft, die in Österreich und in der Schweiz ausgetragen wurde. Wie die gesamte kroatische Nationalmannschaft war ich bis in die Haarspitzen motiviert. Kroatiens historischer Erfolg bei der Weltmeisterschaft 1998 in Frankreich lag jetzt zehn Jahre zurück. Die meisten Leute trauten der Mannschaft bei der EM 2008 eine Neuauflage des triumphalen Durchmarsches von damals zu. Slaven Bilić und seine Truppe, von denen einige dabei waren, als Kroatien 1998 Dritter wurde, bestärkten uns in dem Glauben, dass wir es weit bringen konnten. Nach der standesgemäßen Qualifikation schien sogar die kroatische Öffentlichkeit, die eher zur Skepsis als zur Zuversicht neigt, optimistisch gestimmt – trotz der enormen Probleme zu Jahresbeginn.

Vor dem Liganachmittagsspiel gegen Varteks schauten wir uns im Hotel das Premier-League-Match zwischen Birmingham und Arsenal an, bei dem auch Eduardo mitspielte, der mit uns bei Dinamo gespielt hatte und wie wir zur Nationalmannschaft gehörte. Nicht lange nach dem Anpfiff wurde er bei einem brutalen Tackling von Birmingham-Abwehrmann Martin Taylor übel verletzt. Es war fürchterlich: Wir konnten alle den Bruch an Eduardos linkem Fußgelenk sehen. Der arme Eduardo! Zwei Wochen zuvor hatten wir in Split noch gemeinsam gegen die Niederlande gespielt. Eduardo hatte mir erzählt, er werde bei Arsenal auf Händen getragen und freue sich wie wir alle total auf die Europameisterschaft. Nun war klar, dass er leider nicht dabei sein würde. Ein Jahr zuvor hatten wir im Sommer bei Dinamo auf einmal ohne ihn dagestanden, was ein schwerer Schlag für unsere Bemühungen im europäischen Wettbewerb war. Jetzt musste die Nationalmannschaft ohne ihren Topstürmer auskommen. In beiden Fällen drängte sich dieselbe Frage auf: Wie wäre es gelaufen, wenn wir einen Hochkaräter wie Eduardo in unseren Reihen gehabt hätten?

In unserer Qualifikation hatte Eduardo zehn Tore geschossen. In den sechzehn Spielen unter Bilić hatte er zwölfmal getroffen. Der Zufall wollte, dass anderthalb Jahre später auch ich mir ausgerechnet in einem Premier-League-Spiel gegen Birmingham eine schwere Verletzung zuzog. Mehr als drei Monate fiel ich wegen eines Wadenbeinbruchs aus.

Im Februar 2008 trat Kroatien, wie gesagt, in Split zum Vorbereitungsspiel gegen die Niederlande an. Wir lieferten eine schlechte Leistung ab und verloren 0 : 3. Die Niederlage hatte auch etwas Positives, denn die Euphorie, mit der die Medien und die Öffentlichkeit unser Treiben verfolgten, ebbte dadurch ein bisschen ab. Druck machte uns das nicht, denn wir waren sicher, dass wir bei der Europameisterschaft in Bestform sein würden. Vorbereitungsspiele sind hilfreich, aber sie sind kein verlässlicher Indikator für das spätere Abschneiden im Turnier. Dass Eduardo fehlte, warf uns allerdings schon etwas aus der Bahn. Mit Petrić, Olić und Klasnić hatten wir andere herausragende Stürmer im Team, aber Eduardo war ein anderer Spielertyp, der stärker instinktgeleitet agierte. Solche Spieler sind schwer zu stoppen, weil sie in der Lage sind, aus dem Nichts heraus Chancen zu kreieren. Auch Ivan Klasnić hatte einen großartigen Torinstinkt – und als er anderthalb Jahre vor der EM erkrankte, war das für uns ein Schock gewesen. Das Schicksal spielte unserem Team mehrmals übel mit. 2007 hatte Klasnić schwere gesundheitliche Probleme und musste zwei Nierentransplantationen über sich ergehen lassen. Es gab wenig Hoffnung, dass er seine Karriere überhaupt fortsetzen konnte. Er war tapfer und hartnäckig und gab alles, wurde wieder fit, konnte bei der Europameisterschaft 2008 mitspielen und schoss sogar zwei Tore.

Unsere exzellente Leistung bei der EM zeigte, dass wir einen Reifeprozess durchgemacht hatten: Wir gewannen das Eröffnungsspiel gegen Österreich mit 1 : 0; ich verwandelte einen Elfmeter und holte drei wichtige Punkte für uns. Im zweiten Gruppenspiel fertigten wir den Turnierfavoriten Deutschland mit einem überzeugenden 2:1-Sieg ab und demonstrierten unsere Stärke. An diesem Tag passte einfach alles. Im Wörthersee-Stadion in Klagenfurt fühlten wir uns wie bei einem Heimspiel. Unsere Fans füllten die halbe Arena und waren so laut wie immer. Sie sorgten für fantastische Stimmung, und wir dankten es ihnen mit einem grandiosen Sieg, der uns ins Viertelfinale brachte. Ich wurde zum Mann des Spieles gewählt. Wir waren extrem motiviert. Besonders deutlich zeigte sich das an einem Vorfall in der Kabine: In der Halbzeitpause stritten sich unser

Kapitän Niko Kovač und Vedran Ćorluka lautstark über Schwächen bei der Manndeckung. Nikos Bruder Robert reagierte als Erster und beruhigte die Gemüter. Für mich war das ein Zeichen, dass wir hoch motiviert und konzentriert waren, was durch das Spielergebnis bestätigt wurde.

Für das dritte Gruppenspiel wählte Bilić eine andere Aufstellung. Wir waren in Topform und schlugen Polen mit 1 : 0. Das Viertelfinale gegen die Türkei fand im legendären Wiener Praterstadion statt. Die türkischen Fans – bekanntlich die lautstärksten Fans der Welt – waren im Stadion stark vertreten. Trotzdem schafften sie es nicht, unsere Anhängerschaft zu übertönen. Die kroatischen Fans waren sensationell, und wieder hatte ich das Gefühl, vor heimischer Kulisse zu spielen. Die Partie war anstrengend und verlangte den Spielern alles ab, weil so viel auf dem Spiel stand. Es ging in die Verlängerung, aber ich hatte das Gefühl, dass wir die Oberhand hatten. Das hatten wir in den neunzig Minuten der regulären Spielzeit reichlich unter Beweis gestellt: Olić traf den Pfosten und wir erarbeiteten uns einige gute Chancen. In der ersten Hälfte der Verlängerung machten die Türken mächtig Druck, aber in der zweiten Hälfte kriegten wir wieder die Kurve. Es war ein echter Fußballkrimi; beide Mannschaften setzten alles daran, kein Gegentor einzufangen.

In der letzten Minute der Nachspielzeit konterten wir die Türken aus. Klasnić spielte mir den Ball zu und ich leitete direkt an Srna auf die Außenbahn weiter. Sein Flankenversuch wurde von einem türkischen Verteidiger geblockt. Der Ball rollte in Richtung Torauslinie, und der türkische Torwart Rüştü Reçber wollte ihn von der Linie kratzen, um einen Eckball zu verhindern. Doch ich kam vor ihm an den Ball und flankte ihn, während Rüştü wieder zum Tor zurückrannte, mit dem linken Fuß in den Strafraum, wo aus dem Nichts Klasnić auftauchte und den Ball ins Tor köpfte! Auf dem Feld und auf den Rängen gab es kein Halten mehr. Wir rannten alle zu Klasnić und zerquetschten ihn beinahe. Bilić sprang von der Bank auf und rannte zu uns, außer sich vor Glück. Ein Siegtor in den letzten Sekunden der Nachspielzeit – besser ging es nicht! Die Türkei war bezwungen. Es waren nur noch wenige Sekunden zu spielen, und alle – auch die Türken – waren sicher, dass das Spiel entschieden war.

Aber der Torjubel hatte uns die Konzentration geraubt. Bilić zeigte dem Schiedsrichterassistenten an, dass er auswechseln wollte. Er wollte uns wohl eine kurze Verschnaufpause verschaffen, damit wir uns noch einmal sortieren konnten. Statt das Spiel zu kontrollieren und in Ballbesitz zu bleiben, reagierten wir naiv und dumm. In den letzten Spielsekunden schlug die Türkei einen Freistoß in Richtung unseres Strafraums. Mehrere Spieler von uns sprangen hoch und versuchten, an den Ball zu kommen; ich ging davon aus, dass sie ihn einfach wegschlugen, und damit wäre die Sache gegessen gewesen. Scheinbar gab es auch ein Foul an Šimunić, das aber nicht gepfiffen wurde. Ich sah ungläubig mit an, wie der Ball bei einem türkischen Spieler landete, der ihn mit voller Wucht am chancenlosen Pletikosa vorbei ins Tor drosch! Das durfte nicht wahr sein! Ich traute meinen Augen nicht. Da trennten uns nur noch wenige Augenblicke vom sicheren Einzug ins Halbfinale und wir schenkten unseren sauer verdienten Vorsprung her. Wie konnten wir nur so viel Pech haben und so naiv sein?

Vor dem Elfmeterschießen hatte ich ein ungutes Gefühl. Für uns schien alles verloren. Eine Mannschaft, die am Boden liegt und dann ins Spiel zurückkommt, ist psychologisch immer im Vorteil. Wir hatten das Halbfinale schon sicher und gaben es wieder aus der Hand. Der Druck war entsetzlich; gerade beim Elfmeterschießen ist es extrem schwer, gelassen zu bleiben. Meine Theorie bewahrheitete sich. Ich schoss den ersten Elfer und setzte den Ball neben das Tor. Rakitić genauso. Nur Srna traf, aber den entscheidenden Schuss von Petrić konnte der türkische Torwart halten. Innerhalb weniger Minuten hatten sich die Dinge um 180 Grad gedreht. Die Türken feierten und waren total aus dem Häuschen. Wir waren am Boden zerstört und ließen uns mitten auf dem Spielfeld einfach auf den Rasen sinken. Wir waren unermesslich traurig und weinten wie kleine Jungs; noch eine Stunde nach dem Abpfiff heulten wir die Kabine voll. Bilić war komplett niedergeschlagen und fand keine Worte. Keiner sagte etwas. Wir wurden vom Stadion zum Hotel gefahren, wo wir zu Abend essen sollten, aber die Atmosphäre war wie bei einem Leichenschmaus. Es herrschte Begräbnisstimmung. Wir sahen uns die ganze Zeit schweigend an, während unsere Gedanken davongaloppierten. Am nächsten Tag fuhren wir mit dem Bus nach Kroatien zurück – die Stimmung war auf dem Tiefpunkt. Unterwegs machten wir ein paarmal Rast, um unsere Beine auszustrecken, und trafen auf kroatische Fans, die versuchten, uns aufzubauen und unseren Schmerz zu lindern – einen Schmerz, den sie genauso empfanden wie wir. Gefühlt ganz Kroatien war in Trauer.

Näher als wir konnte man dem Einzug ins Halbfinale gar nicht sein, aber das Schicksal hatte uns übel mitgespielt. Es hatte uns am magischen Moment schnuppern lassen und ihn uns dann einfach aus der Hand geschlagen. Wir waren mit einem jungen Team voller Enthusiasmus nach Österreich gefahren, und dank der erfahrenen Spieler wie der Kovač-Brüder und Šimunić standen wir kompakt und sicher. Ich bin noch heute überzeugt, dass wir finaltauglich waren – wir spielten herausragenden Fußball. Ich fühlte mich fabelhaft: Ich war 22 Jahre jung, erfolgshungrig und war durch den Transfer zu den Hotspurs so selbstbewusst, dass ich mir unbesiegbar vorkam. Ich fühlte mich stark und genoss es.

Die Niederlage hing uns lange nach. Rückblickend muss ich sagen, dass unser Selbstbewusstsein durch diese dramatische

Niederlage einen Knacks bekommen hatte, was sich bei den großen Turnieren in den Jahren danach zeigte. Doch im nächsten Jahrzehnt, im nächsten Jahr mit einer 8 am Ende – 2018 – würden wir unseren Frust abschütteln und unsere Rechnung mit dem Schicksal begleichen.

Wunden lecken

Nach allem, was passiert war, kam ich nirgendwo zur Ruhe – nicht einmal im heimatlichen Zadar. Vanja und ich mieteten uns mit ein paar Freunden ein Boot und machten einen Segeltörn, um dem ganzen Trubel zu entfliehen. Ich versuchte, so zu tun, als wäre wieder Normalität eingekehrt. Vergeblich. Klar: Niederlagen gehören zum Sport, aber das sagt sich leicht und ist unendlich schwer auszuhalten, wie ich damals erfahren musste. Egal was wir gerade unternahmen – die Hälfte der Zeit drifteten meine Gedanken zum Türkeispiel und zu den letzten Minuten der Verlängerung ab. Diese Szenen ließen mir keine Ruhe, genauso wie mein verschossener Elfmeter. Immer und immer wieder liefen diese Szenen zwanghaft vor meinem inneren Auge ab, als hoffte ich, ich könnte etwas ändern, indem ich pausenlos an dieses Spiel dachte. Das ist typisch für die Tage, Wochen und Monate nach einer traumatischen Niederlage. Dass ich ins All-Star-Team der EM 2008 gewählt und damit zum ersten Mal bei einem wichtigen internationalen Turnier ausgezeichnet worden war, tröstete mich nicht. Über diese persönliche Anerkennung konnte ich mich nicht freuen, wenn meine Mannschaft nicht erfolgreich war. Die Europameisterschaft 2008 ist auf jeden Fall das größte Trauma meiner Fußballerlaufbahn.

Die unglaubliche Kulisse der Adria trug dazu bei, dass ich mich langsam erholte. Ich musste relaxen und neue Energie tanken, denn schon bald sollte mein Englandkapitel beginnen.

Eine neue Herausforderung und eine neue Gelegenheit, mich zu beweisen. Vanja und ich sprachen andauernd über die Zukunft in England, aber wir schauten auch zurück und ließen die ersten Phasen meiner Karriere und unserer Beziehung Revue passieren. Wir redeten über alles Mögliche; wir lachten und nahmen uns gegenseitig auf den Arm, während die anderen auf dem Boot ernst blieben.

Vanja war vom ersten Tag unserer Beziehung an meine wichtigste Stütze. Sie war immer da, stellte mich und meine Verpflichtungen an die erste Stelle. Sie sah darin aber nie etwas Außergewöhnliches oder ein Opfer, das sie brachte. Für sie war das alles normal. Nur ein einziges Mal machte sie mir klar, dass ich zu weit gegangen war. Damals waren wir noch nicht lange zusammen, und ich führte mich manchmal auf wie ein unbekümmerter Teenie, der tun und lassen kann, was er will. Die Stimmung bei Dinamo war fantastisch: Wir waren eine tolle Truppe und gingen abends gerne zusammen essen, verbrachten Zeit miteinander und relaxten nach dem Spiel. Eine Weile lang schaute sich Vanja das verständnisvoll an, aber als es mehr oder weniger zur Regel wurde, reagierte sie. Sie sagte mir ganz ruhig, dass dieses Verhalten ihrer Meinung nach weder für unsere Beziehung noch für meine Karriere gut war.

Der Umzug nach London war für uns beide ein Wendepunkt. Wir waren allein in einem fremden Land und wurden zu einer eingeschworenen Zweiergemeinschaft.

Als wir frisch zusammen waren, gab es auch ein paar Dinge, die mich störten. Eines der größten Ärgernisse waren die Zigaretten. Leute, die Vanja kennenlernten, nachdem sie mit dem Rauchen aufgehört hatte, konnten sich nicht vorstellen, dass sie einmal Raucherin war. Dabei rauchte sie wirklich eine Menge und das störte mich. Ich konnte Tabak nie etwas abgewinnen. Ein einziges Mal habe ich probeweise an einer Zigarette gezogen. Da war ich vielleicht zwölf oder dreizehn und meine Freunde und ich hatten eine Packung Marlboro gefunden. „Was machen wir damit?", fragten wir im Scherz, wie Kinder eben so sind. Wir suchten uns eine dunkle Ecke, wo niemand uns sehen konnte, und rissen die Packung auf. Ich wollte den dicken Macker markieren und zündete mir eine Zigarette an. Ich bereute es sofort. Der Gestank, das Nikotin, der Rauch kurierten mich ein für alle Mal von dem Gedanken, zur Zigarette zu greifen.

Aus Alkohol machte ich mir ebenfalls nichts. Beim Essen, bei Feierlichkeiten oder Dinnerpartys genehmige ich mir manchmal einen Drink oder zwei – aber ich kann damit nicht gut umgehen. Eine der seltenen Situationen, in denen mein Vater sauer auf mich war, hatte mit Alkohol zu tun. Es war beim Abschiedsessen, das ich in Zadar für meine Freunde aus Kindertagen veranstaltete. Ich trank ein paar Gläser, keine harten Sachen, aber es reichte für einen Schwips. Als ich ins Hotel Iž kam, in dem wir damals wohnten, merkte mein Vater, dass mein Gang anders war als sonst. Endgültig verraten hat mich wohl mein Atem. Ich versuchte, mich herauszureden, und behauptete, ich sei nicht betrunken. Da forderte mich mein Vater auf, im Beisein meiner besorgten Mutter auf einem Bein zu stehen. Natürlich konnte ich das Gleichgewicht nicht halten. Am nächsten Tag bekam ich die unangenehmen Wirkungen meines ersten Katers zu spüren und hörte mir beschämt die Standpauke meines Vaters an: „Was hast du dir dabei gedacht, mein Sohn? So wirst du es im Leben nicht weit bringen und im Fußball schon gar nicht. Wenn du meinst, du kannst in Zagreb so weitermachen, bleibst du besser gleich hier." Der Kater und die strenge Rede meines Vaters haben sich tief in mein Gedächtnis eingegraben.

Ich bat Vanja verschiedentlich, mit dem Rauchen aufzuhören. Es schadete nicht nur der Gesundheit, sondern der Rauch störte mich auch, vor allem in geschlossenen Räumen. Wie bei den meisten Menschen, die rauchen, drangen meine

Worte offenbar nicht zu ihr durch; also hörte ich auf zu nörgeln. Ich wusste, dass es nichts brachte. Ungefähr ein halbes Jahr später war ich mit der Nationalmannschaft in Split. Das war vor dem Freundschaftsspiel gegen die Niederlande im Rahmen der Vorbereitung auf die Europameisterschaft 2008. Vanja rief mich an.

„Wie gehts dir? Was gibts Neues?“, fragte ich.

„Weißt du was? Ich habe aufgehört zu rauchen! Das ist doch mal eine Neuigkeit, oder?!“, antwortete sie.

Ich freute mich extrem für sie und blieb trotzdem ein bisschen misstrauisch. Doch selbst wenn sie es nicht im ersten Anlauf schaffen würde, versuchte sie es immerhin. Für mich war das ein Ausdruck ihrer Liebe zu mir. Wie alle Raucherinnen und Raucher wusste Vanja, wie ungesund Zigaretten sind, aber sie versuchte um meinetwillen, die schlechte Angewohnheit aufzugeben. Und irgendwann schaffte sie es! Das zeigt ihre Charakterstärke. Wenn sich Vanja einmal etwas in den Kopf gesetzt hat, zieht sie es durch.

Diese Eigenschaft ist uns beiden gemeinsam. Ich wusste bereits bei meinen ersten Dates mit Vanja, dass sie die Frau meines Lebens ist. Meine Eltern wussten es sogar schon, bevor sie sie kennenlernten. Sie merkten, wie viel Zeit ich am Telefon verbrachte, wenn wir nicht zusammen waren, und registrierten mit Sicherheit auch, dass sich mein Verhalten veränderte.

Mein Vater lernte sie zuerst kennen, beinahe zufällig. Er schaute für ein Dinamo-Spiel im Maksi Pub vorbei, in Begleitung von Mate Režan, einem meiner Freunde aus Zadar. Mate wusste von Vanja und mir, und als er Vanja in der Kneipe erblickte, stellte er sie meinem Vater vor.

„Stipe, das ist Vanja, Lukas Freundin!“

Es geht die Mär, mein Vater habe an seiner zukünftigen Schwiegertochter sofort einen Narren gefressen, als er sie zum ersten Mal sah. Damals waren wir noch gar nicht richtig zusammen, aber mein Vater sagte immer wieder, er wisse, dass wir füreinander bestimmt seien. Das zeigte schon die erste Bemerkung, die er mir gegenüber über Vanja fallen ließ: „Mein Sohn, Vanja ist ein Wunder!"

Meine Mutter und meine Schwestern lernten die neue Frau in unserer Familie kennen, als wir in Zadar die Hochzeit meines Teamkollegen Marijan Buljat und seiner Frau Jelena feierten; Marijan war ein enger Freund unserer Familie.

„Vanja ist supernett!", sagte auch meine Mutter, und meine Schwestern freundeten sich sofort mir ihr an.

Mir brauchte niemand zu erzählen, was ich für Vanja empfand, aber ich freute mich, dass meine Eltern und meine Schwestern sofort ein gutes Verhältnis zu ihr hatten. Meine Eltern betonten, wie zufrieden sie mit meiner Wahl waren: „Luka, nicht einmal wir hätten eine bessere Frau für dich aussuchen können."

Es war wichtig, dass sich Vanja akzeptiert fühlte und auch sie als junge Frau aus der Stadt, die etwas andere Verhältnisse gewohnt war, die Gepflogenheiten meiner Familie akzeptierte. Mir ist klar, dass meine Familie manchmal wie eine eingeschworene Gemeinschaft wirkt, die quasi per Nabelschnur miteinander verbunden ist, und dass das für Vanja vielleicht befremdlich war. Meine Familie besuchte mich oft in Zagreb, saß im Stadion, wenn ich spielte, übernachtete in unserer Wohnung. Wenn ich frei hatte, fuhren wir immer nach Zadar. Doch auch wenn wir nicht am selben Ort waren, war der telefonische Draht zu meinen Eltern und meinen Schwestern rund um die Uhr aktiv, genau wie der Draht zu meinem Onkel Željko. Meine Oma Manda, meine Tanten Marija und Nevenka – Nevenka verstarb leider vor ein paar Jahren – und meine geliebten Kindheitsgefährtinnen und Cousinen Mirjana und Senka sowie weitere Verwandte bilden meinen Familienclan. Es war sicherlich nicht einfach, doch Vanja bemühte sich sehr. Das machte sie aus eigenem Antrieb und nicht, um irgendwelche

Ansprüche zu erfüllen. Dass meine Familie sie sofort ins Herz schloss, ist vor allem deshalb wohl nicht allzu verwunderlich.

Viele Kleinigkeiten aus der damaligen Zeit zeigen, wie eng meine Familienbande waren. Als ich meinen ersten hoch dotierten Vertrag bei Dinamo unterschrieb, kaufte ich meinem Vater als Allererstes ein neues Auto. Er fuhr damals mit einem abgehalfterten Fiat Uno durch die Gegend, und da meine Eltern oft nach Zagreb fuhren, war mir wichtig, dass sie ein sicheres und komfortables Auto hatten. Ich ging zum Autohändler und kaufte einen fabrikneuen VW Passat. Als ich überlegte, wie ich den Wagen nach Zadar bekommen und meinen Vater überraschen könnte, schlug Vanja vor: „Luka, fahr du doch mit dem neuen Auto vorweg und ich fahre mit unserem Auto hinter dir her. Wir bringen den Passat höchstpersönlich nach Zadar."

Wir holten also das Auto ab und fuhren nach Zadar. Wir riefen meinen Vater an und sagten ihm, er solle vor das Haus kommen. Er dachte, wir wollten etwas hereintragen und er solle uns dabei helfen. Als wir ihm die Schlüssel für den neuen Wagen überreichten, war er im Schockzustand! Den eigenen Eltern das Leben leichter zu machen – vor allem, wenn man weiß, dass sie immer für dich gesorgt haben – ist eines der besten Gefühle überhaupt im Leben. Sie bringen Opfer, schnallen den Gürtel enger, damit ihre Kinder ein besseres Leben haben, und sind glücklich, wenn sie sehen, dass du erfolgreich bist. Aber wenn es etwas gibt, womit du sie beschenken kannst und das sie gut gebrauchen können, ist das eine fantastische Erfahrung. Was sie für mich getan haben, lässt sich niemals mit etwas Materiellem aufwiegen, aber diese Sache war ein Symbol dafür, dass ich immer für sie sorgen werde.

Eine andere Episode sagt vielleicht noch mehr über meinen Vater aus. Als ich mir bei Dinamo bereits einen Namen gemacht hatte, wohnten meine Eltern immer noch in ihrem Quartier im Hotel Iž. Meine Schwester Jasmina studierte inzwischen in

Rijeka, aber meine Eltern wohnten mit meiner jüngeren Schwester Diora nach wie vor in dieser kleinen Wohnung. Nachdem ich etwas angespart hatte, kaufte ich meinen Eltern eine große Wohnung in einem hübschen Stadtviertel in Zadar. Vanja übernahm das Streichen und Tapezieren. Meine Eltern waren zutiefst gerührt von meiner Geste, in die neue Wohnung zogen sie trotzdem nicht. Mein Vater kam einfach noch nicht hinterher bei den vielen guten Dingen, die auf einmal innerhalb kurzer Zeit passierten, seit ich Profifußballer geworden war. Er ließ sich immer neue Ausreden einfallen, warum er nicht in die neue Wohnung ziehen wollte. Ich glaube, sie würden immer noch im Hotel Iž logieren, wenn ich nicht insistiert hätte. Sie waren bescheidene Lebensverhältnisse gewohnt und standen immer mit beiden Beinen auf dem Boden. Das Wichtigste ist für sie die Beziehung zu den Menschen, die ihnen am Herzen liegen. Ihr Freundeskreis hat sich nicht verändert. Sie kümmern sich um meine Großmutter Manda, die allein in Obrovac lebt. Sie kümmern sich um unsere Verwandten. Sie stehen jederzeit Gewehr bei Fuß, wenn Vanja und ich einen Babysitter brauchen. Nach sechs Monaten zogen sie endlich in die neue Wohnung.

Sie leben dort heute noch. Manda, meine Großmutter mütterlicherseits, ist genauso sesshaft: Sie wollte ihre Heimatstadt partout nicht verlassen und wohnt mit ihren über achtzig Jahren nach wie vor alleine in Obrovac. Für sie kam ein Umzug nie infrage, obwohl wir versuchten, es ihr schmackhaft zu machen. Seit sie ein künstliches Hüftgelenk eingesetzt bekam, ist sie weniger beweglich. Obendrein wohnt sie im vierten Stock ohne Aufzug. Das mache ihr nichts aus, sagt sie; alles sei bestens. Meine Eltern besuchen sie ständig, kaufen für sie ein und bringen ihr Medikamente nach Hause. Wir kümmern uns um alles, was sie braucht, vor allem wenn es um ihre Gesundheit geht. Aber wenn ich sie frage, ob sie irgendwas benötigt, sagt sie jedes Mal mit sanfter Stimme: „Ich habe alles, was ich brauche,

Luka. Sag mir lieber, wie es dir geht, was die Kinder so treiben und ob du gut für Vanja sorgst."

Meine Oma wurde früh Witwe. Opa Petar starb schon vor meiner Geburt. Mit meinen Großeltern väterlicherseits verbrachte ich mehr Zeit, weil ihr Haus und unser Haus so nahe beieinanderlagen. Aber in jeden Sommerferien besuchen Vanja und ich mit den Kindern meine Großmutter in Obrovac oder überreden sie, mit nach Zadar zu kommen. Ich habe ein Haus in Punta Skala in der Nähe von Zadar mit drei Wohnungen; dort können wir im Sommer alle wohnen. Es gibt auch einen kleinen Garten, in dem meine Oma gern im Schatten sitzt und plaudert. Die Geschichten, die sie erzählt, verströmen eine große Herzenswärme. Sie hat so viele schwere Zeiten durchgemacht und beklagt sich trotzdem nie. Sie ist die Ruhe und Gelassenheit in Person und tut lieber anderen etwas Gutes als sich selbst.

Neues Leben in London

Als mein neuer Verein am 7. Juli 2008 zur Saisonvorbereitung nach Spanien aufbrach, hatte ich mich von der Europameisterschaft noch nicht restlos erholt. Wegen meines Einsatzes bei der Europameisterschaft wurde mir eine Pause gegönnt, sodass ich erst am 18. Juli in Valencia antreten musste. In der Woche, die mir bis dahin blieb, war ich damit beschäftigt, alles für den Beginn meiner Karriere bei den Spurs zu organisieren. Vor meiner Abreise lud ich meine früheren Dinamo-Teamkollegen zu einem Abschiedsessen ein. Das war der symbolische Schlusspunkt meiner Zeit im Trikot der Blauen.

Vanja und ich flogen von Zagreb nach London. Zdravko Mamićs Sohn Mario flog mit. Da ich nach Valencia musste, blieb Mario bei Vanja und half ihr in den ersten Tagen, richtig anzukommen. Wir wohnten im Hotel Marriott, zehn Autominuten vom Trainingsgelände entfernt. Das war bequem für mich, aber umständlich für Vanja. Das Hotel lag am Ende der Welt, direkt neben der Autobahn. Wir blieben dort zwei Monate, bis wir in ein Haus in Chigwell zogen, das Vanja für uns ausfindig machte.

In Valencia nahmen mich alle herzlich auf, besonders Spurs-Trainer Juande Ramos. Der spanische Coach behandelte mich ausgesprochen fair und stellte gleichzeitig hohe Erwartungen – immerhin war er es gewesen, der mich unbedingt bei Tottenham haben wollte. Er ist ein feiner Mensch und ein fachkundiger Trainer, der einfach ein bisschen mehr Glück brauchte, damit alles so lief, wie es sollte.

Ramos machte mich in kleinen Schritten mit der neuen Umgebung und dem Spielbetrieb vertraut. Das war ideal, denn dadurch konnte ich mich in Ruhe an den ungewohnten Spielrhythmus und die Anforderungen gewöhnen, die ziemlich anders waren als in Kroatien. Ehrlich gesagt hatte ich seit der Europameisterschaft nichts anderes gemacht als mich auszuruhen. Ich brauchte Abstand vom Fußball, um die enttäuschende Niederlage gegen die Türkei zu verarbeiten, und musste mich auf die neuen Herausforderungen in England vorbereiten. Als ich in England ankam, war ich für das, was von mir erwartet wurde, nicht gerüstet. Mich überraschte, wie intensiv hier trainiert wurde – jeden Tag drei Einheiten. Es gab sehr viel Lauftraining – auf dem Golfplatz, am Strand – und abends standen diverse Ballsportarten und Ballspiele auf dem Programm. Der erste Mannschaftskamerad, mit dem ich mich anfreundete, war der Ivorer Didier Zokora, der einfach endlos rennen und immer weiterrennen konnte. Der famose Scherzbold, der ständig Witze riss, wurde wenig später mein direkter Nachbar. Das erste Resultat des intensiven Trainings war eine Sehnenentzündung an meinem Knie. Aber mit der Zeit gewöhnte ich mich an die neuen Strukturen und das neue Umfeld.

Auf dem Trainingsgelände in Chigwell – das sich sehr viel bescheidener ausnahm als das Trainingszentrum, das Tottenham vier Jahre später baute – fühlte ich mich absolut wohl. Die Umkleidekabinen und sonstigen Einrichtungen waren in Containern untergebracht, aber das machte mir nichts aus. Am meisten begeisterten mich die Fußballfelder. Sie waren phänomenal. Vier Felder, eines besser als das andere. Der Rasen war so einladend, dass ich es kaum abwarten konnte, endlich darauf zu spielen. Und dann gab es in den ersten paar Monaten in London noch etwas, das mich überraschte: das Wetter. Ich hatte mit Regen und Wolken gerechnet, aber es war warm und sonnig.

Ich entwickelte rasch ein gutes Verhältnis zu meinen Teamkameraden, besonders zu Giovani dos Santos und zu unserem Torwart Heurelho Gomes, später zu Aaron Lennon und Tom Huddlestone. Damals ahnte ich nicht, dass die Spurs gegen Ende der Sommertransferperiode einen großartigen neuen Spieler verpflichten würden. Vedran Ćorluka wechselte von Manchester City zu Tottenham. Das war speziell für mich eine willkommene Überraschung, die alles einfacher machte.

Eines muss ich zugeben: In der Anfangszeit hatte ich beim Autofahren große Probleme mit dem Linksverkehr. Der Club stellte mir einen BMW zur Verfügung – den gleichen Typ, den ich in Zagreb hatte. Doch dass das Lenkrad auf der anderen Seite war, brachte mich aus dem Konzept. Allein schon auf dem zehnminütigen Weg vom Hotel zum Trainingsgelände kratzte ich mehrmals am Bordstein entlang. Das nervte extrem. Ich hatte Angst, auf der Straße Chaos zu stiften, und ein schlechtes Gewissen wegen der Macken am Auto. Ich bat Vanja, mich hin- und herzufahren, bis ich mich an den Linksverkehr gewöhnt hatte. Es gab so viele Sachen, auf die ich mich innerhalb kürzester Zeit einstellen musste, dass ich das Autofahren auf später verschob. An erster Stelle stand der Fußball.

Ich rechne es Vanja hoch an, dass sie mich bei der Eingewöhnung in das englische Leben und Fußballspielen so verständnisvoll begleitete. Die Schwierigkeiten mit dem Linksverkehr waren nur ein Beispiel. Als ich in Zagreb meine ersten Fahrstunden genommen hatte, waren wir noch gar nicht richtig zusammen gewesen. Ich hatte schnell den Dreh raus – außer beim Einparken. Das bekam ich überhaupt nicht in den Griff. Vanja, eine erfahrene Autofahrerin, fuhr in ihrem kleinen Peugeot 206 mit mir auf einen Parkplatz in Borongaj und brachte mir bei, wie man sein Auto am Straßenrand rückwärts einparkt. Das war eine große Hilfe. Die Fahrprüfung bestand ich mit Bravour. Endlich konnte ich mir ein Auto zulegen, das mir mehr Unabhängigkeit verschaffte; künftig konnte ich alleine überall hinfahren, wo ich wollte. Mein erstes Auto war ein VW Golf V. Ein cooles Gefährt: silbergrau, flott und komfortabel. Leider hatte ich nicht lange Freude daran, denn nach wenigen Monaten wurde mir der Wagen geklaut. Das war für mich sehr schmerzlich, am ersten eigenen Auto hängt man besonders. Danach nutzte ich eine Weile Vanjas Wagen. In der letzten Spielzeit bei Dinamo gönnte ich mir einen BMW X5. Als ich zu Tottenham wechselte, schenkte ich ihn meinem Vater, der bis heute damit fährt.

Zum Abschluss meiner ersten Saisonvorbereitung bei den Spurs hatten wir mehrere Testspiele. Ich werde nie vergessen, wie ich zum ersten Mal aufs Spielfeld kam und mit den Fans an der White Hart Lane Tuchfühlung aufnahm. Wir traten gegen AS Rom an – vor ausverkauftem Haus. Damals fand ich das noch außergewöhnlich, denn in Kroatien sitzen außer bei besonderen Spielen nur wenige Fans auf der Tribüne. Schon bald wurden die vollen englischen Stadien für mich Normalität. Die Tottenham-Fans begrüßten mich mit Beifall. Ich war beeindruckt von der positiven Energie, der Stimmung und den bis fast an den Spielfeldrand reichenden Zuschauerrängen. Außerdem gab es auf den Tribünen keine Gewalt und keine Ausschreitungen. Vor dem Start der Meisterschaft spürte ich, dass meine Energie stimmte, und war sicher, dass ich in der englischen Premier League meine Sache gut machen würde. Beim Training mit meinen Teamkollegen, die seit Jahren auf diesem Niveau unterwegs waren, stellte ich fest, dass ich gut mithalten konnte. Auch auf dem Platz lief es gut für mich, sodass ich glaubte, es sei alles vorhanden, was ich brauchte.

Doch dann nahmen die Dinge eine ungute Wendung. Ramos setzte mich als eine Art Flügelstürmer und nicht als klassischen Mittelfeldmann ein, mit schlimmem Resultat. Nach den ersten drei Partien – zwei Niederlagen, ein Unentschieden – hingen wir im Tabellenkeller. Danach folgte die Länderspielpause, in der ich für die kroatische Nationalmannschaft im Einsatz war. Auch dort lieferte ich nicht gerade eine Glanzleistung ab. Wir holten zwar einen Sieg gegen Kasachstan, zu dem ich sogar einen schönen Treffer beisteuerte, aber ein paar Tage später zeigte England uns in der Qualifikation für die Weltmeisterschaft 2010 die Grenzen auf und fertigte uns mit 4 : 1 ab.

Die Rückkehr nach Tottenham war noch schlimmer. Acht Wochen nach Saisonbeginn hatten wir erst zwei Punkte und waren Tabellenschlusslicht. Nach der sechsten Niederlage in Folge wackelte Ramos' Trainerstuhl. In der Woche fuhren wir zu unserer ersten UEFA-Cup-Partie zu Udinese Calcio. Wir verloren 0 : 2. Nach dem Udinese-Spiel und vor dem Match gegen die Bolton Wanderers herrschte angespannte Stimmung. Am Abend wurden wir zu einer Dringlichkeitssitzung in den Konferenzraum gerufen, wo die Vereinsführung uns eröffnete, dass Ramos nicht mehr ihr Vertrauen habe und der erfahrene Harry Redknapp unser neuer Trainer sei. Schon beim Spiel gegen Bolton am Tag darauf würde er auf der Bank sitzen.

Redknapp entschied sich für eine 4-4-1-1-Aufstellung und stellte mich im offensiven Mittelfeld direkt hinter Stürmer

Darren Bent auf. Ich machte mein bis dahin bestes Spiel. Wir gewannen und verschafften uns etwas Luft. Die nächste Partie gegen Tottenhams Lokalrivalen Arsenal im Emirates-Stadion war sensationell. Wir gingen in Führung, aber die Gunners glichen aus und übernahmen dann ihrerseits die Führung. Irgendwann stand es 1 : 3, dann 2 : 4. Wir kämpften weiter und verkürzten in der 89. Minute auf 3 : 4. In der 4. Minute der Nachspielzeit traf ich nur den Pfosten, doch Lennon verwandelte den Abpraller und machte den Ausgleich. Sein Treffer versetzte uns in einen Freudentaumel; Lennon bekam fast keine Luft mehr, weil ihn die ganze Mannschaft unter sich begrub. An diesem Tag wurde aus uns ein Team. Die anschließende Siegesserie lieferte den Beweis. Das nächste Heimspiel gewannen wir gegen Liverpool 2 : 1 durch einen Treffer des Russen Roman Pawljutschenko in der Nachspielzeit. Beim Auswärtsspiel gegen Manchester City, das wir ebenfalls mit 2 : 1 gewannen, lieferte ich Bent die Vorlage für den Ausgleichstreffer.

Im UEFA-Cup wurde Tottenham ein interessanter Gegner zugelost: Dinamo Zagreb. Ich musste also gegen meinen früheren Verein antreten. Nur fünf Monate nach meinem Abschied aus Zagreb kam Dinamo an die White Hart Lane. Es war eigenartig, gegen meine früheren Teamkameraden zu spielen, aber ich ging professionell damit um. Ich war mit einem Assist am ersten unserer vier Tore beteiligt und ging in der 75. Minute unter dem Beifall unserer Fans vom Platz.

In diesen Wochen machte ich die Erfahrung, wie wunderbar in England das Leben eines Fußballspielers sein kann. Wir machten unsere miesen Ergebnisse vom Saisonbeginn mit einer Positivserie wett, und das obendrein gegen hochklassige Gegner. Dass wir gegen Chelsea und Arsenal oder später gegen Manchester United nicht verloren und Liverpool und Manchester City schlugen, war ein eindeutiger Qualitätsbeweis unserer Mannschaft. Andererseits ließen wir gegen Clubs, die in der Tabelle unter uns rangierten, Punkte liegen und bewiesen damit, dass wir als Mannschaft noch nicht ausgereift waren. Das Wichtigste war aber, dass wir das Ruder herumgerissen hatten und uns allmählich von den traumatischen Erlebnissen zu Saisonbeginn erholten. Wir überwinterten auf dem sechzehnten Platz. Im Football League Cup und im FA Cup schlugen wir uns gut, leider musste ich dort einmal mehr die leidvolle Erfahrung machen, ein entscheidendes Spiel im Elfmeterschießen zu verlieren. Im League-Cup-Finale im ausverkauften Wembley-Stadion schaffte es Tottenham nicht, den 2008 gewonnenen Titel zu verteidigen. Nach spannungsgeladenen 120 Minuten stand es immer noch 0 : 0 und im anschließenden Elfmeterschießen hatte Manchester United die besseren Nerven und gewann mit 4 : 1. Der einzige erfolgreiche Schütze für Tottenham war Ćorluka. Ich hätte mich an diesem Abend niemals als Elfmeterschütze gemeldet – die Wunden aus Wien waren noch zu frisch.

Harry Redknapp ist ein spezieller Charakter. Ein Trainer mit Charisma, der gerne eine positive Atmosphäre schafft und die Spieler sehr gut motivieren kann. Einer der Pluspunkte besonders für mich war, dass er eine Schwäche für kroatische Spieler hatte. Er äußerte sich stets wohlwollend über Slaven Bilić, Igor Štimac, Niko Kranjčar und Robert Prosinečki, die er bei West Ham United und Portsmouth trainiert hatte. Dementsprechend war es nicht verwunderlich, dass wir in seiner Trainerzeit bei Tottenham irgendwann vier Spieler aus Kroatien im Team hatten: Vedran Ćorluka, Niko Kranjčar, Stipe Pletikosa und ich bildeten ein Quartett und waren dafür verantwortlich, dass die Hotspurs den Spitznamen CroTottenham verpasst bekamen.

Redknapp kannte alle Tricks und Kniffe. Die Trainingsleitung überließ er meistens seinen Assistenten, aber er behielt alles genau im Blick. Ihm war wichtig, dass jeder Spieler auf der Position eingesetzt wurde, wo er die beste Leistung bringen konnte. Mit Redknapp als Trainer kam ich schnell immer besser in Form. Nach seiner Einschätzung konnte ich am effektivsten spielen, wenn er mir mehr Freiheit und Kreativität im Angriff gestattete. Dieses Konzept ging gut auf. Redknapp wies die Spieler an, sie sollten mich mit Bällen versorgen, die ich dann an den blitzschnellen Lennon weiterleitete. Wir wurden immer besser und beendeten die Saison auf Tabellenrang acht. Vor dem Hintergrund, dass wir uns den schlechtesten Saisonstart der Vereinsgeschichte geleistet hatten, war das ein solides Ergebnis. Die Lorbeeren dafür gebührten natürlich Harry. Ein Trainer der alten Schule und ein ausgesprochen positiv gestimmter und freundlicher Mensch.

Ich hatte mich in meiner ersten Spielzeit in der Premier League gut entwickelt, hatte mir im Club ein gutes Standing erarbeitet, und die Fans waren mit meiner Leistung zufrieden. Trotzdem hatten sie natürlich die Erwartung, dass ich in der nächsten Saison noch besser spielen würde.

Etwas Entscheidendes in meiner ersten englischen Spielzeit passierte inmitten unserer schwersten Krise, unmittelbar vor der Partie gegen die Bolton Wanderers. Auf dem Weg zum Stadion bekam ich eine SMS: „Ruf mich an, sobald du Zeit und Lust hast. Zvone." In der kroatischen Fußballwelt weiß jeder, dass das der Kurzname von Zvonimir Boban ist. *Ist das möglich, dass Boban mich anruft – mein Idol?*, schoss es mir sofort durch den Kopf. Aber dann dachte ich, irgendwelche Freunde von mir würden sich einen Scherz mit mir erlauben. Warum sollte Boban Kontakt zu mir aufnehmen wollen? Trotzdem beschäftigte mich die SMS, und ich wollte wissen, wer sie geschickt hatte. Also wählte ich die Nummer. Als ich die Stimme am anderen Ende hörte, wusste ich sofort: Er war es wirklich! Das war einer jener Augenblicke, die ich mein Leben lang nicht vergessen werde.

„Bleib gelassen und gib dir für die schlechten Resultate nicht die Schuld. Mir ging es genauso, als ich im Ausland gespielt habe. Ich brauchte Zeit, um mich auf alles einzustellen. Nur die Ruhe – das renkt sich alles von selbst ein!" Das war sinngemäß das, was Zvone am Telefon zu mir sagte, und einen besseren Zeitpunkt hätte er sich dafür nicht aussuchen können. Seine Worte hatten besonderes Gewicht, weil er alle Höhen und Tiefen des Profifußballs durchlebt hatte. Unser Telefongespräch dauerte vielleicht fünf Minuten, und ich weiß noch, dass ich sehr aufgeregt war – so wie damals, als ich als kleiner Junge seinen Siegeszug durch Europa im Trikot des AC Mailand verfolgte oder als er 1998 Kroatien zur ersten WM-Teilnahme und auf Anhieb ins Halbfinale führte. Dieses Gespräch gab mir Kraft und genau den Adrenalinschub, den ich in diesem Moment meiner Karriere, in dem ich besonders gefordert war, bestens gebrauchen konnte. Von da an wurde alles leichter.

Verschnaufpause

Der Sommer nach meiner ersten Saison in der englischen Premier League war wesentlich entspannter als der Sommer davor. Ich hatte mich ziemlich gut auf die englische Spielkultur eingestellt, die den Spielern körperlich viel abverlangt. Ich hatte mich mit dem Rhythmus der Liga angefreundet und allen bewiesen, dass ich auf diesem Niveau mithielt. Die Reaktionen des Publikums auf meine Leistung gaben meinem Selbstvertrauen noch mehr Auftrieb. Im Urlaub an der Adria ließen Vanja und ich unser erstes Auslandsjahr Revue passieren. Wir hatten eine tolle Zeit in London erlebt, aber ohne Vanjas Unterstützung wäre das alles nicht möglich gewesen. Sie tat in den ersten Monaten alles dafür, dass ich mich konzentrieren und bei Tottenham beweisen konnte. Für sie war diese Zeit nicht einfach.

Wenn ich trainierte, auf Reisen war oder auf dem Spielfeld stand, war sie meistens allein. Wenn ich früher mit Dinamo unterwegs war, konnte sie sich mit ihren Freundinnen treffen, ihre Mutter oder ihre Großeltern besuchen; in Zagreb war sie zu Hause. London war eine komplett andere Welt. Noch mehr Gedanken machte ich mir wegen Vanja, als wir zwei Monate nach unserer Ankunft vom Hotel in das malerische Städtchen Chigwell zogen. Mit seiner waldreichen Umgebung war das ruhige Örtchen fernab des hektischen Treibens in London ausgesprochen malerisch. Vanja richtete unser zweigeschossiges Haus nach ihrem Geschmack ein; ich mischte mich nicht ein, denn sie wusste, was sie tat. Wenn ich zu Hause war, hatten wir es wunderbar miteinander. Nach dem Training war ich in fünf Minuten daheim und wir hatten den ganzen Rest des Tages für uns. Zum ersten Mal in den fünf Jahren, in denen wir ein Paar waren, konnten wir tun und lassen, was wir beide wollten. London wurde uns zunehmend vertraut und gefiel uns. Mit der U-Bahn waren wir in vierzig Minuten im Zentrum. Mit dem Auto brauchten wir je nach Verkehrslage anderthalb Stunden. Wenn ich am nächsten Tag frei hatte, besichtigten wir erst einmal alles, was wir uns für den betreffenden Tag vorgenommen hatten, übernachteten dann in London im Hotel und fuhren erst am nächsten Tag nach Chigwell zurück.

Das war die schönere Seite des Ganzen. Die Schattenseite zeigte sich, wenn ich nicht da war. Vanja gestand, dass es ihr schwerfiel, alleine zu Hause zurückgelassen zu werden. Sie putzte, kochte und machte den Haushalt, um die Zeit herumzukriegen. Sie ging shoppen oder aß im Restaurant zu Mittag – und das war auch schon ungefähr alles, was sie im kleinen Chigwell unternehmen konnte.

Als uns zu Ohren kam, dass in unserer Gegend mehrmals eingebrochen worden war, waren wir beunruhigt. Vanja bekam Angst, nachts alleine in dem Haus zu sein, und ich machte mir

Gedanken darüber, wie das für sie wohl war. Bald wurde uns klar, dass es keinen Sinn hatte, auch wenn es zur Eingewöhnung in das Leben in England dazugehörte. Wir beschlossen, dass Vanja immer, wenn ich weg war, im Marriott übernachten sollte.

***

In der zweiten Saison legte Tottenham einen Traumstart hin. Wir verpflichteten einige neue Spieler, unter anderem Niko Kranjčar, der aus Portsmouth zu uns wechselte. Endlich gehörten Niko und ich nicht nur beide zur Nationalmannschaft, sondern auch zu demselben Verein. Leider machte uns das Schicksal schon wieder einen Strich durch die Rechnung und verhinderte, dass wir zusammen auf dem Platz standen. Nach einem starken Lauf mit vier Siegen in Serie musste ich eine schwere Verletzung hinnehmen. Es passierte an der White Hart Lane in einem Match gegen Birmingham. Kurz nach Beginn der zweiten Hälfte kam es zu einem an sich harmlosen Zweikampf mit Lee Bowyer, dem der Ruf eines ruppigen Spielers vorauseilte. Ich wollte den Ball abschirmen, aber Bowyer holte zum Schuss aus und fiel auf meinen rechten Fuß. Ich spürte einen stechenden Schmerz und mir brach kalter Schweiß aus.

Nachdem die Mannschaftsärzte mich versorgt hatten, dachte ich, ich könnte die Zähne zusammenbeißen und weiterspielen. Aber die Schmerzen waren nicht auszuhalten. Es wurde klar, dass etwas Ernstes passiert war. Das medizinische Team beschloss, mich sofort ins Krankenhaus zu bringen – mit Verdacht auf Wadenbeinbruch rechts. Dieser Verdacht wurde durch die Röntgenbilder leider bestätigt. Noch im Krankenwagen auf dem Weg in die Klinik bekam ich einen Anruf von Slaven Bilić. Ich war total aufgelöst, denn ich realisierte, dass ich lange ausfallen würde. Bilić redete mir gut zu, doch ich war zu aufgewühlt. Wenig später rief Bowyer an und entschuldigte sich. Mir war vollkommen klar, dass bei ihm keine Absicht im Spiel war. So etwas passiert. Es war einfach Pech. Zum Glück blieb mir eine Operation erspart. Ich bekam einen Stabilisierungsschuh und dann begann die Genesungszeit. Die verbrachte ich teils in London und teils in Kroatien, wo sich mein späterer Tottenham-Teamkollege Stipe Pletikosa, mit dem ich mich bei der Nationalmannschaft angefreundet hatte, auch gerade von einer komplizierten Verletzung erholte.

Ich fiel ungefähr hundert Tage aus. In dieser Zeit war Niko Kranjčar einer der Leistungsträger für das Team. Er erzielte einige wichtige Tore und hatte großen Anteil daran, dass sich Tottenham in die obere Tabellenhälfte hocharbeitete. Wir spielten ein paar Matches zusammen, doch im April zog er sich eine Verletzung zu und fiel bis zum Saisonende aus.

***

Vor der zweiten Spielzeit bei den Spurs sprach ich Vanja gegenüber das Thema Heirat an. Wir waren inzwischen seit fast fünf Jahren ein Paar und wohnten seit mehr als vier Jahren zusammen. Wir entschieden uns: Wir wollten heiraten, als Ehepaar zusammenleben und – das war noch wichtiger – ein Kind haben. Genauer gesagt: Wir wollten mindestens drei Kinder. Wir hatten die gleichen Vorstellungen von Familie, und wenn wir über Kinder redeten, wurde unsere Vorfreude noch größer. Wir wollten den Kinderwunsch schon bald realisieren, da kamen meine Verletzung und die lange Auszeit dazwischen. Als ich eines Tages aus dem Haus ging, um mal wieder zum Regenerationstraining zu fahren, schlug Vanja vor, uns hinterher zum Mittagessen bei unserem Lieblingsitaliener in London zu treffen. Ich hatte keine Ahnung, warum sie dorthin wollte. Als ich ankam, erspähte ich sie sogleich in dem Restaurant. Irgendetwas war seltsam – Vanja wirkte nervös. Ich hatte mich noch gar nicht richtig hingesetzt, als Vanja verkündete: „Du wirst Vater!"

Dieser Augenblick lässt sich mit Worten nicht beschreiben. Wer es selbst erlebt hat, weiß, was für eine Freude das ist. Es ist die wunderbarste Nachricht im Leben – und meine Frau wollte sie mir an einem ganz besonderen Ort übermitteln. Das war typisch Vanja. Trotz der Schwangerschaftsübelkeit, die ihr ziemlich zu schaffen machte, wollte sie diesen Augenblick für mich und für uns unbedingt in seiner Einmaligkeit zelebrieren. Damit lag sie goldrichtig: Zu Hause hatte ich nicht gemerkt, dass sich etwas anbahnte. Mir gegenüber hielt Vanja hinter dem Berg, bis sie sicher war, dass sie schwanger ist. Bei diesem unvergesslichen Mittagessen besprachen wir miteinander, wie wir alles organisieren würden. Dass wir nach dem Ende der Spielzeit heiraten wollten, hatten wir schon geplant. Vanja wollte während der Schwangerschaft unbedingt von unseren Ärzten in Zagreb betreut werden und ich war ganz ihrer Meinung. Nicht etwa weil wir kein Vertrauen zu den Ärzten in England gehabt hätten, sondern weil wir beide wollten, dass unser Kind in Kroatien geboren wird. Vanja wollte außerdem aus dem großen Haus in eine Wohnung mit nur einer Etage umziehen. Sie würde viel Zeit allein mit dem Baby verbringen, und das war einfacher, wenn alle Zimmer auf einer Etage lagen. Also mieteten wir eine Wohnung. Unser erstes Haus in Chigwell ist für uns mit vielen schönen Erinnerungen verbunden, aber Vanja wirkte fröhlicher und ruhiger, nachdem wir in eine geräumige Wohnung in einem Apartmenthaus zogen.

Am 12. Mai 2010 – Vanja war im achten Monat schwanger – fand in Zagreb unsere standesamtliche Hochzeit statt. Wir feierten im kleinen Kreis, luden nur unsere Familien und engsten Freundinnen und Freunde ein und gingen anschließend in einem Restaurant in Zagreb essen. Die große Hochzeitsparty, die wir uns beide wünschten, war zusammen mit der kirchlichen Hochzeit ein Jahr später geplant. Ich war sehr glücklich. Neben meinem Privatleben war auch die zweite Saison bei den Spurs ein großer Grund zur Freude. Wir beendeten die Spielzeit auf Rang vier. Damit hatte sich Tottenham zum ersten Mal für die UEFA Champions League qualifiziert. Den vierten Platz machten wir so klar, wie es sich gehörte: mit einem Auswärtssieg gegen Manchester City, unseren direkten Konkurrenten um Platz vier. Das wurde mit einer gebührenden Party gefeiert. Die Anfangszeit dieser Saison war von meiner Verletzung überschattet gewesen, doch sobald ich wieder fit war, hatte ich rasch aufgeholt und gut gespielt. Die Medien lobten neben dem Erfolg der Mannschaft auch meine persönliche Leistung. Ich spürte, dass ich mich in der Premier League bewährt hatte. Ich hatte mir und allen anderen bewiesen, dass ich in einer anspruchsvollen Liga mit Topspielern ein entscheidender Faktor sein konnte. Keiner redete davon, dass ich zu schmächtig, zu klein oder zu schwach wäre; die Kritik lobte vor allem meine technische Finesse und meinen Teamgeist. Die Premier League und ihr eng getakteter Spielrhythmus machten mich zu einem besseren Spieler. Mein Spiel wurde schneller und direkter.

Der einzige Wermutstropfen in dieser Saison war, dass Kroatien es nicht schaffte, sich für die Weltmeisterschaft 2010 zu qualifizieren. Es war das erste Mal, dass ich mit der Nationalmannschaft die Qualifikation für ein großes Turnier verpasste. Statt nach Südafrika zu fahren, machte ich Sommerurlaub in Kroatien. Allerdings sollte dieser Urlaub komplett anders werden als jeder Urlaub zuvor.

Angst um Vanja

Direkt nach Saisonende flogen Vanja und ich am 8. Mai 2010 zurück nach Zagreb. Der Geburtstermin für unser Baby war der 27. Juni. Vanja blieb in Zagreb und schonte sich. Ich hatte noch zwei Freundschaftsspiele für die Nationalmannschaft zu bestreiten – in Klagenfurt gegen Österreich und in Osijek gegen Wales. Nach dem 24. Mai hatte ich frei, konnte für Vanja da sein und ihr bei allem helfen, was sie brauchte. In Zagreb herrschte große Hitze. Ich hoffte, dass wir nach Zadar fahren und uns am Meer ein bisschen abkühlen konnten, aber die Ärzte rieten Vanja davon ab, vor der Entbindung noch eine Reise zu unternehmen. Es gab ein paar medizinische Dinge, die behandlungsbedürftig waren. Trotzdem redete sie mir zu, ich solle nach Zadar fahren und ein paar Tage bei meinen Eltern und Schwestern verbringen, weil wir wussten, dass dafür keine Zeit sein würde, sobald das Baby da war.

Nach dem zweiten Tag in Zadar weckte mich mein Vater um kurz nach 5 Uhr morgens. Vanja hatte angerufen, aber ich hatte das Telefon nicht klingeln hören.

„Mein Sohn, wach auf, Vanja muss ins Krankenhaus, das Baby kommt."

Ich stand in Sekundenschnelle auf, zog mir die erstbesten Klamotten über und machte mich auf den 280 Kilometer langen Weg nach Zagreb. Meine Eltern fuhren in ihrem Auto hinterher. Ich trat aufs Gaspedal, die Straßen waren leer – ich wollte bei Vanja in Zagreb sein, wenn es so weit war. Als die Fruchtblase platzte, war sie allein in der Wohnung. Ihre Mutter wohnte nicht weit weg und kam, als Vanja sie anrief, sofort herüber und brachte später alles, was sie für den Krankenhausaufenthalt brauchte. Wenn wir heute über die Geschehnisse dieser Nacht sprechen, müssen wir über die Episode mit dem Taxifahrer lachen. Als der sie abholte und fragte, wohin die Fahrt gehen soll, schrien Vanja und ihre Mutter: „Fahren Sie uns ins Krankenhaus! Sie kriegt ein Baby!" Der Fahrer war geschockt und fuhr, weil er mit einer schwangeren Frau im Wagen besonders vorsichtig sein wollte, extra langsam – 30 km/h.

„Bitte geben Sie Gas, das ist kein Problem!", drängte Vanja, denn sie wollte natürlich so schnell wie möglich in die Klinik.

Als sie mich anrief, war ich schon in der Nähe des Krankenhauses. Ich hatte viel Adrenalin im Blut und kreischte: „Vanja, warte bitte noch, wenn du kannst; ich bin in einer Sekunde da."

Aber sie konnte nicht warten. Ich kam genau in dem Moment am Krankenhaus an, als Vanja gerade entbunden hatte. Es war 8:10 Uhr, als unser erstes Kind auf die Welt kam und unser Leben für immer veränderte. Der Moment, in dem ich unseren Sohn zum ersten Mal sah und auf den Arm nahm, war einer der glücklichsten in meinem Leben. Ich schloss Vanja so fest in die Arme, wie ich konnte; ich wünschte mir, dass diese ersten Augenblicke reinen Glücks nie aufhören. Wir versprachen uns gegenseitig, dass wir bei der nächsten Geburt beide dabei sein würden. So war es dann auch. Bei diesem ersten Mal hatten wir nicht gewusst, was auf uns zukam. Wir hatten nur gewusst, dass Vanja das Kind per Kaiserschnitt zur Welt bringen würde. Dass die Wehen drei Wochen vor dem Geburtstermin einsetzen würden, hatten wir nicht ahnen können.

Vanja und das Baby mussten ein paar Tage in der Klinik bleiben. Ich blieb die ganze Zeit bei ihnen und übernachtete auch einige Male dort. In diesen ersten vier Tagen stellten die Krankenschwestern, wenn sie morgens ins Zimmer kamen, immer dieselbe Frage: „Haben wir denn schon einen Namen für das Söhnchen?"

Einige Namen waren in der engeren Wahl. Vanja neigte zu Ivan und ich schlug daraufhin Ivano vor. Mein kleiner Junge und meine große Liebe!

Zwei Wochen später konnten wir endlich wegfahren. Ich freute mich auf unseren ersten Besuch in Zadar. Meine Eltern und meine Schwestern waren überglücklich. Diese Tage waren pure Freude; es stimmte einfach alles. Meine Kindheitsfreunde kamen uns besuchen, um das Baby zu sehen. Und wir spielten häufig Karten: Briškula und Trešeta. Darin bin ich echt gut. Bei diesen Kartenspielen geht es vor allem darum, das Spiel genau zu verfolgen und konzentriert bei der Sache zu bleiben, sich zu merken, welche Karten schon gespielt wurden und welche Trümpfe der Gegner vielleicht noch hat oder welche Karte man als nächste ausspielen muss, um zu gewinnen. Ich hasse es, zu verlieren – sogar bei Trainingsspielen –, und beim Kartenspielen kann ich sehr laut und streitsüchtig werden.

Eines Abends spielte ich mit meinen Freunden wieder einmal auf der Terrasse unseres Hauses in Punta Skala Briškula und merkte nicht, dass Vanja schon nach Hause gekommen war. Es war gegen 23 Uhr. Sie ging auf den Balkon, um Wäsche aufzuhängen, und fühlte sich auf einmal unwohl. Irgendwie schaffte sie es, zu uns herunterzukommen, und klagte, es gehe ihr nicht gut. Es schien nichts Ernstes zu sein; ich riet ihr, sie solle sich ein bisschen hinlegen und ausruhen. Mein Vater begleitete sie in unser Zimmer. Wenig später hörten wir einen lauten, dumpfen Schlag und dann Unruhe. Ich rannte nach oben und sah Vanjas Mutter gerade aus ihrem Zimmer kommen. Ich war in Schockstarre, wie versteinert. Vanja bekam keine Luft.

Mein Trauzeuge Marko reagierte blitzschnell. Zusammen fuhren wir Vanja in die Klinik. Während der Fahrt hielt ihre Mutter sie im Arm, denn Vanja war nur halb bei Bewusstsein. Während wir zum Krankenhaus rasten, rief mein Vater seinen alten Freund Doktor Nakić an. Er sagte ihm das Wenige, was wir aus Vanja hatten herausbekommen können: Dass sie Druck im Brustkorb verspüre. Die Rückenschmerzen kamen höchstwahrscheinlich von dem Sturz, aber der Druck im Brustkorb konnte ein Anzeichen für einen Herzinfarkt sein. Nach einer halsbrecherischen Fahrt hielt ich vor dem Krankenhaus. Das Ärzteteam war schon verständigt und sofort einsatzbereit. Vanja wurde untersucht, und die Ärzte vermuteten sofort, dass ein Blutgerinnsel in ihre Lunge geraten sein könnte. Sie brachten sie auf die Intensivstation und behandelten sie dort. Später sagten uns die Ärzte, Vanja brauche im Moment Ruhe, und schickten uns nach Hause. Ich machte mir jetzt etwas weniger Sorgen, weil sie in sicheren Händen war, trotzdem tat ich in dieser Nacht kein Auge zu. Wir waren in ständigem Kontakt mit dem Krankenhaus, und als ich hörte, dass Vanjas Zustand stabil war, war ich beruhigt. Als wir Vanja am nächsten Tag im Krankenhaus besuchten, bekamen wir ein genaueres Bild von dem, was passiert war. Die Ärzte führten das Blutgerinnsel auf die Reaktion ihres Körpers auf die Schwangerschaft zurück. Es war eine ernste Sache, die zum Glück gut ausgegangen war. Dass Vanja, als sie am nächsten Morgen aufwachte, nicht mehr wusste, dass sie einen Sohn hatte, zeigt, wie ernst die Lage war. Nachdem Vanja nach Hause entlassen wurde, um sich dort weiter zu erholen, fuhr ich einen Monat lang jeden Tag mit ihr in die Klinik, wo sie eine Spritze bekam. Sie musste engmaschig überwacht werden. In den folgenden anderthalb Jahren schloss sich eine Antikoagulanzientherapie an, d. h., Vanja bekam Gerinnungshemmer verabreicht. Leider war die Sache damit nicht ausgestanden.

Zum ersten Mal in der Champions League

Bei Dinamo konnte ich meinen Traum, in der UEFA Champions League zu spielen, nicht realisieren. Europas Königsklasse, in der man sich mit den Besten messen kann, ist das Größte für jeden Fußballer. Ich nahm diesen Wunsch nach Tottenham mit, auch wenn es in England vermutlich schwerer ist, sich für die Champions League zu qualifizieren – vor allem weil die Konkurrenz extrem ist und sieben oder acht Topvereine sich einen erbitterten Kampf um die ersten vier Tabellenplätze liefern. In keiner Liga ist der Konkurrenzkampf so hart wie in der Premier League. Die Geschichte der Spurs war in diesem Punkt nicht sehr vielversprechend, denn sie hatten seit fast einem halben Jahrhundert nicht mehr im höchsten Vereinswettbewerb mitgemischt. Doch im Sommer 2010 wurde mein Traum wahr. In den beiden Qualifikationsspielen setzten wir uns gegen die Young Boys aus Bern durch. Das Hinspiel ist mir in unguter Erinnerung geblieben – ich erlitt eine Muskelverletzung, und wir verloren auswärts mit 2 : 3. Im Rückspiel war ich nicht dabei, aber meine Teamkollegen machten mit einem glanzvollen 4:0-Sieg und einem Gesamtergebnis von 6 : 3 unseren Einzug in die Champions League klar.

Für die Gruppenphase bekamen wir Werder Bremen, das ich schon gut kannte, sowie Twente Enschede und den amtierenden Champions-League-Sieger Inter Mailand zugelost. Obwohl wir in der Champions League Debütanten waren, machten wir unsere Sache sehr gut und wurden Gruppenerster.

Besonders erinnere ich mich an das Spiel gegen Inter. Ich wurde nach zehn Minuten ausgewechselt, nachdem unser Torwart Gomes die Rote Karte gezeigt bekam. Für ihn musste Redknapp unseren Ersatztorhüter Carlo Cudicini einwechseln, und aus taktischen Gründen nahm er mich vom Feld und brachte stämmigere Spieler ins Spiel, um unsere Unterzahl auszugleichen. Wir verloren 3 : 4, aber Gareth Bale machte ein brillantes Spiel und alle Welt redete über seinen Hattrick. Bis dahin hatte Gareth großes Verletzungspech und einen schweren Weg, bis er bei den Spurs so richtig Fuß fasste. Mit der Partie gegen Inter Mailand begann sein steiler Aufstieg. Gareth und ich waren bei den Spurs gut befreundet und wurden später noch engere Freunde. Mein erstes Champions-League-Tor hatte ich schon 2007 für Zagreb in der Qualifikation geschossen – in unserem Heimspiel gegen Werder Bremen.

In der Runde der sechzehn Besten bekamen wir AC Mailand zugelost – den Club, für den ich als Junge schwärmte, weil

Zvonimir Boban dort spielte. Das Milan-Team von 2010 war nicht so stark wie die Mannschaft von 1990, hatte aber einige überragende Spieler. Besonders gut gefiel mir Zlatan Ibrahimović. Ich war begeistert von seinen fußballerischen Qualitäten und seinem Spirit. Auch Nesta, Seedorf, Thiago Silva, Gattuso und der virtuose Pirlo spielten bei Milan. In den Wochen vor unserem Auftritt im legendären Stadio San Siro lief es bei uns nicht rund. Erst verloren wir in der vierten Runde des FA Cup 0 : 4 gegen Fulham und der Abend nach diesem Spiel entwickelte sich zu einem echten Drama. Vanja machte uns Abendessen und danach schauten wir etwas fern, aber ich ging früh zu Bett, weil ich Magenschmerzen hatte. Ich hoffte, ich würde schnell einschlafen und der Schmerz würde vergehen – aber er ging nicht weg und gegen 6 Uhr morgens hielt ich es nicht mehr aus. Ich rief unseren Mannschaftsarzt an. Der tippte auf Blinddarmentzündung. Ich wurde ins Krankenhaus gebracht und auf die Operation vorbereitet.

Ich war am Boden zerstört – wie immer, wenn es gesundheitliche Probleme gibt, denn die bedeuten, dass ich nicht spielen kann. Außerdem war es meine erste Operation. Ich versuchte gar nicht, meine Angst zu verbergen. Aber die OP verlief ohne Komplikationen und war schnell abgehandelt. Jetzt begann der nächste Wettlauf gegen die Zeit. Bis zum Match gegen AC Milan waren es keine zwei Wochen mehr, und ich wollte alles tun, um bis dahin wieder fit zu sein. Ich hoffte, unsere Ärzte würden mir schnell grünes Licht geben, damit ich wieder ins Training einsteigen konnte. Acht Tage nach der Operation trainierte ich bereits wieder; weitere drei Tage später saß ich mit dem Team im Flieger nach Mailand. Ich war froh, bei der Mannschaft zu sein, aber beim Training vor dem Spiel überraschte mich Redknapp mit der Frage: „Luka, wie wäre es, wenn du morgen von Anfang an spielst?“ Normalerweise wäre ich begeistert aufgesprungen, aber so kurz nach der Operation und nach nur ein paar Trainingseinheiten war es ein Wunder, dass ich überhaupt mitfahren konnte. Auch wenn ich unbedingt spielen wollte – bei einem so fordernden Spiel in der Startelf zu stehen, war mir in der Situation noch zu viel. Redknapp akzeptierte meine Entscheidung, doch in der 60. Minute wechselte er mich für Rafael van der Vaart ein. Wenn ich an dieses Spiel denke, erinnere ich mich unter anderem an die überragende Leistung von Gomes, unserem Torhüter. Seine Paraden hielten uns im Spiel und sicherten uns am Ende den Sieg. In der 80. Minute fuhren wir einen schnellen Konter; ich spielte steil zu Aaron Lennon, der einen Gegner ausdribbelte und dann zu Peter Crouch flankte, und Crouch machte vor 75 000 Zuschauern ganz cool den Siegtreffer zum 1 : 0. Was für ein Gefühl! Wir hatten in San Siro gegen Milan gewonnen.

Das Rückspiel an der White Hart Lane endete torlos. Das reichte für unseren Einzug ins Viertelfinale. Dort traten wir gegen Real Madrid an, und ich lernte, was es heißt, gegen die Besten der Besten zu spielen. Die Atmosphäre im Santiago Bernabéu war spektakulär. Als wir beim Aufwärmen den Blick über die gigantischen Tribünen des Fußballtempels schweifen ließen, meinte Vedran Ćorluka zu mir: „Ich habe das Gefühl, die Fans hängen über meinem Kopf!"

Nur vier Minuten nach Anpfiff stand es 1 : 0 für Real, fünfzehn Minuten später spielten wir nur noch zu zehnt, nachdem Crouch seine zweite Gelbe Karte kassiert hatte. Schließlich besiegte Real uns mühelos mit 4 : 0. Das Rückspiel war nur noch Formsache. Wir wollten dennoch unseren Fans zeigen, dass wir mit Real mithalten konnten. Wir machten ein gutes Spiel, und ich weiß noch, dass unsere Fans uns weiter anfeuerten, auch nachdem der Brasilianer Ronaldo das eine Tor für Real geschossen hatte, das den Spaniern zum Einzug ins Halbfinale reichte. Doch endlich war Tottenham in dieser Saison der Schritt in den „Big Boys Club" gelungen. Das war mein einziger

Trost nach unserem enttäuschenden fünften Platz in der Premier League, der bedeutete, dass wir die Qualifikation für die nächste Champions-League-Saison verpasst hatten.

Turbulente Zeiten und der Hafen der Ehe

Nach dem Ende der Premier-League-Saison hatte ich zehn Tage Pause bis zur letzten Partie der Saison. In der Qualifikation für die Europameisterschaft 2012 mussten wir mit der Nationalmannschaft gegen Georgien antreten. Zum ersten Mal seit vierzehn Jahren fand ein internationales Pflichtspiel in Split statt. Von den neun Spielen, die bis dahin im Poljud-Stadion ausgetragen worden waren, hatte Kroatien kein einziges gewonnen. Drei davon waren Pflichtspiele gewesen. In Split und in Dalmatien war man empört darüber, dass die Nationalmannschaft ihre Qualifikationsspiele selten im Poljud austrug. Diese Empörung war berechtigt und drückte auf die Stimmung bei dem Spiel, das schon an sich eine Herausforderung war, weil es im Juni und somit am Ende der Spielzeit stattfand und das Team nicht in Bestform war. Außerdem waren die Georgier ein schwerer Gegner. Zweieinhalb Monate zuvor hatten sie in Tiflis alles gegeben, in der Nachspielzeit das 1 : 0 erzielt und uns damit die einzige Niederlage in unserer Qualifikationsgruppe beschert. Auch beim Rückspiel in Split spielten sie wie entfesselt, und als sie in der 17. Minute unerwartet in Führung gingen, wurde es noch brenzliger. Mit Unterstützung unserer Fans setzten wir uns dann aber doch gegen die Georgier durch: In der 81. Minute erzielte Mandžukić den Ausgleich und in der 83. Minute machte Nikola Kalinić das wichtige 2 : 1 klar.

Danach konnte ich mich endlich auf unsere kirchliche Hochzeit am 11. Juni vorbereiten. Ein Jahr zuvor hatten wir nach der standesamtlichen Trauung unseren besonderen Tag im Kreis der engsten Freunde und Familienmitglieder gefeiert, aber diesmal erwarteten wir 170 Gäste. Es wurde ein rauschendes Fest. Die Party im Westin-Hotel ging bis 7 Uhr morgens. Mein Freund Mladen Grdović aus Zadar, der A-cappella-Chor Klapa Intrade und der berühmte Halid Bešlić stellten eine unglaubliche Show auf die Beine. Ich liebe diese Musiker, die alle miteinander für blendende Stimmung sorgten. Grdović sang bis in die frühen Morgenstunden, und als sich die Gäste gegen 10 Uhr zum Frühstück einfanden, sang er kurzerhand weiter.

Dann begann mein Sommerurlaub und ich bekam endlich etwas Erholung. Die Ruhe währte allerdings nicht lange, denn meine Agenten – Vlado Lemić und Davor Ćurković – informierten mich, dass Chelsea mich unter Vertrag nehmen wollte. Vor meinem Transfer zu Tottenham hatte es schon einmal so ausgesehen, dass ich zur Stamford Bridge wechseln würde. Dieses neue Vertragsangebot war ein weiteres Indiz, dass Chelsea große Stücke auf mich hielt. Im Frühsommer hatten sie einen neuen Trainer verpflichtet: André Villas-Boas hatte Carlo Ancelotti abgelöst. Beide sollten in meiner Karriere schon bald eine Rolle spielen.

Ich war aufgeschlossen für einen Wechsel zu Chelsea, aber dann passierte auf einmal alles in Blitzgeschwindigkeit. Vanja und ich flogen mit einem Privatjet von Zadar nach Cannes, wo mein Beraterteam auf mich wartete. Ein Van mit abgedunkelten Scheiben brachte uns ins dreißig Kilometer entfernte Nizza. Dort wurden wir von Roman Abramowitschs Securityleuten abgeholt und mit einem Schnellboot zur Yacht des Chelsea-Eigentümers gefahren. Das war alles sehr aufregend. Auf dem Boot wurden wir von ungefähr zwanzig Leuten empfangen, die anscheinend zu Abramowitschs persönlicher Leibgarde gehörten. Alles lief sehr zügig ab und war gut durchorganisiert. Kaum hatten wir es uns auf einem der Decks gemütlich gemacht, erschien

Abramowitsch in Begleitung seiner Frau Dasha und des gemeinsamen Sohnes. Wie unauffällig die ganzen Securityleute von der Bildfläche verschwanden, sobald Abramowitsch auf den Plan trat, war faszinierend zu sehen. Es war offensichtlich, dass sie bestens geschult waren – das Timing stimmte bis ins Letzte.

Ich war Abramowitsch vorher nur einmal begegnet: Ich hatte mir an der Stamford Bridge das Spiel von Chelsea gegen Atlético Madrid angesehen und nicht weit von seiner Loge gesessen. Bei dieser Gelegenheit hatten wir uns kurz kennengelernt und ein paar Worte gewechselt. Bei unserem Treffen an der Côte d'Azur machte er den Eindruck eines entspannten, etwas geheimnisumwitterten Menschen. Er kam direkt zur Sache und sagte: „Wir wissen, dass Sie ein hochklassiger Spieler sind. Ich würde mich freuen, wenn Sie bei Chelsea unterschreiben."

Da ich auf seine Yacht gekommen war, um zu reden, war im Grunde klar, dass ich den gleichen Wunsch hegte. Ich hatte drei erfolgreiche Spielzeiten bei Tottenham hinter mir. Der Club hatte sich inzwischen an die Spitzengruppe der Premier League herangearbeitet. Endlich war mir das Glück zuteilgeworden, in der UEFA Champions League zu spielen, und alle Analysen zeigten, dass ich bei der Aufwärtsentwicklung der Mannschaft eine Schlüsselrolle gespielt hatte. Ich spürte, dass es Zeit für einen Wechsel war – ich wollte um Trophäen kämpfen und Titel gewinnen und hatte den Eindruck, dass mir das verwehrt bleiben würde, wenn ich bei Tottenham blieb. Ich wollte zu einem Verein mit höheren Ambitionen. Das Wunderbare am Fußball ist, dass jeder diesen Sport machen und bis ins hohe Alter Spaß daran haben kann, aber die Zeitspanne für eine Profikarriere ist knapp bemessen. Mit meinen 26 Jahren war ich der Meinung, ich sollte eine solche Chance, die sich mir bot, nicht ungenutzt lassen.

„Glauben Sie, dass sich Tottenham gegen Ihren Transfer sperren wird?", fragte Abramowitsch.

„Ich denke, es werden harte Verhandlungen", antwortete ich, denn ich wusste, dass die beiden Clubs nicht gut aufeinander zu sprechen waren.

Wir leerten unsere Drinks und nach ungefähr zwanzig Minuten zogen sich Abramowitsch und seine Frau diskret in ihre Gemächer zurück. Beim Abschied bot er uns an, auf dem Boot noch etwas zu relaxen und im Meer zu schwimmen, aber wir lehnten dankend ab und brachen auf. Nach neunzig Minuten – der Dauer eines Fußballspiels – waren wir wieder an der Küste in Nizza. Wir spazierten ein bisschen durch die Stadt und flogen dann nach Zagreb zurück. Vanja und ich waren beide beeindruckt von diesem Blitztreffen, insgeheim wusste ich, dass Tottenhams Präsident Daniel Levy davon nichts würde hören wollen.

Vor dem Start der Saisonvorbereitung riefen mich englische Reporter an und wollten wissen, ob es stimme, dass ich die Spurs verlassen wolle. Ehrlich und vermutlich naiv sagte ich, dass die Zeit reif sei für meinen nächsten Karriereschritt. Das sorgte für eine Menge Aufregung, die sich bis zum Ende des Transferfensters nicht legte. Levy erklärte öffentlich, man werde mich auf keinen Fall ziehen lassen, und verwies auf meinen geltenden Vertrag mit Tottenham. Ich kam vor dem Saisonvorbereitungstraining nach London und traf den Präsidenten zu einem Gespräch. Es fielen keine harschen Worte oder gar Beleidigungen, wie in den Medien kolportiert wurde, die Gesprächsatmosphäre war allerdings angespannt. Levy wies mich zurecht, weil ich meinen Wechselwunsch öffentlich erklärt hatte, und bekräftigte, Tottenham habe nicht vor, mich für welchen Preis auch immer zu verkaufen.

Es begann eine stressige Zeit. Die Medien analysierten jeden Tag aufs Neue mein Standing im Verein. Die meisten Tottenham-Fans nahmen mir meinen Wechselwunsch nachvollziehbarerweise übel. Auf der anderen Seite äußerte Harry Redknapp bei seinen öffentlichen Auftritten Verständnis für meine Situation. Diese Zeit war alles andere als einfach. Redknapp war ein erfahrener Trainer und hatte schon alles erlebt; deshalb war ihm klar, welche Chancen mir ein ambitionierterer Club eröffnen konnte. Gleichzeitig wusste er, dass er auf mich angewiesen war, und wollte wie jeder Trainer eine starke Mannschaft haben. Er tat alles, um es mir angenehm zu machen und mich zum Bleiben zu bewegen. Während unserer Saisonvorbereitungstour in Südafrika machte er mich zum Mannschaftskapitän. Aber ich war mit meinen Gedanken nicht bei der Sache. Also reichte ich ein offizielles Transfergesuch ein. Daraufhin passierte – nichts.

Am Samstag, den 6. August, hatten wir unser erstes Heimmatch in der neuen Saison, ein Freundschaftsspiel gegen Athletic Bilbao, unser letztes Testspiel vor dem Ligastart.

Seit die Gerüchte über den Transfer zu Chelsea die Runde machten, wurde viel darüber spekuliert, wie die Fans an der White Hart Lane reagieren würden. Ich saß zunächst auf der Bank und war ziemlich nervös. Als Redknapp mich einwechselte, bereiteten mir die Fans einen fantastischen Empfang und begrüßten mich wie einen Helden. Das war berührend, gerade in diesen angst- und sorgenvollen Tagen. Ich wertete die Reaktion der Fans als Zeichen, dass sie meinen Wunsch nach einem Wechsel zu einem ambitionierten Verein einerseits nachvollziehen konnten und andererseits hofften, dass ich bei den Spurs blieb, und mich dazu ermuntern wollten zu bleiben. In den drei vorangegangenen Spielzeiten hatten sie sich ausnahmslos positiv mir gegenüber verhalten. Ich hatte mein Bestes für Tottenham gegeben und das wurde von den Fans anerkannt. Ihr Zuspruch und der warmherzige Empfang freuten mich nach allem, was in diesem Sommer passiert war, enorm.

Bis zum Ende des Transferfensters blieben noch drei Wochen. Chelsea meldete sich immer wieder mit noch besseren Angeboten; Levy lehnte sie allesamt ab. Das ärgerte mich, und

Redknapp realisierte, dass ich nicht imstande war zu spielen. Für die beiden Spiele gegen Heart of Midlothian, mit denen wir uns für die Gruppenphase der UEFA Europa League qualifizierten, und für das erste Premier-League-Spiel im Old Trafford, das Manchester United mit 3 : 0 gewann, stellte er mich nicht auf. In der Woche darauf spielten wir zu Hause gegen Manchester City und Redknapp bat mich zu spielen. Mehrere unserer Spieler waren verletzt, der Saisonstart war nicht so verlaufen wie erwartet. Ein paar Stunden vor dem Spiel sagte ich ihm, mir fehle die Konzentration und ich würde lieber nicht spielen. Redknapp insistierte. Da er mich immer fair behandelt hatte, erklärte ich mich einverstanden. Doch meine Befürchtungen bewahrheiteten sich – ich war nicht auf der Höhe. Wir verloren 1 : 5 und ich wurde nach sechzig Minuten ausgewechselt. Es war eines meiner schlechtesten Spiele für die Spurs.

Drei Tage nach diesem Spiel endete die Transferperiode. Ich war bei der kroatischen Nationalmannschaft und realisierte, dass aus meinem Wechsel zu Chelsea nichts werden würde. Es folgten zwei Qualifikationsspiele für die Europameisterschaft 2012 gegen Malta und Israel, und nach zwei turbulenten Monaten spürte ich, dass ich Abstand von meinem Verein gewinnen musste. Das erste Auswärtsspiel gegen Malta verfolgte ich von der Ersatzbank aus. Ich schonte mich für die Partie gegen Israel, die vier Tage später in Zagreb stattfand. Es war ein sehr schwieriges Spiel für die Mannschaft – und auch für mich, denn ich lief meiner Form hinterher. Israel ging zum ungünstigsten Zeitpunkt in Führung – eine Minute vor Ende der ersten Halbzeit. Doch kurz nach dem Wiederanpfiff traf ich in der 47. Minute mit einem Schuss aus knapp dreißig Metern zum Ausgleich. Es war eines der schönsten Tore, die ich je erzielt habe, und läutete unser großartiges Comeback in diesem Spiel ein. In den nächsten neun Minuten traf Eduardo, der inzwischen wieder fit war, gleich zweimal; zum ersten Treffer lieferte ich die Vorlage. Am Ende gewannen wir 3 : 1. Dieses Match und meine Leistung stellten die Weichen dafür, dass ich zu meiner Form zurückfand.

Ich kehrte mit einer klaren Vorstellung im Kopf nach London zurück: Ich wollte vergessen, was passiert war, denn die Geschichte war erledigt, und mich an die Arbeit machen, mich voll ins Training reinhängen, wieder auf das geforderte Niveau kommen und mich in den Dienst des Trainers und der Mannschaft stellen. Redknapp hatte eine noch bessere Idee. Gleich im nächsten Spiel nahm er mich in die Startelf, und von da an spielte ich in allen Partien bis zum Ende der Premier-League-Saison 2011/12 über die gesamten neunzig Minuten – außer gegen West Bromwich Albion; da hatte mich ein Virus erwischt. Ich spielte eine sehr gute Saison. Nach unserem Spiel gegen die Wolverhampton Wanderers hatten wir einen Lauf mit zehn Siegen und nur einem Unentschieden und erreichten Rang zwei. Wir machten ein paar überragende Spiele, kurzzeitig aufgehalten durch eine Niederlage gegen Stoke City. Ende Februar hatten wir aus 23 Spielen 16 Siege, 5 Unentschieden und nur 2 Niederlagen auf dem Konto. Am Ende der Saison ließen wir etwas nach und sackten nach ein paar dürftigen Vorstellungen gegen die Kellerkinder Norwich und QPR (Queens Park Rangers) auf Rang vier ab, einen Punkt hinter dem Drittplatzierten Arsenal. Immerhin hatten wir das Resultat der Vorsaison wiederholt und landeten auf einem Champions-League-Platz.

Leider wurde uns die neue Runde in der Königsklasse dadurch genommen, dass Chelsea, das die Premier League auf Platz sechs beendete, unerwartet die Champions League gewann. Als Titelverteidiger qualifizierte sich Chelsea direkt für die Gruppenphase der nächsten Saison, sodass Tottenham stattdessen mit der Europa League vorliebnehmen musste.

Ich hatte in dieser Spielzeit einige Gespräche mit dem Präsidenten Daniel Levy. Im Januar suchte er mich sogar bei mir zu Hause auf und redete mir zu, ich solle meinen Vertrag mit Tottenham verlängern. Es wäre meine zweite Verlängerung gewesen. Unter anderem sagte Levy mir damals, für ein Angebot von einem großen Club wie Real Madrid würde er mich ziehen lassen. Damals machte ich mir noch nicht viele Gedanken, wie es mit meiner Karriere weitergehen sollte. Deshalb erklärte ich, ich würde nichts unterschreiben. Mein Fokus lag vor allem darauf, für Tottenham gute Spiele abzuliefern und mich auf die Europameisterschaft 2012 in Polen und der Ukraine vorzubereiten.

Ich möchte bei dieser Gelegenheit etwas zum Präsidenten von Tottenham sagen. Trotz der ganzen Turbulenzen im Sommer 2011 und danach hatte ich ein gutes Verhältnis zu Daniel Levy. Er war ja auch derjenige gewesen, der mich zu Tottenham holte – für eine in der Vereinsgeschichte einmalige Rekordsumme. Allein das zeigte schon, wie große Stücke er und der Verein auf mich hielten. Sie boten mir eine großartige Chance. Ich hatte an der White Hart Lane ein hervorragendes Standing, das ich mir meiner Meinung nach auch verdient hatte – durch mein Verhalten, meine Leistung und dadurch, dass ich für die Spurs immer mein Bestes gab. Im Großen und Ganzen ist Daniel Levy ein exzellenter Präsident, der für die Interessen der Spurs kämpft. Trotzdem kreidete ich ihm an, dass er mehrmals versprach, mich zu einem größeren Verein ziehen zu lassen, und dieses Versprechen dann nicht hielt. Für mich sind das Versprechen und das Wort eines Menschen wichtiger als alles andere. Wer mein Verhältnis zu den Clubs kennt, für die ich gespielt habe, weiß: Geld hatte für mich nie Priorität – sonst hätte ich so manch andere Option gewählt und finanziell besser dagestanden. Im Profifußball ist Geld das Resultat dessen, was du auf dem Spielfeld zeigst. Um den eigenen Wert jeden Tag aufs Neue zu beweisen, musst du hundertprozentig konzentriert, allzeit bereit und vor allem motiviert sein und dich gefordert fühlen. Sobald du spürst, dass das nicht mehr gegeben ist, ist es an der Zeit für den nächsten Schritt. In meiner Laufbahn gab es mehrere solcher Momente, in denen es galt, gewichtige Entscheidungen zu treffen und einschneidende Veränderungen herbeizuführen. Das war nie einfach, aber jedes Mal unvermeidbar. In der eigenen Komfortzone zu bleiben ist leichter; man merkt aber schnell, dass man damit auch nur begrenzte Ziele erreicht. Das ist weder im Interesse des Vereins noch des Spielers.

Der Wechsel zu Tottenham war einer dieser einschneidenden Momente in meiner Karriere. Bei Dinamo war ich Schlüsselspieler und sehr beliebt gewesen, und trotzdem war ich weggegangen, um mich in der konditionell anspruchsvollsten Liga der Welt durchzukämpfen und zu beweisen. Viele Experten waren skeptisch, ob ich dem brutalen Rhythmus der Premier League gewachsen sein würde. Mit anderen Worten: Sie bezweifelten, dass ich meine technischen Qualitäten auch im Wettstreit mit knallharten und starken Gegnern unter Beweis stellen konnte. Ich war weder ängstlich noch besorgt. Im Gegenteil: Die Zweifel, die mich von Anbeginn meiner Karriere begleiteten, waren für mich erst recht eine starke Motivation. Angefangen vom Parkplatz vor dem Flüchtlingshotel über die Schulhöfe bis zu den Fußballplätzen der Nachwuchsligen hatte ich bewiesen, dass ich mich gegen ältere, körperlich stärkere Spieler durchsetzen konnte, und das hatte mir stets Selbstvertrauen und Sicherheit gegeben. Als ich älter wurde und mich weiterentwickelte, festigte sich diese Überzeugung noch mehr. In dieser ganzen Zeit versuchten viele, auf unterschiedlichste Weise das Gegenteil zu beweisen, und einige tun das sogar heute noch, obwohl ich auf dem Höhepunkt meiner Karriere stehe. Aber ich verlor nie mein Selbstvertrauen. Ich ließ die ganze Kritik, die in Krisenzeiten geäußert wurde, geduldig an mir abprallen. Ich ließ mich nicht aus der Ruhe bringen, sondern fühlte mich dadurch erst recht motiviert. Mit der Zeit widerlegte ich sie durch meine Leistung.

Die vier Jahre bei Tottenham, in der Premier League und in den europäischen Vereinswettbewerben machten da bekanntlich keinen Unterschied. Die Premier League war eine entscheidende Etappe in meiner Karriere. Ich stand vor der Entscheidung, ein Star zu werden oder ein vielversprechender Spieler zu bleiben, der in der Namenlosigkeit versinkt. Ich hatte bei vielen Anlässen bewiesen, dass ich mich auf das höchste Niveau vorarbeitete. Das zeigte sich nicht nur am Interesse und an den Angeboten von größeren Clubs, sondern auch an Tottenhams hartnäckiger Entschlossenheit, mich im Team zu behalten. Trotzdem gab es einen Punkt, der mir sagte, dass die Zeit für eine neue weitreichende Entscheidung gekommen war. Die Medien spekulierten, Manchester United sei an mir interessiert; angeblich galt ich dort als idealer Ersatz für den legendären Paul Scholes. Solche Geschichten waren – auch wenn sie nicht bestätigt wurden – schmeichelhaft. Scholes war einer meiner Lieblingsspieler gewesen, als ich noch ein Teenager war. Ich hatte ihn bei United an der Seite von Giggs, Beckham und anderen Stars spielen sehen.

In der Welt des Fußballs gehören Gerüchte und Klatsch zum täglichen Ritual und schießen ins Kraut, sobald das Ende der Transferperiode näher rückt. Darum gab ich auch nichts auf das Gerede über Manchester United. Doch ich las, was Sir Alex Ferguson bei der Preisverleihung des Player of the Year für 2010/11 sagte. Der große Scott Parker von West Ham United, der in der Sommertransferperiode 2011 bei Tottenham unterschrieb, wurde von der Football Writers' Association (FWA) zu Englands Fußballer des Jahres gewählt, während mein Mannschaftskollege Gareth Bale den PFA Award erhielt.

„Für mich ist der beste Spieler der Premier League Luka Modrić", sagte Ferguson.

Das war mehr als nur eine Meinungsäußerung, die ich gerne hörte – es war die Einschätzung einer Trainerlegende, eines charismatischen Experten, der beides auch deswegen geworden war, weil er mit Lob sparsam umging. Fergusons Worte waren die Bestätigung, dass ich das geschafft hatte, was ich mir in meiner Fantasie ausgemalt hatte, als ich nach England kam: Ich hatte meine Bewährungsprobe bestanden.

Wohin ich von Tottenham wechseln würde, wusste ich nicht. Ich wusste nicht, ob und wann Daniel Levy bereit sein würde, mich zu verkaufen. Aber ich war sicher, dass es an der Zeit war, weiterzuziehen und sich einer neuen und größeren Herausforderung zu stellen.

Zu meinen Teamkollegen bei den Spurs hatte ich ein ausgezeichnetes Verhältnis. Außerdem hatte ich das Glück, genau zu dem Zeitpunkt bei Tottenham zu spielen, als sich dort eine großartige Mannschaft formierte, die auch eine großartige Freundesclique war. Trotzdem entsprach das Verhältnis untereinander nicht ganz kroatischen Verhältnissen. In England treffen sich die Spieler nicht nach dem Training oder besuchen sich gegenseitig zu Hause. Jeder von uns hatte seinen eigenen Zeitplan und seine Gewohnheiten. Aber im Training, auf dem Spielfeld und wenn wir gemeinsam unterwegs waren, kamen wir gut miteinander aus. Vanja und ich liebten die entspannten Momente nach Abpfiff in der Familienloge in der White Hart Lane. Dort fanden sich die Frauen und Kinder oder die Freundinnen der Spieler ein und knüpften Kontakte. Wir genossen auch die fantastische Stimmung auf der Tribüne. Vanja erzählte mir oft, wie es für sie war, das Spiel in unserem Stadion zu sehen. Mein Gefühl unten auf dem Rasen war ganz ähnlich. Die Fußballkultur, das Spielerlebnis, der Respekt für die Spieler – das alles macht den englischen Fußball so unverwechselbar. In England ist Fußball eine Religion, und für die Spieler – besonders für die aus dem Ausland – ist das ein magisches Gefühl.

Ich lernte auch, wie eine englische Weihnachtsfeier abläuft. Ich erinnere mich, wie ich zum ersten Mal mit meinen Teamkollegen ausging – zum Bowling. Um 15 Uhr. Ich ging davon aus, wir würden etwas trinken und etwas essen und wären am Abend fertig. Deswegen sagte ich Vanja nicht, wann ich zurück sein würde. Doch mit Bowling, Abendessen und Drinks ging es vor 22 Uhr gar nicht los; die Party zog sich in die Länge. Vanja machte sich Sorgen, weil ich erst in den frühen Morgenstunden nach Hause kam. Seitdem weiß ich, was englisches „team building" bedeutet.

Die Jungs kannten mich gut; sie wussten genau, wie ich dachte. In England gehen die Menschen sehr respektvoll miteinander um und stecken ihre Nase nicht in die Angelegenheiten anderer Leute. Deshalb diskutierten meine Mannschaftskameraden nie über meinen möglichen Wechsel, aber nach vier wunderbaren Jahren, in denen wir in England heimisch geworden waren, wussten Vanja und ich, dass sich dieses Leben dem Ende neigte.

KAPITEL SIEBEN

Bei Tottenham lief es im Herbst 2011 gut für mich, aber die kroatische Nationalmannschaft war wieder einmal in der Krise. Im Oktober verloren wir in Athen ein Qualifikationsspiel für die Europameisterschaft 2012 gegen unseren direkten Konkurrenten Griechenland. Vor dem Spiel dachten wir, ein Punkt würde uns reichen, denn dass wir das letzte Spiel gegen Lettland in Rijeka gewinnen würden, schien uns unzweifelhaft. Doch Griechenland spielte uns im Georgios-Karaiskakis-Stadion in Piräus an die Wand. Es war eines der schlechtesten Spiele, die Kroatien je abgeliefert hat. Während meine Formkurve im Verein deutlich nach oben zeigte, war meine Leistung in Griechenland bescheiden, um es freundlich zu formulieren. Die Griechen feierten an dem Abend ihre Direktqualifikation für das prestigeträchtige Turnier in Polen und der Ukraine, während über der kroatischen Nationalmannschaft düstere Wolken aufzogen. Es gab allerhand Gründe, beunruhigt zu sein. Schon an der letzten Weltmeisterschaft hatten wir nicht teilgenommen. Wenn wir auch die Qualifikation für die Europameisterschaft verpassten, wäre das für den kroatischen Fußball ein schwerer Schlag. Zum ersten Mal seit der Unabhängigkeit Kroatiens drohte die Gefahr, dass sich die Nationalmannschaft für zwei internationale Turniere hintereinander nicht qualifizierte.

Auf dem Rückflug von Athen äußerten sich vor allem einige Vertreter des kroatischen Fußballverbands besorgt. Während die Spieler und das Trainerteam die meiste Zeit schwiegen, ihren Gedanken nachhingen und sich der Enttäuschung über ihre Leistung hingaben, überlegte der Verband, wie es weitergehen sollte – und mit wem. Die Unzufriedenheit machte sich vor allem an Slaven Bilić fest. Den Trainer kann man attackieren und zum Rücktritt auffordern, aber nicht die Spieler. Seit ich Teil der Nationalmannschaft war, fiel mir auf, dass manche Mitreisende – nicht nur vom Verband – die Stimmung innerhalb des Teams beeinflussten. Ich finde es nicht so gut, wenn sich die Spieler und die Trainer auf der einen Seite und die Verbandsoffiziellen und noch andere Leute auf der anderen Seite durchmischen. Ich wusste, dass die meisten Spieler auch dieser Meinung waren. Das Team hat seinen Rhythmus, seine Stimmungen, seine Routinen und Bedürfnisse – vor allem wenn es gerade ein wichtiges Spiel wie das in Griechenland verloren hat.

Um bei der Europameisterschaft dabei zu sein, mussten wir erst einmal das Spiel gegen Lettland und dann ein alles entscheidendes Play-off bestreiten – das erste Play-off, seit ich der Nationalmannschaft angehörte. Wir blieben in unserem Trainingslager in Rovinj. Die Stimmung war miserabel. Es war ungewiss, ob Bilić Trainer bleiben würde. Die Presse ließ sich ausführlich darüber aus und Slaven wirkte verständlicherweise beunruhigt. Ich kann mich nicht erinnern, dass ich ihn in den acht Jahren, in denen er als Trainer erst für die U 21 und dann für die A-Nationalmannschaft verantwortlich war, je in einem vergleichbaren Zustand gesehen habe. Er bat Vedran Ćorluka und mich in sein Zimmer: „Ich will eine ehrliche Antwort: Habe ich nach wie vor den Rückhalt der Mannschaft?“ Wir antworteten: „Ja.“ Wir Spieler wollten nicht, dass Bilić geht, und waren fest entschlossen, uns beim nächsten Spiel gegen Lettland für ihn ins Zeug zu legen und einen Sieg abzuliefern, der die Stimmung im Umfeld der Nationalmannschaft heben sollte. Ich glaube, dieses Gespräch war wichtig für Bilić. Es trug dazu bei, die seltsame und quälende Situation nach der Pleite gegen die Griechen zu beenden. Der kroatische Fußballverband entließ Bilić nicht, und dieser führte uns in die Partie gegen Lettland. Es war ein Spiel um die berühmte goldene Ananas, weil wir unabhängig vom Ergebnis sowieso in die Relegation mussten.

Trotz des bitteren Nachgeschmacks aus Athen herrschte im Kantrida-Stadion in Kroatiens drittgrößter Stadt Rijeka gute Stimmung. Die Tribünen waren dicht besetzt und abgesehen von ein paar vereinzelten Buhrufen signalisierten uns die Fans ihre Unterstützung. Und sie wurden belohnt: Eduardo und Mandžukić schossen uns mit ihren Toren in der zweiten Halbzeit zum 2:0-Sieg und nahmen zumindest ein bisschen Druck aus dem Kessel.

Um uns für die Europameisterschaft 2012 zu qualifizieren, mussten wir jetzt noch das Play-off-Spiel gewinnen. Wir dachten, das Schicksal hätte seine Finger im Spiel, als wir erfuhren, wer unser Gegner sein würde: die Türkei! Wir waren motiviert, die bittere Erinnerung an die Niederlage bei der Europameisterschaft 2008 wegzuwischen und das Ticket für das nächste Turnier zu lösen.

Seit wir wussten, dass wir gegen die Türken antreten würden, waren wir wie aufgeputscht. Wir bekamen die Chance, uns für die Pleite bei der vorhergehenden EM, die uns damals so schockiert hatte, zu revanchieren. Mit dem Wünschen ist es bekanntlich meist nicht getan. Die Türkei hatte eine sehr gute Mannschaft und mit Guus Hiddink einen herausragenden Trainer. Außerdem war sie eine starke Heimmannschaft. In ihrer Qualifikationsgruppe hatten sie alle Heimspiele gegen ihre Gruppengegner gewonnen – außer gegen Deutschland, das in der gesamten Qualifikation ungeschlagen blieb.

Einen Monat nach dem Debakel in Griechenland reisten wir in die Türkei und wussten, dass unsere Erfolgsaussichten gering waren. Die Türken galten weithin als die Favoriten, wie wir bereits bei unserer Ankunft in Istanbul merkten.

Unser Trainer Slaven Bilić überließ absolut nichts dem Zufall. Er war sich nicht sicher, wen er als Linksverteidiger und als Stürmer aufstellen sollte, und besprach sich mit einer Gruppe der erfahrensten Spieler. Er wollte unsere Einschätzung hören, und ich glaube, das ist ein kluges Vorgehen, wenn die Situation es erfordert. Bilićs Idee war, die Türken von Anfang an zu attackieren und ihre letzte Abwehrreihe unter Druck zu setzen, damit sie ihr Spiel gar nicht erst aufziehen konnten. Die Aggressivität von Ivica Olić war in Kombination mit Mandžukić für eine solche Spielanlage ideal. Bilić entschied sich für diese Variante, auch wenn es schwerfiel, unseren Topstürmer Eduardo auf der Bank zu lassen. Als zweite Überraschung bot der Trainer Ćorluka als Linksverteidiger und Gordon Schildenfeld als Innenverteidiger auf. Er rief die Spieler, die er für die Startelf ausgewählt hatte, in sein Hotelzimmer, erläuterte seinen Plan in allen Einzelheiten und machte uns Mut.

Im Hexenkessel der Istanbuler Turk-Telekom-Arena wurden die lautstarken Heimfans in der 2. Minute still: Olić erzielte für uns das extrem wichtige 1 : 0. Dieser Treffer machte uns Mut und überzeugte uns, dass Bilićs Taktik aufging. Wir machten ein hervorragendes Spiel und setzten die Vorgaben des Trainers eins zu eins um. Mandžukić und Olić hinderten die gegnerischen Verteidiger am Spielaufbau und machten die Türken dadurch nervös.

Dass unser Trainer den Mut zu dieser Taktik hatte und wir uns unbedingt als würdige Teilnehmer der EM 2012 beweisen wollten, bescherte uns einen grandiosen Sieg. Mandžukić und Ćorluka spielten überragend und steuerten jeweils ein Tor zum 3:0-Endstand bei. Es war ein echter Triumph – und genau das, was wir brauchten, um zur Normalität zurückzukehren. Das Rückspiel in Zagreb ging unentschieden aus, aber nach unserem Sieg in Istanbul war es vor allem wichtig, das Spiel routiniert und entspannt zu Ende zu bringen. Wir hatten die Verhältnisse zurechtgerückt und uns für die Europameisterschaft qualifiziert, während die Türkei zu Hause bleiben musste. Die Wunden, die das enttäuschende Elfmeterschießen in Wien vier Jahre zuvor hinterlassen hatte, werden natürlich niemals verheilen. Aber immerhin hatten wir es geschafft, uns in diesem Play-off am eigenen Schopf aus dem Sumpf zu ziehen.

***

Im Verein startete ich erfolgreich in das EM-Jahr. Tottenham absolvierte eine erfolgreiche Spielzeit und große und ambitionierte Vereine zeigten weiterhin Interesse an mir. Vertreter von Paris Saint-Germain nahmen Kontakt auf: Im Januar rief mich der Brasilianer Leonardo an, der frühere Spielerstar von PSG und AC Mailand, den ich 1994 bei der Weltmeisterschaft in den USA hatte spielen sehen. „Wir halten große Stücke auf dich und würden dich gerne bei PSG sehen“, sagte er kurz und bündig. Es war ein angenehmes Gespräch. Ich sagte ihm, ich wisse nicht, was bis zum Sommertransferfenster passieren werde, und fühlte mich durch das Interesse seines Clubs geehrt. Ich war interessiert, denn PSG hatte große Pläne und bereits einige Topspieler verpflichtet. Das war eine verlockende Herausforderung. Nach einer Weile traf ich Carlo Ancelotti. Der Italiener hatte im Januar den Trainerjob bei dem französischen Club übernommen und klipp und klar gesagt, er wolle mich in der Mannschaft für die nächste Spielzeit sehen. Wir trafen uns bei ihm zu Hause und hatten ein gutes Gespräch. Mit Carlo hatte ich immer gute Gespräche und später in unserer gemeinsamen Zeit bei Real Madrid bestätigte sich mein erster Eindruck: Er ist ein wunderbarer Mensch und ein fantastischer Trainer mit einem Händchen für Titelgewinne.

***

Ende Februar trat Kroatien im Vorfeld der Europameisterschaft 2012 vor heimischer Kulisse zu einem Freundschaftsspiel gegen Schweden an. Auf dieses Spiel freute ich mich unter anderem wegen Zlatan Ibrahimović. Seit ich ihn zum ersten Mal auf dem Spielfeld gesehen hatte, gehörte er zu meinen Lieblingsspielern. Sein technisches Können und seine sensationellen, akrobatischen Einlagen offenbarten eine ganz besondere Klasse. Sein unermüdlicher Kampfgeist und seine leidenschaftliche Einstellung hatten mir schon immer gefallen. In der Region, aus der ich komme und aus der auch seine Eltern stammen, gelten solche Typen als ein bisschen abgedreht. Ibra ist ein echter Charakter mit Ecken und Kanten, der sagt, was er denkt – und solche Menschen sind mir allemal lieber als Leute, die einem etwas vormachen.

Auf der Anzeigetafel in Zagreb hieß es am Ende 3 : 1 für Schweden. Ibra bezwang uns praktisch im Alleingang. Nach der Partie unterhielten wir uns über das Spiel. Ich hatte ein paar Zweikämpfe mit ihm und durfte mich später in den Ligaspielen gegen sein Team persönlich davon überzeugen, was für ein unglaublich harter Brocken er ist – wie ein Felsblock. Du glaubst, du könntest ihm den Ball abjagen, aber er bringt sich so in Position, dass du gar nicht erst in seine Nähe kommst. Seine ganze Haltung und seine überragende Technik sind wie von einem anderen Stern. Was für ein grandioser Spieler! Im folgenden Sommer hätte es während der Transferperiode dazu kommen können, dass wir beide bei PSG landen, aber daraus wurde am Ende nichts. Früher wurde in Kroatien oft die Forderung laut, unser Fußballverband solle Ibrahimović dazu bewegen, für unsere Nationalmannschaft zu spielen, weil seine Mutter Kroatin ist. Leider entschied er sich für sein Geburtsland Schweden. Wer weiß, was passiert wäre, wenn wir Ibrahimović in unseren Reihen gehabt hätten?

Später fuhr ich nach Rovinj, wo sich die kroatische Nationalmannschaft auf die Europameisterschaft vorbereitete. Trotz der schwülen Witterung trainierten wir gut. Im Hotel gab es einen

Sport- und Spielraum, wo wir uns bei Tischtennis, Billard und Computerspielen entspannten.

Eines Tages rief mich mein Agent Mario Mamić an. „Sitzt du gut?“, fragte er. Die Einstiegsfrage verriet mir, dass er mir etwas Wichtiges mitzuteilen hatte – etwas, von dem ich weiche Knie bekommen würde. Und so war es auch. „Real Madrid hat angerufen. Der Trainer will dich für die nächste Saison!“

Ich war perplex und wusste nicht, was ich sagen sollte. Mein erster Gedanke war: *Ein Traum wird wahr!* Real Madrid ist eine Institution, der beste Fußballclub der Welt. Wenig später rief mein anderer Agent Vlado Lemić an und berichtete mir alle Details. Meine Hoffnungen bestätigten sich: José Mourinho, der damals auf dem Höhepunkt seiner Karriere und wohl der renommierteste Weltklassetrainer war, wollte mich zu Real Madrid holen. *Was kann es Besseres geben?!* Meine Gedanken gingen mit mir durch. Ich sah mich schon im Trikot der Mannschaft, Los Blancos genannt, mit anderen Stars im voll besetzten Bernabéu spielen und lauter Titel abräumen. Bis ich das Real-Trikot überstreifen konnte, mussten allerdings noch viele Hürden genommen werden.

In einer Fußballerlaufbahn ist es etwas ganz Besonderes, wenn man von einem Verein angesprochen und umworben wird. Wenn man noch relativ jung ist und zum ersten Mal diese Erfahrung macht, verschlägt es einem die Sprache. Mit der Zeit gewöhnt man sich daran, aber trotzdem erfüllt dich jeder Anruf dieser Art mit einem Glücksgefühl. Ich war 27 und hatte in meiner Karriere schon allerhand erlebt – und trotzdem war ich jetzt extrem aufgeregt.

Ich schwelgte in der Vorstellung, vielleicht bald zu Real Madrid zu gehören, aber schnell wurde diese Vorstellung auch zur Belastung. Außer einem sehr kleinen Personenkreis, bestehend aus Real, meinen Agenten und mir, durfte von der Vereinbarung niemand wissen. Das war ein Problem, denn ich wollte mein Glück mit der ganzen Welt teilen. Vanja erzählte ich aber dann doch davon. Sie ist meine geliebte Frau und die Mutter unserer Kinder, meine Freundin und mein Rückhalt. Vom Tag unseres Kennenlernens an teile ich alles mit ihr, und wenn ich einen Rat brauche, gehe ich immer zuerst zu ihr. Als ich ihr von Real erzählte, war sie genauso aufgeregt wie ich. Wir beide wussten genau, was das für meine Karriere bedeutete.

Als ich erfuhr, dass Los Blancos an mir interessiert waren, wollte ich von anderen Angeboten nichts mehr hören. Ich sah mich nur für Real Madrid spielen.

Im Rahmen der Vorbereitung auf die Europameisterschaft spielte Kroatien in Pula gegen Estland und in Oslo gegen Norwegen. Ich kam wegen einiger kleiner Verletzungen nicht zum Einsatz. Bilić wollte vor der EM kein Risiko eingehen, und es war nicht zu übersehen, dass die Saison in der Premier League ihren Tribut verlangt hatte. Ich brauchte etwas Erholung und durfte vor dem Turnier keine Risiken eingehen.

Trotzdem reiste ich mit der Nationalmannschaft mit. Nach unserer Rückkehr aus Oslo bekamen wir drei Tage frei, bevor die Reise nach Polen anstand – und von dort aus würden wir zum Turnier fahren. Die kleine Ruhepause verbrachte ich in Zagreb. Ich spiele sehr gern Tennis und forderte meinen Kumpel Čale zu einem Match heraus. Wir spielten im Zagreber Stadtteil Ravnice, und in einer kurzen Pause zwischen den Spielen checkte ich mein Handy und wollte nachsehen, ob Vanja mir vielleicht eine SMS geschickt hatte.

„Hallo Luka, ich möchte dich nach dem Training gerne anrufen. Beste Grüße, José Mourinho."

Das war der entscheidende Moment. Die fantastische Real-Geschichte wurde Wirklichkeit. Čale und ich spielten das Tennismatch zügig zu Ende. Meine Aufregung wich allerdings schon bald besorgter Unruhe. Ich fuhr nach Hause und setzte mich total verschwitzt und mit vom Tennissand roten Schuhen an den Tisch und wartete. Vanja merkte, dass ich ganz hibbelig war, und sagte mir: „Geh duschen, ich warte hier beim Telefon. Wenn er anruft, hole ich dich."

Ich hörte nicht auf sie. Eine oder vielleicht auch zwei Stunden blieb ich sitzen und wartete darauf, dass das Handy klingelte. Irgendwann war es endlich so weit.

„Ich will dich für die nächste Saison in unsere Mannschaft holen. Mir gefällt deine Spielweise und ich glaube an dich. Ich bin sicher, dass du bei Real Madrid erfolgreich sein wirst."

Mourinho nahm mich sofort für sich ein. Er brauchte mir nicht zu sagen, dass er ein großartiger Trainer war; ich merkte sowieso sofort, dass er eine unverwechselbare Art hatte, mit seinen Spielern umzugehen. Er erklärte mir, auf welcher Position er mich sah: „Du bist ein Mittelfeldspieler und ich sehe dich als eine 8. Nicht als 10, nicht als 6, sondern als 8!"

In meiner Aufregung antwortete ich: „Danke! Ich fühle mich geehrt, dass man mich zu Real Madrid holen will. Ich werde mein Bestes tun, um mich dieses Vertrauens würdig zu erweisen."

„Okay. Wir bleiben in Kontakt. Viel Erfolg bei der EM!"

Ich freute mich wie ein Kind. Mourinhos Anruf hieß: Der große Transfer war auf dem Weg. Zu diesem Zeitpunkt ahnte ich nicht, wie mühsam es werden würde, Tottenhams Präsidenten Daniel Levy zur Einwilligung zu bewegen. Nach diesem ersten Anruf schickte Mourinho mir vor und nach meinen Spielen häufig Nachrichten per SMS.

***

Das Losglück für die Europameisterschaft war uns leider nicht hold – wir hatten die beiden Turnierfavoriten Spanien und Italien und obendrein noch Irland in der Gruppe. Die Spanier wollten ihren bei der EM 2008 in Österreich und der Schweiz gewonnenen Titel verteidigen. Damals hatten sie im Viertelfinale Italien im Elfmeterschießen bezwungen. Nach ihrem Triumph in Südafrika reisten sie obendrein als amtierende Weltmeister nach Polen. Italien hingegen hatte sich vom Debakel der Weltmeisterschaft 2010 noch nicht ganz erholt und reiste mit umso größerer Entschlossenheit an.

In unserem ersten Gruppenspiel schlugen wir Irland mit 3 : 1 durch einen Doppelschlag von Mandžukić und einen Treffer von Nikica Jelavić.

Spanien und Italien trennten sich 1 : 1. Das bedeutete für uns, dass wir im zweiten Spiel gegen Italien ein gutes Ergebnis holen mussten, um weiterzukommen. Die Azzurri verdankten ihre Erfolge zu einem großen Teil ihrem überragenden Mittelfeldmann Andrea Pirlo. Vor der Partie stellten manche Experten Vergleiche zwischen Pirlo und mir an, was mir schmeichelte, denn er war ein Mittelfeldspieler der Spitzenklasse. Bilić schärfte uns ein, wir sollten ihm möglichst wenig Ballbesitz erlauben. Obwohl wir diese Anweisung brav befolgten, bestrafte uns Pirlo in der 39. Minute mit einem fantastischen Treffer. Er lupfte einfach einen Freistoß über die Mauer. Wir gaben aber nicht auf und spielten in der zweiten Hälfte besser: In der 72. Minute traf Mandžukić für uns. Vor dem Spiel hatte er gesagt, er träume davon, einen Treffer gegen Gianluigi Buffon zu landen – und diesen Traum erfüllte er sich. (Der legendäre Keeper war eines seiner Kindheitsidole; später wechselte Mandžukić zu Juventus und spielte mit Buffon beim selben Verein.)

Meine Zukunft lag in Spanien, aber – wenn sich Kroatien für das Viertelfinale qualifizieren wollte, mussten wir La Roja bezwingen. Eine Mannschaft mit lauter Ausnahmespielern, von Casillas und Ramos über Alonso und Xavi bis zu Iniesta, Torres und anderen. Die Spanier waren in Bestform.

Wir zeigten gegen den Welt- und Europameister eine tolle Leistung und demonstrierten, dass wir mit den stärksten Teams mithalten konnten. Doch ein Tor von Navas in der 88. Minute sicherte den Spaniern den Sieg – auch wenn sie bis dahin keine einzige Chance herausgespielt hatten. Wäre es zu unseren Gunsten ausgegangen, wäre das nicht unverdient gewesen. Wir vergaben etliche Riesenchancen, aber ich bin sicher: Der Schiedsrichter verwehrte uns einen oder vielleicht sogar zwei Elfmeter. Leider gab es damals noch keinen Videoassistenten.

Wenn ich vom Ergebnis und von der unvermeidlichen Enttäuschung absehe, muss ich sagen, dass mir das Spiel Spaß gemacht hat. Ich spürte, dass ich mit meiner Kraft und meinen Fähigkeiten alles erreichen konnte, was ich wollte. Bilić gab mir mehr spielerische Freiheiten, dadurch lieferte ich eines meiner besten Spiele im Kroatientrikot ab, wie ich persönlich finde.

Bei dem Match begegnete ich auch vielen Spielern von Real Madrid und Barcelona zum ersten Mal, von denen einige Real zum erfolgreichsten Club der spanischen Fußballgeschichte gemacht hatten. Mein Trikot-Tauschpartner war Andrés Iniesta, der mir als Spieler schon immer sympathisch war, und mit allen spanischen Spielern wechselte ich zumindest ein paar Worte. Sergio Ramos kam auf mich zu, schloss mich in die Arme und sagte: „See you in Madrid!" Dass ich demnächst zu ihnen wechseln würde, war bei den Real-Spielern also Gesprächsthema. „Das hoffe ich doch", war meine Antwort.

Mit Navas' Tor und unserer 0:1-Niederlage waren Finalrundenträume ausgeträumt. Im Endspiel offenbarte sich, was für ein schweres Los wir dadurch hatten, dass wir in der Gruppenphase ausgerechnet gegen Spanien und Italien antreten mussten. Die Spanier warfen auf dem Weg ins Finale Frankreich und Portugal aus dem Turnier und Italien schickte England und Deutschland nach Hause. Am Ende wurden die Spanier Europameister mit einem überzeugenden, wenn auch etwas unerwarteten 4:0-Sieg, mit dem sie eine grandiose Dreierserie krönten: Weltmeister und zweimal hintereinander Europameister!

Nicht nur wegen dieser schweren Gegner, sondern auch wegen unserer guten Leistung blieben die kroatischen Fans realistisch und akzeptierten das enttäuschende Ausscheiden ohne Groll. Sie feuerten uns in Poznań und Gdańsk an. Die Fans waren genauso traurig wie wir, zumal die Qualifikation für das Viertelfinale so greifbar nah gewesen war, aber wir hatten unser Bestes gegeben und guten Fußball gespielt, und das war das Entscheidende.

Da ich nach dem Spanienspiel einen Dopingtest machen musste, kam ich mit einiger Verspätung ins Hotel und traf dort auf den Rest der Mannschaft und auf eine verständlicherweise gedrückte Stimmung. Bilić konnte nach unserem Ausscheiden nicht viel sagen, für alle war zu spüren, dass dies das letzte Turnier mit ihm als Cheftrainer war. Das machte mich traurig, denn wir kamen hervorragend miteinander aus. Zwei Jahre bei der U 21 und sechs Jahre in der A-Nationalmannschaft hatten wir zusammen bestritten. Jahre, in denen er sich als Trainer und ich mir als Spieler einen Namen gemacht hatte. Bilić ist einer der wichtigsten Menschen in meiner Karriere, und ich kann von meiner Seite nur sagen, dass es nichts gibt, was die Bande zwischen uns zerschneiden könnte.

Noch ein Sommer des Unbehagens

Nach meiner Rückkehr von der EM 2012 freute ich mich auf Urlaub. Mir blieben ungefähr dreißig Tage, um mich zu regenerieren. Ich wollte diese Zeit nutzen, um mich auf eine neue Etappe in meiner Fußballerlaufbahn vorzubereiten – auf die bis dahin größte und wichtigste. Nie hätte ich auch nur einen

Augenblick lang gedacht, dass sich die Dinge schließlich genauso kompliziert gestalteten wie im Sommer zuvor, als Chelsea sein Angebot unterbreitete. Es war eigentlich noch schlimmer.

Ich blieb eine Weile in Zadar – das hatte für uns inzwischen Tradition. Vanja und ich luden ein paar Freunde zu einem gemeinsamen Segeltörn auf der Adria ein. In dieser Woche beschloss ich, den neuen Trainer von Tottenham anzurufen. Zufälligerweise war André Villas-Boas im Sommer des Vorjahres Trainer bei Chelsea gewesen, als der Club mich an die Stamford Bridge holen wollte. Inzwischen war ein Jahr vergangen, er hatte den Trainerjob bei Tottenham übernommen und war felsenfest entschlossen, mich an der White Hart Lane zu halten. Diesmal war ich allerdings fest entschlossen zu gehen. Ich war sicher, dass Daniel Levy sein Versprechen halten würde. Ich nahm Kontakt zu Villas-Boas auf und machte ihm meinen Standpunkt deutlich, denn ich hatte mitbekommen, dass er den Zeitungen erzählte, ich würde bei Tottenham bleiben.

„Rechnen Sie nicht mit mir. Der Präsident hat mir versprochen, dass er mich ziehen lässt, wenn Real Madrid ein Angebot schickt." Ungefähr das waren meine Worte in dem Telefongespräch. Seine Antwort lautete: „Ich verstehe. Wir reden ausführlicher, wenn du hier bist."

Dem entnahm ich, dass mein Transfer nicht so reibungslos über die Bühne gehen würde, wie ich erwartet hatte. Ich flog nach London zum ersten Trainingstag der Saisonvorbereitung und beschloss, direkt zu Villas-Boas zu gehen. Das Gespräch war von Anfang an schwierig. Es zeichnete sich eine neue sommerliche Geduldsprobe ab und das würde neue Probleme heraufbeschwören. Ich war wütend. Als der Trainer mir am nächsten Tag mitteilte, ich müsse mit dem Rest der Mannschaft zu einer Amerikatournee fahren, gerieten wir in Streit. Mit ernster Stimme sagte er, ich solle mich wie ein Profi benehmen und das Ganze werde nicht so ausgehen, wie ich mir das vorstelle. Er redete davon, andere

Leute hätten einen schlechten Einfluss auf mich. Ich erwiderte, ich würde unter keinen Umständen in die USA fliegen, und beendete das Streitgespräch mit den Worten: „Für mich zählt ein gegebenes Wort und deshalb fliege ich nach Hause!"

Ich machte Ernst. Am nächsten Tag flog ich ins heimische Zadar, während der Rest der Mannschaft in die USA aufbrach. Das sorgte für Spannungen, und ich hatte Sorge, das Ganze würde sich zu einem Riesenskandal auswachsen. In meiner gesamten Karriere hatte ich mich stets professionell verhalten. Doch in der damaligen Situation konnte offenbar nur dieses Vorgehen Levy dazu bringen, Wort zu halten. Wenn ich ihn ansprach: „Herr Präsident, was ist mit Ihrem Versprechen?", antwortete er jedes Mal: „Darüber sprechen wir noch." Immer fand er einen Vorwand, um dem Thema aus dem Weg zu gehen.

Als ich in Zadar war, riefen meine Agenten an und informierten mich über die Haltung von Real. Sie rieten mir, wieder nach London zurückzufliegen und die Situation so weit zu beruhigen, dass die Verhandlungen weitergehen konnten. Ich war sehr nervös, aber ich sah ein, dass es die beste Option war, nach Chigwell zu fahren, zu trainieren und zu warten, was bei den Verhandlungen herauskam. Vier Tage später war ich wieder in Spurs Lodge, wo ich ungeduldig auf Neuigkeiten wartete. Es hatte etwas Symbolisches, dass Tottenham wenig später von dem sechzehn Jahre alten Trainingsgelände in das neue und luxuriöse Enfield Training Centre umzog. Levys Sekretärin eröffnete mir, dass ich mich auf weitere Ungewissheit gefasst machen musste. Als sie feststellte, dass ich wieder da war, kam sie zu mir und überreichte mir einen Briefumschlag. Darin war mein Flugticket nach Los Angeles, wo sich die Spurs gerade auf die kommende Spielzeit vorbereiteten. Ich nahm das Ticket und warf es später in den Papierkorb.

Ich ging jeden Tag trainieren. Es war zermürbend. Ich hatte vier wunderbare Jahre bei Tottenham verbracht, die Fans liebten mich, die Öffentlichkeit brachte mir Respekt entgegen – und all das machte mir meine letzten Tage bei den Spurs noch schwerer. Nachdem die erste Mannschaft aus den USA zurückgekehrt war, trainierte ich trotzdem alleine weiter. Mein Saisonvorbereitungs-„Training" war alles andere als eine strukturierte Vorbereitung auf die neue Spielzeit. An einem dieser schwierigen Tage rief mich Real Madrids Geschäftsführer José Ángel Sánchez an. Real-Präsident Florentino Pérez war bei ihm. Sie boten mir ihre Unterstützung an. Das bedeutete mir in diesem Moment immens viel und machte Hoffnung, dass sich alles irgendwann zurechtruckeln würde. Sánchez und Pérez sagten mir, sie stünden an meiner Seite und könnten warten, und baten mich um Geduld. Sie hatten mit Levy gesprochen und erklärten, es werde verhandelt.

Diese Verhandlungen waren zäh. Meine Agenten hielten mich über alles auf dem Laufenden. Ebenso José Mourinho. Levy trieb sie zum Wahnsinn: Kaum hatten sie sich auf etwas geeinigt, stellte er offenbar jedes Mal irgendeine neue Forderung. Ich stand total unter Stress. Vanja und dem Rest meiner Familie ging es nicht anders. Nach meiner Rückkehr nach London hatte ich Vanja gebeten, mit Ivano in Zadar zu bleiben und den Sommer zu genießen. Nach einer Weile kam sie zu mir nach London, weil es so aussah, als seien die Verhandlungen zum Abschluss gekommen. Zweimal verkündeten mir meine Agenten am Telefon: „Endlich haben wir uns über alles verständigt; du fliegst jetzt nach Madrid." Und als ich mich freudig auf den Weg zum Flughafen machen wollte, kam eine neue Nachricht: „Wir müssen das aufschieben; es gibt eine neue Entwicklung."

Als das zum zweiten Mal passierte, war ich echt bedient. Ich war am Ende. Diese Hängepartie war eine Tortur. Ich weiß noch, dass ich Vanja fragte: „Wie kann Levy bloß so unfair sein?"

Vanja und ich machten uns klar, dass diese Sache noch eine Weile weitergehen würde. Deshalb hielten wir es für das Beste, wenn sie nach Zadar zurückflog und mit Ivano dortblieb. Es hatte keinen Sinn, dass sie hier in London ihre Zeit mit Warterei vergeudete. Bis zum Ende der Transferperiode und zur endgültigen Lösung des Problems kamen meine Eltern zu mir und leisteten mir Gesellschaft.

Da sich die Verhandlungen so lange hinzogen und es immer wieder vor- und zurückging, hatte ich zeitweise Angst, Real könnte einen Rückzieher machen. Schon der Gedanke daran machte mich nervös. Eine entscheidende Rolle spielte Mourinho. Er war entschlossen, mich zu Real zu holen, und bestand auf dem Transfer, wenn den Real-Offiziellen die Geduld mit Levy ausging. Von ihnen hörte ich, dass Mourinho den Tottenham-Präsidenten persönlich anrief und dazu zu bewegen versuchte, das Angebot anzunehmen, weil „Real es sonst möglicherweise zurückzieht". Alles in allem wäre das für Tottenham nicht vorteilhaft gewesen. Der Verein hätte erstens einen enttäuschten Spieler in der Mannschaft gehabt, dem man vielleicht die letzte Chance genommen hatte, auf Topniveau zu spielen. Zweitens wäre Tottenham eine stattliche Ablösesumme entgangen. Selbst wenn sie mich wie im Jahr davor zwangen, bei Tottenham zu bleiben, weil ich einen geltenden Vertrag hatte, drohte diesmal die Gefahr, dass sie mit mir einen Spieler im Team hatten, der absolut nicht in Form war.

Als ich nach einer meiner einsamen Trainingseinheiten auf dem etwas versteckten Platz hinter den Vereinsanlagen vom Duschen kam, lief ich beim Verlassen der Umkleidekabinen Levy über den Weg, der selten auf dem Trainingsgelände anzutreffen war. Diesmal konnte er mir nicht aus dem Weg gehen. In diesem kurzen Gespräch legte er seine typische kühl-nüchterne Art an den Tag. Zum Einstieg fragte er: „Wie gehts, nervös?"

„Ich bitte Sie wirklich eindringlich, Ihr Versprechen zu halten. Ich möchte im Supercup gegen Barcelona spielen. Bitte nehmen Sie mir das nicht."

Er antwortete: „Am Montag lasse ich dich gehen."

Ich hoffte zwar, damit wäre die Sache endlich ausgestanden, doch ich traute dem Braten nicht. Es war schon zu viel passiert, und jetzt, fünf Tage vor Ende der Transferperiode, bestand nicht mehr viel Grund zur Hoffnung.

Doch am Sonntagabend – es war der 26. August – teilten mir meine Agenten mit, man habe sich in allen Punkten geeinigt und ich würde am nächsten Morgen nach Madrid fliegen! Vanja und Ivano waren mit Mario Mamić und Predrag Mijatović bereits dorthin geflogen.

Endlich kam also der Tag. Am Montagmorgen flog ich gut ausgeschlafen mit meinen Eltern nach Madrid. Ich fühlte mich deutlich erleichtert. Der Flug war angenehm, und ich machte mir Gedanken, wie sich mein erster Tag bei Real wohl gestalten würde. Es war ein besonderer Moment – ich ließ gedanklich alle möglichen Episoden aus meiner Vergangenheit Revue passieren, die ganzen Schritte auf dem Weg zur Verwirklichung meiner Fußballträume.

Am Flughafen wurde ich von Real-Offiziellen abgeholt. Die vereinseigenen Reporter von Real Madrid TV dokumentierten jeden Augenblick meines ganz besonderen Moments. Ich kam mir vor wie der wichtigste Mensch auf der Welt. Ich war beeindruckt und die qualvollen Erinnerungen an die vergangenen Monate waren wie weggewischt. Ich fühlte mich verpflichtet, Levy anzurufen und mich trotz allem zu bedanken.

„Vielen Dank, Herr Präsident, dass Sie mich ziehen lassen. Das ist eine großartige Chance für mich. Es tut mir leid, dass es so enden musste, aber ich bin dankbar für die vergangenen vier Jahre. Ich wünsche Ihnen und dem Verein alles Gute für die Zukunft."

Levy ist ein Mensch, der selten seine Gefühle zeigt oder verrät, was in ihm vorgeht. Er war gnadenlos professionell: „Danke für alles, was du für Tottenham getan hast, und viel Glück beim neuen Verein."

Der Medizincheck verlief problemlos. Danach fuhren wir zum Estadio Santiago Bernabéu. Zuerst unterzeichnete ich im Büro von Florentino Pérez den Vertrag. Anschließend wurden vor der imposanten Trophäensammlung Fotos von mir gemacht. Als ich die Treppen hochging, kamen viele Mitarbeiter aus ihren Büros und begrüßten mich. Ich war extrem aufgeregt. Beim Betreten der Vereinszentrale wurde mir klar, was für eine Institution Real Madrid ist und was für eine einzigartige Atmosphäre rund um diesen Fußballtempel herrscht. Nach der Pressekonferenz ging ich hinunter zum Spielfeld und wurde den Fans präsentiert. Ein besonders beeindruckender Moment war der erste Besuch in der Mannschaftskabine. Vor einem Schließfach, auf dem mein Name stand, lag das Trikot mit der Nummer 19. Ich hatte die Wahl zwischen den Nummern 5, 16 und 19. Meine Wunschnummer 10 war schon an Mesut Özil vergeben; meine zweitliebste Nummer, die 23, gebührte Denis Tscheryschew, und Xabi Alonso war die Nummer 14. Die 19 kann man als 1 und 9 lesen, und wenn man diese beiden Zahlen addiert, ergibt sich die magische Zahl, die ich als Nummer schon immer hatte tragen wollen. Ich zog mich schnell um, und als die Cluboffiziellen mich riefen, lief ich durch den Tunnel aufs Spielfeld. Das war also der Ort, an dem ich würde beweisen müssen, dass ich des Real-Trikots würdig war. Mein Herz schlug wie verrückt. Normalerweise mache ich mir nicht viel aus Formalitäten, aber bei Real gab es protokollarische Abläufe, die eingehalten werden mussten. Mit Vanja und Ivano, mit Mutter und Vater betrat ich den Rasen des Estadio Santiago Bernabéu und hörte den lauten Jubel meiner neuen Fans – das machte diesen Montag zu einem der denkwürdigsten und wichtigsten Tage meines Lebens.

Der Zeitplan war vollgepackt und das Prozedere zog sich hin. Ich wollte das erste Training in Valdebebas nicht verpassen und möglichst schnell meine neuen Mannschaftskollegen kennenlernen. Ich freute mich darauf, meinen neuen Trainer zu sehen, dem ich bis dahin noch nie persönlich begegnet war. Ich war ausgehungert nach Fußball; ich musste möglichst schnell Fußball spielen! Ich wollte Teil der Mannschaft sein, das Training und die Spiele erleben. Als ich am Trainingsgelände ankam, begrüßte mich als Erster der Real-Kapitän Iker Casillas mit den Worten, ich solle mich wie zu Hause fühlen. Einige Spieler waren schon auf dem Rasen. Der Brasilianer Kaká war noch in der Kabine und hieß mich im Verein willkommen. Cristiano Ronaldo begrüßte mich per Handschlag wie einen alten Freund und sagte: „Endlich bist du da!"

Es kamen weitere Spieler und begrüßten mich, und dann hieß es, ich solle den Trainer in dessen Büro aufsuchen. Mourinho hieß mich willkommen und kam direkt zur Sache: Er erklärte mir in wenigen Worten, was Real für ein Club war, welche Verpflichtungen die Spieler hatten und welche Ansprüche an sie gestellt wurden. Er sagte mir, was er von mir erwartete, und erklärte, er sei für mich da. Ich dankte ihm für alles und das war es auch schon. Nach dem ganzen Hin und Her mit meinem Transfer – und einem Quäntchen Glück, das schließlich zum Erfolg führte – musste ich mich jetzt an die Arbeit machen.

Beim ersten Training merkte ich, wie sehr bei Real der Druck zum Alltag gehörte. Mourinho rief die Mannschaft in der Kabine zusammen. Es war eine Krisenbesprechung, weil Real schlecht in die neue Saison gestartet war. Die ersten beiden Begegnungen in der Liga waren ein Unentschieden gegen Valencia und eine Niederlage gegen Getafe. Zwischen diesen beiden Partien hatte Barcelona im Supercup-Hinspiel im Camp Nou 3 : 2 gegen uns gewonnen. Weil ich kein Spanisch sprach, verstand ich nicht, was Mourinho sagte, aber sein Tonfall und seine Körpersprache machten deutlich, dass er sauer war.

Der „Real deal"

Mit dem ersten Training in Valdebebas war mein aufregender Tag im Real-Trikot noch nicht zu Ende. Ich fuhr nach La Moraleja, wo viele Real-Spieler wohnen. Auch Predrag „Peđa" Mijatović, einer der herausragenden Fußballer der jüngeren Real-Geschichte, hatte sich dort niedergelassen. Ich erinnere mich noch an sein Siegtor gegen Juventus Turin im Finale der UEFA Champions League in Amsterdam. Er war auch Geschäftsführer von Real gewesen, bevor Pérez zum Verein zurückkam – und er war derjenige, der mich José Mourinho ans Herz gelegt hatte. Wir wurden enge Freunde. Sein Rat – gespeist aus seiner immensen Erfahrung und seiner intimen Kenntnis des Real-Kosmos – war eine enorme Hilfe. Er und seine Frau Aneta halfen Vanja und mir, uns in Madrid einzuleben. Sie waren für uns da, wenn wir Hilfe brauchten, und das war sehr wichtig.

Als ich vor Mijatovićs Villa parkte, hätte ich mir beim besten Willen nicht vorstellen können, wie dieser Tag enden würde.

„Mach mal deine Taschen leer!", bat mich mein Agent Davor Ćurković. Etwas verdutzt leerte ich meine Taschen. Davor und Zoran Lemić schnappten sich daraufhin meine Arme und Beine und warfen mich in den Swimmingpool! Mein Vater sprang natürlich gleich hinterher. Alle anderen brachen in schallendes Gelächter aus – meine Frau und mein Sohn, meine Mutter, Vanjas Mutter, Peđa, Davor Ćurković und die Lemić-Brüder.

Es war eine fantastische Party, ein krönender Abschluss meines ersten Tages bei Real.

Am nächsten Tag war es vorbei mit der frei verfügbaren Zeit – ich musste mich in den Real-Arbeitsstundenplan einfinden. Ich trainierte mit der Mannschaft und Mourinho nahm mich für das Rückspiel im spanischen Supercup gegen Barcelona in den Kader. Es würde mein erster „Clásico" werden, mein erster Titelkampf im Real-Trikot.

„Ich lasse dich die letzten zwanzig Minuten spielen und beim Ligaspiel gegen Granada bist du dann in der Startelf."

Das war der Plan des Trainers. Als wir ins Vorbereitungscamp fuhren, war ich bester Dinge. Alle Spieler halfen mit, mir meine ersten Tage bei Real so leicht wie möglich zu machen. Mit der Zeit wurden sie meine Freunde, so wie bei allen Vereinen, für die ich gespielt habe. Warten musste ich auf meinen ersten Clásico in einem Hotel, denn die Spielerunterkünfte in Valdebebas waren noch im Bau. Ein Jahr später hatte jeder Spieler der ersten Mannschaft dort ein ultramodernes Fünfsternezimmer für sich. Die Bedingungen im Real-Trainingszentrum sind absolut erstklassig. Die Fußballfelder sind phänomenal – weich wie Teppichboden. Das weiträumige Zentrum ist ein perfekter Mix aus Funktionalität und Schönheit und ein angemessener Ausdruck der Reputation, die der Club genießt.

Vor meinem ersten Derby im Real-Trikot spürte ich das Adrenalin durch meine Adern strömen. Die Stimmung elektrisierte mich. Auf den Straßen rund ums Bernabéu ging nichts mehr; unser weißer Bus brauchte fünfzehn bis zwanzig Minuten, um sich zum Eingang zu den Kabinen vorzuarbeiten. Die Fans umringten den Bus, stimmten Gesänge und Sprechchöre an, sprangen hoch, um einen Blick auf uns zu erhaschen und uns zu zeigen, wie sehr sie hinter uns standen. Xabi Alonso, mein Sitznachbar im Bus, erklärte mir, das gehöre bei Real zur Tradition. Es war sehr eindrucksvoll und – vielleicht noch wichtiger – für uns eine starke Motivation.

Die Stimmung in der Kabine war so wie vor vielen Spielen: Konzentration, letzte Vorbereitungen, Spannung, gegenseitiges Aufmuntern. Jeder hatte seinen Platz entsprechend der Trikotnummer. Meine Nachbarn waren Raúl mit der Nummer 18 und auf der anderen Seite Gonzalo Higuaín mit der 20. Higuaín war es auch, der in der 11. Minute das erste Tor machte. Die Geräuschkulisse im Bernabéu war ohrenbetäubend;

ich bekam Gänsehaut. Der Jubel und der Lärmpegel waren immer sensationell – vor allem wenn Real gegen Barcelona spielte. Es war surreal, das mitzuerleben. Das Hinspiel hatte ich in London im Fernsehen verfolgt, als ich wegen des ungewissen Transfers noch unter Stress stand. Beim Rückspiel gehörte ich selbst zum Team – als Mitwirkender beim Clásico. Ich war unendlich stolz. Das Einzige, was jetzt noch fehlte, war meine Einwechselung. Ich konnte es nicht abwarten, bis Mourinho mich aufs Feld schickte. Als ich von der Bank aufstand und zur Aufwärmzone lief, hörte ich zum ersten Mal ein Raunen im Publikum, gefolgt von lautem Jubel und Beifall. Ich saß innerlich auf glühenden Kohlen. Die Sekunden rannen dahin, und ich realisierte, dass ich nicht die geplanten zwanzig Minuten spielen würde. Inzwischen stand es 2 : 1. Ronaldo hatte den zweiten Treffer für Real erzielt, bevor Lionel Messi der Anschlusstreffer gelang. Es war eine offene Partie. In der 79. Minute nahm Mourinho zuerst Ángel di María vom Platz und schickte José Callejón aufs Feld. Drei Minuten später kam Karim Benzema für Higuaín ins Spiel. Die Hoffnung auf mein Debüt sank rapide, aber dann rief mich jemand von der Bank heran. Das Adrenalin schoss durch meinen Körper, als Mourinho zu mir sagte: „Du ersetzt Özil und gehst ins offensive Mittelfeld. Immer wenn Messi halb rechts den Ball hat, beweg dich zur Mitte. Alonso und du, ihr müsst ihn da abfangen. Wenn wir angreifen, musst du die Bälle erobern und verteilen!“

In meinem ersten Clásico spielte ich die letzten sieben Minuten der regulären Spielzeit. Mit Nachspielzeit kam ich auf ungefähr zehn Minuten. Das reichte, um einen positiven Eindruck zu hinterlassen – und (aufgrund der Auswärtstore im Hinspiel) mit Real meinen ersten Titel zu gewinnen. Alle meine Träume waren wahr geworden. Mein Herz strömte über! Ich hatte sogar eine Torchance, aber mein Schuss wurde abgeblockt. In dieser und noch in einer anderen Situation, in der ich mich aus einer Umklammerung ganz schnell freidribbelte, hörte ich wieder dieses Raunen in der Menge und den anschließenden Applaus. Nach dem Schlusspfiff war ich dort unten auf dem Rasen außer mir vor Glück. Wir kletterten zur Haupttribüne hoch, um die Trophäe entgegenzunehmen, und dort reichten Pepe und Ronaldo den Pokal an mich weiter. Ich hob ihn in die Höhe und freute mich wie ein kleiner Junge. Ich war im siebten Himmel! Später bekam ich eine SMS von Mourinho: „Du warst spitze! Glückwunsch zu deinem ersten Titel, viele weitere werden folgen. Die Leute haben gesehen, was für ein Spieler du bist, und werden an deinen Leistungen in Zukunft ihre Freude haben."

Der Start bei Real war perfekt. Im weiteren Verlauf wurde es dann ein bisschen dramatischer.

***

Vor der Länderspielpause spielten wir in der Liga gegen Granada. Ich stand, so wie Mourinho es versprochen hatte, in der Startelf. Das Stadion war wieder voll besetzt und wir fuhren einen ungefährdeten 3:0-Sieg ein. Ich spielte 57 Minuten im offensiven Mittelfeld und machte meine Sache gut. Dass ich nach dem aufwühlenden Sommer sehr wenig trainiert hatte, erschwerte mir den Start, denn ich war noch nicht richtig fit und hatte meinen Rhythmus noch nicht gefunden.

Voller Glück absolvierte ich in diesem Sommer auch mein erstes Länderspiel für Kroatien, seit ich bei Real Madrid spielte: am 15. August in Split gegen die Schweiz. Es war Igor Štimacs erstes Spiel als kroatischer Nationaltrainer. Štimac gehörte zur „Bronzegeneration" und war sowohl bei Hajduk Split als auch im Nationaltrikot Teamkollege von Slaven Bilić gewesen. Zu seinem Trainerteam gehörten noch drei weitere Männer, die dabei waren, als Kroatien in Frankreich WM-Dritter wurde:

Krunoslav Jurčić kannte ich aus seiner Zeit als Dinamo-Trainer, Igor Tudor war mein Teamkollege in der Nationalmannschaft und Alen Bokšić war einer der besten Angreifer der kroatischen Fußballgeschichte.

Die Schweiz fegte uns mit einem verdienten 4:2-Sieg vom Platz. Ich wurde 23 Minuten vor Schluss eingewechselt und schaffte es gerade mal, zu demonstrieren, wie schlecht trainiert und ineffektiv ich war.

Zu Štimac hatte ich ein ganz anständiges Verhältnis. Anfangs fand ich allerdings merkwürdig, dass er zum Nationaltrainer berufen wurde, weil er bis kurz zuvor mit den meisten einflussreichen Leuten im kroatischen Fußballverband und vor allem mit Zdravko Mamić im Clinch lag. Auch die Öffentlichkeit war überrascht von der neuen Eintracht und nicht einverstanden. Diese Ablehnung sollte die Ära Štimac über weite Strecken belasten. Viele Beobachter meinten, die Spieler sollten sich zu den Beziehungen innerhalb des kroatischen Fußballverbands und der Nationalmannschaft zu Wort melden, aber das war schlicht und einfach unmöglich. Das hätte im Endeffekt keinen Sinn gehabt. Die Spieler sollen Fußball spielen und sind nicht für die Verbandspolitik oder für die Ernennung und Entlassung von Trainern zuständig. Das Hauptproblem war, dass die negative Stimmung und die ablehnende Haltung gegenüber dem Fußballverband in eine Abneigung gegen die Mannschaft umschlugen. Wir konnten in dieser Situation nichts weiter tun, als uns auf unsere Leistung auf dem Rasen zu konzentrieren und zu allen Problemen abseits des Spielfelds Distanz zu wahren.

In den Herbstspielen der Qualifikation für die WM in Brasilien 2014 fanden wir gut in unseren Rhythmus. Im September gewannen wir gegen Mazedonien und spielten 1 : 1 gegen Belgien, unseren Hauptkonkurrenten um den Gruppensieg. Im Oktober folgten zwei weitere wichtige Siege – in Skopje gegen Mazedonien und in Osijek gegen Wales. Vor allem in

Osijek spielten wir ziemlich stark. Dort war auch die Stimmung herausragend – wie immer, wenn die Nationalmannschaft in Slawonien spielt, dem östlichen Landesteil von Kroatien. Leider kam immer seltener so gute Stimmung auf und die mangelnde Geschlossenheit machte der Nationalmannschaft allmählich zu schaffen.

Begrenzte Einsatzzeit

Als ich nach Madrid wechselte, ging ich davon aus, die spanische Liga sei stärker technisch geprägt und physisch weniger fordernd als die English Premier League. Ich merkte schnell, dass ich damit falschlag. Taktisch und technisch war der spanische Fußball sehr anspruchsvoll. Überrascht war ich, wie aggressiv es zugehen konnte, besonders bei Auswärtsspielen. Jeder Gegner in der Liga kann dir, wenn du nicht hundert Prozent gibst, ernste Probleme bereiten. Alle Teams sind technisch und taktisch ausgesprochen versiert und spielen sehr schnell. In England ist die Stimmung auf den Rängen etwas weniger feindselig; die Fans feuern ihre Mannschaft an und scheren sich nicht so sehr um den Gegner. Die Mentalität in Spanien ist anders. Die Fans sind hitziger. In Sevilla und einigen kleineren Stadien stehen die Zuschauer praktisch über deinem Kopf und sorgen mächtig für Druck. Solche Auswärtsspiele haben manchmal ihre Tücken.

Mich mit den Gegebenheiten im spanischen Fußball vertraut zu machen und auf das Leben bei Real einzustellen, war nicht unproblematisch. Das hatte ich zwar erwartet – oder ich hatte es mir sogar noch schwieriger vorgestellt. Das Hauptproblem war aber, dass ich das Vorbereitungstraining vor Saisonstart verpasst hatte. Nach der Euphorie und den Adrenalinschüben, die mich anfangs auf Touren brachten, forderten der Alltagsbetrieb und der intensive Wettkampfrhythmus allmählich ihren

Tribut. Ich begann mir Sorgen zu machen. Doch Mourinho ist ein erfahrener Trainer. Er schonte mich und begrenzte meine Einsatzzeit. Das gefiel mir nicht, weil ich wie jeder Fußballer spielen wollte. Dass ich beim zweiten Clásico der Saison im Camp Nou noch nicht einmal eine Minute zum Einsatz kam, war hart für mich. Dabei hatten wir vier Tage zuvor das Auswärtsspiel gegen Ajax in der UEFA Champions League mit 4 : 1 gewonnen. Doch genau das macht Mou zu einem großartigen Trainer: Er führt dich Schritt für Schritt an deine Spitzenleistung heran. In den nachfolgenden Begegnungen konnte ich durchatmen und Kraft tanken für die schwierige Zeit, die vor mir lag. Mein erstes Tor im Real-Trikot schoss ich – mit dem linken Fuß! – beim 4:0-Sieg gegen Real Zaragoza. Den ganzen Herbst hindurch zeigte ich jedoch heftige Leistungsschwankungen. Ich spielte viel in der Champions League, aber in Dortmund lieferte ich gegen Borussia eines meiner schlechtesten Spiele überhaupt ab; wir verloren 1 : 2.

Die Medien beobachten Real auf Schritt und Tritt, der Druck ist enorm. Vor meinem Wechsel aus London hatten die Zeitungen detailliert über jeden Zwischenstand der Verhandlungen berichtet. Nach meinem gelungenen Einstand im Real-Trikot waren die Erwartungen hoch bis euphorisch. Doch das änderte sich bald. Nach einer Reihe von Hochs und Tiefs stieg der Druck. Die Experten diskutierten, auf welcher Position ich spielen sollte: im offensiven oder im defensiven Mittelfeld – oder als klassischer Box-to-Box-Mittelfeldspieler? Solche Debatten sind meistens ein Zeichen dafür, dass die Leistung des betreffenden Spielers nicht überzeugt. Ich war sicher, dass meine Position nicht das Problem war, ich war einfach noch nicht so weit. Ich hatte bewiesen, dass ich auf allen Mittelfeldpositionen spielen konnte, aber am wohlsten fühlte ich mich auf der Position, die Mourinho im Kopf hatte, als er mich zu Real holte – als Nummer 8. Da kann ich meine Fähigkeit, schnell von Verteidigung auf Angriff umzuschalten, den Ball zu erobern und den Rhythmus des Spiels zu bestimmen, am besten entfalten. Als Nummer 8 konnte ich mich außerdem in die Offensive einschalten, mich zum gegnerischen Strafraum vorarbeiten und mit Distanzschüssen selbst Torchancen kreieren. Zum Glück war Mourinho derselben Meinung. Gelegentlich stellte er mich als offensiven Mittelfeldmann auf, aber mein natürlicher Aktionsraum war die Mitte des Spielfelds, wo das Spiel gemacht wird.

Ich konnte mit Kritik gut umgehen. Sie störte mich nicht, denn ich wusste, was auf dem Spiel stand. Entscheidend ist, wie du spielst. Aus den kroatischen Medien erfuhr ich, dass laut spanischen Zeitungsberichten eine Umfrage ergeben hatte, ich sei der schlechteste Neuzugang der Liga. Zu dem Zeitpunkt konnte ich noch kein Spanisch. So etwas macht manchen Spielern zu schaffen, anderen weniger. Ich war immer der Meinung, dass die Leistung auf dem Rasen vom Spieler selbst abhängt. Und ich war sicher, dass ich das Niveau erreichen konnte, das man braucht, wenn man für Real Madrid spielt. Das merkte ich im Training und in den Spielen. Ich zweifelte nicht an mir und das war das Entscheidende. Nur eines konnte ich nicht: Ich konnte die Zeit, die ich brauchte, um bereit zu sein, nicht verkürzen. Ich musste Geduld haben.

Ich trainierte hart. Außerdem versuchte ich, Spanisch zu lernen, und schaute mir dafür sogar mexikanische Seifenopern an. Kommunikation ist absolut entscheidend. Bei Tottenham hatte ich als Neuling selten das Wort ergriffen. Aus der Schulzeit hatte ich englische Grundkenntnisse, aber in England merkte ich, wie dürftig mein Englisch war – vor allem wenn ich die verschiedenen Akzente hörte. Ich drückte mich trotzdem nicht vor Gesprächssituationen. Du machst jeden Tag Fortschritte und merkst bald, dass du dich mit den Menschen um dich herum unterhalten kannst. Du verstehst, was jemand dir sagt, du kannst alles lesen und dadurch kannst du dich leichter in die Gruppe integrieren. Ich wusste, dass das in Spanien nicht anders sein würde. Außerdem finde ich, dass es ein Zeichen des Respekts für das Land ist, wenn man seine Sprache erlernt. Anfangs redete ich mit dem Trainerteam und mit vielen Teamkollegen Englisch. Kaká, Ronaldo, Alonso und Álvaro Arbeloa sprachen gut Englisch. Schon in meiner zweiten Saison bei Real beherrschte ich das Castellano gut.

Anfang 2013 fuhren wir in der Copa del Rey, dem spanischen Pokalwettbewerb, eine Reihe von Siegen ein. Zuerst schalteten wir Celta Vigo, dann Valencia und schließlich in zwei Spielen Barcelona aus und standen damit im Finale, bei dem wir im Mai gegen Atlético Madrid antreten mussten. Mit meinen Einsatzzeiten in diesen Spielen war ich nicht sonderlich glücklich – ich merkte, dass ich immer besser wurde, aber Mourinho hatte andere Pläne. Bei einem Auswärtsspiel gegen Deportivo riss mir zum ersten Mal der Geduldsfaden. In den zehn Tagen danach passierte wenig.

Gegen Manchester United im Santiago-Bernabéu-Stadion schickte mich Mourinho für die letzten fünfzehn Minuten auf den Platz. Gegen Rayo Vallecano kam ich vier Tage später wegen einer Gelbsperre gar nicht zum Einsatz. Beim Spiel in La Coruña stand ich endlich in der Startelf. Ich hatte das sichere Gefühl, ein gutes Spiel zu machen. Als ich zum vierten Offiziellen schaute und auf der Auswechseltafel meine Nummer sah, traute ich deshalb meinen Augen nicht. Gerade eben hatte ich noch eine Offensivaktion und hätte fast einen Elfmeter herausgeholt. Aber darauf kam es nicht an. Ich ging beim Spielstand von 0 : 0 vom Platz; letztlich entschied Real die Partie mit 2 : 1 für sich. Nach dem Spiel war ich sauer. Auf dem Trainingsgelände in Valdebebas sprach ich Mourinhos rechte Hand Rui Faria an und sagte ihm meine Meinung. Das kam einem Gespräch mit Mourinho am nächsten, denn ich war sicher, dass Faria ihm alles berichtete.

„Ich fühle mich super, aber ich brauche die Unterstützung des Trainers. Ich brauche kontinuierliche Spielpraxis, denn nur so kann ich meinen Wert beweisen.“ Das brachte meine Situation ziemlich genau auf den Punkt.

Faria hörte aufmerksam zu und beruhigte mich. „Mourinho ist begeistert, wie du arbeitest und dich weiterentwickelst. Im Hinspiel gegen Barcelona in der Copa del Rey kamst du in der zweiten Hälfte ins Spiel und hast dazu beigetragen, dass wir besser wurden und ein Unentschieden erreicht haben. Es ist alles gut. Üb dich einfach in Geduld – du wirst deine Chance bekommen.“

Ich bin nicht sicher, ob dieses Gespräch großen Einfluss auf meinen Status hatte, aber ich fühlte mich besser, obwohl mich Mourinho beim Rückspiel gegen Barcelona im Camp Nou auf der Bank ließ. Das Spiel gewannen wir, was für die Moral wichtig war. Noch besser war, dass eine ganze Reihe solider Spiele folgte, bei denen sich für mich mehr Einsatzchancen ergaben – so wie der Trainer es versprochen hatte.

Die Wende

Sir Alex Ferguson ist einer der besten Fußballtrainer aller Zeiten und einer der charismatischsten Menschen in der Welt des Fußballs. Als ich in England spielte, war er eine Ehrfurcht gebietende Persönlichkeit. Entsprechend stolz war ich, als er mich seinen „Spieler der Saison“ nannte. In seiner Autobiografie schrieb er später, dass er mich gerne zu Manchester United geholt hätte, dass ihm aber nicht der Sinn nach kräftezehrenden Verhandlungen mit Daniel Levy stand, nachdem Manchester United hart darum gekämpft hatte, Michael Carrick und Dimitar Berbatow von Tottenham loszueisen. Ich war sehr dankbar für seine Worte – er bezeichnete mich als „Beispiel eines modernen Fußballers, der immer ehrlich bleibt und keine Schwalbe macht".

Mir war zu Ohren gekommen, dass United große Stücke auf mich hielt. Als ich bei Tottenham war, traf ich in London Tomislav Erceg, einen Fußballagenten aus Kroatien. Er wurde begleitet von einem Mann, der sich mit mir über die Überlegungen unterhalten wollte, die die Verantwortlichen am Old Trafford anstellten. Vermutlich wollte er sondieren, wie ich zu einem möglichen Transfer stehen würde. Manchester United ist einer der Vereine, für die ich mich schon als Junge begeisterte – wegen seiner Tradition, seiner Geschichten und seiner Prominenz. Vor allem deswegen und wegen der Wahnsinnsatmosphäre spielte ich gerne im Old Trafford. Im Tottenham-Trikot habe ich allerdings alle Spiele in diesem Stadion verloren, obwohl wir guten Fußball spielten.

Mein erstes Spiel gegen Manchester United im Real-Trikot ging 1 : 1 aus. Mit dem Ergebnis waren wir zufrieden, denn United hatte mehr Chancen herausgespielt als wir. Beim Rückspiel war von Anfang an der Wurm drin: Drei Tage vor dem Match hatten wir in Madrid einen wichtigen Clásico absolviert. Der Trainer hatte mich in die Startelf genommen und neunzig Minuten durchspielen lassen. Ich bekam sehr gute Leistungsnoten und wir gewannen 2 : 1. Dass ich die Vorlage zu Sergio Ramos' Siegtreffer in der 82. Minute lieferte, hob meine Stimmung noch zusätzlich. Ich hatte den Eckball getreten; Ramos hatte sich hochgeschraubt und den Ball ins Netz geköpft.

Nach Manchester fuhren wir mit dem Auftrag, uns für das Viertelfinale der UEFA Champions League zu qualifizieren. Trotz meiner soliden Leistung beim Clásico wusste ich, dass ich erst einmal auf der Bank Platz nehmen würde.

In der ersten Halbzeit hatten wir es schwer im Old Trafford. Manchester United setzte uns massiv unter Druck, und dass es zur Halbzeit noch 0 : 0 stand, grenzte an ein Wunder.

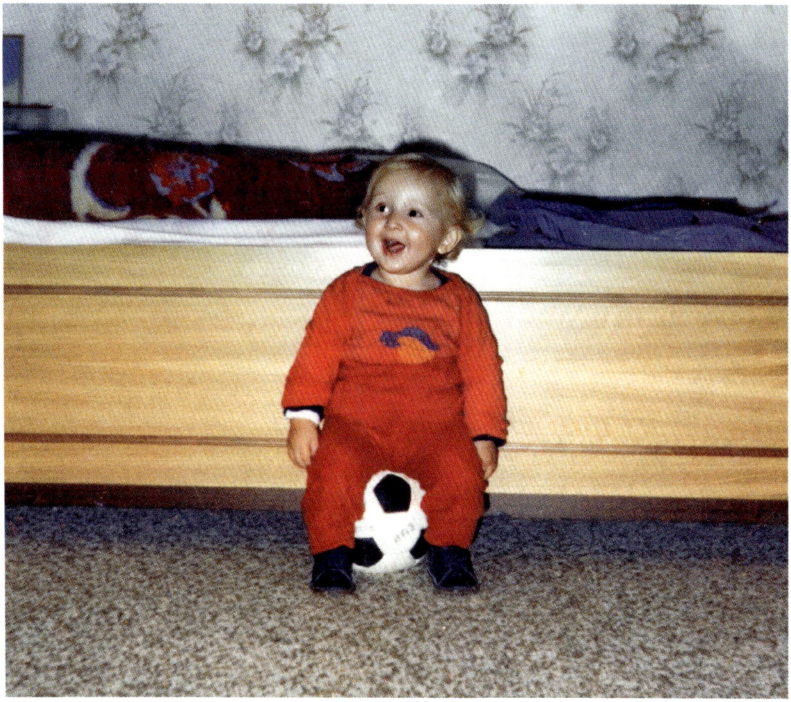

1986: Der Ball ist Lukas Freund.

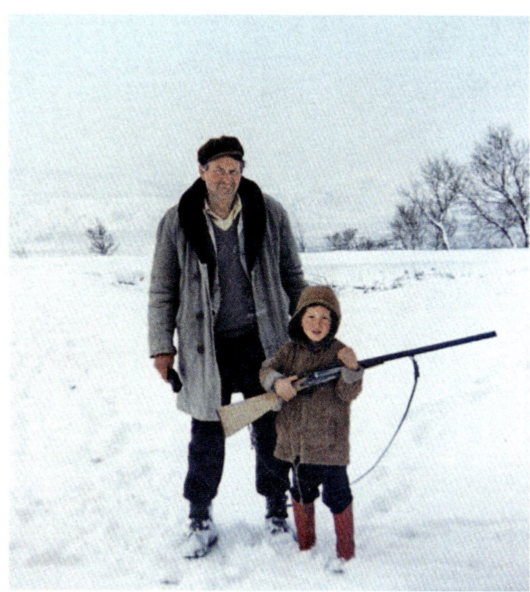

Großvater Luka war
Jäger – und Namengeber!

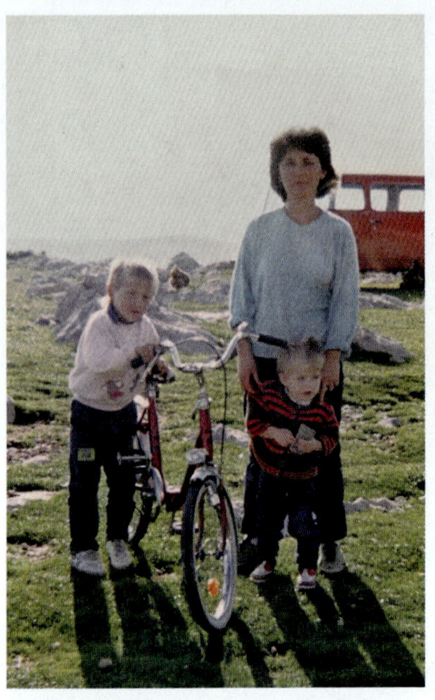

Luka (links), seine Mutter Radojka und seine Schwester Jasmina.

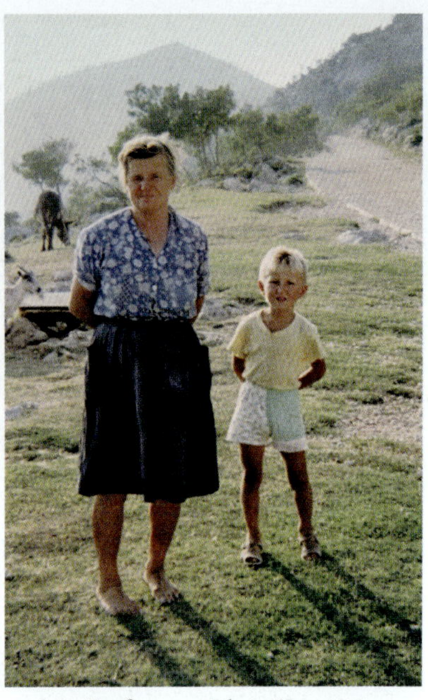

Mit Großmutter Jela in Kvartirić.

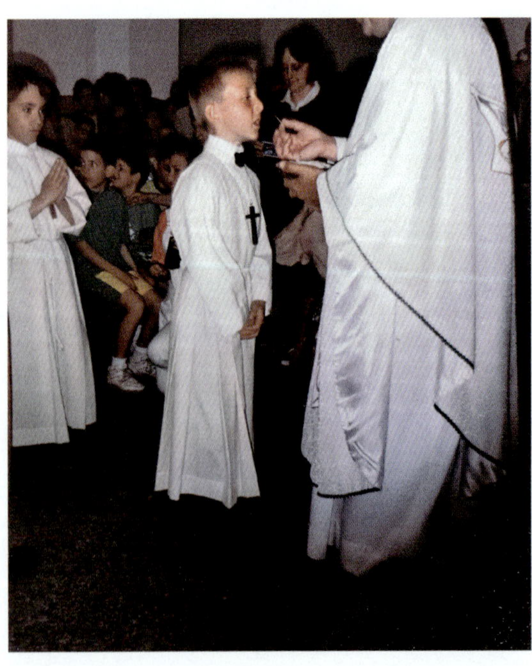

Bei der Erstkommunion, 28. Mai 1995.

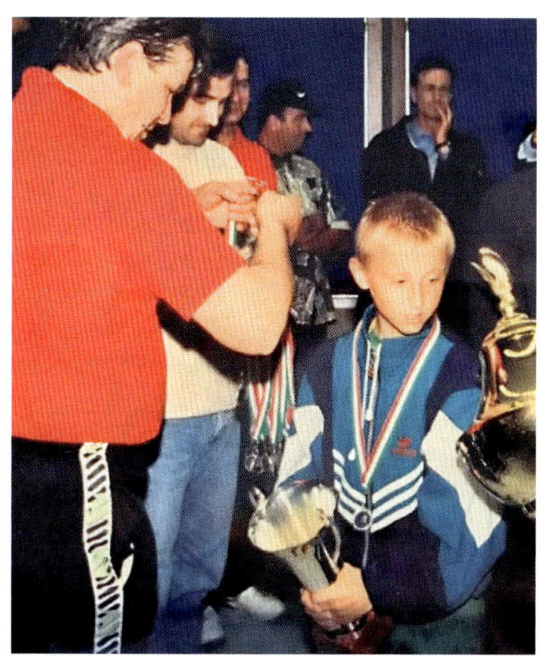

1997: Bei einem internationalen Fußball-Turnier in Alzano bei Bergamo. Luka erhielt die Auszeichnung als bester Spieler.

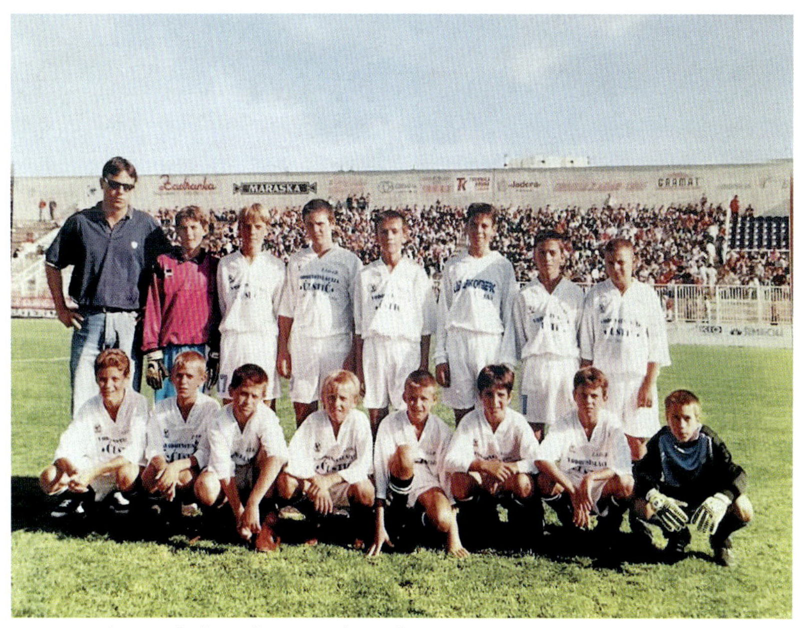

Die Zadar Football Academy 1994 mit ihrem Trainer Domagoj Bašić; Luka ist der vierte Junge von links in der ersten Reihe.

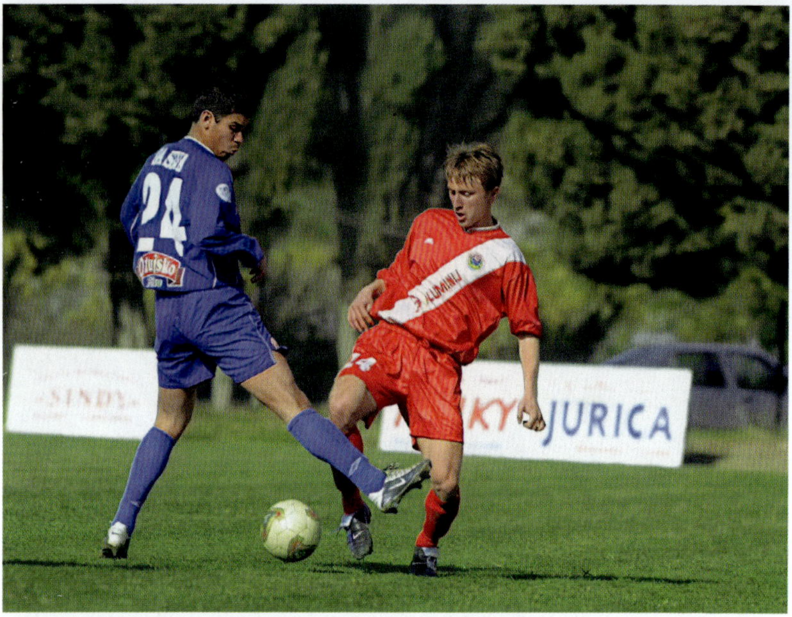

Luka im Trikot von Zrinjski Mostar, wohin er von Dinamo Zagreb ausgeliehen war.

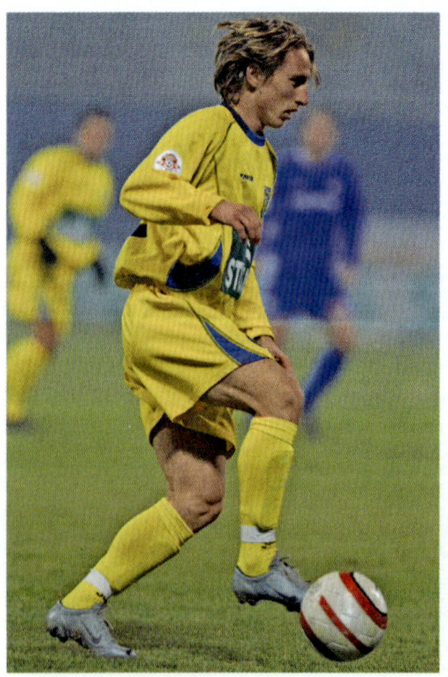

Seine zweite Ausleihe führte ihn zu Inter Zaprešić.

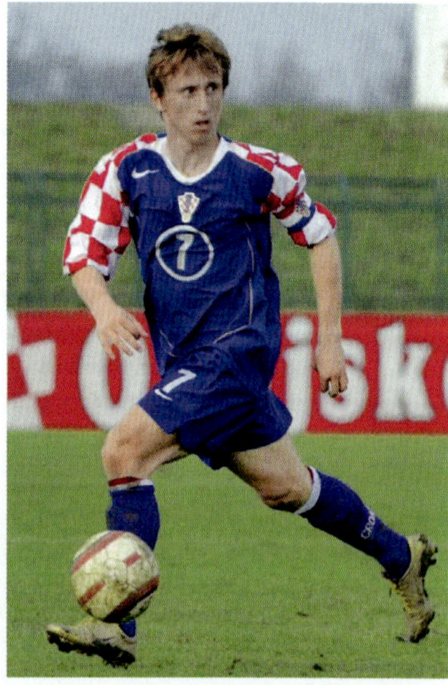

Slavena Bilića berief Luka in Kroatiens U-21-Nationalmannschaft und machte ihn zum Kapitän.

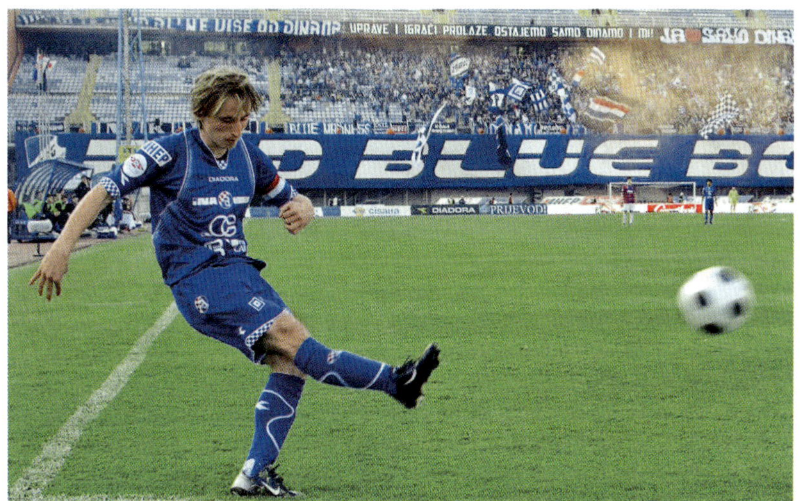

Während seiner sieben Jahre bei Dinamo gewinnt Luka drei Meisterschaften und zwei Pokalendspiele.

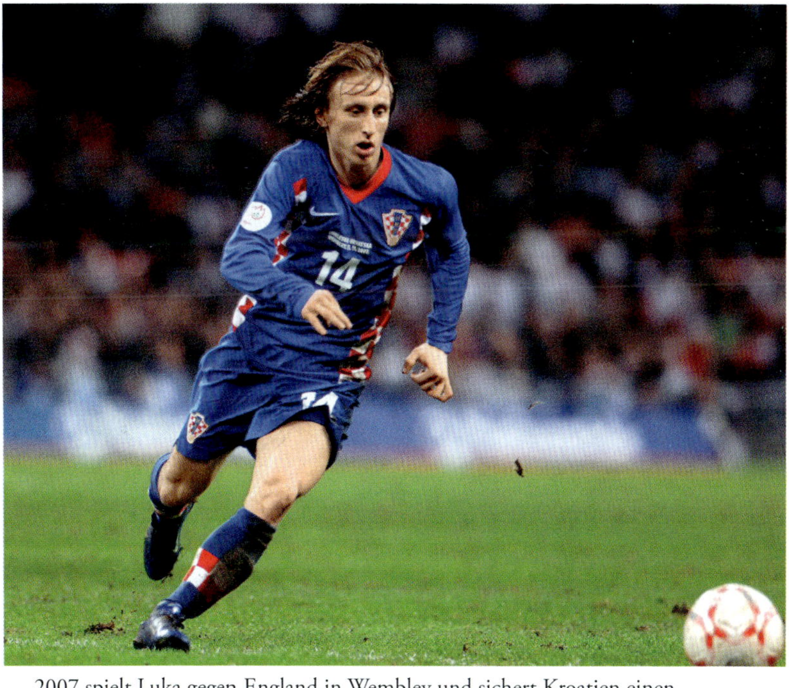

2007 spielt Luka gegen England in Wembley und sichert Kroatien einen 3:2-Sieg – England war damit nicht für die Europameisterschaft 2008 qualifiziert.

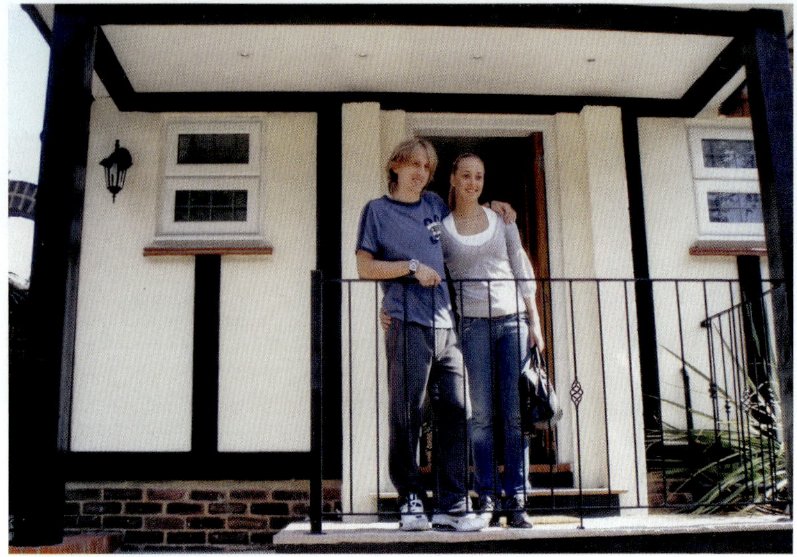

Mit Vanja vor dem gemeinsamen Haus in Chigwell, in das sie nach Lukas Transfer zu Tottenham Hotspur zogen.

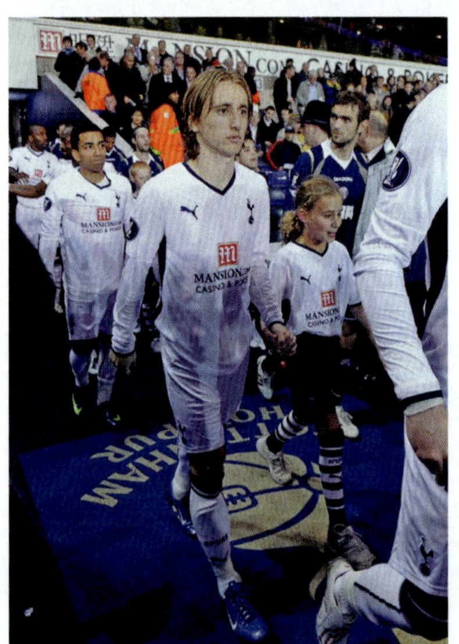

Während seiner ersten Saison mit Tottenham Hotspur gewinnt er im UEFA Cup ausgerechnet gegen seinen alten Verein Dinamo Zagreb (Endstand 4 : 0).

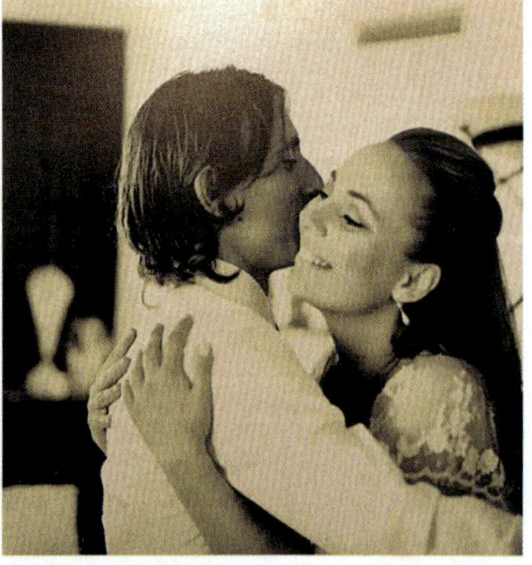

„Ja, ich will!“

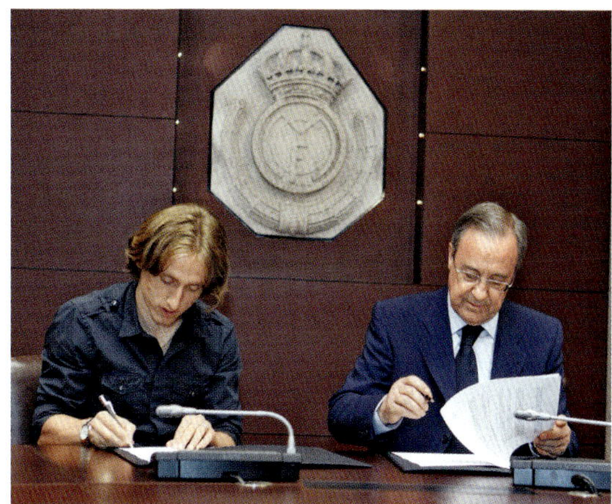

Vertragsunterzeichnung: Luka und Florentino Pérez, Präsident von Real Madrid, am 27.08.2012.

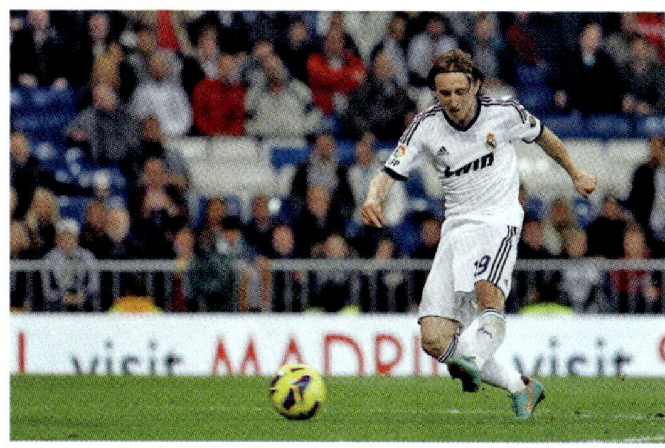

Das erste Tor für Real Madrid am 03.11.2012 bei einem Spiel gegen Real Zaragoza.

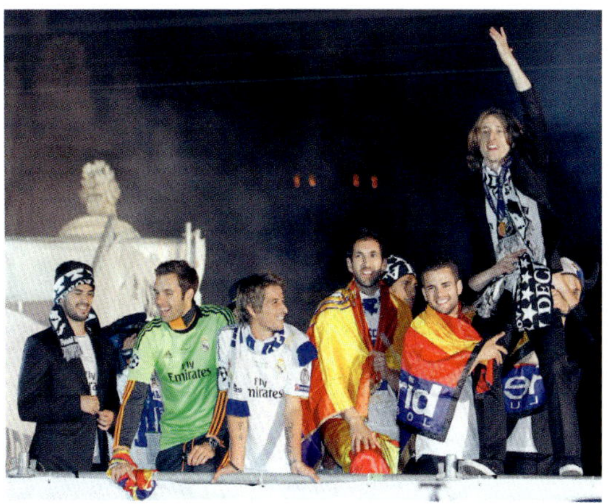

Luka feiert seinen ersten Champions-League-Titel, gleichzeitig Reals La Décima.

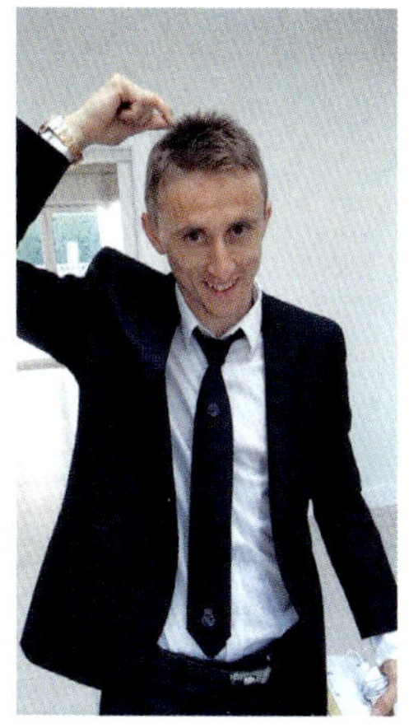

Für Luka springt ein neuer Haarschnitt heraus …

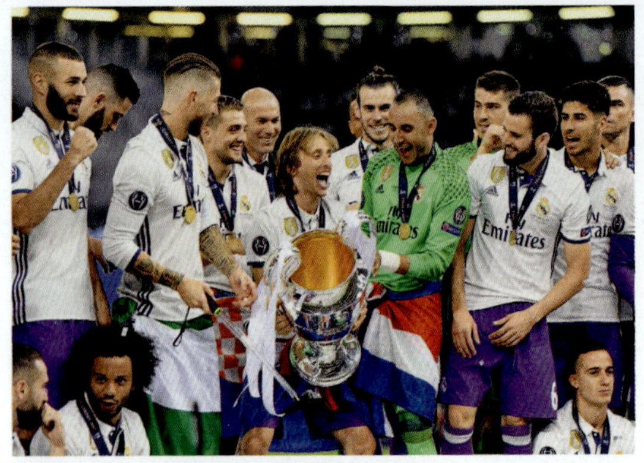

Nach dem zwölften Champions-League-Sieg von Real Madrid 2017.

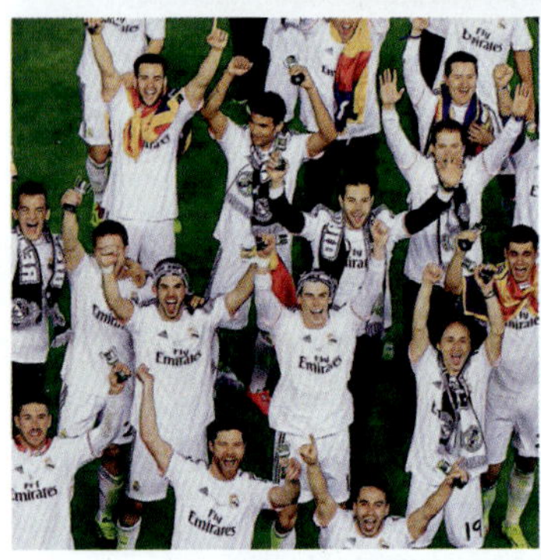

Nach dem Gewinn der Copa del Rey 2014.

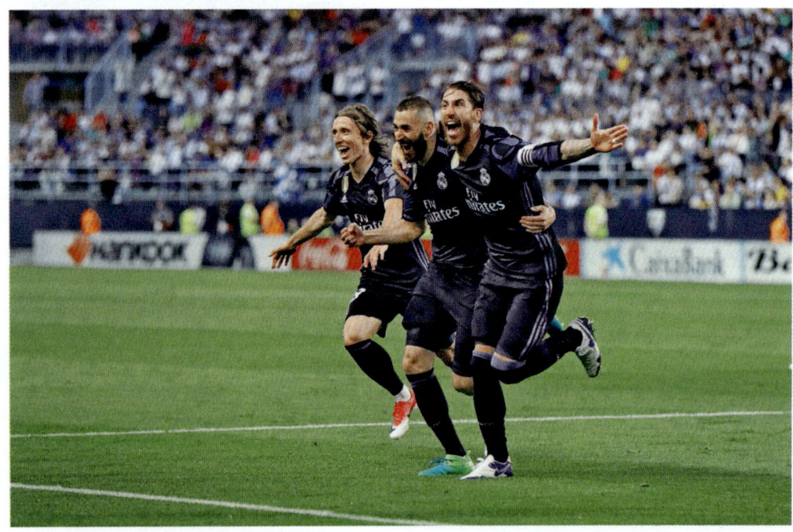

Luka feiert seinen ersten La-Liga-Titel mit Karim Benzema und Sergio Ramos, 2017.

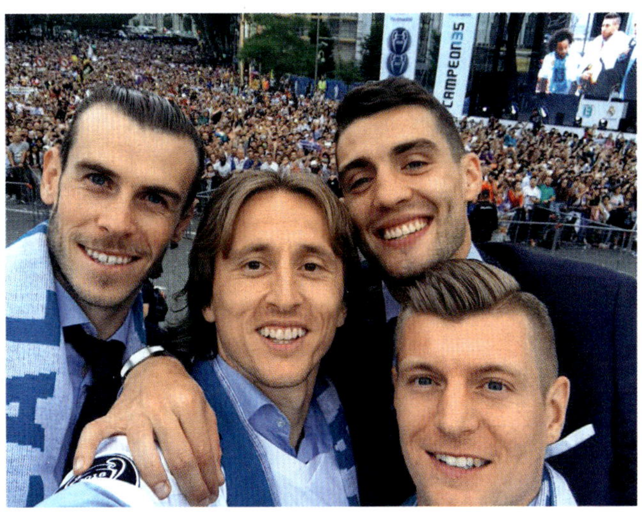

Mit Gareth Bale, Mateo Kovačić und Toni Kroos.

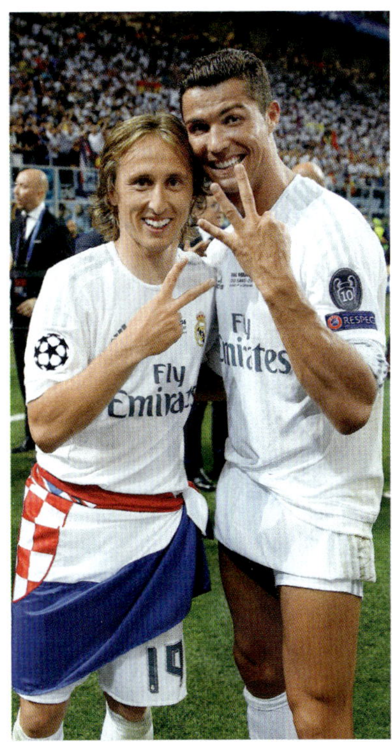

Mit Cristiano Ronaldo spielte Luka sieben Jahre zusammen.

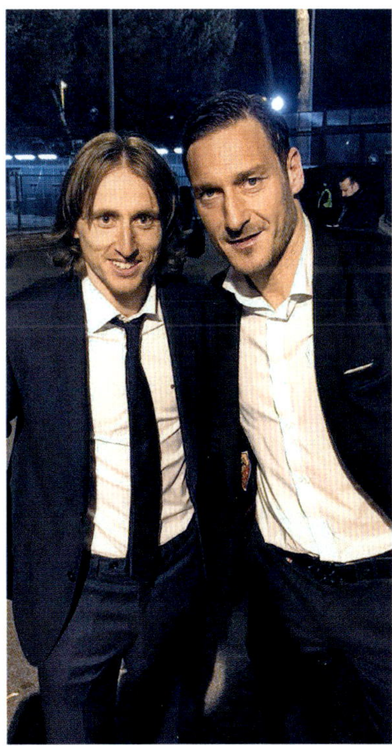

Francesco Totti ist eines seiner Vorbilder.

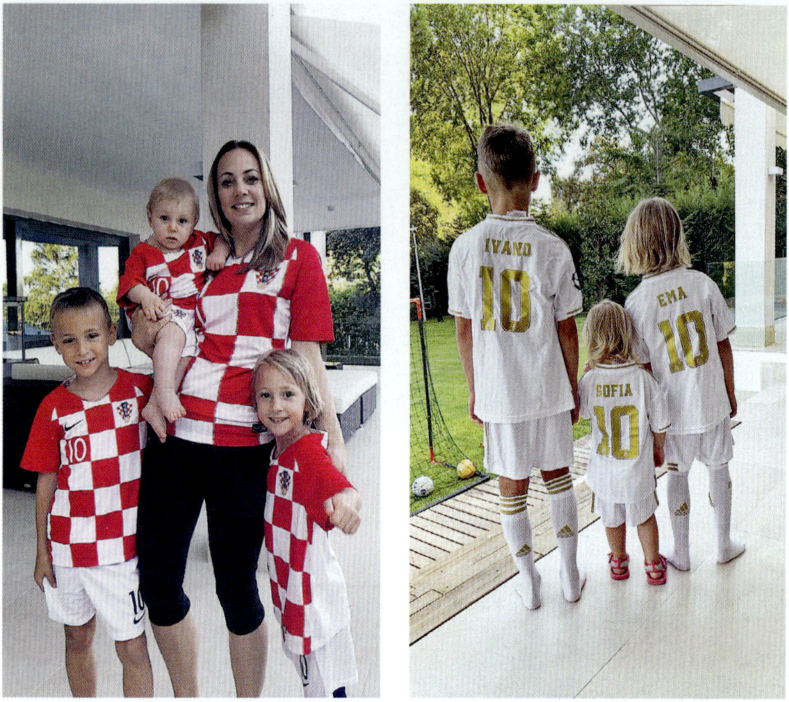

Lukas Familie im Vorfeld der Fußball-Weltmeisterschaft 2018 in Russland …

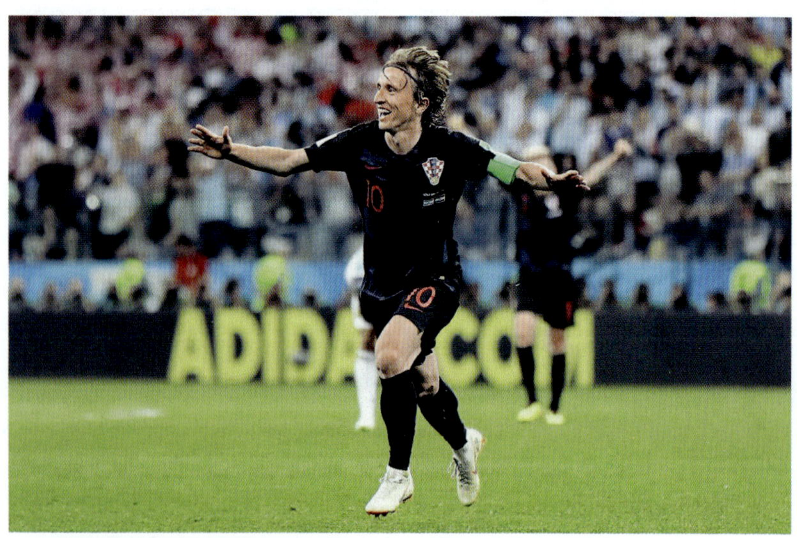

… bei der Luka maßgeblich an Kroatiens Sieg über Argentinien beteiligt ist.

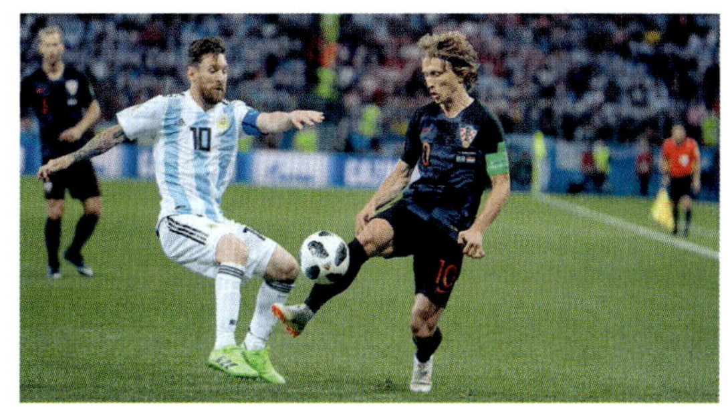

Die zwei Zehner der letzten Jahre unter sich: Argentinien gegen Kroatien bei der WM 2018, Endstand 0 : 3.

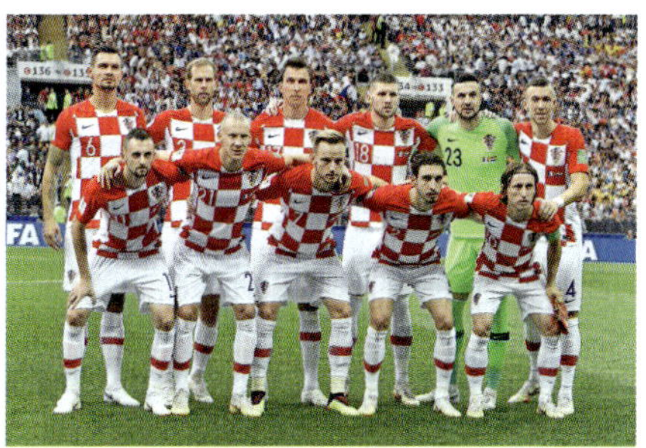

Bereit fürs WM-Finale 2018: (hintere Reihe, von links nach rechts) Dejan Lovren, Ivan Strinić, Mario Mandžukić, Ante Rebić, Danijel Subašić, Ivan Perišić (vordere Reihe von links nach rechts) Marcelo Brozović, Domagoj Vida, Ivan Rakitić, Šime Vrsaljko und Luka Modrić als Kapitän.

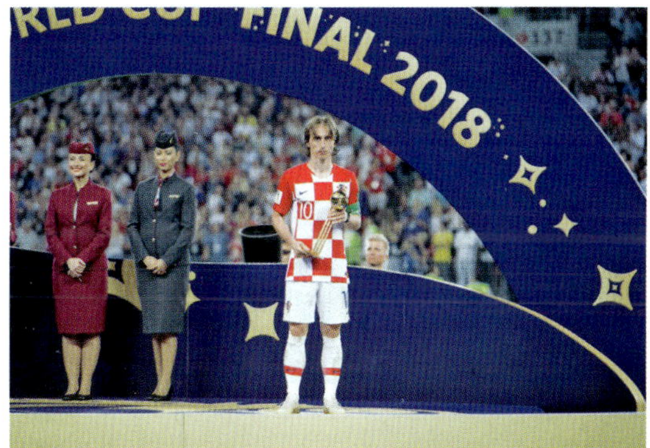

Luka erhält den Goldenen Ball …

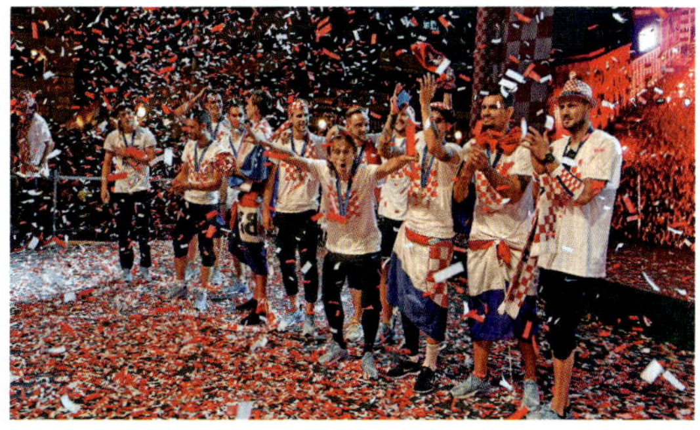

… und wird in Zagreb nach der Rückkehr der Nationalmannschaft frenetisch gefeiert.

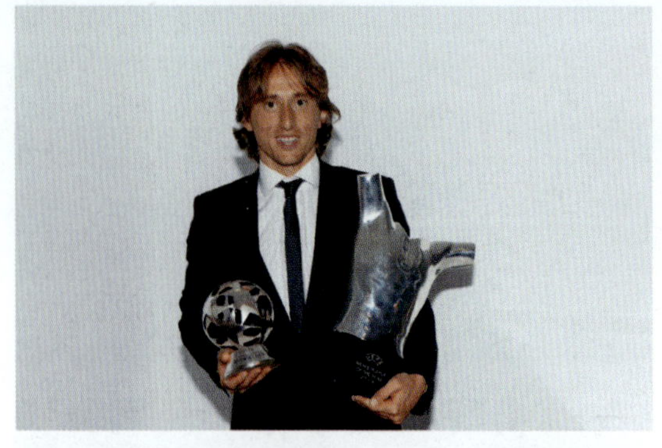

„Europas Fußballer des Jahres“ 2018.

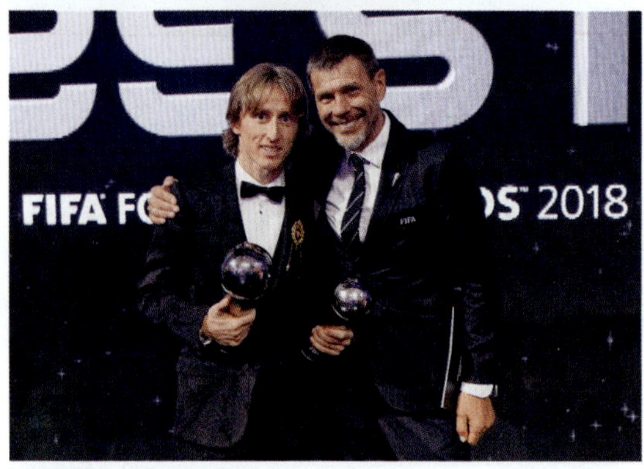

Mit Zvonomir Boban aus der „Bronzenen Generation“, die bei der WM 1998 den 3. Platz erkämpfte.

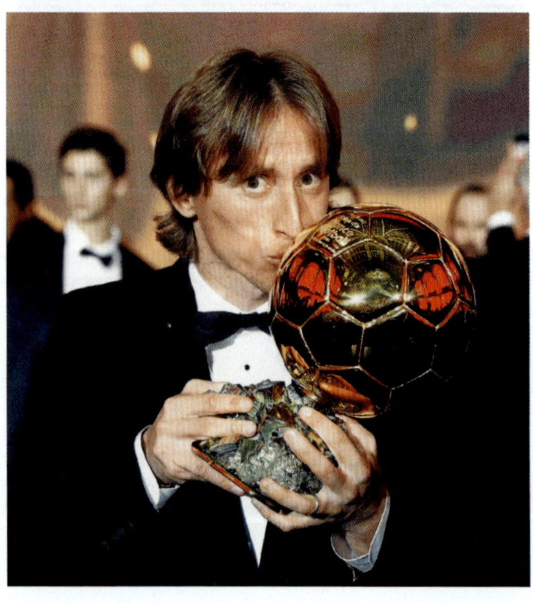

Der Ballon d’Or macht die Trophäensammlung komplett!

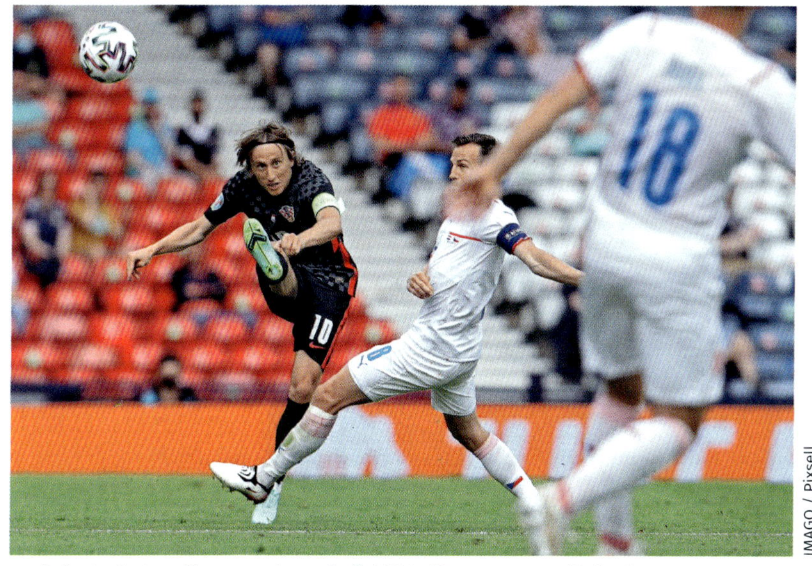

IMAGO / Pixsell

Luka in Action: Europameisterschaft 2021, Kroatien gegen Tschechien.

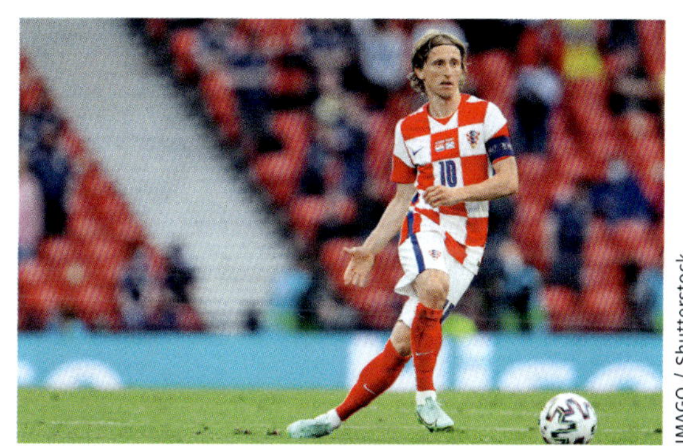

IMAGO / Shutterstock

Beim Spiel gegen Schottland, 22.06.2021.

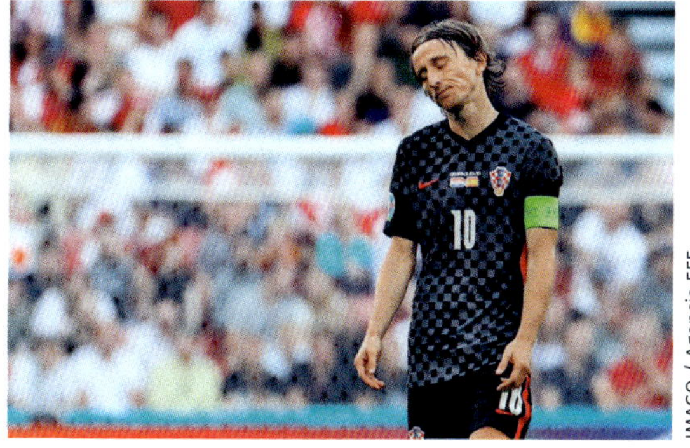

IMAGO / Agencia EFE

Die kroatische Mannschaft unter Lukas Führung scheidet nach dem Spiel gegen Spanien im Achtelfinale aus, 28.06.2021.

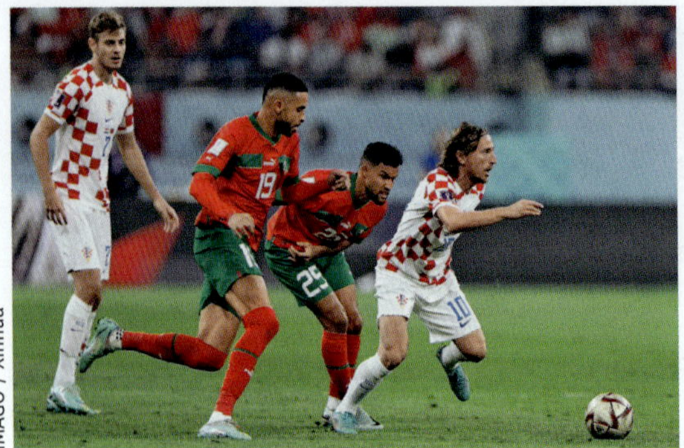

IMAGO / Xinhua

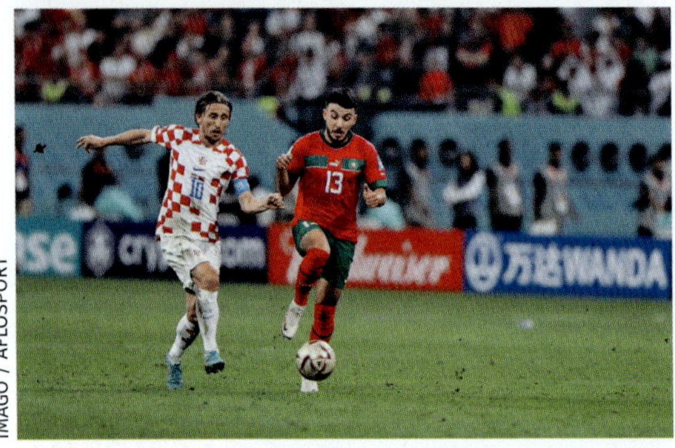

IMAGO / AFLOSPORT

Bei der WM 2022 in Katar gewinnt Kroatien gegen Marokko und erreicht den dritten Platz.

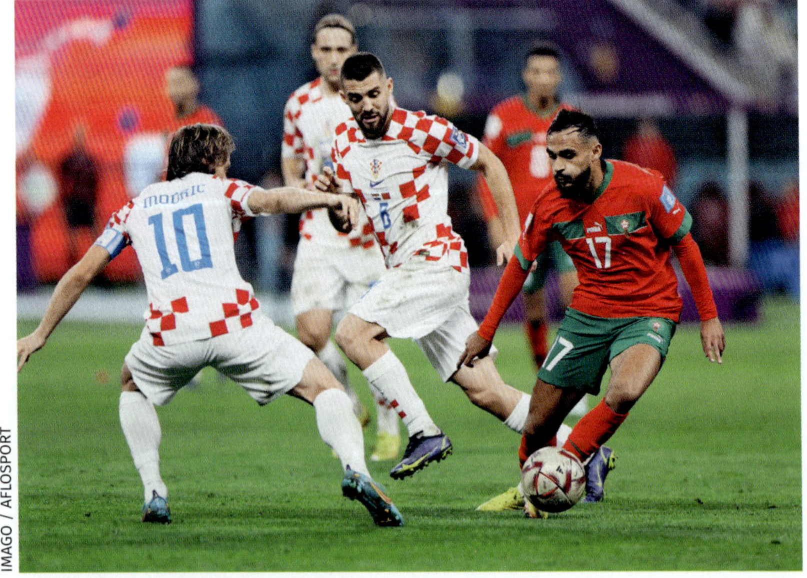

IMAGO / AFLOSPORT

Luka trägt – was sonst – die Nummer 10.

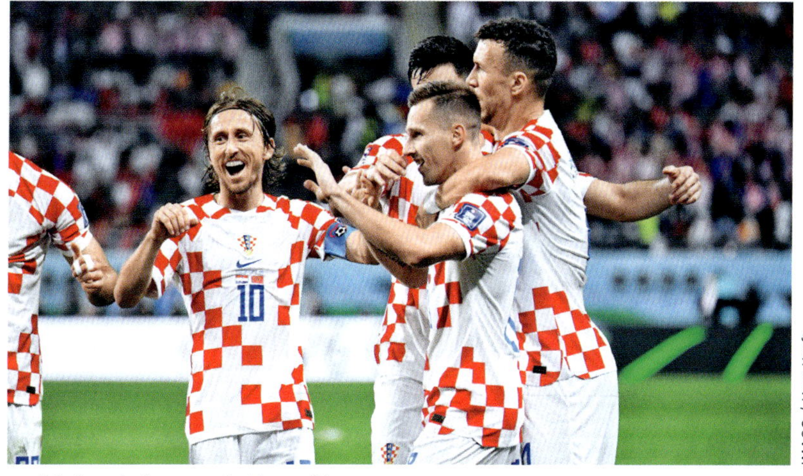

IMAGO / Uwe Kraft

Jubel nach dem entscheidenen Tor.

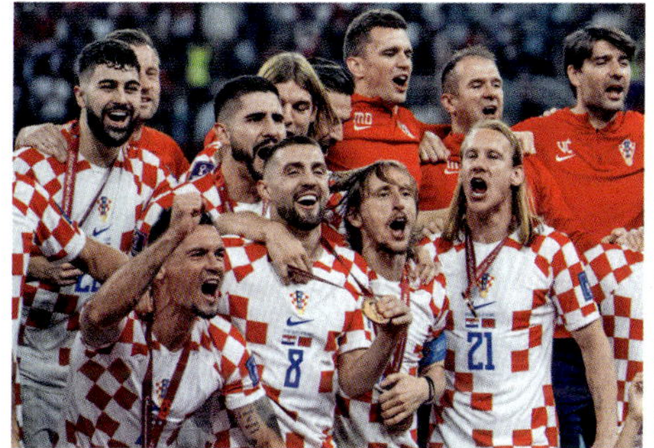

IMAGO / MB Media Solutions

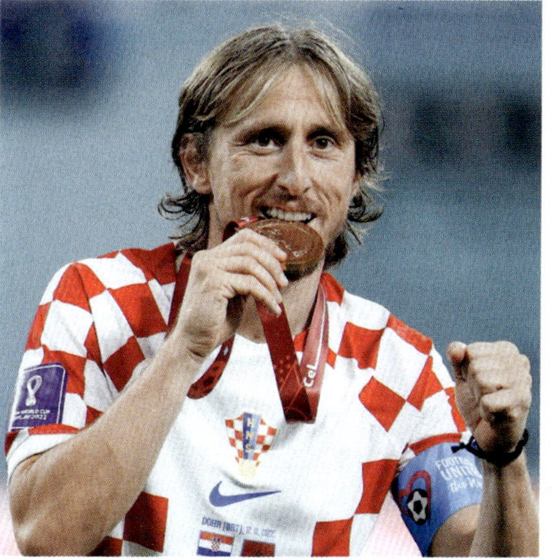

IMAGO / Kyodo News

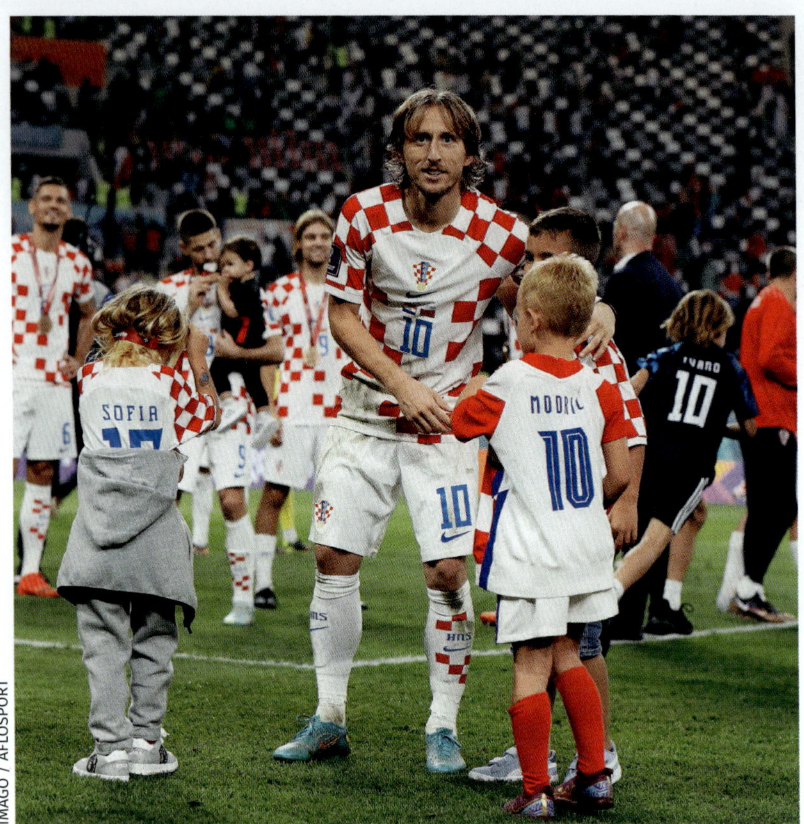

IMAGO / AFLOSPORT

Immer an seiner Seite: die Familie.

Mourinho schickte ein paar Spieler zum Aufwärmen. Ich rechnete damit, in der zweiten Hälfte frühzeitig eingewechselt zu werden, weil Ángel di María verletzt in der Kabine blieb. Doch für ihn schickte Mourinho Kaká aufs Feld. Die zweite Halbzeit begann mit einem Tiefschlag: In der 48. Minute schoss Ramos ein Eigentor. Wir ließen die Köpfe nicht hängen. In der 56. Minute sah Nani, der portugiesische Flügelstürmer von United, wegen eines brutalen Fouls die Rote Karte. Sofort rief mich Mourinho aus der Aufwärmzone zu sich. „Du ersetzt Arbeloa, spielst vor Alonso und Khedira und bedienst Özil, Kaká, Ronaldo und Higuaín."

Ich brannte darauf zu spielen. Ich kannte das Szenario und fühlte mich in meinem Element. Das zeigte sich schon an den ersten drei oder vier schnellen Pässen ganz deutlich. Wir machten Druck und schnürten Manchester United an seinem Strafraum ein, wie beim Handball. Ich spürte, dass ich mit dem Ball anstellen konnte, was ich wollte. Sieben Minuten nach meiner Einwechselung spielte ich mich frei und drosch den Ball mit voller Kraft aus zwanzig Metern aufs Tor. Nach einer abgefahrenen Flugkurve prallte der Ball gegen den Innenpfosten und von da ins Netz. In so einem Spiel und zu diesem Zeitpunkt ein Tor zu schießen – was für ein Gefühl! Ich wusste, dass das Tor mein Ansehen bei Real verändern würde, aber das galt eigentlich für alles, was in meinen 31 Einsatzminuten passierte. Nur drei Minuten nach meinem Torerfolg war ich auch an der Vorarbeit zum zweiten Treffer beteiligt. Ich steckte den Ball zu Higuaín durch. Der war schneller als Özil und spielte den Ball zum langen Pfosten. Ein ehemaliger Leistungsträger von Manchester United, der jetzt unser Trikot trug, war zur Stelle: Ronaldo drückte den Ball aus anspruchsvoller Position ins Tor und brachte uns damit ins Viertelfinale der Champions League. Aus Respekt für seinen früheren Verein und dessen Fans hielt er sich allerdings mit dem Torjubel zurück. Die Fans von Manchester hatten ihn wie einen Helden begrüßt – wie es der englischen Fußballtradition entspricht.

Nach dem Spiel war ich überglücklich. Im Mannschaftsbus würdigte Mourinho meine gute Leistung mit einem kurzen, aber lautstarken „Bravo".

Nach diesem fantastischen Abend im Old Trafford änderte sich mein Leben von Grund auf. Durch das Spiel war ich endlich ein echter Real-Madrid-Spieler geworden. Gute Leistungen gezeigt hatte ich auch schon vor dieser Partie, aber nach diesen rund dreißig Minuten, in denen wir hoch konzentriert spielten, mit zwei Toren das Spiel drehten und uns ins Viertelfinale schossen, war mein Status kein Thema mehr – für Mourinho am allerwenigsten. Für ihn und auch für mich war das Spiel gegen Manchester United die eigentliche Bestätigung meiner Qualitäten.

Elf Tage nach der Begegnung im Old Trafford spielten wir im Santiago Bernabéu gegen Mallorca. Die Gäste gingen in der ersten Halbzeit zweimal in Führung, aber dann schossen wir innerhalb von fünf Minuten – zwischen der 52. und der 57. Minute – drei Tore und drehten das Spiel zu unseren Gunsten. Zwei Minuten nach Ronaldos Ausgleichstreffer zum 2 : 2 traf ich zum 3 : 2. Die Fans waren außer Rand und Band. Ich stand unter Hochspannung. Solche Tore schieße ich besonders gerne: Der Ball war von einem Gegenspieler weggeschlagen worden und landete in 25 Meter Torentfernung bei mir. Ich legte einen kurzen Sprint ein und drosch den Ball mit voller Kraft mit dem rechten Fuß ins Tor. Er schlug hinten im Netz ein. Daraufhin brach ein so ohrenbetäubender Jubel los, dass ich dachte, die Tribüne würde durchbrechen! Während meine Mitspieler mir gratulierten, hörte ich, wie die Fans einen lautstarken „Luka Modrić"-Gesang anstimmten und das ganze Bernabéu mir stehende Ovationen gab. Es war absolut fantastisch und der endgültige Beweis, dass die Real-Fans mich in ihr Herz geschlossen hatten.

Später schaute ich mir die Partie noch einmal im Fernsehen an und sah Mourinhos Reaktion auf mein Tor. Er war sichtlich erfreut. Seine Gestik bedeutete so etwas wie: *Siehst du, ich habs dir ja gesagt.* In einem der letzten Saisonspiele gewannen wir 6 : 2 gegen Málaga. Ich lieferte Raúl Albiol die Vorlage für das erste Tor und erzielte später mit meinem dritten Saisontor das 5 : 2. Zwei Minuten später, in der 65. Minute, wechselte mich Mourinho aus. Ich verließ das Spielfeld, begleitet von den Standing Ovations der Zuschauer, und bevor ich mich auf die Bank setzte, rief mich der Trainer zu sich und flüsterte mir ins Ohr: „Weißt du noch, als es hieß, du seist der schlechteste Neuzugang? Jetzt schau dir an, wie du spielst." Ich freute mich mit ihm – und dank ihm.

Das Spiel gegen Málaga war der Auftakt zu einer Siegesserie, die allerdings nur für den zweiten Platz in der Liga reichte – mit fünfzehn Punkten Rückstand auf Barcelona. In der Champions League schalteten wir nach Manchester United auch Galatasaray Istanbul aus, aber im Halbfinale gegen Borussia Dortmund zogen wir leider den Kürzeren. Im Hinspiel fegten die Dortmunder uns mit 4 : 1 vom Platz. Robert Lewandowski erzielte alle vier Tore. Trotz des ungünstigen Resultats trauten wir uns zu, Borussias Vorsprung im Rückspiel auszugleichen. Bei dieser Gelegenheit begriff ich, was „remontada" bedeutet: Unsere Fans waren sich sicher, dass uns die Aufholjagd gelingen würde, und feuerten uns von unserer Ankunft am Stadion bis zum Abpfiff unermüdlich an. Wir waren ganz nah dran. Wir spielten wie entfesselt und schossen nach etlichen verpassten Chancen zwei Tore – das erste in der 82. und das zweite in der 88. Minute. In den restlichen Spielminuten und in der Nachspielzeit versuchten wir, mit dem dritten Treffer die Remontada perfekt zu machen und Borussia den Rest zu geben. Wir hatten noch die eine oder andere Chance, aber am Ende zogen Jürgen Klopp und seine Mannschaft ins Finale ein.

Nach unserem Ausscheiden war die Stimmung bei Real im Keller. Die einzige Trophäe, die wir jetzt noch holen konnten, war die Copa del Rey. Im Finale spielten wir zu Hause gegen Atlético Madrid. Wir erwischten einen Traumstart. Ronaldo köpfte in der 14. Minute nach einem Eckball ein, aber in der 35. Minute gelang Atlético der Ausgleich. Beide Teams lieferten sich einen erbitterten Kampf bis zur letzten Minute und es ging in die Verlängerung. Ich wurde ausgewechselt und in der 99. Minute traf Atléticos Miranda zum 2:1-Sieg. Damit war unsere letzte Titelchance dahin.

Mutter mit Courage

Von meiner ersten Saison bei Real habe ich deswegen so ausführlich erzählt, weil sie für meine gesamte Karriere in Madrid die Weichen gestellt hat. Auf einer Skala von 1 bis 10 würde ich meiner ersten Real-Saison eine 7 geben. Was mich persönlich betrifft, wäre vielleicht auch eine bessere Note angemessen, weil ich mir meinen Platz bei Real Madrid erobert und mich auf der prestigeträchtigsten Bühne bewiesen habe, auf der man sich keine Zögerlichkeit erlauben und sich nicht auf den Zufall verlassen darf. Die zweite Saisonhälfte war besser, aber das war zu erwarten. Jeder Spieler braucht eine gewisse Zeit, um sich auf einen neuen Verein einzustellen. Für mich traf das in besonderem Maße zu, weil ich mich ohne Saisonvorbereitungstraining in den Real-Alltag einfinden musste. Deshalb war ich mit dem Ausgang der Spielzeit mehr als zufrieden. Mein Trainer und meine Mitspieler waren mir eine große Hilfe. Xabi Alonso war extrem hilfsbereit, genau wie Arbeloa, Khedira, Özil, Ramos, Pepe und Ronaldo. Cristiano war vom ersten Tag an eine wichtige Stütze für mich. Ich lernte ihn sehr viel besser kennen als zu den Zeiten, als wir in England gegeneinander spielten. Dass er ein Topstürmer war, wusste ich, aber jetzt wurde mir klar, warum. Er ist ein absolutes Phänomen, was den Einsatz beim Training und bei der Vorbereitung angeht. Beeindruckt war ich auch von Kaká. Manche versuchten, uns als Konkurrenten darzustellen, aber schon an dem Tag, an dem wir uns kennenlernten, sagte er mir, ich könne jederzeit auf ihn zukommen, wenn ich irgendetwas brauche.

Am wichtigsten waren mir der Respekt und die Verbundenheit der Fans. Die Fans im Bernabéu waren sehr anspruchsvoll. Sie waren das Beste vom Besten gewöhnt; Mittelmaß kam nicht infrage und eine laxe Einstellung erst recht nicht. Ihre Unterstützung und vor allem den Status als Publikumsliebling muss man sich dadurch erobern, dass man Titel holt.

Auch privat war das erste Jahr in Madrid für mich sensationell. Nachdem wir in den ersten beiden Monaten im Sheraton-Hotel logierten, mieteten Vanja, Ivano und ich ein Haus in La Moraleja. Es gehörte Júlio Baptista, der früher bei Real gespielt hatte. Vanja und ich machen uns die Wahl unseres Zuhauses nicht leicht. Wir verbringen viel Zeit in unseren vier Wänden, mit unseren Kindern, Familien und Freunden. Ich weiß noch, wie wir uns beim Auszug aus unserer Londoner Wohnung auf der Türschwelle umdrehten und noch einmal den Blick über den Ort schweifen ließen, an dem wir einen schönen Teil unseres Lebens verbracht hatten.

Als wir unseren Hausstand für den Umzug nach Madrid einpackten, machten wir das alles selbst. Vanja war schwanger. In die Zeit ihrer zweiten Schwangerschaft fielen die ganzen Schwierigkeiten mit den Transferverhandlungen, der Umzug und die Eingewöhnung in das Leben bei Real und in Madrid, aber auch die Kritik und der Frust. Um zu vermitteln, wie kompliziert das alles war, muss ich in der Zeit ein bisschen zurückgehen.

Ich bin nicht ganz sicher, ob es Vanja recht ist, wenn ich hier öffentlich davon erzähle, denn die Vorstellung, dass man sie bemitleidet, ist ihr ein Graus. Ja, sie hat gesundheitliche Probleme, aber die haben andere Menschen auch. Und ja: Wir kommen uns privilegiert vor. Aber dass es uns finanziell gut geht, dass ich für den größten Fußballverein der Erde spiele und die ganze Welt mich kennt, ändert nichts an dem entscheidenden Punkt: Wir sind ganz normale Menschen, wie alle anderen. Wir haben unsere guten und schlechten Tage, schwierige und glückliche Momente, unsere Sorgen und Freuden. Wir sind stark, aber auch verletzlich. Und dass wir heute das Leben mit drei tollen Kindern an unserer Seite genießen dürfen, ist zum größten Teil Vanjas Verdienst. Ich will, dass die Leute wissen, was für eine tapfere Frau sie ist. Wenn ich hier von meiner Fußballerkarriere erzähle, spreche ich viel über Verletzungen, über die Traurigkeit, die ich empfinde, wenn ich auf der Bank sitze, und über meine verzweifelten Momente nach einer Niederlage. Doch wenn ich mir vor Augen führe, welche Schwierigkeiten Vanja gemeistert hat und mit welcher Entschlossenheit sie sie überwunden hat, verblassen meine Probleme dagegen.

Nach Ivanos Geburt war ungefähr ein Jahr vergangen. Vanja hatte gelegentlich Kopfschmerzen und ein Taubheitsgefühl in der linken Gesichtshälfte. Sie dachte, das würde vorbeigehen, und machte sich nicht viele Gedanken darüber. Doch 2011 sah ich eines Tages, dass sie beunruhigt war. Sie sagte mir, sie habe den Eindruck, auf dem linken Ohr taub zu sein. Sie versuchte, das Ohr auszuspülen, aber das brachte nichts. Die Ärzte machten ein MRT und diagnostizierten in ihrem Innenohr ein Schwannom, einen gutartigen Tumor. Das versetzte uns natürlich in Angst, aber die Ärzte beruhigten uns und versicherten, das lasse sich leicht behandeln. Wir holten eine zweite Meinung von einem kroatischen Arzt ein, der auf diesem Gebiet eine Koryphäe ist – Josip Paladino. Das einhellige Fazit lautete, die beste Behandlungsmethode sei die sogenannte Gamma-Knife-Radiochirurgie. Doch das musste warten.

Denn inzwischen war Vanja wieder schwanger geworden. Wir zogen nach Madrid, und nachdem sie nach Ivanos Geburt eine Lungenembolie gehabt hatte, waren wir besonders vorsichtig, als sie unser zweites Kind im Bauch hatte. Sie wurde kontinuierlich überwacht und mit Gerinnungshemmern behandelt.

Auch diesmal wollten wir, dass unser Kind in Zagreb zur Welt kommt. Der Geburtstermin war der 25. April 2013. Am Tag davor war ich mit Real in Dortmund, wo wir 1 : 4 verloren. Mourinho gab mir einen Tag frei und ich stieg sofort nach dem Spiel in den Flieger nach Zagreb. Die Geburt unserer Tochter war der zweite der beiden schönsten Momente in unserem Leben, die uns immer in Erinnerung bleiben werden. Alles lief glatt. Diesmal waren wir auch bei der Namenswahl schneller. Wir beide hatten eine Vorliebe für kurze Namen und diesmal lag die Entscheidung bei Vanja. Unsere Tochter sollte Ema heißen. Das war ein weiterer absoluter Freudentag. Zu unserem hübschen Jungen hatten wir jetzt ein wunderschönes kleines Mädchen und obendrein ging es Vanja gut. So gut, dass ich nach Madrid zurückfliegen konnte. Am nächsten Tag trainierte ich schon wieder mit der Mannschaft. Vanja und ich waren die ganze Zeit in Kontakt. Per Videoanruf konnten wir zumindest virtuell zusammen sein. Ich konnte Ema jeden Tag sehen, bis die beiden nach Madrid kamen. Von dem Tag an, an dem Ema geboren wurde, kümmerte sich Vanja um alles. Ihre Mutter und meine Eltern kamen sie gelegentlich besuchen, waren ihr im Haushalt behilflich oder passten auf Ivano auf. Da es jetzt zwei Kinder gab, Vanja gesundheitliche Probleme hatte und ich häufig nicht da war, engagierten wir eine Haushälterin.

Anfang 2014 beschlossen Vanja und ich, die Operation in London durchführen zu lassen. Ihre Mutter und ihre Cousine fuhren mit; ich konnte sie nicht begleiten, weil wir im Verein gerade eine sehr intensive Phase hatten. Ich machte mir Sorgen und konnte mich nur schwer aufs Fußballspielen konzentrieren.

Trotzdem sprach ich mit niemandem bei Real über meine Ängste. Auch mit Vanja redete ich nicht darüber. Ich wusste, dass sie eine schwere Zeit durchmachte und versuchte, ihre Angst vor der Operation vor mir zu verbergen. Ich musste stark sein – für sie und für unsere beiden Kinder. Wir mussten das alleine durchstehen. Wir blieben positiv – und so verlief auch die Operation.

Als sie aus London zurück war, musste sie ihren Tagesablauf ändern. Ich half mit, wann immer ich konnte, und nach sechs Monaten hatte sie ihre erste Kontrolluntersuchung nach dem Eingriff. Wir waren hoffnungsvoll gestimmt und zum Glück hatten sich die Symptome zurückgebildet. Das war ein gutes Zeichen. Die Ärzte sagten, das Wachstum des Tumors verlangsame sich. Heute ist er nur noch ein Viertel so groß wie zum Zeitpunkt der ersten Diagnose. Vanja geht regelmäßig zur Kontrolle und fühlt sich ausgezeichnet.

Innerhalb weniger Jahre hatte sich alles so entwickelt, dass es sämtlichen Familienmitgliedern gut ging. In unserem Leben fehlte nichts: Ivano und Ema wurden größer und meine Karriere verlief sehr erfolgreich. Dann sprach Vanja etwas aus, was sie bestimmt schon lange mit sich herumgetragen hatte. Nachdem Emas Geburt ohne Probleme verlaufen war und Vanja sich gut fühlte, sagte sie: „Luka, ich möchte noch ein Kind."

Ich wollte davon nichts hören. Vanja hatte zwar immer gesagt, sie wünsche sich drei Kinder – auch ich hoffte auf drei oder sogar vier Kinder und eine große glückliche Familie. Aber inzwischen war die Situation eine andere. Vanja hatte zweimal ihr Leben riskiert, und ich wollte nicht, dass sie es noch einmal tat. Sie beriet sich mit ihren Ärzten in London und fragte sie, ob der Tumor als Reaktion auf eine Schwangerschaft womöglich wachsen würde. Die Chancen standen nach Einschätzung der Ärzte fünfzig zu fünfzig. Sie holte von den Ärzten in Zagreb eine zweite Meinung ein und wollte von ihnen wissen, ob das

Risiko bestand, dass sich neue Blutgerinnsel bilden. Die Ärzte erklärten, sie müsse sich einer Behandlung unterziehen und trotz der Behandlung bleibe ein Risiko. Die Entscheidung liege bei ihr. Am Ende sagten uns die Ärzte, was wir schon wussten: Wahrscheinlich würde alles gut laufen, aber vielleicht eben auch nicht. Vanja hatte sich entschieden. Das wurde mir klar, als sie zu mir sagte: „Weißt du was? Du gibst als Fußballer dein Bestes und ich werde für die Familie mein Bestes geben."

Am 2. Oktober 2017 kam Sofia zur Welt. Ich fuhr von Rijeka, wo sich die kroatische Nationalmannschaft auf das WM-Qualifikationsspiel gegen Finnland vorbereitete, in das Petrova-Krankenhaus nach Zagreb, um bei Sofias Geburt dabei zu sein. Die Entbindung war absolut komplikationslos und Vanja und unserer zweiten Prinzessin ging es blendend. Ich fühlte eine große Last von meinen Schultern abfallen und einen unbändigen Energieschub.

Ein Jahr später ereilte uns in Madrid der nächste Schock. Vanja war zu Hause und auf einmal wurde ihr Arm taub und lief blau an. Alle Symptome deuteten auf ein neues Blutgerinnsel hin. Sie schaffte es, Ruhe zu bewahren, und rief sofort die Ärztin an, die neben uns wohnte und uns manchmal besuchte. Sie bestätigte Vanjas Vermutung und brachte sie ins Krankenhaus. Auf den Ultraschallbildern war zu sehen, dass das Gerinnsel erneut zu ihrem Hals gewandert war. Später meinten die Ärzte, es habe sich deswegen wieder gebildet, weil Vanja keine Gerinnungshemmer mehr eingenommen hatte.

Die Ärzte machten alle Untersuchungen, die man überhaupt nur machen kann. Irgendwann entschieden sie, Vanja müsse für den Rest ihres Lebens ein vorbeugendes Medikament einnehmen. Immer wenn sie mit dem Flugzeug verreist oder eine Infusion braucht – im Grunde immer dann, wenn sie in einer Stresssituation die Befürchtung hat, dass es zu Blutgerinnung kommen könnte –, muss sie sich eine Spritze geben. Sie hat darin so viel Übung, dass sie inzwischen auch mir Spritzen verabreicht, wenn das nötig ist. Wegen einer Arthroskopie musste auch ich einmal mit Gerinnungshemmern behandelt werden. Ich musste zu Hause bleiben und die Spritzen verabreichte mir Vanja. Sie machte das wie ein abgebrühter Profi. Nach einer Weile sagte ich zu ihr: „Ich möchte es mal selbst versuchen." Ich war ein bisschen angespannt, aber es gelang. In diesem Moment wurde mir klar, was sie jeden Tag durchmachte. Und sie hatte es nie gezeigt.

Dass sie so entschlossen an ihrem Wunsch nach einem dritten Kind festhielt, zeigt, wie stark sie ist. Viel später verriet sie mir, was ihre Ärztin ihr nach Sofias Geburt gesagt hatte: „Vanja, so viel Mut ist selten. Ich hätte mich, wenn ich du wäre, niemals für ein drittes Kind entschieden. Du bist wirklich besonders!"

Ihr Mutterinstinkt war stärker als alles andere. Die ganzen Krisen und schwierigen Situationen setzten mich ziemlich unter Stress, aber ich hatte kein Recht, schwach zu sein, wenn sie so stark und mutig war. Deshalb sind wir heute eine glückliche Familie und fühlen uns reich gesegnet.

Mourinho, der Kompromisslose

Die erste Saison bei Real lag hinter uns. Wir hatten uns mit Madrid und seinen Tagesabläufen vertraut gemacht. Madrid ist eine tolle Stadt mit vielen Parks und Grünflächen und das Klima ist fantastisch. Das Wetter ist die meiste Zeit angenehm. Ungemütlich wird es nur, wenn sich über dem Bernabéu oder über Valdebebas dunkle Wolken zusammenbrauen.

Nach dem verlorenen Endspiel der Copa del Rey wurde die Stimmung im Verein schwierig. Der einzige Wettbewerb, den wir gewonnen hatten, war der spanische Supercup. In allen anderen Turnieren waren wir leer ausgegangen. Für Real war das ein Desaster. In der Kabine wurde eifrig diskutiert, was wohl als Nächstes passieren würde, aber ich versuchte, mich an den Spekulationen nicht zu beteiligen. Ich hatte allerdings das Gefühl, José Mourinho würde gehen. Zu einigen Spielern hatte er kein besonders gutes Verhältnis. Sergio Ramos ließ er zum Beispiel bei einem Heimspiel gegen Manchester City auf der Bank; das nahm Ramos ihm übel. Auch mit Iker Casillas, dem Mannschaftskapitän von Real Madrid, hatte Mourinho einige Meinungsverschiedenheiten und verbannte ihn dann auf die Bank. Wenn Mourinho einmal etwas entschieden hat, bleibt er dabei. Er ist geradeheraus und sagt dir seine Meinung offen ins Gesicht. Die einen können damit umgehen, andere sind verärgert. Die Spieler von heute reagieren empfindlicher auf Kritik. Wenn sie von jemandem etwas gesagt bekommen, was sie nicht hören wollen, sind sie beleidigt wie die berühmte Leberwurst.

Ich bin auch nicht begeistert, wenn mich der Trainer kritisiert, aber es ist okay, wenn er mir klar sagt, was fußballerisch bei mir nicht in Ordnung ist. Nur so kann man Fehler korrigieren und sich weiterentwickeln. Mit Mourinho ist mir das ein paarmal passiert. Einmal war er in der Halbzeitpause – ich glaube, es war eine Partie gegen Deportivo – sichtlich sauer und machte mir Vorhaltungen: „Luka, was soll das? Du spielst wie Zidane, und der ist fünfzig!“ Ich verstand, was er meinte und was er von mir wollte. Technisch war alles in Ordnung, aber ich war aus dem Takt und brachte nicht das nötige Tempo ins Spiel. Mourinho forderte immer wieder ein, dass die Spieler aggressiv sind, mit oder ohne Ball immer in Bewegung bleiben und mit hoher Intensität bei der Sache sind. Den Vergleich mit Zidane fand ich witzig – und dass er den Nagel auf den Kopf traf, merkte ich daran, dass ich zusammenzuckte. In der Halbzeitpause gab es auch einen hitzigen Wortwechsel zwischen dem Trainer und Mesut Özil. Mourinho ließ ihn auf der Bank und brachte Kaká ins Spiel. Bevor die Mannschaft zur zweiten Halbzeit aus der Kabine kam, zog Ramos, der mit Özil befreundet war, als Zeichen der Unterstützung Özils Trikot unter sein eigenes. Als die Medien davon Wind bekamen, gab es viel Gerate um den Konflikt zwischen dem Trainer und einigen Spielern. Die Lage war heikel, um es vorsichtig auszudrücken.

In einem Pokalspiel gab es einmal eine Reaktion von Mourinho gegenüber Ronaldo, deren Heftigkeit mich erschreckte. Wir lagen 2 : 0 in Führung. Der Außenverteidiger der gegnerischen Mannschaft hatte einen Angriff über unsere linke Seite gestartet und Ronaldo hatte ihm nicht nachgesetzt. Mourinho schrie in seine Richtung, er solle dem Spieler hinterhersprinten. Nach dem Angriff ließ Mourinho nicht locker und kritisierte Ronaldo weiter. In der Kabine war Ronaldo verzweifelt und fast den Tränen nahe. „Ich gebe immer mein Bestes", klagte er, „und trotzdem kritisiert er mich ständig."

Wenig später kam Mourinho in die Kabine. Er war wütend, stellte sich mitten in den Raum und warf Ronaldo vor, er habe sich verantwortungslos verhalten. Der Streit eskalierte; es herrschte so dicke Luft, dass die Spieler intervenieren und die Gemüter beruhigen mussten. Das war an sich nichts Ungewöhnliches – so etwas ist im Fußball gang und gäbe – und das Verhältnis normalisierte sich schnell wieder. Aber Mourinho ist eben Mourinho: eigensinnig und schonungslos – egal wen er vor sich hat. Wie so oft im Fußball steht der Trainer, wenn die Ergebnisse nicht stimmen, als Erster in der Schusslinie. Da hilft es auch nicht, wenn er ein Jahr davor mit einer Rekordpunktzahl Meister wurde. Bevor Mourinho kam, schaffte es Real in der UEFA Champions League nie über die Runde der sechzehn hinaus. Mit Mourinho als Trainer erreichte der Club dreimal das Halbfinale (und unterlag dort leider Barcelona, Bayern München und Borussia Dortmund).

Die Reaktion der Mannschaft auf seinen Weggang war typisch: Einige waren froh, andere nicht. Ich war nicht froh.

Ich hatte aus zwei Gründen Hochachtung vor ihm: Erstens ist er ein sehr guter Trainer und ein besonderer Mensch, und zweitens war er es gewesen, der nicht lockerließ, bis ich zu Real wechseln konnte.

Nach dem letzten Spiel verabschiedeten wir uns alle von ihm. Er sagte, der Verein habe seinen Vertrag im gegenseitigen Einvernehmen aufgelöst. „Ich wünsche dir alles Gute für deine weitere Karriere. Machs gut!", sagte Mourinho zu mir, bevor wir ein gemeinsames Abschiedsfoto machten. Dieses Foto behielt ich als Erinnerung.

***

In meinem zweiten Fußballerleben im Trikot der kroatischen Nationalmannschaft gab es eine Reihe von Höhen und Tiefen. Im Frühjahr 2013 verliefen zwei Spiele besonders erfreulich für uns. Erst besiegten wir Serbien vor ausverkauftem Haus in Zagreb. Die Rivalität zwischen uns und den Serben hängt mit dem komplizierten Verhältnis der beiden Länder zusammen, das durch den noch nicht lange zurückliegenden bewaffneten Konflikt schwer belastet ist. Im Fußball ist das Konkurrenzverhältnis besonders ausgeprägt – zumal zum damaligen Zeitpunkt, als Serbien sehr starke Spielerpersönlichkeiten im Kader hatte. Unsere beiden wichtigsten Stürmer, Mario Mandžukić und Ivica Olić, schossen uns zu einem 2:0-Sieg. Vier Tage später gelang uns in Swansea nach einem erbitterten Kampf ein Sieg gegen Wales. Gareth Bale schoss Wales per Elfmeter in Führung und in der 77. Minute erzielte Dejan Lovren mit einem Distanzschuss den Ausgleich. Drei Minuten vor dem Ende der regulären Spielzeit sicherte Eduardo unserer Mannschaft den wichtigen Sieg. In dieser Zeit gab es viel Gerede über Bales für den im Sommer geplanten Wechsel nach Madrid. Ich telefonierte oft mit Gareth. Er sagte mir, er würde sehr gerne zu Real wechseln, rechne aber damit, dass Daniel Levy Probleme machen werde. Real-Präsident Florentino Pérez bat mich, Bale zum Wechsel nach Madrid zu ermutigen. Alle waren dafür – Real, Bale und sogar die Medien, die Gareth mit Lob überschütteten. Irgendwann klappte es. Ich freute mich, denn Gareth ist ein Topspieler. Auch charakterlich sind wir uns sehr ähnlich – wir sind beide eher zurückhaltend und verbringen gerne Zeit zu Hause mit unseren Familien.

In Swansea handelte ich mir eine Gelbsperre ein, sodass ich im Juni bei Kroatiens WM-Qualifikationsspiel gegen Schottland in Zagreb nicht spielen durfte. Leider verloren wir durch ein Tor von Robert Snodgrass. Das war ein Rückschlag auf unserem Weg zur Weltmeisterschaft 2014 in Brasilien. Im September sicherte Mandžukić uns in einem schweren Spiel in Belgrad mit seinem Tor zwar ein Unentschieden gegen Serbien, aber einen Monat später verspielten wir mit einer 1:2-Niederlage gegen Belgien mit zwei Toren von Romelu Lukaku die direkte Qualifikation. Als wir vier Tage später zum letzten Spiel in unserer Qualifikationsgruppe nach Glasgow reisten, war schon klar, dass wir wieder einmal ins Play-off mussten. Der eine Punkt, den wir in Belgrad geholt hatten, sicherte uns immerhin den entscheidenden Vorsprung vor Serbien.

Im Hampden Park boten wir eine miserable Vorstellung und präsentierten uns saft- und kraftlos. Man darf ein Fußballspiel verlieren, aber wie wir gegen Schottland abstürzten, war eine Schmach. Die 0:2-Niederlage hatten wir einzig und allein uns selbst zuzuschreiben: den Spielern und dem Trainer. Uns war klar, dass das nicht ohne Folgen bleiben würde, und erfuhren, dass Igor Štimac direkt nach dem Spiel seinen Rücktritt angeboten hatte. Die Offiziellen nahmen sein Angebot an und nominierten einen Tag später Niko Kovač, der bis dahin interimsweise die U-21-Mannschaft trainiert hatte. Ich war trotz allem überzeugt, dass wir uns für die WM qualifizieren würden. Doch warum wir in der zweiten Phase unserer Qualifikationsrunden jedes Mal in ein Formtief gerieten, war mir unerklärlich. Außer in der Qualifikation für die Europameisterschaft 2008, in der wir in allen Phasen überzeugende und selbstbewusste Spiele ablieferten, waren wir immer gut gestartet und gerieten dann in einen rätselhaften Abwärtstrend. Waren wir uns unserer Sache zu sicher? Lag es am Verletzungspech? Nahmen wir alles – typisch kroatisch – zu sehr auf die leichte Schulter? Gab es andere Gründe? Ich weiß es nicht, es bleibt ein Rätsel.

Niko Kovač kannten wir gut. Bis 2008 hatten viele von uns mit ihm in der Nationalmannschaft gespielt, in der er der Kapitän gewesen war. Wir gingen davon aus, dass er als Trainer eine ähnliche Rolle einnehmen würde: standfest und unnachgiebig harte Arbeit und Disziplin einfordernd. Mit dieser Erwartung lagen wir richtig – bis zu einem gewissen Grad. Er hielt als Trainer genauso an seinen Prinzipien fest wie seinerzeit als Spieler, aber er stellte dreimal so hohe Ansprüche.

Als Gegner im Play-off bekamen wir Island zugelost. Niko bereitete uns gut auf die beiden entscheidenden Partien vor, mit denen wir das Ticket zur WM 2014 lösen wollten. Im Auswärtsspiel standen wir mächtig unter Druck, aber wir verschafften uns mit einem 0 : 0 eine gute Ausgangslage für das Rückspiel. In diesem Rückspiel brachte Mandžukić uns in der 27. Minute mit 1 : 0 in Führung, zehn Minuten später wurde er allerdings vom Platz gestellt. Der Schiedsrichter Björn Kuipers zeigte ihm nach einem Foul an Jóhann Guðmundsson die Rote Karte. Trotz Unterzahl gewannen wir das Match und feierten eine weitere erfolgreiche WM-Qualifikation. Damals hätte ich nicht gedacht, dass die Isländer eine so steile Aufwärtsentwicklung durchmachen würden, die sie später mit ihren herausragenden Leistungen bei der Europameisterschaft 2016 unter Beweis stellten. Mit ihrer „Never give up“-Mentalität, der technischen Weiterentwicklung und ihrer Erfahrung erzielten sie großartige Erfolge. Ich hatte schon große Hochachtung vor ihnen, bevor sie es uns in der Qualifikation für die Weltmeisterschaft 2018 heimzahlten. Da wurden sie in unserer Gruppe Erster und qualifizierten sich direkt für das Turnier in Russland, während wir zum dritten Mal seit meinem Einstieg in die Nationalmannschaft und zum fünften Mal in Kroatiens Fußballgeschichte ins Play-off mussten. Es ist interessant, wie sich die Wege zweier Mannschaften immer wieder kreuzen. England, die Ukraine, die Türkei, Island – mal gewannen wir gegen sie und mal verloren wir. Mal waren wir zu Tode betrübt, mal nahmen wir Revanche.

Ciao, Carlo!

Ich war im wohlverdienten Sommerurlaub, als ich hörte, dass Carlo Ancelotti den Trainerjob bei Real Madrid übernommen hatte. Ich kannte ihn gut und er mich auch, denn er hatte mich zu PSG holen wollen. Jetzt kreuzten sich unsere Wege in Madrid. Ancelotti, der in seiner Trainerkarriere viele Titel abgeräumt hatte, eilte der Ruf eines Champions-League-Spezialisten voraus. Seit ich in die Welt von Real eingetaucht war, hatte ich immer die Geschichte mit dem europäischen Titel im Hinterkopf. Der letzte Finalsieg – in Glasgow – lag mittlerweile zehn Jahre zurück. Damals hatte Real mit Zinédine Zidanes unglaublichem Siegtreffer gegen Bayer Leverkusen seinen neunten Titel geholt. Und wie das Schicksal so spielt, war Zidane in Ancelottis erster Saison bei Real Ancelottis Assistent und schlug damit eine symbolische Brücke vom neunten zum heiß ersehnten zehnten europäischen Titel. „La Décima" war beinahe schon zur fixen Idee geworden.

Ancelotti erwies sich als ein cooler Typ. Er trat nie auf wie jemand, der zwölf große Titel auf dem Konto hat – mit AC

Mailand, Chelsea und PSG. Er hatte seine Teams in der italienischen, englischen und französischen Liga zur Meisterschaft geführt; mit Milan hatte er zweimal die Champions League und einmal die FIFA-Klub-Weltmeisterschaft gewonnen. Nach dem temperamentvollen Mourinho und dem ganzen Wirbel um ihn war Ancelottis ruhige Art eine willkommene Abwechslung. Er wirkte entspannt, vermied Streitigkeiten und war jederzeit ansprechbar. Wir mochten ihn vom ersten Tag an und konnten uns auf die Arbeit konzentrieren. Auf der Saisonvorbereitungstour in den USA machten wir unsere Sache gut. Ancelotti wünschte sich von der Mannschaft punktgenaue Konter und aggressives Vertikalspiel.

Für mich persönlich hätte der Einstieg in meine Arbeit mit Ancelotti nicht besser laufen können. Bei seiner ersten Pressekonferenz wurde er von den Journalisten gebeten, Andrea Pirlo und mich miteinander zu vergleichen, und Ancelotti machte deutlich, dass er große Stücke auf mich hielt.

„Die beiden sind unterschiedlich. Pirlos Spielposition ist streng festgelegt; Modrić ist beweglicher und dynamischer."

Das war ein großes Lob, denn Pirlo war ein überragender Mittelfeldspieler. Mit Ancelottis Hilfe hatte er sich zu einem Spielmacher entwickelt, der mit seinem Stil und seiner Statur unsere Vorstellung von einem tief stehenden Mittelfeldspieler verändert hat.

Ich spürte, dass der Trainer mit dem, was ich im Training und in den ersten Saisonvorbereitungsspielen zeigte, zufrieden war. Ich hatte ein gutes Frühjahr hinter mir, doch es war klar, dass ich mir bei einem neuen Chef mein Standing noch einmal neu erarbeiten musste. Ancelotti ist ein ruhiger Typ, wenn ihm allerdings – was selten vorkommt – etwas gegen den Strich geht, kann er sehr deutlich werden. Wir starteten erfolgreich in die Saison. An den ersten sechs Spieltagen in der Liga holten wir fünf Siege und ein Unentschieden. Es folgte ein 6:1-Kantersieg über Galatasaray in der Champions League. Nur bei unserem Unentschieden gegen Villarreal machte ich ein schlechtes Spiel und für die nächste Partie setzte mich Ancelotti auf die Bank. Ich war sauer, weil ich mich unfair behandelt fühlte – *als wäre es meine Schuld gewesen, dass wir nicht gewonnen hatten*. Aber ich ließ mich nicht verunsichern, sondern wollte jetzt erst recht beweisen, dass ich meinen Stammplatz in der A-Mannschaft verdiente. Beim Derbi madrileño, das Atlético mit 1 : 0 gewann, saß ich auf der Bank. Zu Beginn der zweiten Halbzeit wechselte mich Ancelotti ein. Von da an hatte ich einen festen Platz in der Startelf. Die Chemie zwischen uns war hervorragend. Ancelotti ist ein Vollprofi und früherer Topspieler und weiß deshalb genau um die Dynamiken in der Kabine. Er behandelt jeden fair, ist ein guter Mensch und jemand, auf den man sich immer verlassen kann. Ich kann mich noch an ein Detail aus seiner Anfangszeit bei Real erinnern. Wir waren gerade aus den USA zurückgekehrt. Madrid war leer gefegt und die Hitze nicht auszuhalten. Meine Familie war daheim in Kroatien am Meer und machte sich eine schöne Zeit. Ich hatte zwei Tage frei; das reichte nicht, um nach Zadar und zurück zu fliegen. Ich blieb zu Hause und schaute fern.

Da kam überraschend ein Anruf von Ancelotti. „Ciao, Luka! Hier ist Carlo. Was machst du gerade?"

Ich sagte, ich würde mich ausruhen, nichts Besonderes. Es gebe nicht viel zu tun. Meine Familie sei in Kroatien und ich deshalb ganz alleine.

„Okay, dann komm mit uns zum Abendessen. Meine Freunde und ich gehen in dieses neue Restaurant in meiner Gegend. Es soll hervorragend sein", antwortete Carlo, der als ausgewiesener Feinschmecker gilt.

Ich nahm seine ungewöhnliche Einladung freudig an. Sie war eine nette Geste und auch ein Ausdruck des Respekts für mich als Spieler. Wir trafen uns in dem besagten Restaurant und unterhielten uns mehrere Stunden in einer angenehmen Gesprächsatmosphäre. Wir redeten mit seinen Assistenten über Fußball – über Real, aber auch über die kroatische Nationalmannschaft. Wir tauschten uns über das Leben, die Familie und unsere Angewohnheiten aus. Ich glaube, diese Herangehensweise – dass er eine Entscheidung treffen kann, von der er weiß, dass sie seinem Spieler nicht gefallen wird, und ihn gleichzeitig zum Abendessen einlädt – hat Ancelotti so erfolgreich gemacht. Er führte nie ein eisernes Regiment, zwang nie jemandem seinen Standpunkt auf oder distanzierte sich von den Spielern. Im Gegenteil: Sein immenses Wissen und die damit verbundene Autorität brachten die Spieler dazu, ihm Gefolgschaft zu leisten. Auch die Wahl seines Assistenztrainers sagt meiner Meinung nach viel über Ancelottis Persönlichkeit aus.

Zinédine Zidane ist eine Real-Legende und einer der besten Spieler, die je auf Erden wandelten. Manch einer empfindet Zidanes Charisma vielleicht als Bedrohung, aber nicht Carlo. Bis dato kannte ich Zizou nur vom Namen her, in dieser unvergesslichen Saison lernte ich ihn persönlich kennen. Er wirkte ruhig und gelassen, hielt sich immer diskret im Hintergrund, verstecken konnte er sich allerdings nicht – dafür strahlt seine Aura einfach zu stark. Er spielte im Training mit, und hätte man nicht gewusst, wer er ist, hätte man ihn für einen der Spieler gehalten. Für einen Spielerstar! Seine Ballkontrolle, seine Pässe – wow! Zidane war zur Stelle, wenn man jemanden zum Reden brauchte; er hatte immer ein Lächeln auf den Lippen und war gut drauf. Er war für die Trainingseinheiten zuständig, aber wenn es um taktische Fragen und die Mannschaftsaufstellung ging, drängte er sich nicht in den Vordergrund. Dann übernahm Ancelotti.

Wir spielten eine starke Hinrunde. Gareth Bale, Dani Carvajal, Isco und andere Neuzugänge zeigten überragende Leistungen. Von den ersten 28 Partien in der Liga verloren wir nur zwei:

gegen Barcelona und gegen Atlético Madrid. Wir kamen richtig in Fahrt und hatten die Tabellenführung erobert. Doch dann verloren wir zu Hause gegen Barça. Das war ein Schock. Wir hatten zweimal in Führung gelegen – erst 2 : 1 und dann 3 : 2 – und dann wurde Sergio Ramos vom Platz gestellt und Lionel Messi machte mit zwei weiteren Treffern seinen Hattrick perfekt und sicherte Barcelona einen 4:3-Sieg. Die Niederlage war ein harter Schlag. Obendrein verloren wir drei Tage später auch noch gegen Sevilla. Diese beiden Niederlagen kosteten uns, wie sich später herausstellte, den Titel. Am Ende wurde Atlético Madrid Meister mit drei Punkten Vorsprung vor Barcelona und uns.

Für die Niederlage gegen Barcelona konnten wir uns schon bald revanchieren – im Copa-del-Rey-Endspiel, das am 16. April 2014 im Estadio Mestalla in Valencia ausgetragen wurde. Nach Toren von Ángel di María und Marc Bartra stand es 1 : 1, als Bale einen unglaublichen Alleingang hinlegte. Er bekam den Ball ungefähr auf Höhe der Mittellinie zugespielt, rannte mit Vollgas im Bogen um den Torschützen Bartra herum und verließ dabei sogar kurzzeitig das Spielfeld; er hängte Bartra ab und tunnelte Barcelonas Keeper mit dem Siegtreffer zum 2 : 1! Ein sensationelles Tor, ein Wahnsinnssprint – und das nach 85 extrem anstrengenden Minuten! Wir waren in Ekstase und feierten im Estadio Mestalla einen grandiosen Sieg. Es war erst das zweite Mal in zwanzig Jahren, dass Real die Copa-del-Rey-Trophäe gewann.

La Décima

In der UEFA Champions League gewannen wir alle unsere Gruppenspiele – gegen Galatasaray, Kopenhagen und Juventus – mit Ausnahme des Auswärtsspiels in Turin, bei dem es nur zu einem 2 : 2 reichte. In der Runde der sechzehn schlugen wir Schalke deutlich mit neun Toren in zwei Spielen. In zehn Champions-League-Partien hatten wir insgesamt 29 Tore erzielt und nur sieben kassiert. Die Medien nährten nach Kräften die Hoffnung auf La Décima. Der Erfolg in Gelsenkirchen war Reals erster Sieg auf deutschem Boden seit vierzehn Jahren, was allseits als positives Zeichen gewertet wurde.

Zwei Wochen später traten wir gegen Borussia Dortmund an. Aufgrund der Vorerfahrungen und der Spielweise der Dortmunder war dieses Team für uns der denkbar ungünstigste Gegner. Jürgen Klopps Mannschaft war sehr dynamisch, konnte schnell umschalten und war körperlich überlegen. Sie spielten das Klopp-typische „Gegenpressing" und versuchten nach einem Ballverlust sofort, wieder in Ballbesitz zu kommen. Bei dieser ausgesprochen druckvollen Taktik kommt es auf Tempo, Disziplin und Durchhaltevermögen an. Im Hinspiel hatten wir mit einem 3:0-Sieg überzeugt, obwohl auch die Dortmunder ihre Chancen hatten. Dass wir relativ mühelos gewonnen hatten, gab uns für das Rückspiel eine trügerische Sicherheit. In der 17. Minute der Partie in Dortmund hatten wir die Chance, unseren Vorteil auszubauen, aber Roman Weidenfeller hielt di Marías Elfmeter. Das gab der Heimmannschaft einen Schub, unterstützt von der imposanten „gelben Wand" – der immer bis auf den letzten Platz besetzten und extrem lautstarken Nordtribüne. Im ohrenbetäubenden Getöse des Signal-Iduna-Parks stand es nach 37 Minuten durch zwei Treffer von Marco Reus 2 : 0 für Dortmund.

An dieser Stelle möchte ich noch einmal auf das Glücksrad zu sprechen kommen, das sich immer weiterdreht. In der Saison zuvor hatten wir versucht, den Dreitorevorsprung der Dortmunder aus dem Hinspiel auszugleichen und in Madrid eine Remontada zu schaffen. Wir hatten nach dem 2 : 0 weitere Chancen, aber das dritte Tor, das uns ins Finale gebracht hätte, wollte damals einfach nicht fallen. Diesmal hatte Dortmund einen 2:0-Vorteil, aber in den verbleibenden 53 Minuten konnten sie keine ihrer durchaus vorhandenen Chancen zum dritten Treffer nutzen, den sie gebraucht hätten, um doch noch ins Halbfinale zu kommen. Das werteten wir als Zeichen, dass das Schicksal auf unserer Seite war. In jeder Champions-League-Saison gibt es einen entscheidenden Faktor, der bestimmt, welches Team es bis ins Finale schafft.

Im Halbfinale trafen wir auf den amtierenden Europameister und das stärkste deutsche Team: Bayern München. Trainer war Pep Guardiola, der bei den Bayern seinen ersten Job nach seiner Zeit in Barcelona hatte. Guardiola war der Hauptgrund, warum die meisten Beobachter Bayern als Favoriten in der Champions League sahen. Offensivregisseur bei den Bayern war in beiden Partien mein Kamerad aus der kroatischen Nationalmannschaft, Mario Mandžukić, aber es war ziemlich offensichtlich, dass die von Guardiola eingeführte Spielweise für Mandžo nicht das Richtige war.

Die erste Halbzeit in Madrid war hochintensiv. Karim Benzema traf in der 19. Minute zum 1 : 0 und dabei blieb es bis zum Abpfiff. Weil unser Vorteil so dünn war, gingen die meisten davon aus, dass Bayern es zum zweiten Mal in Folge ins Endspiel schaffen würde. Aus unserer Sicht war das 1 : 0 ein gutes Resultat. Wir hatten keinen Gegentreffer zugelassen und das ist in einer K.-o.-Runde immer ein großer Vorteil. Außerdem wussten wir, dass Real seit 2010 in jedem Auswärtsspiel in der Champions League mindestens einmal getroffen hatte – mit unserem Viertelfinale in Dortmund als einziger Ausnahme.

Die Fans in der Allianz-Arena erlebten eine echte Galavorstellung von Real Madrid. In der 16. Minute verwandelte Sergio Ramos meinen Eckball per Kopf zum Führungstreffer. Vier Minuten später überwand Ramos Manuel Neuer wieder mit einem Kopfball, und Cristiano Ronaldo schloss einen fantastischen Konter über di María, Benzema und Bale mit dem Tor zum 3 : 0 ab. Bayern war erledigt. In der 90. Minute drosch Ronaldo einen Freistoß unter der gegnerischen Mauer hindurch zum 4 : 0 ins Münchner Tor!

Nach diesem Spiel waren wir überzeugt, dass das unser Jahr war. La Décima war in greifbare Nähe gerückt. Im Frühjahr hatte sich der Verein eine neue offizielle Vereinshymne gegeben. RedOne, ein bekannter Musikproduzent und klasse Typ, holte die ganze Mannschaft in sein Studio und nahm mit uns die Hymne auf: *Hala Madrid y nada más* („Vorwärts, Madrid, und sonst nichts"). Das Singen machte uns stark und versetzte uns in Hochstimmung. Nach dem Finale wurde die Hymne zum Lobgesang auf La Décima.

Das letzte Spiel in der Liga gewannen wir mit 3 : 1 gegen Espanyol. Meister wurde allerdings Atlético Madrid, gegen das wir eine Woche später im Champions-League-Finale in Lissabon antraten. Nachdem wir uns im Endspiel der Copa del Rey gegen Barça durchgesetzt hatten, freuten wir uns jetzt darauf, uns bei unseren Lokalrivalen für die verlorene Meisterschaft zu revanchieren. Nach unserem Sieg in München konnten wir es kaum abwarten. In der Woche vor dem Finale erreichte die Spannung ihren Höhepunkt; die Stimmung war phänomenal. Mich riefen alle möglichen Leute an und wollten, dass ich ihnen Tickets besorge. Selbst mit tausend Tickets wäre ich nicht ausgekommen. Ich wollte im Estádio da Luz – im „Stadion des Lichts" – meine ganze Familie und meine engen Freunde um mich haben. Die Regie für die „Aktion Lissabon" übernahm wie immer Vanja. Wenn ich das hätte machen müssen – wer weiß, wer es nach Lissabon geschafft hätte und wo er angekommen wäre … Meine ganze Konzentration galt dem bevorstehenden Match.

Wir waren schon in unserem Hotel in Lissabon eingetroffen, als mich Vanja anrief: „Ich habe alles eingefädelt, aber jetzt gibt es doch ein Problem. Ich habe Fieber. Mir tut alles weh, und die Ärztin hat gesagt, ich sollte nicht verreisen."

Wir standen kurz davor, unseren Traum zu verwirklichen, und waren nur noch einen Schritt davon entfernt – und bei diesem Abenteuer und bei allen meinen Abenteuern sollte der wichtigste Mensch fehlen?

„Vanja, ich weiß nicht wie, aber du musst einfach in Lissabon dabei sein."

Vanja nahm ein Erkältungsmittel, trank kannenweise Tee und rief mich am nächsten Morgen vor dem Spiel an. „Wir sind hier, Luka, in Lissabon. Alle sind da!"

Ich war total erleichtert. Alle Siege, Triumphe und Trophäen sind für mich bedeutungslos, wenn die Menschen, die mir am Herzen liegen, nicht in meiner Nähe sind.

In der Nacht vor dem Finale schlief ich ganz gut. Normalerweise habe ich keine Schlafprobleme vor wichtigen Spielen – an manchen Spieltagen mache ich sogar noch ein Schläfchen nach dem Mittagessen. Diesmal war ich nicht so cool. Ich konnte es nicht abwarten. Jeder Spieler träumt davon, einmal im Finale der Champions League zu spielen. Ich hatte keine Angst und machte mir auch keine Gedanken, ob wir gewinnen würden – es war einfach nur die Aufregung vor einem so wichtigen Spiel.

Vor der Partie rief Carlo Ancelotti uns zu einer Besprechung in den Konferenzraum des Hotels. Er und sein Team hatten eine tolle Überraschung für uns vorbereitet. Sie ließen auf dem Großbildschirm ein Video laufen, in dem die Familien jedes Spielers uns aufmunternde Worte mit auf den Weg gaben. Ich war so voller Emotionen, dass ich für einen Moment den Tränen nahe war – und ich war nicht der Einzige. Wir waren alle berührt. Und aufgedreht. Präsident Florentino Pérez spornte uns an, unser Bestes zu geben; es war klar, dass er unbedingt diese Trophäe haben wollte. Uns war bewusst, dass uns das erste Finale nach einer elfjährigen Durststrecke bevorstand. Viel zu lang hatte Real auf diesen unglaublichen zehnten Titel warten müssen. Wir wussten, dass wir uns mit einem Sieg unsterblich machen konnten und unsere Namen in der fantastischen Geschichte von Real Madrid in goldenen Lettern verewigt würden.

Die Busfahrt vom Hotel zum Stadion war spektakulär. Auf den Straßen drängten sich die Fans in Massen und es herrschte Feierstimmung. Es wurde immer lauter und ausgelassener, je mehr wir uns dem Estádio da Luz näherten. Entlang des Wegs zum Stadion bereitete uns ein nicht abreißender Strom von Real-Fans einen fantastischen Empfang. Ich kriege jetzt noch eine Gänsehaut, wenn ich daran denke.

In der Kabine merkte man sofort, dass die Stimmung anders war als sonst. Ausnahmsweise machte keiner Witze; wir waren gespannt, ernst und konzentriert. Wir machten uns Mut, umarmten uns und feuerten uns gegenseitig an. Ich sehe noch Sergio Ramos vor mir – ein erfahrener Profi, der schon viele Endspiele und wichtige Partien absolviert hatte. Jetzt kam er auf mich zu und ich sah in seinen Augen einen anderen Ausdruck als sonst: „Luka, du bist sehr wichtig für uns. Wir sind darauf angewiesen, dass du dich voll ins Zeug legst!“

Xabi Alonso, mein erfahrener Mittelfeldpartner, war gelbgesperrt. Ancelotti ließ uns mit drei Mittelfeldleuten spielen – mit Sami Khedira hinter di María und mir. Der Trainer schärfte uns ein, wir sollten schnell, vertikal und vor allem offensiv spielen, weil wir es mit einem Gegner zu tun hatten, der genau auf diese Qualitäten setzte. Atlético Madrid hatte schon in La Liga bewiesen, dass sie schwer zu knacken und auszuhebeln waren. Zwar hatten wir sie im Halbfinale der Copa del Rey ausgeschaltet – im Hinspiel mit 3 : 0 im Bernabéu und im Rückspiel mit 2 : 0 im Estadio Vicente Calderón – und vor ein paar Wochen beim Ligaauswärtsspiel im Calderón 2 : 2 gespielt, aber Atlético war ein schwer zu kalkulierender Gegner und erinnerte sich bestimmt noch gut an das Jahr zuvor: Das

Champions-League-Finale in Lissabon fand beinahe auf den Tag genau ein Jahr nach dem Endspiel der Copa del Rey 2013 statt, in dem sie besser waren als wir und uns in unserem Heimstadion Bernabéu besiegten.

„Luka, lass dich halb rechts zurückfallen und beweg dich dann zur Mitte, zwischen die Reihen", war eine von Ancelottis Instruktionen. Und: „Nutz jede Chance, dir mit dem Ball am Fuß möglichst viel Freiraum zu erspielen. Geh in die Tiefe."

Für Ancelotti war es das vierte Champions-League-Finale. Als Trainer von AC Mailand hatte er zwei Titel gewonnen – gegen Juventus und Liverpool. Das erste Mal bezwang Milan seinen italienischen Rivalen aus Turin im Elfmeterschießen. Zwei Jahre später gegen Liverpool hatte sich das Glücksrad in die falsche Richtung gedreht: In einer der spektakulärsten Partien aller Zeiten lag Milan zur Pause 3 : 0 vorn, aber dann starteten die Reds eine unglaubliche Aufholjagd und gewannen im Elfmeterschießen. Zwei Jahre später revanchierten sich Ancelotti und Milan in Athen, schlugen dort Liverpool mit 2 : 1 und holten sich den Titel.

Nach diesen vielen Erfahrungen war Carlo die Ruhe selbst und versuchte, uns mit seiner Gelassenheit anzustecken. Die vielen Süßigkeiten, die er sich während des Spiels zuführte, verrieten allerdings, dass er mit Adrenalin vollgepumpt war.

Vor fantastischer Kulisse lieferten wir uns auf dem Rasen einen erbitterten Kampf. In der 9. Minute signalisierte Diego Costa, dass er verletzt war und ausgewechselt werden musste. In der 36. Minute ging Atlético durch ein Tor von Diego Godín nach einem Eckball in Führung. Ich stand nicht weit vom Tor entfernt und sah, wie sich der Ball in Richtung Netz bewegte, und hoffte, Iker Casillas würde ihn noch abfangen. Aber er kam nicht mehr dran. Ein ungutes Gefühl stieg in mir auf, nachdem wir bis dahin gut dagestanden hatten. Wir hatten im Training geübt, auf die Freistöße und Eckbälle zu reagieren, die Atléticos

Stärke waren – und dann fingen wir uns im Finale ausgerechnet nach einem Eckball ein Gegentor ein. Trotzdem glaubten wir weiter fest daran, dass wir ins Spiel zurückkommen würden.

In der Halbzeitpause standen wir zusammen und feuerten uns gegenseitig an. In der zweiten Hälfte entwickelten wir noch mehr Schwung, aber lange Zeit blieben unsere Bemühungen erfolglos. Dann reagierte Ancelotti und änderte die Taktik. Eine Viertelstunde nach Wiederanpfiff wechselte er Marcelo und Isco ein und zwanzig Minuten später Álvaro Morata. Die Eingewechselten brachten neue Energie in die Mannschaft; wir drängten Atlético in den Strafraum. Sie hingen hinten drin – aber wir trafen das Tor einfach nicht. Die Spannung stieg und stieg. Der Schiedsrichter zeigte 5 Minuten Nachspielzeit an. Für uns vergingen die Minuten wie im Flug; für Atlético müssen sie sich wie Jahre angefühlt haben. In der 3. Minute der Nachspielzeit bekamen wir einen Eckball. Ich spielte kurz zu Dani Carvajal, der den Ball zu mir zurückpasste. Ich spielte Isco an; der passte zu di María auf der anderen Seite. Dessen Flanke prallte an einem Atlético-Spieler ab und landete beim kurzen Pfosten. Ich hechtete nach dem Ball, wurde aber von David Villa geblockt, und der Ball rollte ins Aus. Wieder Ecke. Diesmal dachte ich: Jetzt musst du den perfekten Ball in den Strafraum bringen. Ich war ganz ruhig, die Atmosphäre bis zum Äußersten gespannt – als würde dieser Moment alles verändern. Ich merkte instinktiv, dass die Flugbahn des Balles stimmte, und als ich Ramos hochsteigen sah, wusste ich, der Ball würde im Netz landen. Alles passte perfekt. So einfach gehts.

Ich flippte aus vor Freude. Wir hatten den Treffer wenige Meter vor unserer Fantribüne erzielt und es explodierte ein unglaublicher Jubel. Ich rannte los wie ein Irrer – erst zurück in unsere Hälfte und dann zu dem Spielerhaufen, der sich an der Eckfahne auftürmte. Ich warf mich einfach oben drauf. Ich habe mir dieses Tor seither unzählige Male angeschaut. Die Uhr zeigte 92:47. Für viele war dieser Moment der Wendepunkt in der Geschichte von Real Madrid. An diesem Moment beteiligt gewesen zu sein ist einfach phänomenal. Wenn ich mir diese Szene ansehe, beschleichen mich immer wieder bange Gedanken: *Was wäre passiert, wenn mein Eckball nicht so punktgenau angekommen wäre? Oder wenn Sergio ein paar Zentimeter weiter links gestanden oder den Ball an den Pfosten geköpft hätte?* Aber der Ball ging rein.

Vor der Verlängerung holte uns Ancelotti zum Kreis zusammen. Wir drängten uns dicht aneinander und machten uns gegenseitig Mut: Wir wussten, dass wir Atlético am Haken hatten. Ramos' Ausgleichstreffer hatte sie aus der Bahn geworfen. Ich konnte auch nachempfinden, wie sich die Spieler von Atlético fühlten – im Viertelfinale der Europameisterschaft 2008 gegen die Türkei hatte ich genau dasselbe durchlitten. Du kannst den Sieg praktisch schon schmecken und dann schießt der Gegner im letzten Moment ein Tor! Das ist ein verheerender Schlag. Es ist das Härteste überhaupt. Als Bale uns in der Verlängerung mit 2 : 1 in Führung brachte, sackte Atlético in sich zusammen. Die Tore von Marcelo und Ronaldo waren das Signal, dass die Party beginnen konnte.

Als Björn Kuipers das Match abpfiff, riss ich meine Arme nach oben und dachte: *Der Traum hat sich erfüllt!* Dann reichte ich dem Atlético-Spieler, der in meiner Nähe stand, die Hand. Ich wusste, wie er sich fühlte, aber meine Freude war so groß, dass ich meinen Gefühlen sofort freien Lauf lassen musste. Von meinem ersten Tag bei Real an waren wir von dem Gedanken an La Décima besessen. Schon bei der ersten Pressekonferenz in Madrid war ich damals gefragt worden, was ich darüber denke. Als ich zum ersten Mal mit der Real-Mannschaft im Flugzeug saß, erfuhr ich, dass sich José Mourinho im Flieger immer auf den Platz mit der Nummer 10 setzte.

Nach dem Spiel herrschte natürlich Euphorie. Ich nahm Ivano mit herunter auf den Rasen. Er war müde und schläfrig; für ihn als Vierjährigen war es ein langer Tag gewesen. Aber ich machte ihn so weit munter, dass wir ein Foto mit der Champions-League-Trophäe machen konnten. Diesen Moment musste ich einfach mit ihm teilen und für die Ewigkeit festhalten.

In der Kabine brannte die Luft. Florentino Pérez war auch da. Ich habe ihn nie so glücklich und gerührt gesehen. Auf den Bildern aus der VIP-Loge kann man genau sehen, was dieser Titel ihm bedeutete. Ich habe ihn nie so begeistert aufspringen sehen wie in dem Moment, als wir uns mit dem Ausgleichstreffer in die Verlängerung schossen. Auch einige Real-Legenden, die selbst frühere Champions-League-Sieger waren, kamen in die Kabine – unter anderem Raúl. Am Tag vor dem Finale war er auf mich zugekommen und hatte zu mir gesagt: „In diesem Finale hängt viel von dir ab!" Ich fühlte mich dadurch nicht belastet. Im Gegenteil. Ich trage gern Verantwortung und hasse das Gefühl, dass es auf mich nicht ankommt. Diese Worte eines so legendären Spielers spornten mich an, mein Bestes zu geben und so gut zu spielen, wie man eben spielen muss, damit eine Mannschaft eine historische Meisterleistung vollbringt.

Bis wir am Flughafen eintrafen und in unseren Flieger stiegen, dauerte es eine Weile. Wir verspäteten uns immer mehr; wir feierten und hatten es uns redlich verdient. Auch ich tat mir keinen Zwang an und stieg als einer der Letzten in den Bus. Ich setzte mich hinters Lenkrad und drückte zu Ehren von La Décima auf die Hupe. Im Flugzeug jonglierte ich in 10 000 Metern Höhe mit dem Ball und sang und tanzte dazu. Ich gönnte mir den einen oder anderen Schluck Whisky – ich konnte einfach nicht anders! Ich war außer Rand und Band. Alle schauten zu mir und lachten, denn so hatten sie mich noch nie gesehen. Kurz nach 5 Uhr morgens kamen wir an der Plaza de Cibeles in Madrid an. Ich rechnete nicht damit, dass dort noch viele Leute waren, denn das Spiel war seit sechs Stunden vorbei und es war kalt. Aber der Platz war proppenvoll. Das gab mir frische Energie, und ich sang weiter und noch lauter als vorher, obwohl ich gar keine Stimme mehr hatte. Da ich nicht sonderlich musikalisch bin, war es wahrscheinlich besser so. Die Fans sangen die ganze Zeit – und skandierten ein paarmal auch meinen Namen. Wahrscheinlich wirkte ich durchgedrehter als der Rest. Das war meine erste Champions League und die höchste Auszeichnung im Vereinsfußball – und das erste Mal, dass ich die Plaza de Cibeles voller jubelnder Madrileños sah. Es sollte nicht das letzte und auch nicht das vorletzte Mal sein, aber La Décima war etwas ganz Besonderes. Es war einmalig.

Weltmeisterschaft 2014 in Brasilien

Nach dem Finale in Lissabon wurde La Décima nicht nur an der Plaza de Cibeles gefeiert. Ich gönnte mir vielleicht zwei Stunden Schlaf und gesellte mich dann wieder zur Mannschaft, um den ganzen Tag weiterzufeiern. Es gab Empfänge bei diversen Institutionen, zahllose Fans vor den Sehenswürdigkeiten der Stadt, Feierlichkeiten, Reden, Würdigungen.

Am Abend verlagerte sich die Party ins Bernabéu, wo sich die begeisterten Fans auf den Tribünen drängten. Es war spektakulär. Schon vorher war ich baff gewesen, als ich hörte, dass sich mehr als 80 000 Leute im Stadion versammelt und die Übertragung aus Lissabon auf Riesenbildschirmen verfolgt hatten. Ich sah Videos aus aller Welt, die den Moment zeigten, in dem die Fans unser Ausgleichstor sahen, und den Augenblick, in dem feststand, dass wir gewonnen hatten. Es war phänomenal, so eine Gefühlsexplosion zu erleben – und lässt einen demütig werden bei dem Gedanken, dass man so viele Menschen,

Real-Fans in der ganzen Welt, glücklich gemacht hat. Viele glauben, dass wir nur Fußball spielen, um Geld zu verdienen. Wir sind Profis, verdienen mit Fußball unseren Lebensunterhalt und haben zugegebenermaßen ein gutes Leben mit vielen Privilegien, aber nichts kann einen Spieler so glücklich machen wie solche emotionsgeladenen Momente, die er mit seinen Fans teilt. Ohne das gäbe es vom Fußball nicht viel zu erzählen. Und deswegen hatte ich auch überhaupt kein Problem damit, ein Versprechen einzulösen, das ich vor dem Finale gegeben hatte.

Einmal nach dem Training standen etliche Spieler unter der Dusche. Die Duschen sind der Ort, wo wir Spieler plaudern und uns über das Vereinsgeschehen austauschen – die üblichen Mannschaftsgespräche. Diesmal sprachen wir darüber, was jeder von uns machen würde, falls wir La Décima gewinnen.

„Ich hänge an meiner Haarpracht, aber wenn wir den Titel holen, rasiere ich mir den Kopf."

Meine Teamkollegen mussten lachen, und Álvaro Arbeloa meinte, er könne es gar nicht abwarten, dass wir gewinnen, und er werde mir die Haare höchstpersönlich abschneiden!

Nachdem ich von der Plaza de Cibeles nach Hause kam, rief ich meinen Friseur an und bat ihn, zu mir nach Hause zu kommen und mir die Haare zu schneiden. Ich musste mein Versprechen halten, aber Arbeloas fachmännischen Händen wollte ich entgehen. Als ich als Beinahe-Glatzkopf meinen Teamkollegen unter die Augen trat, schmissen sie sich weg vor Lachen und ließen mich hochleben. Ohne meine Haare kam ich mir komisch vor. Doch es war die Sache wert!

Nach den ganzen inoffiziellen wie offiziellen Feierlichkeiten war ich geschafft. Ich brauchte jetzt eigentlich Ruhe und eine Menge Schlaf. Doch es stand Kroatiens Vorbereitung auf die WM in Brasilien an. Ich reiste meinen Nationalmannschaftskollegen hinterher und stieß kurz vor dem Freundschaftsspiel gegen Mali in Osijek zu ihnen. Das Stadion in Osijek war gerammelt voll und die Stimmung euphorisch. Als ich für die letzte Viertelstunde eingewechselt wurde, bereiteten mir die 15 000 Fans einen herzlichen Empfang – ein Zeichen der Anerkennung für den Sieg in der UEFA Champions League und ihrer Unterstützung im Vorfeld der WM in Brasilien. Die kroatischen Fans lieben ihre Nationalmannschaft heiß und innig und während der Welt- oder Europameisterschaften ist das ganze Land im Ausnahmezustand. Die Erwartungen sind jedes Mal hoch. Dass wir es seit Jahren nicht geschafft hatten, unsere Fans glücklich zu machen, wurmte mich extrem.

Zwei Tage nach dem Sieg über Mali flogen wir nach Brasilien. Hinter mir lagen eine lange, kräftezehrende Saison bei Real und eine anstrengende Qualifikation mit der kroatischen Nationalmannschaft. Ich freute mich auf das Turnier in einem Land, das der Fußballwelt so viele fantastische Spieler beschert hatte. Brasilien war schon immer ein Land des kreativen Fußballs, der Spielfreude und der Ballzauberer – das ist Teil der Mentalität, die die Brasilianer fünfmal zu Weltmeistern gemacht hat, öfter als jede andere Nation. Auf eine Weltmeisterschaft in diesem fußballverrückten Land waren wir besonders neugierig.

Nach unserer Ankunft absolvierten wir ein letztes Vorbereitungsspiel gegen Australien. Wir siegten zwar durch ein Tor von Nikica Jelavić, aber unsere Leistung war alles andere als überzeugend. Wir machten uns trotzdem keine Sorgen, denn was zählte, war unsere Leistung im ersten Spiel des Turniers. Kroatien trat im Eröffnungsspiel der WM gegen Gastgeber Brasilien an – eine Ehre und eine Chance, uns von unserer besten Seite zu zeigen. Mehr als anderthalb Milliarden Menschen, so hieß es, würden das Spiel sehen. Wahnsinn!

In unserem WM-Quartier herrschte ein strenges Regiment. Niko Kovač etablierte einen spartanischen Drill. Jeden Morgen wurde die Laktatkonzentration in unserem Blut gemessen, was wir nicht gewohnt waren. Ich finde, dass unter einem so strengen Regime die Moral leidet – und die Moral ist das A und O, wenn die Nationalmannschaft zusammenkommt. Doch der Trainer ließ sich nicht beirren.

Auch sonst gab es Spannungen: Einige Spieler waren mit ihrem Status unzufrieden und beschwerten sich über die Auswahl, die der Trainer getroffen hatte. In all meinen Jahren als Nationalspieler war die Moral nie so schlecht wie in Brasilien.

Trotzdem machten wir in der Eröffnungspartie gegen die Gastgeber in São Paulo ein gutes Spiel. Durch ein Eigentor von Marcelo, meinem Teamkollegen von Real, gingen wir in der 11. Minute in Führung. Auch als Neymar 18 Minuten später den Ausgleich erzielte, ließen wir uns nicht unterkriegen. Aber ein Elfmeter, den der Schiedsrichter in der 71. Minute pfiff, warf uns aus der Bahn. Wir fanden die Entscheidung unfair und hatten nicht die Kraft zurückzukommen. Mit dem dritten Treffer in der Nachspielzeit machten die Gastgeber ihren Sieg perfekt.

Im zweiten Spiel schlugen wir Kamerun mit weniger Aufwand als erwartet. Die Begegnung fand in Manaus in der Arena da Amazônia statt – unter extremen Klimabedingungen. Die Luft war feucht und schwer; auch wenn wir uns gar nicht bewegten, lief uns der Schweiß schon in Strömen. Wir gingen 1 : 0 in Führung, und dann sah der Kameruner Alex Song die Rote Karte, nachdem er Mario Mandžukić mit einem Ellenbogenhieb zu Boden geschlagen hatte. Das ebnete den Weg zu einem überzeugenden 4:0-Sieg. Trotzdem ahnte ich, dass das entscheidende Spiel gegen Mexiko ein harter Kampf werden würde. Wir hatten gesehen, dass die Mexikaner in ihren ersten beiden Spielen sehr gut organisiert, unerschrocken und sehr kämpferisch waren. Dazu kam, dass uns anscheinend die Puste ausging und die Energie und die Kompaktheit fehlten. Es hagelte Kritik an Niko Kovač, weil er Ivan Rakitić und mich als Spielmacher aufgestellt hatte, was nach Meinung der

Experten nicht funktionieren konnte – und in Kroatien ist jeder ein Experte. Ich fühlte mich an die Diskussion über die Mittelfeldkonstellation Boban–Prosinečki–Asanović zu Zeiten der kroatischen Bronzegeneration erinnert. Mit der Zeit bewiesen Rakitić und ich, dass wir im Mittelfeld extrem effizient spielen konnten.

Während der Partie gegen Mexiko in Recife war das Wetter wieder feucht und schwül. Wir konnten nur ungefähr eine Viertelstunde gut mithalten und ab da waren uns die Mexikaner in allen Belangen überlegen. Gegen ihr offensives und temporeiches Spiel fanden wir kein Gegenmittel. Mexiko gewann verdient mit 3 : 1 und hatte fürs Weiterkommen sowieso nur einen Punkt gebraucht. Wir waren ausgeschieden, etwas anderes hatten wir auch nicht verdient.

Jetzt konnten die Kritiker ihren Frust ablassen – die Zeitungen brachten alle möglichen Storys und Fotos. Nach der Niederlage gegen Brasilien wurden Paparazziaufnahmen von nackten Spielern, die sich am Pool vergnügen, an die Presse durchgestochen. Das war blanker Unsinn. Wir waren alleine in unserem Quartier und sprangen nach der Sauna in den Pool, um uns abzukühlen. Nichts Ungewöhnliches.

Am Tag nach dem Mexikospiel fuhren wir in unser WM-Quartier zurück. Das Quartier in Praia do Forte in Bahia war ein Traum und die Gastgeber und Mitarbeitenden waren fantastisch. Vor dem Rückflug nach Kroatien lud Niko Kovač zur Abschlussbesprechung. Einige Spieler waren wütend und es gab viel Kritik. Auf dem Rückflug herrschte triste Stimmung. Als wir zwei Jahre zuvor bei der Europameisterschaft 2012 ausgeschieden waren, fuhren wir trotzdem erhobenen Hauptes nach Hause, weil wir immerhin gut gespielt hatten. In Brasilien hatten wir auf der ganzen Linie versagt. Auch ich hatte eine fürchterlich schlechte Leistung abgeliefert. Das Turnier in Brasilien war meine schwächste Vorstellung in all meinen Jahren im Trikot der Nationalmannschaft. Gegen die Gastgeber hatte ich mich noch mehr oder weniger gut geschlagen, aber gegen Kamerun verdiente ich eine glatte Sechs – und gegen Mexiko zwei Sechsen. Das gab ich bei unserer Rückkehr nach Kroatien unumwunden zu. Ich war einer der erfahrensten Spieler im Team und musste Verantwortung übernehmen. Eine kräftezehrende Saison war keine Entschuldigung. Ich war furchtbar schlecht – da gab es nichts herumzureden.

Eine Saison voller Verletzungspech

Nach der WM brauchte ich Urlaub. Im Kreis meiner Familie und meiner Freunde erholte ich mich am Meer. Zur Saisonvorbereitung reiste ich gestärkt und voller Vorfreude auf neue Herausforderungen an. Real hatte James Rodríguez verpflichtet, der mit der kolumbianischen Nationalmannschaft eine exzellente WM gespielt hatte. Außerdem kamen der frischgebackene Weltmeister Toni Kroos und Keylor Navas zu Real. Ángel di María wechselte zu Manchester United, Álvaro Morata zu Juventus und Xabi Alonso zu Bayern München.

Xabi und ich hatten ein ausgezeichnetes Verhältnis. Ich bewunderte ihn als Spieler und als Mensch. Er ist jemand, zu dem man aufschaut: Er strahlt Ruhe und Selbstvertrauen aus, ist ein echter Gentleman und sehr charakterfest. Wir blieben auch nach seinem Weggang in Kontakt und ich schätze Xabi bis heute als Freund.

Ich war sicher, dass Real in der neuen Saison Wunder vollbringen würde. Wir hatten eine starke Mannschaft, eine gute Einstellung und einen echten Experten auf der Trainerbank. La Décima gab uns Selbstvertrauen und hatte eine große befreiende Wirkung. Vielleicht machte dieser Erfolg uns sogar ein bisschen selbstzufrieden, denn noch vor der Länderspielpause im September mussten wir zwei unangenehme Niederlagen einstecken. In der ersten Partie der Saison schlugen wir zunächst Sevilla im UEFA-Supercup. Eine Woche später traten wir im spanischen Supercup gegen Atlético an. Das Match im Bernabéu endete 1 : 1 unentschieden und das Rückspiel im Estadio Vicente Calderón gewann Atlético durch ein Tor von Mario Mandžukić mit 1 : 0. Er war gerade erst zu Atlético gewechselt und machte uns sofort die Hölle heiß. Damals war mein Verhältnis zu Mario unterkühlt (darauf komme ich später noch zurück).

In der Liga verloren wir unser zweites Spiel – 2 : 4 gegen Real Sociedad. Nach der Länderspielpause folgte die dritte Niederlage: Atlético bezwang uns im Bernabéu mit 2 : 1. Wir mussten uns neu sortieren – und so wurde diese Niederlage zum Startschuss für eine fantastische Siegesserie und etliche neue Rekorde. Wir gewannen wettbewerbsübergreifend 22 Spiele hintereinander. Unseren Erfolgsrekord in der UEFA Champions League bauten wir auf zehn Siege in Serie aus. Vor allem aber spielten wir wunderschönen Fußball. Eine der besten Phasen in der Geschichte von Real fiel zeitlich mit einer Phase zusammen, in der ich in Topform war. Fußballerisch war das der beste Abschnitt meiner Karriere. Bei Real und in der kroatischen Nationalmannschaft hatte ich das Gefühl, dass ich am Gipfel angekommen war.

Die ganze Mannschaft spielte brillant. Als Bale verletzungsbedingt ausfiel, ersetzte Ancelotti das gewohnte 4-2-3-1 oder 4-3-3 durch eine 4-4-2-Formation. Kroos, Isco, Rodríguez und mich stellte er ins Mittelfeld, Benzema und Ronaldo in die Offensive, und in unserem Rücken spielten Ramos und Pepe, Carvajal und Marcelo an den Außenbahnen. Unser Spiel war sensationell, technisch überlegen und ganz nach dem Geschmack der anspruchsvollen Real-Fangemeinde. Im Oktober gewannen wir mit großem Selbstbewusstsein im Bernabéu den ersten Clásico. Barcelona ging zwar durch Neymar in Führung, aber am Ende gewannen wir die Partie mit 3 : 1. Am zehnten Spieltag eroberten wir die Tabellenführung in der Liga. Die Medien waren so beeindruckt, dass sie anfingen, uns als beste Mannschaft in der ruhmreichen Vereinsgeschichte zu bezeichnen. Manche behaupteten, wir seien besser als die berühmte Elf des goldenen Zeitalters von Alfredo Di Stéfano. Mit dieser unglaublichen Generation verglichen zu werden war phänomenal. Leider sollte sich die Stimmung bald eintrüben.

Im September und Oktober 2014 spielte Kroatien durchweg überragend. Niko Kovač verjüngte die Mannschaft, brachte neue Gesichter ins Team, und Veteran Stipe Pletikosa, der in seinen fünfzehn Nationalmannschaftsjahren viele Schlachten geschlagen hatte, verabschiedete sich. Wir starteten mit vier Siegen, davon drei in der Qualifikation für die Europameisterschaft 2016: Malta, Bulgarien und Aserbaidschan waren leicht zu bezwingen. Am 16. November erwarteten uns in Mailand die Italiener mit Antonio Conte als Cheftrainer. Die Azzurri waren unser Hauptkonkurrent im Kampf um den Gruppensieg. In der 11. Minute gingen die Italiener in Führung. Doch wir spielten gut weiter und zwangen den Gastgebern unser Spiel auf. Nur vier Minuten später gelang Ivan Perišić mit einem Wahnsinnstreffer der Ausgleich. Aufgrund des Spielverlaufs war ich überzeugt, dass ein Sieg für uns drin war. Für mich war allerdings in der Mitte der ersten Halbzeit die Partie vorbei – und überhaupt das Fußballspielen für die nächsten vier Monate.

Ich hatte mitten auf dem Spielfeld zu einer Flanke mit dem linken Fuß angesetzt. Meine Körperhaltung war ein bisschen ungünstig, und als ich den Ball traf, fühlte ich einen schneidenden Schmerz im oberen Teil des Oberschenkelmuskels. Bis dahin hatte ich nie nennenswerte Muskelprobleme, aber diesmal schien es etwas Ernstes zu sein. Nachdem unser Mannschaftsarzt und der Physiotherapeut mein Bein versorgt hatten, stand ich auf und dachte, alles wäre in Ordnung. Ich wollte weiterspielen und kam gar nicht auf die Idee, mich auswechseln zu lassen. Aber eine Minute später fuhren die Italiener einen Konter über die linke Seite und ich sprintete meinem Gegenspieler hinterher. Da versagte mein Bein den Dienst endgültig. Es fühlte sich so an, als wäre in meinem Muskel etwas gerissen; ich krümmte mich vor Schmerzen und rechnete mit dem Schlimmsten. *Hätte ich sofort aufhören sollen, als es passierte? Ist in meinem Muskel durch den Sprint alles gerissen, was reißen kann?* Diese Gedanken kreisten in meinem Kopf.

Es waren 7000 oder 8000 kroatische Fans im Stadion, die mächtig für Stimmung sorgten. Als ich, gestützt auf unseren Mannschaftsarzt und den Physiotherapeuten, zur Bank humpelte, gaben sie mir Ovationen. Ich hätte fast geheult vor Schmerzen, aber die Reaktion der Fans hellte meine Stimmung etwas auf. Wenn ich verletzt bin oder gesundheitliche Probleme habe, fühle ich mich jedes Mal elend. Ich verfolgte den Rest der Partie von der Bank aus. Ivan Rakitić nahm das Spiel in die Hand und dominierte zusammen mit Marcelo Brozović und Mateo Kovačić, der für mich ins Spiel gekommen war, das Mittelfeld. Wir machten ein gutes Spiel und waren dem Sieg ganz nah. Doch plötzlich kamen wir aus dem Takt. Eine kleine Fangruppe im kroatischen Block warf auf einmal Leuchtraketen auf das Spielfeld. Schiedsrichter Björn Kuipers musste die Partie für zehn Minuten unterbrechen. Wir hatten Sorge, dass das Spiel abgebrochen würde und die Ausschreitungen der Fans unsere Teilnahme an der EM 2016 gefährden könnten. Das Spiel endete 1 : 1, aber die Angst vor einer drakonischen Bestrafung durch die UEFA belastete die Mannschaft.

Am nächsten Morgen nahm ich den ersten Flieger von Mailand nach Madrid. Vor dem Abflug rief mich Carlo Ancelotti an und erkundigte sich, wie es mir gehe und was die Ärzte gesagt hätten. Während ich am Flughafen wartete, rief auch Florentino Pérez an und sprach mir Mut zu. Er versicherte mir, Real würde sich um alles kümmern. Eine verlässliche Diagnose konnte erst nach einem CT gestellt werden. Als wir in Mailand alle wieder in der Kabine versammelt waren, meinte unser erfahrener Mannschaftsarzt Boris Nemec, es sehe wohl nach einer Quadrizepssehnenruptur im linken Oberschenkel aus. Der einzige Lichtblick war, dass ich nicht operiert werden musste. Aber als ich hörte, dass ich frühestens nach vier Monaten wieder fit sein würde, sackte ich in mich zusammen. Das war ein Riesenschock.

Der Rehabilitationsprozess war anstrengend. Mein Tag im Trainingszentrum in Valdebebas fing um 9 Uhr an und endete um 16 Uhr. In den Medien wurde viel darüber spekuliert, ob durch die Verletzung meine Karriere in Gefahr sei. Ich ging damals auf die dreißig zu und eine Verletzung wie diese konnte durchaus das Karriereende bedeuten. Ich verschwendete daran keinen Gedanken. Ich konzentrierte mich darauf, so schnell wie möglich wieder fit zu werden. Bis Anfang März wollte ich auf dem Platz stehen. Bis dahin waren es weniger als die vier Monate, die für die Reha veranschlagt waren. Ich wollte die Ärzte natürlich nicht unter Zeitdruck setzen. Stattdessen widmete ich mich mit voller Kraft einem mörderischen Drill und der Hoffnung, wieder spielen zu können, sobald der Schmerz und die Verletzungsgefahr vorbei waren.

Vanja, Ivano und Ema waren an meiner Seite und halfen mir durch diese schwere Zeit. Meinen Geburtstag hatte ich in diesem Jahr mit der Nationalmannschaft gefeiert, denn am 9. September hatten wir in Zagreb gegen Malta gespielt. Vanja überlegte sich für mich eine Überraschung, um mich von der Verletzung und der Reha abzulenken. In einem Madrider Hotel organisierte sie eine kleine Geburtstagsparty. Sie lud ein paar Freunde und meine Teamkollegen ein – Ramos, Pepe,

Marcelo, Carvajal, Casemiro, Bale und Kovačić – und wir feierten bis tief in die Nacht.

Real Madrid demonstrierte seine Unterstützung in dieser schwierigen Zeit mit einer großartigen Geste. Noch bevor wir die Champions League gewannen, stieg der Verein in Gespräche über meine Vertragsverlängerung ein. Ich war erst anderthalb Jahre in Madrid und trotzdem wollte die Vereinsführung mir einen neuen Vertrag anbieten. Ich nahm das Angebot natürlich an, denn ich fühlte mich bei Real rundum wohl. Die Geste des Clubs hatte eine große psychologische Wirkung: In einer Zeit, in der ich es am besten brauchen konnte, zeigte mir der Club mit einem neuen Vertrag mit besseren Konditionen, dass er an mich glaubte.

Zu meiner großen Freude kann und muss ich sagen, dass Real Madrid meinen Vertrag mehrmals geändert hat, und immer ging die Initiative zu den Gesprächen vom Verein aus – ein eindeutiges Signal, dass man mit mir zufrieden war.

Im Dezember fuhr ich mit der Mannschaft nach Marrakesch. Diesmal unterstützte ich die Kollegen von der Tribüne aus, als sie die Trophäe der FIFA-Klub-Weltmeisterschaft in die Höhe hoben. Nach meiner Verletzung zeigte sich Real weiterhin von der leistungsstarken Seite, gewann seine Spiele in der Liga und in der Champions League. Ich vermisste das Vergnügen, in einer so exzellenten und attraktiven Mannschaft zu spielen, aber ich war mir sicher, dass ich rechtzeitig wieder einsetzbar sein würde, um im Titelkampf dieser Saison mitzumischen. Diese Hoffnung wurde leider bald zunichtegemacht.

Im ersten Spiel nach der Winterpause mussten wir in Valencia eine unerwartete Niederlage einstecken. In der Copa del Rey bezwang uns Atlético drei Tage später in der Runde der sechzehn mit 2 : 0; das Rückspiel im Bernabéu endete 2 : 2. Damit war der erste Wettbewerb dieser Saison für uns vorbei. Dafür holten wir im Anschluss in der Liga fünf Siege hintereinander, doch dann brachte das nächste Debakel im Estadio Vicente

Calderón uns wieder einmal auf den Boden der Tatsachen zurück: Beim Derbi madrileño im Februar fertigte uns Atlético mit 4 : 0 ab. Diese Pleite war ein Indiz, dass die Formkurve der Mannschaft nach unten zeigte. Die ersten Medien forderten meine Rückkehr, und es gab eine Menge Trara und Fragen, warum ich noch nicht wieder spielen konnte. In Wahrheit schritt meine Regeneration planmäßig voran und bewegte sich in dem Zeitrahmen, der von Anfang an verkündet worden war. Auch die Leute im Verein fingen an, mich zu fragen, wann ich denn wieder zurückkäme, denn sie bekamen mit, dass ich inzwischen wieder intensiver trainierte. Aber ich war immer noch im Einzeltraining. Um wieder mit der Mannschaft trainieren zu können, reichte es noch nicht.

Ende Februar war es dann endlich so weit: Die Ärzte gaben grünes Licht. Ich war total erleichtert! Am 10. März 2015 wurde ich in der Partie gegen Schalke in der 58. Minute für Sami Khedira eingewechselt. Die Fans begrüßten mich jubelnd und ich fühlte mich wie neu geboren. Die Gesamtsituation war allerdings eine andere als im November. Eine Woche zuvor hatte Real im Heimspiel gegen Villarreal zwei Punkte und anschließend in Bilbao sogar alle drei Punkte liegen lassen. Wir mischten nach wie vor mit im Kampf um die Tabellenführung, unser Selbstvertrauen hatte aber einen Knacks bekommen. Meine Rückkehr in den Kader stand unter dem Eindruck unserer ersten Champions-League-Niederlage in dieser Saison. Im Hinspiel in Gelsenkirchen hatten wir Schalke mit 2 : 0 bezwungen, im Rückspiel gerieten wir so in Bedrängnis, dass unser Einzug in die nächste Runde auf der Kippe stand. In der 84. Minute lag Schalke mit 4 : 3 vorne und war nur noch ein Tor davon entfernt, uns einen dicken Strich durch die Rechnung zu machen. Zum Glück hielten wir durch und zogen ins Viertelfinale ein, weil wir in der Gesamtwertung mit 5 : 4 die Nase vorn hatten. Es war ein harter Kampf.

Ich war inzwischen wieder sehr gut in Form. Ich hatte mich komplett erholt und frische Kraft getankt und war scharf darauf, endlich wieder zu spielen. Das wurde auch auf dem Spielfeld sichtbar und gab der Mannschaft, glaube ich, neues Selbstvertrauen. Vor uns lag ein Clásico im Camp Nou, bei dem viel auf dem Spiel stand. Barcelona hatte die Tabellenspitze erobert und wir waren zum ersten Mal seit sechzehn Spieltagen auf den zweiten Platz abgerutscht. Wir machten ein gutes Spiel. Barça ging nach einem Freistoß in Führung, aber wir erzielten nach einem genialen Spielzug den Ausgleich. Ich stach den Ball zu Karim Benzema durch, und der leitete ihn mit der Hacke an Cristiano Ronaldo weiter, der den Ball ins Netz spitzelte. Phänomenal! Auch nach dem Ausgleich hatten wir noch ein paar Chancen und ein Tor von Gareth Bale wurde wegen Abseits nicht gegeben. In der 56. Minute traf Luis Suárez praktisch aus dem Nichts mit einem langen Ball in die linke Ecke. Meine Kraft reichte bis zur 60. Minute; dann machten sich allmählich die Folgen der langen Auszeit bemerkbar. Barça kreierte mit schnellen Kontern weitere Torchancen, aber es blieb beim 2 : 1 für Barcelona. Bis zum Saisonende holte Real noch neun Siege und ein Unentschieden, doch Barcelona ließ sich von Platz eins nicht mehr verdrängen und wurde Meister. Ein weiterer Kampf, der viel wichtiger war als die Copa del Rey, aus der wir schon vorher ausgeschieden waren, war verloren.

Im April verlor ich auch einen persönlichen Kampf. Wir spielten im Bernabéu gegen Málaga. In der 60. Minute im Mittelfeld bekam ich im Zweikampf einen Tritt. Der Gegenspieler schoss den Ball mit voller Wucht und erwischte mich am Bein. Das Bein tat sofort höllisch weh und ich ging direkt vom Platz. Die Zuschauer feuerten mich an, die Nachricht war aber niederschmetternd: Das mediale Kollateralband an meinem rechten Knie war überdehnt. Ich würde mindestens sechs Wochen ausfallen. Da war ich gerade erst im Einsatz, hatte in 38 Tagen neun Spiele absolviert, und jetzt war schon wieder Schluss! Ich hatte einfach Wahnsinnspech. Zwei schwere Verletzungen, sechs Monate aussetzen, während Real ein Fell nach dem anderen wegschwamm. Die letzte Chance war die Champions League, aber nach den beiden Halbfinalspielen hatte Juventus in der Gesamtwertung die Nase vorn. Dass im Rückspiel das entscheidende 1 : 1 ausgerechnet von dem früheren Real-Spieler Morata erzielt wurde, der inzwischen bei Juventus spielte, setzte dem Ganzen die Krone auf. Ich hatte alles darangesetzt, für dieses Match wieder fit zu sein … Die Saison, die mit einem Traumstart begonnen hatte, endete als Albtraum.

El Grande

In den Sommerferien gönnte ich mir nicht allzu viel Entspannung. Ich trieb Sport und ging Schwimmen, damit mein Kollateralband wieder in Ordnung kam. Ich wollte fit sein für die Saisonvorbereitung, damit ich das nötige Niveau erreichte, wenn es losging. Zwei Tage nach Saisonende gab der Verein bekannt, dass Carlo Ancelotti nicht mehr Trainer von Real Madrid war. Das tat mir leid, denn Carlo ist ein grandioser Trainer und ein wunderbarer Mensch, dem einfach das Glück nicht mehr hold war. Wir verloren zwei Wettbewerbe, obwohl wir ganz nah dran waren und nur einen oder zwei Punkte hinter den Erstplatzierten lagen – und das trotz des massiv gehäuften Verletzungspechs. Wir gewannen die europäische Klubmeisterschaft und die FIFA-Klub-Weltmeisterschaft, die Copa del Rey und den europäischen Supercup. Wir spielten fantastischen Fußball und stellten eine ganze Reihe neuer Rekorde auf. All das reichte trotzdem nicht, damit Ancelotti für eine dritte Saison Trainer bleiben konnte. So ist das bei Real Madrid – wenn die Titel ausbleiben, muss es einen

Verantwortlichen geben. So sind die Spielregeln. Real Madrid kann sich nicht mit Mittelmaß begnügen und muss sich immer hohe Ziele setzen. Ich blieb mit Ancelotti in Kontakt und wir haben bis heute ein gutes Verhältnis. Ich bin dankbar, weil er Vertrauen zu mir hatte und mir eine Führungsrolle innerhalb der Mannschaft anvertraute. In seiner Zeit bei Real habe ich mich fußballerisch in wichtigen Punkten weiterentwickelt und bin als Spieler gereift. Die Profis in der ersten und zweiten spanischen Liga würdigten das, indem sie mich in der Saison 2013/14 zum besten Mittelfeldmann in La Liga kürten. Wenn man bedenkt, welche Topmittelfeldspieler sich in der spanischen Liga Konkurrenz machen, war das eine große Ehre, die mir 2016 noch einmal zuteilwurde. 2015 wurde ich außerdem von Fußballprofis aus der ganzen Welt in die Weltauswahl FIFA FIFPro World 11 gewählt.

Anfang Juni gab Real bekannt, dass der Verein Rafael Benítez als neuen Cheftrainer verpflichtet hatte. Ich wusste über ihn nicht mehr als das, was in der Zeitung stand. Xabi Alonso erzählte mir, Benítez sei ein sehr fleißiger Trainer. Er hatte ihn in Liverpool als Trainer erlebt und meinte, er sei für Real eine gute Lösung.

Unsere Saisonvorbereitungstour führte uns diesmal nach Australien und China. Zuerst fand ich die Idee nicht so gut, weil wir viel Zeit im Flieger verbringen würden. Das zehrt an den Kräften und macht sich auf dem Rasen bemerkbar. Eine der Partien in China spielten wir gegen Inter Mailand, mit Marcelo Brozović und Mateo Kovačić. Da ich das Match von der Bank aus verfolgte, konnte ich ganz in Ruhe Kovačić und seine überragende Leistung beobachten. Real gewann zwar 3 : 0, aber das Hauptgesprächsthema war Mateo. Nach dem Match flogen wir nach Schanghai, wo wir gegen AC Mailand spielen sollten.

Im Flieger sagte ich zu Präsident Pérez: „Wir sollten ihn zu Real holen."

Ich sah, dass der Präsident von Kovačićs Leistung angetan war, die Antwort lautete allerdings: „Vielleicht nächstes Jahr."

„Jemand anders wird ihn uns wegschnappen", gab ich zu bedenken.

Nach dem Dinner kam ich am Tisch des Präsidenten Pérez vorbei. Ich ließ noch einmal den Namen Kovačić fallen, und diesmal war nicht zu übersehen, dass er interessiert war. Auch Cristiano Ronaldo äußerte sich lobend über Kovačić und empfahl Pérez außerdem, William Carvalho zu verpflichten, einen Landsmann von Ronaldo. Bevor Benítez unser Trainer wurde, war er in Italien gewesen und hatte dort als Trainer von Neapel aus nächster Nähe erleben können, was für ein Potenzial in Kovačić steckte. Er sprach in höchsten Tönen von ihm. Nachdem wir ein paar Tage später von der Tour zurück waren, kam José Ángel Sánchez, der CEO von Real Madrid, ins Trainingszentrum und fragte mich, wie ich Mateo einschätzte – nicht nur als Spieler, sondern auch als Mensch. Ich sagte, dass ich unter beiden Aspekten große Stücke auf ihn hielte, denn er sei ein toller junger Mann und ein Ausnahmetalent. Ich empfahl, Real sollte ihn so schnell wie möglich unter Vertrag nehmen. Es war klar, dass der Club bereits alle Räder in Bewegung gesetzt hatte, um Kovačić nach Madrid zu holen. Keine drei Wochen nach dem Spiel in China unterschrieb er bei Real. Ich freute mich, dass wir jetzt nicht nur in der Nationalmannschaft, sondern auch im Verein Teamkollegen waren.

Unsere ersten Eindrücke von Benítez waren positiv. Mit Real Madrid hatte er schon Vorerfahrungen: Er hatte für Reals zweite Mannschaft gespielt, Real Madrid Castilla, und war in jüngeren Jahren auch einmal Trainer von Castilla gewesen. Er war natürlich hoch motiviert, sich in seiner Stadt und seinem angestammten Verein zu beweisen. Benítez war ein Vollprofi. Er organisierte alles bis ins Kleinste durch und pochte stets darauf, dass Absprachen eingehalten wurden. Schon bald zeichnete sich ab, dass das zum Problem werden würde. Er wollte uns einen anderen Stil verordnen, brachte hartnäckig seine Ideen ins Spiel und insistierte auf technischen Verbesserungen – sogar gegenüber den erfahrensten Spielern. Es lag auf der Hand, dass dieser Führungsstil vielleicht für einen Lehrer in der Schule passte, aber bei Real nicht funktionieren konnte. Die Dinge liefen in eine falsche Richtung. In den ersten Wochen der neuen Spielzeit waren unsere Ergebnisse ganz gut, aber was nicht gut war, war unser Spielstil. Mit den Resultaten ging es mächtig hoch und runter und viele Spieler waren mit ihrem Status unzufrieden. Das führte unausweichlich dazu, dass die Mannschaft nicht die nötige Energie entwickelte. Anfang November mussten wir zwei Niederlagen hintereinander einstecken – eine übler als die andere. In Sevilla verloren wir 2 : 3. Und dann das Debakel im Clásico: Barcelona verpasste uns in Madrid eine 4:0-Klatsche! Bis zum Ende der Saison bekam das Team die Probleme nicht in den Griff. Der Trainer geriet immer mehr unter Druck. Deshalb war ich, ehrlich gesagt, nicht überrascht, als sich der Club für einen Wechsel entschied.

Nach einem 2 : 2 in Valencia im Januar wurde Benítez' Entlassung bekannt gegeben. Zum Nachfolger wurde Zinédine Zidane ausgerufen. In meinem vierten Jahr bei Real war er mein vierter Trainer. Als Kind hatte ich Zidanes Können bewundert; kennengelernt hatte ich ihn dann später, als er Ancelottis Assistent war, und jetzt wurde er Cheftrainer. Die Stimmung in der Kabine belebte sich und wurde gleichzeitig ernsthafter. Wir alle kannten Zidane als Ancelottis ruhigen und zurückhaltenden Assistenten, aber auch als Menschen mit positiver Grundhaltung, der den Spielern stets Mut machte. Die Spieler hatten besonderen Respekt vor ihm. Er besaß das Charisma einer Fußballlegende.

Wir kehrten sofort auf die Siegerstraße zurück und spielten überzeugender. Zidane wollte, dass wir einfach und direkt spielten – hohes Balltempo, schnelle Seitenwechsel und eine möglichst vertikale Spielweise; als Team angreifen und als Team verteidigen. Wir waren mit seinen Vorstellungen auf Anhieb einverstanden. Viele waren allerdings überrascht, dass er uns parallel zum Spielbetrieb intensive Konditionsarbeit verordnete. Zidane war überzeugt, dass wir nicht fit genug waren, und stellte ein entsprechendes Programm auf. Auf unserer Saisonvorbereitungstour in Australien und China hatten wir tatsächlich die meiste Zeit im Flugzeug verbracht. Wir absolvierten eine Reihe von Spielen, aber für Basistraining blieb nicht viel Zeit. Da Real alle drei Tage ein Match hat und die meisten Spieler auch noch für ihre Nationalmannschaften antreten, ist klar, dass sich mangelnde körperliche Fitness im Verlauf einer kräftezehrenden Saison rächt. Zusätzlich zum Spielbetrieb auch noch Zidanes Fitnessprogramm zu absolvieren war nicht leicht, doch der Saisonausgang war der Beweis, dass die Entscheidung des Trainers sehr weise war.

Das Team reagierte extrem positiv auf Zidane: Alle waren zufrieden, denn er wusste jeden Spieler individuell zu motivieren und das Zugehörigkeitsgefühl der Mannschaft zu stärken. Der Zusammenhalt ist eine entscheidende Voraussetzung dafür, dass das Team das Maximum aus sich herausholt. Zidane gab jedem die Chance, sich zu beweisen, und das gab jedem Einzelnen das Gefühl, dass es auf ihn ankam. Er zeigte uns mit Taktikanalysen, was wir machen mussten. Die Resultate waren gut, in den ersten Wochen der Saison waren wir allerdings zu weit zurückgefallen. Das war ein Jammer, denn mit Zidane als Trainer verloren wir in der Liga nur ein einziges Spiel – das Heimspiel gegen Atlético. Der wahre Pferdefuß waren die beiden Unentschieden gegen Málaga und Betis Sevilla. Unter Zidane holten wir in zwanzig Ligaspielen siebzehn Siege. Nach der Niederlage gegen Atlético gewannen wir bis zum letzten Spieltag alle Partien – und spielten obendrein überragenden Fußball. Besonders eindrücklich war unser 2:1-Sieg über Barcelona im Camp Nou, bei dem wir unsere Überlegenheit voll ausspielten.

In der UEFA Champions League setzten wir uns in der Runde der sechzehn überzeugend gegen AS Rom durch. Im Viertelfinale gegen Wolfsburg machten wir es uns schwerer: Das Hinspiel in Wolfsburg verloren wir 0 : 2, aber dann führte Zidane uns zur ersten erfolgreichen Remontada. Wir gewannen das Rückspiel mit 3 : 0 und zogen ins Halbfinale ein.

Nach diesem Sieg waren wir ernsthafte Anwärter auf den erneuten Titelgewinn in der Champions League. Im Halbfinale wartete allerdings ein starker Gegner auf uns. Manchester City blieb bis zur letzten Minute im Spiel. Das Auswärtsspiel endete mit einem torlosen Unentschieden und im Rückspiel bescherte uns ein Eigentor von Manchester den knappen und überaus wichtigen Sieg.

Zwei Jahre nach dem historischen Abend, an dem wir La Décima geholt hatten, standen wir wieder im Endspiel der Champions League – und trafen dort auf denselben Gegner wie zwei Jahre zuvor: Atlético Madrid.

Die zweite Hälfte der Spielzeit bot nach der deprimierenden ersten Hälfte zwar mehr Grund zur Freude. Doch die Erwartungen waren erneut hoch. Die Champions League ist ein Wettbewerb, der bei Spielern und Fans einen krassen Adrenalinschub auslöst.

Und dass Atlético Madrid es zum zweiten Mal in drei Jahren ins Finale der Champions League schaffte, war auf der anderen Seite der eindeutige Beweis, dass sich dieser Club auf ein neues Niveau vorgearbeitet hatte. Seit 2011 hatten sie mit Cheftrainer Diego Simeone sieben Titel geholt. Gegen Real hatten sie schon zwei Finalspiele gewonnen: in der Copa del Rey und im spanischen Supercup. Außerdem wurden sie 2014 mit drei Punkten Vorsprung vor uns Meister in der Liga. In demselben Jahr waren sie ganz kurz davor, das erste Double in ihrer Geschichte zu schaffen und sowohl in der Liga Meister zu werden als auch die Champions League zu gewinnen. Das alles zeigt das Format unseres Stadtrivalen und die überragende Madrider Fußballqualität.

Zum Endspiel in Mailand flogen wir in dem Wissen, dass es in dieser Spielzeit unsere letzte Chance auf einen Titelgewinn war. Die meisten Medien und weite Teile der Öffentlichkeit wähnten die Fußballglücksgöttin auf Atléticos Seite. Bei allem Respekt vor unseren Gegnern waren wir überzeugt, die bessere Mannschaft zu sein, aber das galt es natürlich auf dem Rasen zu beweisen.

Das Finale fand im San Siro statt – einem Monument des modernen Fußballs. Rund um das Stadion drängten sich endlose Menschenmengen und entsprechend spektakulär war schon unsere Ankunft im unterirdischen Parkhaus des Stadions. Die Erfahrung aus dem Finale 2014 half mir, in den Tagen vor dem Spiel cool zu bleiben. Und dann pfiff der Schiedsrichter die Partie an. Genau wie zwei Jahre zuvor war das Match körperlich und taktisch eine große Herausforderung. In Mailand herrschten extreme Hitze und eine hohe Luftfeuchtigkeit, die an unseren Kräften zehrten und es uns schwer machten, uns zu fokussieren. Trotzdem konnten wir Atlético unter Druck setzen und gingen in der 15. Minute in Führung. Ein Freistoß von Toni Kroos kam zu Gareth Bale, der den Ball zu Sergio Ramos weiterköpfte, und Ramos versenkte ihn im Tor. Ein Auftakt nach Maß, der von unseren Fans auf der Nordtribüne entsprechend bejubelt wurde.

In der zweiten Halbzeit erwischte Atlético den besseren Start. In der 48. Minute zeigte der Schiedsrichter nach einem Foul von Pepe an Fernando Torres auf den Elfmeterpunkt, aber Antoine Griezmann drosch den Ball an die Latte. Ich glaube, dass diese vertane Chance bei Atlético psychologisch deutliche Spuren hinterließ. Wenig später mussten aber auch wir mit einem

Handicap fertigwerden: In der 52. Minute ging Dani Carvajal verletzt vom Platz. Er war als rechter Flügelflitzer aus Reals Spiel kaum wegzudenken und hatte mit seinem Tempo großen Anteil an unserem direkten Spielstil. Dani war in Tränen aufgelöst, weil er wusste, was seine Verletzung bedeutete: Das Finale der Champions League war für ihn gelaufen und er würde auch die Europameisterschaft 2016 verpassen.

In der ersten Hälfte der zweiten Halbzeit vergaben wir mehrere gute Chancen, auf 2 : 0 zu erhöhen. Benzema, Ronaldo und Bale hatten es in der Hand, uns den ganzen Trouble zu ersparen, aber es fehlte einfach das Quäntchen Glück. Und das rächte sich – wie so oft. Atlético erhöhte den Druck und in der 79. Minute gelang Yannick Carrasco nach einer Flanke von Juanfran der Ausgleichstreffer. Jetzt waren die Fans auf der Südtribüne mit Jubeln an der Reihe. Die Partie ging in die Verlängerung, was für uns besonders belastend war. Wir waren müder als der Gegner; Bale hatte Krämpfe und ich spürte eine Anspannung im Oberschenkel. Atlético hatte mehr Kraftreserven, aus heutiger Sicht scheint ihnen aber in der regulären Spielzeit der Mut zum Sieg gefehlt zu haben. Sie stellten sich hinten rein und versperrten jeden Weg zum Tor, als wollten sie das Elfmeterschießen herbeiwarten. Schon wieder eine Nervenprobe.

Zidane fragte jeden Spieler, ob er einen Elfmeter übernehmen wolle. Ich sagte zu. Dann suchte der Trainer die fünf Schützen aus; ich war nicht dabei. Ich glaube, er wollte mich für die Sudden-Death-Duelle aufsparen, als sechsten Schützen. Das Elfmeterschießen war schwer mitanzusehen – die Spannung war unerträglich. Elfmeterschießen ist ein echter Nervenkrieg; üben kann man so etwas nicht. Im Training Elfmeter zu üben ist das eine; vor 80 000 Zuschauern im Stadion einen Elfer zu schießen, bei dem es um so viel geht, ist etwas ganz, ganz anderes. Das A und O ist, so ruhig wie möglich zu bleiben und sich auf den Schuss zu konzentrieren. Manche Spieler suchen sich eine Seite aus, überlegen sich, wie sie den Schuss platzieren, und nehmen erst dann Anlauf. Andere warten, bis der Torwart eine Bewegung macht. Wieder andere sind nicht sicher, was sie machen sollen, und improvisieren. Letzteres ist nach meiner Erfahrung am riskantesten.

Diesmal waren alle Elfmeter überragend geschossen – sogar der Elfer, der uns letztlich den Sieg brachte, denn nur ein paar Zentimeter weiter rechts und Juanfrans Schuss wäre nicht an den Pfosten gegangen. Nach diesem Pfostenschuss wussten wir, dass der Sieg uns nicht mehr zu nehmen war. Für den entscheidenden Elfmeter war Ronaldo zuständig und in solchen Situationen ist Cristiano unglaublich konzentriert und voller Selbstvertrauen. Er wusste, dass sein Schuss uns den Titel sichern konnte; er wusste, was auf dem Spiel stand, und trotzdem war er ganz gelassen und sich seiner Sache absolut sicher. Das kann man nur bewundern. Als ich den Ball ins Netz einschlagen sah, gab es kein Halten mehr – genau wie zwei Jahre zuvor in Lissabon.

Des einen Freud ist des anderen Leid – das ist immer so. Deshalb ging ich zu den Spielern von Atlético rüber, die in Tränen aufgelöst waren. Sie waren so nah dran gewesen und doch war der prestigeträchtige Titel ihnen aus der Hand geglitten – die einzige große Trophäe, die in ihrer reich gefüllten Schatzkammer noch fehlte. Als ich sie weinen sah, erinnerte ich mich daran, wie schwer solche Augenblicke sind.

Gerade deshalb sollte man es genießen, wenn einem das Glück hold ist. Unsere Familien kamen zu uns aufs Spielfeld dieses legendären Stadions. Wir warfen Zidane in die Luft. Ich war nach Madrid gegangen, um Titel zu gewinnen, und nach den trüben Aussichten nach meiner ersten Saison bei Real war ich inzwischen stolzer zweifacher Champions-League-Sieger! Fantastisch! Und das war noch nicht das Ende vom Lied.

Am nächsten Morgen wurden wir an der Plaza de Cibeles wieder von unzähligen Fans begrüßt. Das ist jedes Mal aufs Neue ein grandioses Spektakel. Nach den Feierlichkeiten mit den Fans fuhren wir zum Verein und feierten La Undécima im privaten Kreis weiter.

Zidane hatte es geschafft: Gleich in seiner ersten Saison als Trainer von Real Madrid hatte er den europäischen Titel schlechthin geholt. Einmal konnte ich beobachten, wie er den Titel feierte: mit der für ihn typischen Zurückhaltung. Dennoch strahlte er eine einzigartige Energie aus. Wenn aus einem berühmten Spieler ein Trainer wird, der Titel gewinnt, entwickelt er eine Aura, die mit nichts und niemandem zu vergleichen ist. Zidane hat bei Real alle Stufen durchlaufen: Spieler, Legende, Technischer Direktor, Assistenztrainer, Trainer der zweiten Mannschaft und schließlich Cheftrainer. Und in jeder Funktion war er El Grande. So sahen ihn alle bei Real Madrid. Wenn er eine Aufgabe übernahm, wusste er genau, was ein berühmter Verein wie Real braucht und einfordert. Deshalb pochte er so sehr darauf, dass wir an unserer Kondition arbeiteten. Und deshalb war das Trainieren unter Zidane für mich schwerer als alle anderen Trainingserfahrungen, die ich als Profifußballer gesammelt habe. Viel laufen, aber auch viel Fußball spielen.

Ich lernte auch Zidanes zornige Seite kennen. Er wurde mehr als einmal mir gegenüber laut – besonders nach Fehlpässen. Zidane gestikulierte und machte klar, was er dachte – mit Rufen wie: „Come on, Luka, was machst du denn da?!“

Wir hatten von Anfang an ein ausgezeichnetes Verhältnis. Er lud mich immer wieder in sein Büro ein und fragte mich, wie es mir gehe, ob mich irgendetwas störe. Er fragte mich nach meiner Einschätzung zu den Spielen, die wir ablieferten, und manchmal erläuterte er mir seine Ideen, wenn ich sie nicht verstand. Als Spieler fühlst du dich auf besondere Weise ernst genommen, wenn der Trainer dich respektiert und nach deiner Meinung fragt. Dass er so auf mich zuging und mich als einen der Schlüsselspieler in der Mannschaft sah, war aber kein Grund, eingebildet zu sein. Im Gegenteil: Es motivierte mich, noch härter zu arbeiten und zu beweisen, dass ich diesen Status verdiente.

Zidane meinte, ich solle mich allmählich mehr wie ein Führungsspieler verhalten, denn er sah, dass das in mir steckte. Er wollte, dass ich diese Qualität auf dem Rasen ausspielte, mehr mit meinen Mitspielern sprach und sie auf dem Spielfeld dirigierte. Er sagte, ich hätte ein gutes Spielverständnis und meine Mannschaftskollegen würden mir folgen. Außerdem sollte ich öfter Distanzschüsse wagen und mich verstärkt in die Offensive einschalten.

„Als ich noch als Spieler aktiv war, bin ich an das Spiel ähnlich herangegangen wie du. Ich war zu zurückhaltend, um die Initiative zu ergreifen. Ich kann deine Einstellung also nachvollziehen, aber ich bin sicher, dass du ein Führungsspieler sein kannst und sein musst."

Zidane ermunterte mich, mehr Verantwortung zu übernehmen. In unserem ersten Gespräch nach seinem Einstieg als Trainer bei Real sagte er etwas zu mir, das mich sehr beeindruckte. Ich kann es nicht wortwörtlich wiedergeben, aber sinngemäß sagte er: „Luka, du musst wissen, was du wert bist. Du gehörst zu der Kategorie von Spielern, die für den Ballon d'Or infrage kommen."

Diese Auszeichnung hatte er 1998 als Spieler gewonnen. Bevor er diese beiden Sätze zu mir sagte, kam mir schon der Gedanke surreal vor, ich könnte es unter die Top 3 schaffen oder gar den Ballon d'Or bekommen. Aus seinem Mund hörte es sich an wie etwas, das tatsächlich wahr werden könnte. Zidane sagte nie etwas aus Nettigkeit, und seine Worte gaben mir das Gefühl, als wäre ich für die Auszeichnung bereits nominiert. Trotzdem hätte ich nie geahnt, dass sich seine Prophezeiung eines Tages erfüllen würde.

Es gab auch Tage, an denen mir Zidanes Methoden nicht in den Kram passten. Zum Beispiel limitierte er meine Einsatzzeit. Wenn es nach mir gegangen wäre, hätte ich alle Spiele in allen Wettbewerben mitgemacht, auch jedes Freundschaftsspiel. Ich will immer spielen. Doch Zidane machte sich seine eigenen Gedanken und hielt konsequent daran fest. Das war auch gut so. Dank seines Rotationsprinzips blieb ich frisch und in Bestform.

***

Nachdem wir seit meinem Wechsel zu Real 2012 zwei Champions-League-Titel und insgesamt sechs Trophäen geholt hatten, fühlte ich mich in Madrid wie ein König. Das lag aber nicht nur an meinen fußballerischen Erfolgen, sondern auch daran, dass meine Familie zufrieden war. In London hatten wir auch eine glückliche Zeit gehabt. In den ersten beiden Jahren lebten wir dort als Paar, bevor Ivano zum Dreh- und Angelpunkt unserer Welt wurde. Nach unserem Weggang aus London fiel es Vanja schwer, sich in Madrid einzuleben. Sie war mit Ema schwanger und musste, weil ihre Schwangerschaft beobachtet werden musste, häufig nach Zagreb fliegen, wo sie Ema dann auch zur Welt brachte. Sich an das Leben in Spanien zu gewöhnen war nicht leicht. Aber Madrid ist, wie schon erwähnt, eine wunderbare Stadt. Es ist keine Megacity, der Verkehr ist erträglich und die Stadt gut angebunden. Die Menschen sind aufgeschlossen und freundlich und gehen respektvoll miteinander um. Diese Mentalität sagt uns sehr zu. Wir führen ein entspanntes Leben und erfreuen uns an der mediterranen Küche, die wir aus Kroatien gewohnt sind. Madrid bietet alles, was das Herz begehrt. In London war es mit unseren Sozialkontakten nicht weit her. Hier in Madrid haben wir viele Freunde gefunden. Marcelo, Varane, Ramos, Navas, Nacho, Vázquez, Bale sind meine Teamkollegen und auch Freunde der Familie. Wir feiern die Geburtstage unserer Kinder zusammen und treffen uns zu Anlässen. Bei Ivanos Einschulung lernten wir auch die Eltern seiner Mitschüler kennen. Vanja freundete sich mit unserer Nachbarin Sara an, die außerdem unsere Kinderärztin ist. Für Vanja ist wichtig, dass jemand in der Nähe ist, zu dem sie schnell gehen kann, wenn sie Hilfe braucht. Das macht alles einfacher, sowohl für sie als auch für mich – vor allem wenn ich nicht da bin.

Das Essen in Spanien ist exzellent. Mein Lieblingsessen ist Pata negra, eine spanische Schinkenvariante. Auch Paella mag ich. Zu Hause essen wir meistens kroatische Gerichte. Ich liebe Sarma – Kohlrouladen, Bohnen, gefüllte Paprikaschoten. Wenn unsere Verwandten oder Freunde aus Kroatien zu Besuch kommen und uns fragen, ob sie irgendetwas mitbringen sollen, sagt Vanja jedes Mal: „Bringt ein bisschen Kohl für Sarma mit; hier gibt es nicht die richtige Sorte." Vanja kocht sehr gerne, auch wenn das mit drei Kindern manchmal eine Menge Arbeit macht. Bei uns gibt es jeden Tag zwei warme Mahlzeiten. Das ist ein Riesenaufwand, zumal wir auch noch auf meine sportgerechte Ernährung achten müssen.

Das Schulsystem in Madrid ist gut organisiert und vom Niveau her sehr gut. Ivano und Ema besuchen die American International School. Seit ihrer Kindergartenzeit sprechen sie Englisch. Zu Hause reden wir Kroatisch, sodass sie drei Sprachen fließend sprechen: ihre Muttersprache und außerdem Englisch und Spanisch. Sprachlich geht es bei uns daheim abwechslungsreich zu. Ich war begeistert, als ich feststellte, dass Ema schon als Dreijährige alle drei Sprachen benutzte. Es ist witzig zu sehen, wie Ivano und Ema sich beim Spielen auf Englisch unterhalten – und faszinierend, dass sie je nach Situation von einer Sprache in die andere umschalten, obwohl sie so jung sind. Sofia ist noch klein, aber wir wollen, dass alle unsere drei Kinder Kroatisch können und als Zweit- und Drittsprache Englisch und Spanisch lernen.

Deshalb können Vanja und ich uns gut vorstellen, in Madrid weiterzuleben, wenn meine Karriere einmal beendet ist. Luís Figo und seine Frau Helen haben es vorgemacht. Wenn sie im Sommerurlaub oder bei anderen Gelegenheiten nach Kroatien zu Besuch kamen, unterhielten wir uns über ihr Leben in Madrid. Ihre Kinder fühlen sich dort zu Hause; sie gehen in Madrid zur Schule und haben ihre Freundinnen und Freunde dort. Luís und Helen sind beruflich viel unterwegs und fahren regelmäßig nach Portugal und Schweden, aber ihre Homebase ist Madrid.

Was passieren wird, wenn ich eines Tages nicht mehr Fußball spiele, weiß ich nicht; Vanja und ich haben beschlossen, in Madrid ein Haus zu kaufen. Ermuntert hat uns dazu meine erste Vertragsverlängerung Ende 2014, denn damit war klar, dass ich noch eine Weile bei Real bleiben würde. Wir suchten zwei Jahre intensiv und fanden endlich ein Haus, das für uns perfekt passte. Es steht in dem Viertel, in dem wir bis dahin gelebt hatten: La Moraleja. Schule, Kindergarten, Geschäfte, Restaurants, Cafés sind nahebei, manche meiner Teamkollegen wohnen in der Nachbarschaft – alles wichtige Faktoren, die uns die Suche nach unserem Haus leichter machten. Außerdem durfte das Trainingszentrum auf keinen Fall weit weg sein. In meiner Londoner Zeit lebte ich immer nah am Trainingsgelände, weil ich dort viel Zeit verbrachte. Wir fahren nicht allzu oft in die Innenstadt, und wenn wir es doch machen, strengt mich der Straßenverkehr nicht so an wie in London. Trotzdem ist wichtig, dass Valdebebas nur ein paar Minuten entfernt ist.

Unsere Kinder lieben es, mit uns nach Kroatien zu fahren. Für sie bedeutet Zagreb, ihre Großmutter wiederzusehen – Vanjas Mutter. Wenn wir nach Zadar fahren, freuen sie sich darauf, meine Eltern zu sehen. Aber nach einer Weile wollen sie natürlich wieder dorthin zurück, wo sie sich zu Hause fühlen. Das ist für sie Madrid, unser Haus und unsere Abläufe, ihre

Freunde aus der Schule und aus Ivanos Fußballclub. Anfangs fanden wir es seltsam, wenn wir in Zagreb oder Zadar waren und Ivano fragte, wann wir endlich nach Hause fliegen, und damit sagen wollte: Wann fahren wir nach Madrid? Aber es ist, wie es ist. Sie haben eine andere Kindheit als wir damals. Ich weiß, dass sie sowohl Kroatien als auch Spanien lieben und mehr Möglichkeiten haben, ihr Leben nach ihren eigenen Vorstellungen zu leben.

Eines hat sich seit meinen Anfangsmonaten in Madrid geändert: Ich bin inzwischen bei Fußballfans viel bekannter und beliebter – nicht nur in Spanien, sondern auch anderswo. Das ist der Real-Effekt. Als ich für Tottenham spielte – also immerhin für einen starken englischen Erstligaklub von Weltruf –, kam es selten vor, dass mich jemand auf der Straße ansprach und sich mit mir fotografieren lassen oder ein Autogramm haben wollte. Nachdem wir die Champions League gewonnen hatten, änderte sich das dramatisch. Es ist für mich schwierig geworden, in Madrid auf die Straße zu gehen oder mit meinen Kindern im Park zu spielen, weil ich nach zwei Minuten von einer Menschentraube umringt bin. Vanja und ich sind zum Beispiel zu diversen Anlässen nach Paris gefahren. Bei unserem ersten Aufenthalt dort erkannten mich im Restaurant vielleicht zwei oder drei Gäste und fragten mich, ob sie ein Selfie mit mir machen dürften. Als ich nach dem Champions-League-Erfolg mit Real wieder einmal nach Paris kam, sprachen mich häufig Leute auf der Straße an, und wenn ich in ein Restaurant ging, wollten die meisten Gäste ein Foto oder Autogramm. Ich weise nie jemanden ab – wenn du so beliebt bist, bedeutet es, dass du irgendetwas richtig gemacht hast. Jedes Selfie und jedes Autogramm ist eine Gelegenheit, den Fans und allen anderen Fußballinteressierten zu zeigen, dass man Hochachtung vor ihrer Leidenschaft hat. Denn Fußball ist ein ganz besonderer Sport, und ohne die Leidenschaft der Fans wäre er nicht das, was er ist.

Tiefschlag in Frankreich

Mit dem zweiten Titel im europäischen Vereinsfußball im Rücken reiste ich im Sommer 2016 nach Kroatien. Wir hatten noch eine weitere Chance, etwas Außergewöhnliches zu erreichen. Die Europameisterschaft 2016 wurde in Frankreich ausgetragen; achtzehn Jahre zuvor hatte es Kroatien bei der Weltmeisterschaft 1998 auf den dritten Platz geschafft. Manche sahen in der EM 2016 unsere Chance, aus dem Schatten der Bronzemannschaft von damals herauszutreten. Ich hatte gar nicht das Gefühl, dass die Bronze einen Schatten auf uns warf, und fühlte mich durch sie auch nicht belastet, sondern im Gegenteil inspiriert. Ich wollte allen Kroatinnen und Kroaten einfach mal wieder eine Party bereiten – das einzig Belastende war, dass wir das bisher noch nicht getan hatten. Diesmal hatte ich das Gefühl, dass wir für den nächsten Schritt gerüstet waren. Wir hatten eine Spitzenmannschaft, waren in Topform und trauten uns selbst eine Menge zu.

Bevor wir nach Frankreich aufbrachen, fand in Zagreb die alljährliche Preisverleihung für die besten kroatischen Spieler und Trainer statt. Veranstaltet wird dieses traditionsreiche Event vom kroatischen Fußballverband und von *Sportske Novosti*, der ältesten Sportzeitung im Land. Ich wurde mittlerweile zehnmal zum besten kroatischen Spieler gekürt. Diese Anerkennung bedeutet mir viel, weil ich sie von meinen Kollegen und von den Experten, Spielern und Trainern der kroatischen Fußballliga bekam. Auch dass ich die Auszeichnungen aus den Händen von kroatischen Fußballlegenden wie Robert Prosinečki, Slaven Bilić, Zvonimir Boban und Dario Šimić entgegennehmen durfte, ist für mich eine Ehre. Als ich 2016 die Trophäe zum vierten Mal erhielt, hatte ich die Hoffnung, das wäre der Auftakt zu einer erfolgreichen Europameisterschaft und einem noch viel erfolgreicheren Saisonende.

Ich kam gut ausgeruht und fit im kroatischen EM-Lager an – ganz anders als zwei Jahre zuvor bei der WM in Brasilien. Ich war voller Enthusiasmus und erfolgshungrig. Wenn du einen Titel gewinnst, wird dein Appetit eher größer. Ich war genau wie meine Mannschaftskameraden für einen grandiosen Erfolg gerüstet.

Bei diesem Turnier ergänzte ich die Liste der Rituale, die ich vollziehe, bevor ich auf das Spielfeld gehe. So eine Routine hat, glaube ich, jeder Spieler. Seit Beginn meiner Laufbahn ziehe ich immer meinen linken Schuh zuerst an. Meine Eltern schenkten mir zum achtzehnten Geburtstag eine goldene Kette mit einem kleinen Kreuzanhänger; diese Kette nehme ich immer erst kurz vor dem Aufwärmen ab und küsse jedes Mal das Kreuz. Seit der EM 2016 in Frankreich trage ich spezielle Schienbeinschoner. Der eine ist mit Fotos von meiner Frau und unseren Kindern und einem Bild von Jesus versehen und der andere mit den entsprechenden Namen. Auch diese Schienbeinschoner küsse ich jedes Mal, bevor ich aufs Spielfeld gehe.

Das erste Spiel gewannen wir mit 1 : 0 gegen die Türkei. Ich schoss das entscheidende Tor. Wir dominierten die Partie und starteten selbstbewusst in das Turnier. Zum Feiern war uns nicht zumute, denn wir bekamen die Nachricht, dass der Vater unseres Kapitäns Darijo Srna verstorben war. Das war ein Riesenschock. Darijo und ich waren seit Jahren befreundet. Unsere Familien verbrachten immer einen Teil des Sommerurlaubs zusammen. Deshalb wusste ich, dass Darijos Vater schwer erkrankt war. Ich wusste auch, was Darijo durchmachte, denn er hatte zu seinem Vater ein sehr enges Verhältnis. Er reiste sofort zum Begräbnis in seine Heimatstadt Metković. Viele Menschen erwiesen seinem Vater die letzte Ehre, und ich freute mich, dass zu diesen Menschen auch meine Eltern gehörten. Die Tragödie gab uns einen Schub. Wir wollten zeigen, wie viel uns Darijo bedeutete. Jeder hätte verstanden, wenn er bei seiner Familie geblieben wäre, aber als Kapitän ließ er seine Mannschaft nicht im Stich: Er kam nach Frankreich zurück und führte uns in das zweite Gruppenspiel gegen Tschechien. Die ganze Welt war ergriffen, als ihm beim Abspielen der Nationalhymne Tränen über das Gesicht liefen. Seine Trauer musste einfach raus. Sein Vater hatte gewollt, dass er spielte. Darijo hielt sein Versprechen und war einer der besten kroatischen Spieler im Turnier.

Gegen die Tschechen lagen wir nach je einem Tor von Ivan Perišić und Ivan Rakitić mit 2 : 0 in Führung. Wenige Minuten nach dem zweiten Tor, in der 62. Minute, musste ich vom Platz. Ich hatte seit dem Champions-League-Finale in Mailand Adduktorenprobleme. Ich biss die Zähne zusammen, doch zwei anstrengende Spiele hinterließen ihre Spuren. In der 76. Minute gelang den Tschechen der Ausgleich. Vier Minuten vor dem Abpfiff flogen aus dem kroatischen Fanblock Leuchtraketen auf das Spielfeld. Der Schiedsrichter unterbrach die Partie. Die andauernden Probleme mit Fans lösten bei uns die Sorge vor Ausschreitungen und möglichen gravierenden Konsequenzen für die Nationalmannschaft aus. Das brachte uns gedanklich aus dem Konzept und raubte uns die Konzentration. Die Fans äußerten ihren Protest gegen die Verantwortlichen im kroatischen Fußballverband und deren Art, Dinge zu regeln. Sie waren der festen Überzeugung, der Verband behandele nicht alle gleich und vertrete vor allem die Interessen einer kleinen Gruppe von Privilegierten. Ich finde es in Ordnung, wenn man für seine Ideale kämpft, aber die Art und Weise, wie das geschah, konnte ich nicht nachvollziehen. Was der Nationalmannschaft schadet, kann für niemanden gut sein.

In der 89. Minute bekamen die Tschechen leider einen Elfmeter zugesprochen und nutzten die Chance zum Ausgleich. Trotz des Remis war unser Einzug in die zweite Runde gesichert, sodass wir ohne Druck in das letzte Gruppenspiel gegen Spanien gehen konnten. Deshalb wurde nach Beratungen mit dem Trainer Ante Čačić und den Mannschaftsärzten entschieden, dass ich beim Spanienspiel pausieren sollte. Wenn es nötig gewesen wäre, hätte ich gespielt; ich fühlte mich schon besser, aber es war wichtig, dass ich mein Bein noch ein bisschen länger schonte. Wir dachten, unser Weg ins Halbfinale wäre bereits vorgezeichnet. Wären alle Partien so ausgegangen, wie allgemein erwartet, hätten wir in der Runde der sechzehn gegen Island gespielt und danach entweder gegen Polen oder gegen Wales. Das waren gute Mannschaften, aber sie waren nicht stärker als wir. Doch es kam anders. Wir schlugen Spanien 2 : 1 und die unerwarteten Resultate der anderen Spiele bescherten uns einen anspruchsvollen Gegner: Portugal. Gegen die Portugiesen hatten wir uns immer schwergetan und kein einziges Mal gewonnen – und diese Tradition setzten wir leider fort.

Wir waren optisch die bessere Mannschaft, nur mit der Chancenverwertung haperte es. Die Partie ging in die Verlängerung. In der 116. Minute setzte Perišić einen fulminanten Schuss an den Pfosten. Eine Minute später erzielte Portugal ein Kontertor. Es war wieder so weit: Uns liefen die Tränen. Die Niederlage ging mir an die Nieren, denn ich war fest überzeugt, dass wir alle Voraussetzungen hatten, um es bis ins Endspiel zu schaffen. Auch wenn wir nicht so gut waren wie in den Gruppenspielen, ist schwer zu sagen, warum uns das nicht gelang. Portugal hatte Angst vor uns, wählte eine ausgesprochen defensive Strategie und lauerte auf Konter. Für sie reichte es, wenn ein Angriff zum Erfolg führte. Das war der Fall – und damit war die Sache erledigt. Diese vielen Kleinigkeiten – eine Mannschaft gewinnt, weil ein Pfostenschuss zufällig einem Gegner vor die Füße und von da ins Netz rollt – zeigen, was alles zusammenkommen muss, damit man ein Spiel gewinnt. Man hätte meinen können, Portugal wäre dazu auserwählt gewesen, Europameister zu werden. Sie spielten nicht sonderlich beeindruckend, aber wen kümmerte das, nachdem sie am Ende die Trophäe gewannen? Ich freute mich für meinen Real-Teamkameraden Cristiano Ronaldo, der seine Mannschaft zu einem tollen Erfolg führte. Ich weiß, wie viel ihm das bedeutete.

Als wir heulend auf dem Spielfeld standen, kam Ronaldo auf mich zu, um mich zu trösten. Er sagte, die Portugiesen hätten Angst vor uns gehabt und sich gesagt: „Wenn wir Kroatien ausschalten, schaffen wir es auch ins Endspiel." Genau so kam es dann auch. Sie feierten und uns blieb wieder einmal nur die Enttäuschung. Wir waren in der ersten Runde nach der Gruppenphase ausgeschieden, genau wie 2008 in Österreich gegen die Türkei. Nachdem wir acht Jahre sehnlich auf einen Erfolg für Kroatien gehofft hatten, war es wieder das alte Lied. Wie immer, wenn die Nationalmannschaft nicht den gewünschten Erfolg liefert, zeigten alle mit dem Finger auf den Trainer. Čačić hatte uns sowohl durch die Gruppenphase, in der wir eine gute Figur gemacht hatten, als auch durch das weniger überzeugende Match gegen Portugal geführt. Wir waren gemeinsam gescheitert – er als Trainer und wir als Mannschaft.

Mit meinen gut dreißig Jahren fragte ich mich, ob es noch Sinn hatte, weiter für die Nationalmannschaft zu spielen.

Doch ich war nach wie vor überzeugt, dass sich der Erfolg, auf den wir alle hinarbeiteten, früher oder später einstellen würde. Ich hatte Vertrauen in die Qualität der Mannschaft und glaubte daran, dass das Glück auch uns einmal hold sein musste. Ohne Glück schafft es kein Team an die Spitze. Das haben wir in Frankreich gelernt.

Nach diesem Turnier verabschiedete sich Darijo Srna aus der Nationalmannschaft. Er hatte fantastische Europameisterschaften gespielt. Als bisheriger Vizekapitän übernahm ich seine Funktion. Schon als Junge hatte ich davon geträumt, eines Tages Kroatiens Kapitän zu sein. Jetzt ging dieser

Traum in Erfüllung. Das bedeutete viel Ehre und noch mehr Verantwortung. Als Erster unter Gleichen hast du eine Menge Aufgaben: Du führst die Mannschaft und sorgst dafür, dass alle Faktoren, die die Leistung dieser Mannschaft beeinflussen könnten, genau richtig dosiert sind. Doch auch jetzt hielt ich an der fixen Idee fest, dass wir es zu guter Letzt ganz nach oben schaffen würden. Ich wollte, dass mein Team Geschichte schreibt. Ich konnte mich nicht mit dem Gedanken abfinden, dass ich nach so vielen Jahren in der Nationalmannschaft meine Karriere ohne ein greifbares Resultat beenden würde – ein Resultat, an das man sich erinnert wie an die Namen der Spieler der Bronzegeneration aus den 1990er-Jahren, die als leuchtendes Beispiel für einen der größten Erfolge in der kroatischen Sportgeschichte stehen.

KAPITEL ACHT

Den Sommer 2016 verbrachten wir in unserem Haus in Zadar. Ich liebe es, wenn alle zusammenkommen, nachdem wir uns eine Weile nicht gesehen haben. Im Sommer treffen wir uns immer: meine Eltern, meine Schwestern, Vanjas Mutter und ihre Großeltern, unsere Verwandten und Freunde. Wer nicht nach Zadar kommen kann, den besuchen wir separat. In diesem Sommer fuhr ich nach Zaton Obrovački, Kvartirić und Obrovac. Wenige Wochen zuvor hatte ich mit Real zum zweiten Mal die UEFA Champions League gewonnen. Es kam mir immer noch wie ein Wunder vor, dass wir innerhalb so kurzer Zeit zwei europäische Titel geholt hatten. Vom Hörensagen wusste ich: Für die meisten Spieler oder Trainer, die so etwas einmal erleben durften, war ein solcher Erfolg der Höhepunkt ihrer Laufbahn. Ich hatte schon zwei Titel auf dem Konto und dachte: *Warum soll jetzt eigentlich Schluss sein? Wir können die Champions League doch auch ein drittes Mal gewinnen.* Jede weitere Trophäe wäre eine Zugabe zu der ohnehin sensationellen Erfahrung, im goldenen Zeitalter von Real mitzumischen. All das machte mich in meinem Sommerurlaub außerordentlich gelassen. Ich hatte das vierte Lebensjahrzehnt erreicht. Hinter mir lagen vierzehn Spielzeiten als Profifußballer, davon acht in den anspruchsvollsten Ligen. Mit anderen Worten: Ich hatte jede Menge Erfahrung, hatte viele Bewährungsproben bestehen müssen, und die Erfolgsserie, die ich als Teil der Mannschaft und persönlich erlebte, war sehr erfüllend. Das Einzige, was noch fehlte, war ein Erfolg mit Kroatien. Dieser Traum ließ mich nicht los.

Wenn man dreißig ist, wirft man einen Blick zurück auf die eigene Karriere. Ich glaube, das passiert ganz unwillkürlich.

Und dann fragt man sich, was man noch nicht erreicht hat und was man tun kann, um es zu erreichen. In einer Fußballerkarriere verstärkt sich das dadurch, dass man weiß: Du kannst die Zeit nicht anhalten. Nach deinem dreißigsten Geburtstag werden dein Alter und die Tatsache, dass du deinen Zenit überschritten hast und irgendwann deine Laufbahn beenden wirst, unweigerlich Thema.

Mir war immer ziemlich egal, was andere Leute über mich sagen. Wahrscheinlich ist das der Grund, warum ich mich von solchen Gedanken nicht herunterziehen ließ. Ich bin Realist, vielleicht wegen der vielen positiven und auch negativen Erfahrungen in meiner Kindheit. Ein Grund ist wohl außerdem, dass ich schnell erwachsen werden musste. Ich lernte, mit Problemen fertigzuwerden und Hindernisse zu überwinden, mich durchzubeißen, aber ich habe auch gelernt, die vielen guten Dinge wertzuschätzen und mich an meinen Erfolgen zu freuen.

Als ich den ersten großen Durchbruch in meiner Karriere schaffte und bei Dinamo und in der Nationalmannschaft bewies, was ich konnte, wurde ich daran erinnert, wie grausam das Leben sein kann. Das war 2008. Durch einen tragischen Vorfall wurde unser Freund Hrvoje Ćustić aus dem Leben gerissen. Er war ein Fußballnarr, liebte seine Heimatstadt Zadar und träumte davon, Profi zu werden. Er war zwei Jahre älter als ich, ein großartiger Spieler und ein noch großartigerer Mensch. In der Saison 2004/05 spielten wir zusammen in der kroatischen U-21-Nationalmannschaft. Er war älter und erfahrener und jederzeit zur Stelle, um den jüngeren Mitspielern zu helfen. Doch eines Tages nahm in einem Spiel zwischen Zadar und Cibalia ein ganz normaler Zweikampf ein tödliches Ende. Hrvoje stürzte und prallte mit dem Kopf gegen eine Betonwand, die direkt neben der Seitenauslinie stand. Eine Betonmauer direkt neben dem Seitenaus? Das war so komplett absurd – es war nicht zu glauben. Dass ein Spieler im 21. Jahrhundert auf einem Fußballplatz bei einem wichtigen Spiel sein Leben verliert, und das aus einem so abwegigen Grund! Fünf Tage nach dem Vorfall erlag Hrvoje im Krankenhaus in Zadar seinen Verletzungen. Er wurde nur 24. Seine Beerdigung war zu traurig, um davon zu erzählen.

Bei Zadar stand in diesem verhängnisvollen Spiel Danijel Subašić im Tor. Er war einer der großen Spieler, die Zadar zur Nationalmannschaft beisteuerte. Wir hatten schon in den Jugendmannschaften in Zadar zusammengespielt und Hrvoje war Danijels bester Freund. Ich weiß, wie sehr er ihn vermisst. Bei jedem Spiel trägt er unter seinem Trikot ein T-Shirt mit Hrvojes Konterfei. Das ist wahre Freundschaft und zeigt seine Verbundenheit mit dem schmerzlich vermissten Freund. Meine Eltern sind mit Hrvojes Familie befreundet und ich habe oft mit ihnen Kontakt. Wir sehen uns regelmäßig in Zadar, und ich treffe Hrvojes Vater Svetko, der mit großem Engagement Zadars Fußballleben am Laufen hält.

Als Real im Februar 2014 im Flow war und La Décima holte, teilten mir meine Eltern am Telefon mit, dass Tomo Bašić verstorben sei. Ihm verdanke ich meine Karriere. Er glaubte an mich, als niemand außer meiner Familie und speziell meinem Vater mir ernsthaft zutraute, Fußballer zu werden. Durch diese Haltung baute Mr. Tomo ganz wesentlich an dem Fundament für mein Selbstvertrauen mit – auch weil er von dieser Meinung felsenfest überzeugt war und sie unbeirrt vertrat. Ich werde ihn nie vergessen. Er wurde 77 Jahre alt. Seine Beisetzung sollte drei Tage vor einem sehr wichtigen Spiel stattfinden: Real trat in der Champions-League-Runde der sechzehn in Gelsenkirchen gegen Schalke an. Nicht nach Zadar zu Tomos Begräbnis zu fahren wäre für mich undenkbar gewesen. Als ich Carlo Ancelotti um Erlaubnis fragte, hatte ich den Privatjet schon bestellt. Ich wusste, dass mich der Trainer freigeben würde, aber ich wusste auch, dass er mich bitten würde, sofort wieder zurückzukommen.

So kam es, dass ich an einem Nachmittag von Madrid nach Zadar und zurück flog. Ich musste Mr. Tomo auf jeden Fall Adieu sagen. Als ich drei Monate später auf dem Rasen in Lissabon die Champions-League-Trophäe in die Luft hob, war er einer der Ersten, an die ich denken musste. Ich stellte mir vor, wie schön es wäre, wenn er dieses Bild sehen und sich daran freuen könnte, dass er sich, was mich betraf, als weiser Prophet erwiesen hatte.

Bašićs Vertrauen war wichtig, weil ich dadurch auch mir selbst vertraute. Mit einem solchen Rückhalt wirst du mit allen Schwierigkeiten fertig, die dir in deiner Karriere und in deinem Leben begegnen. Ich habe aber auch gelernt, wie wichtig es ist, mit beiden Beinen fest auf dem Boden zu bleiben, auch wenn alles nach Plan läuft. Die Gefahr, aus dem Tritt zu kommen, ist dann am größten, wenn die Euphorie über den eigenen Erfolg überhandnimmt. Deshalb rede ich über solche Augenblicke gerne mit Freunden, die viel vom alltäglichen Leben verstehen. Ich lese gern etwas darüber und setze mich dann gedanklich damit auseinander.

Es gab in meinem Leben schmerzhafte Zeiten, aber ich habe gelernt zu reagieren, wenn einmal etwas nicht so läuft wie erwartet. In solchen Fällen versuche ich, etwas zu ändern. Das brachte mich zu einer Erkenntnis, an der für mich viel Wahres ist: *Die besten Dinge im Leben bekommt man nicht geschenkt.*

Im Urlaub vor meiner fünften Saison bei Real zog ich eine Zwischenbilanz. Zum einen wollte ich nach meinem Geburtstag eine Bestandsaufnahme machen, zum anderen war das eine sehr glückliche Phase in meiner Karriere und in meinem Leben. Ich hätte zu dem Ergebnis kommen können, dass ich mich entspannt zurücklehnen und damit zufrieden sein sollte, es geschafft zu haben. Doch ich wusste, was noch alles auf mich wartete, wenn ich weiterhin den Willen zum Erfolg hatte – und den hatte ich unbedingt. Wenn ich bei Real eines gelernt habe, dann das: Jeder Titel macht Appetit auf den nächsten. Von Titeln und der Ehre, die damit einhergeht, hat man nie genug.

Ich hatte in meinem Leben keine Motivationsprobleme, weder mit zwanzig noch mit dreißig. Das Einzige, was sich im Laufe der Zeit ändert, sind die Rahmenbedingungen. Mit den Jahren musst du mehr trainieren. Du musst auf deinen Körper und deine Ernährung achten, Verletzungen vermeiden und dir die nötigen Auszeiten gönnen. Und: Du musst unbedingt alle Trophäen und Auszeichnungen wegpacken, damit du dich auf das konzentrieren kannst, was als Nächstes ansteht, und dich nicht in Erinnerungen an frühere Zeiten verlierst. Manch einer beginnt an sich zu zweifeln, wenn er ein gewisses Alter erreicht und nicht mehr so viel Kraft hat und die Beweglichkeit nachlässt, aber ich habe meine Motivation nie infrage gestellt. Als wir nach dem vermurksten Saisonstart zum zweiten Mal die Champions League gewannen, erinnerte ich mich überhaupt erst wieder daran, wie gut sich Siege anfühlen. Jedes Mal wenn wir mit der Nationalelf aus der EM ausschieden, brannte ich umso mehr auf einen Sieg mit dem kroatischen Team, und bei Madrid war das nicht anders.

Als die Saisonvorbereitung heranrückte, wusste ich, dass ich auf einen wenig veränderten Kader treffen würde. Unser Urgestein Álvaro Arbeloa verließ den Verein. Ich werde ihn immer als guten Freund in Erinnerung behalten, der mir in meiner allerersten Zeit bei Real sehr geholfen hat. Es kamen junge und frische neue Leute wie Marco Asensio. Außerdem kehrte Álvaro Morata von Juventus zurück. Wir hatten eine großartige Mannschaft, die in allen Wettbewerben bestehen konnte und auf allen Positionen exzellent besetzt war. Auf den Trainer waren wir perfekt eingespielt; in den ersten sechs Monaten unter Zinédine Zidane hätten wir Barcelona beinahe noch die Tabellenführung abgejagt.

Während der Saisonvorbereitung deutete alles darauf hin, dass wir für Großes bereit waren. Es wurde hart nach einem sehr anspruchsvollen Programm trainiert, das sich der Konditionsspezialist Antonio Pintus ausgedacht hatte. Zidane beharrte darauf, dass wir körperlich fit waren, denn das war für ihn die Voraussetzung, um den Gegner in die Knie zu zwingen und die eigenen Qualitäten ausspielen zu können. Außerdem war ihm klar, dass wir in dem dicht gedrängten Spielplan mit fünf Wettbewerben und den internationalen Einsätzen nicht mehr die Zeit haben würden, das aufzuholen, was wir im Sommer versäumt hatten. Diesmal lief unsere Vorbereitung ausgezeichnet. Wir fühlten uns gerüstet für eine tolle Saison. Unser Antrieb war klar: Wir wollten zum ersten Mal seit meinem Wechsel zu Real den spanischen Meistertitel holen und als erste Mannschaft überhaupt den Champions-League-Titel verteidigen.

Einen besseren Saisonstart hätten wir uns nicht wünschen können. Der erste Titel war schon unter Dach und Fach: Im europäischen Supercup schlugen wir Sevilla 3 : 2 nach Verlängerung. Am 15. Januar blickten wir auf eine Serie von elf Siegen und vier Unentschieden in der Liga zurück. Unsere erste Niederlage mussten wir gegen Sevilla einstecken; damit schloss sich in gewisser Weise der Kreis. In derselben Woche zogen wir auch in der Copa del Rey gegen Celta den Kürzeren und schieden im Viertelfinale aus. Das war eine kurze Schwächephase, die uns aber nicht stoppen konnte. In der Liga und in der Champions League blieben wir auf der Siegerstraße.

Einer der wichtigsten Faktoren in dieser Saison war wohl Zidanes Idee, die Spieler rotieren zu lassen. Wenn es in einer Mannschaft so viele Spitzenspieler gibt wie bei Real, ist es schwer, alle bei Laune zu halten. Die Stimmung in der Kabine steht und fällt mit der Zufriedenheit der Spieler, die an zwölfter oder zwanzigster Stelle stehen. Zidane bezog in die Punktspiele alle ein; er gab jedem die Chance, sich als wichtiger Teil der Mannschaft wahrgenommen zu fühlen und zum gemeinsamen Erfolg beizutragen. Wir waren eine Brüderhorde. Wir absolvierten in einer Saison sechzig Spiele, in denen der Trainer 27 Spieler einsetzte. Die Rotation half uns, bis zum Saisonende frisch und bei Kräften zu bleiben, und das Endergebnis war der Beweis, wie klug und weise Zidanes Rotationsentscheidung war.

Zidanes Taktik war klar: Wir sollten in der Offensive und in der Defensive mit der gleichen Intensität zu Werke gehen. Je einfacher deine Spielanlage ist, desto schwerer machst du es dem Gegner. Zidane wollte unbedingt, dass wir den Druck aufrechterhielten, was nicht immer leicht umzusetzen war. Wir waren zu langsam, wenn es darum ging, unsere Gegner am Spielaufbau zu hindern, und handelten uns dadurch immer wieder Probleme ein. Durch unsere Spielqualität insgesamt und durch die individuelle Klasse der Spieler konnten wir das kompensieren. Doch wie so oft, wenn es gut lief, lauerten hinter der nächsten Ecke schon die nächsten Probleme.

Mitte September traten wir in Barcelona gegen Espanyol an. Ich bekam einen Tritt gegen das Knie und spürte sofort einen stechenden Schmerz. Ich habe eine hohe Schmerztoleranz; also spielte ich weiter. Auch in den nächsten beiden Partien gegen Borussia Dortmund und Las Palmas spielte ich. Beide Begegnungen gingen 2 : 2 unentschieden aus, obwohl wir 1 : 0 und 2 : 1 geführt hatten und den Sieg erst in den Schlussminuten aus der Hand gaben. Wir waren nicht konzentriert genug. In Dortmund machte mein Knie wieder Ärger. Damit war klar, dass ich gründlich durchgecheckt werden musste. Gleich nach unserer Rückkehr nach Madrid ließ ich ein MRT machen. Auf dem Scan war zu sehen, dass sich durch die Verletzung, die ich mir in Barcelona zugezogen hatte, ein Stück Knorpel abgelöst hatte. Das Knorpelstück bewegte sich im Knie und löste dadurch die Schmerzen aus. Die Ärzte rieten zu einer Arthroskopie, und ich ging davon aus, dass ich einen ganzen Monat ausfallen würde. Ich verlor nicht den Mut, obwohl es gleich zu Saisonbeginn passiert war. Nach Verletzungen folgt oft eine zermürbende Zeit, bis man wieder spielen kann, aber diesmal lief alles glatt, und ich war bald fit genug, um aufzulaufen. Am 6. November im Spiel gegen Leganés war es so weit. Zidane wollte nichts erzwingen und bestand darauf, dass ich mich Schritt für Schritt an den Spielbetrieb herantastete – und schon bald hatte ich das gewünschte Leistungsniveau wieder erreicht.

Als wir zur FIFA-Klub-Weltmeisterschaft nach Japan flogen, war die Mannschaft richtig in Fahrt. Wir setzten uns im Halbfinale mit 2 : 0 gegen Club América durch und trafen im Endspiel auf die Kashima Antlers, die sich als zäher Brocken erwiesen. Die Partie ging in die Verlängerung. Zwischenzeitlich hatten die Japaner sogar mit 2 : 1 vorne gelegen, aber dann traf Cristiano Ronaldo zum Ausgleich und sicherte uns mit zwei weiteren Toren in der ersten Hälfte der Verlängerung einen 4:2-Sieg. Wir wussten, dass das Spiel wegen der Zeitverschiebung anstrengend werden würde; es war ein Turnier mit harter Konkurrenz und wir hatten ein ziemliches Schlafdefizit. Der Goldene Ball für den besten Spieler im Turnier ging verdient an Ronaldo. Mit einem Tor im ersten Spiel und einem Hattrick im Finale hatte er in zwei Spielen vier Tore erzielt. Auch ich nahm eine Trophäe mit nach Europa: den Silbernen Ball.

In der Liga kämpften wir um die Tabellenspitze. Das Aus in der Copa del Rey gegen Celta war ein Ausrutscher. Wegen meiner Verletzung war ich beim Rückspiel nicht im Kader. In der Champions League hingegen lief es gut. In der Runde der sechzehn setzten wir uns recht mühelos gegen Napoli durch. Im April erwarteten uns die Bayern mit Carlo Ancelotti und Xabi Alonso. Diese Begegnung war alles andere als mühelos. Nach dem Hinspiel hatte es danach gar nicht ausgesehen: Bayern ging in der Allianz-Arena in Führung, aber in der zweiten Halbzeit traf Ronaldo zweimal und sicherte uns den Sieg. Bayern München ist einfach ein großer Verein mit Topspielern und erstklassigen Trainern, du musst immer auf alles gefasst sein – ganz egal ob es ein Heim- oder ein Auswärtsspiel ist und mit welchem Vorteil du ins Spiel gehst. Deshalb wussten wir, dass das Rückspiel im Bernabéu nicht einfach werden würde, aber ich hätte nie damit gerechnet, dass wir es dermaßen schwer haben und so nah daran sein würden auszuscheiden. Zu Beginn der zweiten Halbzeit gingen die Bayern in Führung, doch vierzehn Minuten vor Abpfiff traf Ronaldo zum Ausgleich. Nur zwei Minuten später schoss Sergio Ramos ein Eigentor, und damit war klar, dass uns ein schwerer Abend bevorstand. Sechs Minuten vor Beginn der Nachspielzeit holte sich Arturo Vidal die zweite Gelbe Karte ab und musste vom Platz. Wir gingen in Unterzahl in die Verlängerung, wieder erzielte Ronaldo zwei Treffer und brachte uns in Führung, bevor Asensio mit dem vierten Tor den Sack zumachte. Wir waren eine Runde weiter, wenn auch mit einem blauen Auge. Bayern beschwerte sich über die Schiedsrichterleistung; für mich stand fest, dass wirklich die bessere Mannschaft ins Halbfinale kam. In zwei Spielen hatte Ronaldo gegen Manuel Neuer, diesen herausragenden Torwart, fünf Tore geschossen.

Unser Halbfinalgegner war wieder mal Atlético Madrid. Zidane hatte entschieden, bis zum Ende des Wettbewerbs beim 4-3-1-2 zu bleiben. Mit Isco hinter den beiden Stürmern Karim Benzema und Ronaldo kam das Team gut zurecht. Seit dem Viertelfinale war Ronaldo heiß, und dass er in absoluter Bestform war, zeigte er im Hinspiel gegen Atlético. Wir spielten wie entfesselt und gewannen dank eines weiteren Ronaldo-Hattricks mit 3 : 0. Nach diesem Sieg gingen wir nicht davon aus, dass uns das Rückspiel Probleme bereiten würde. Vielleicht gerade deshalb bekamen wir sehr wohl Probleme … Angefeuert von seinen sensationellen Fans lag Atlético schon bald 2 : 0 vorne. Atlético schlug uns mit seiner gefährlichsten Waffe: den Standardsituationen. In der 12. Minute war es eine Ecke, in der 16. Minute ein Elfmeter. Die Lage war ernst, aber diese Saison war *unsere* Saison; wir waren einfach sehr stark. Drei Minuten vor dem Halbzeitpfiff wehrte Atléticos Keeper einen Schuss von Toni Kroos ab, und der Ball landete bei Isco, der ihn nur noch einschieben musste. Vorausgegangen war ein fantastischer Alleingang von Karim Benzema, einem der fähigsten Spieler, mit denen ich je zusammengespielt habe. Auf der linken Seite, direkt an der Torauslinie, dribbelte er sich auf allerengstem Raum an drei Gegenspielern vorbei und spielte Kroos den Ball direkt in den Lauf. Jetzt konnte uns Atlético nichts mehr anhaben. Es hätte drei Tore gebraucht, um uns noch aus dem Wettbewerb zu werfen, das erwies sich als Ding der Unmöglichkeit. Wir machten uns bereit für unser drittes Champions-League-Finale innerhalb von vier Jahren – und das zweite mit Zidane auf der Trainerbank.

Vor dem Showdown gegen Juventus in Cardiff hatten wir noch ein paar andere wichtige Partien zu absolvieren. Von unserem Triumph in der Liga trennten uns drei Spiele. Nach unserer 2:3-Niederlage im Clásico gewannen wir sechsmal hintereinander, schossen dabei 22 Tore und kassierten nur fünf Gegentreffer. Der Schnitt von 3,7 Treffern pro Spiel war ein eindeutiger Indikator, dass wir in Topform waren. Wir fegten nur so über den Platz und setzten uns mit unserer überragenden körperlichen Fitness durch. Unser letztes Ligaspiel fand in Málaga statt und endete nach Toren von Ronaldo und Benzema mit 2 : 0. Unser erster Meisterschaftstitel in der spanischen Liga seit meinem Einstieg in Madrid war unter Dach und Fach!

Das war für mich ein neues, überwältigendes Gefühl. In Madrid bereiteten uns die Fans einen sensationellen Empfang auf der Plaza de Cibeles, und wir konnten die Party in vollen Zügen auskosten, denn bis zum Champions-League-Finale waren es noch zwei Wochen.

In meinen fünf Jahren in Madrid hatte Real bis dahin zahlreiche Trophäen, aber noch nie die Meisterschaft gewonnen.

Für einen dermaßen berühmten Verein mit so erstklassigen Spielern ist das eigentlich unglaublich. Ich wurde oft gefragt: Wie kommt es, dass Real in Europa so eine dominierende Rolle spielt und das im eigenen Land nicht schafft? Das größte Problem in der spanischen Liga, die über zehn Monate läuft, besteht nach meiner Einschätzung darin, über einen so langen Zeitraum kontinuierlich gut zu spielen und die Konzentration zu halten. Es gibt große Schwankungen, und manchmal ruhen wir uns auf dem Gedanken aus, dass wir wegen der langen Saison ja noch genug Zeit haben, Niederlagen wieder wettzumachen. Doch das stimmt nicht. Barcelona dominiert die Liga aus dem Grund, weil dieser Club keine Gelegenheit ungenutzt lässt, drei Punkte zu holen – egal gegen welchen Gegner. In den fünf Jahren, die ich bei Real bis dahin spielte, war Barça dreimal spanischer Meister. Damit die Mannschaft fokussiert bleibt und ihr Leistungsniveau kontinuierlich hält, kommt es entscheidend auf den Coach an. Der Trainer spielt eine zentrale Rolle – beim Gewinnen ebenso wie beim Verlieren.

Zidane wusste sehr genau, wie er die Konzentration im Team stabil hielt und die Belastung über die Saison hinweg verteilte. Manchmal war ich nicht einverstanden, wenn er mir eine Ruhepause verordnete, aber hinterher stellte sich jedes Mal heraus, dass er die Lage richtig eingeschätzt hatte. Wie gesagt: Zidanes Stärke ist, dass er alles einfach hält. Er sagt nicht viel, aber er sagt genau das Richtige. Er erhebt seine Stimme nicht, lässt nie ein Donnerwetter los, aber seine Autorität ist klar. Außerdem ist er ein begnadeter Motivator. Immer wieder zeigte er uns Videozusammenschnitte unserer Spiele und Siege. Vor jedem Match baute er uns auf und puschte uns hoch – besonders vor den wichtigen Partien.

Das Champions-League-Finale 2017 fand am 3. Juni in Cardiff statt. Dass wir nach dem Abschluss der spanischen Meisterschaft zwei spielfreie Wochen hatten, barg das Risiko, dass unsere Form nachließ. Das Trainerteam stellte daher speziell für dieses Spiel ein maßgeschneidertes Programm zusammen. Zidane hatte mehrere Jahre für Juventus gespielt. Im Juve-Trikot gewann er den Ballon d'Or, holte fünf Titel und wurde als Ikone gefeiert, bevor er bei Real unterschrieb und dort eine Legende wurde. Deshalb war er mit der Mentalität des Clubs aus Turin bestens vertraut und konnte absolut nachvollziehen, dass Juventus dem 21-jährigen Warten auf einen neuerlichen Sieg in der europäischen Königsklasse unbedingt ein Ende setzen wollte. Zidane ist kein Freund langer Besprechungen und bevorzugt kurze, knappe Analysen. Er vermittelt dem Team die wichtigsten Aspekte des gegnerischen Spielaufbaus und lenkt das Augenmerk auf die Schwächen des Gegners. In dieser Saison hatte sich Juventus auf europäischer Bühne glänzend geschlagen: Bis zum Endspiel hatten die Turiner nur drei Gegentreffer kassiert und 21 Tore erzielt – fast zwei Treffer pro Match. Sie waren die Titelfavoriten.

In Italien waren sie natürlich sowieso das Maß aller Dinge, und vor dem Finale in Cardiff hatten sie in der Serie A sechs Spiele hintereinander gewonnen. Zwei Jahre zuvor hatten sie es ebenfalls ins Finale geschafft und waren dort an Barcelona gescheitert. Jetzt wollten sie um jeden Preis endlich auch in Europa ganz oben stehen.

Ihr Pech war, dass wir darauf genauso scharf waren wie sie. Das letzte Double war Real Madrid 1958 gelungen. Jetzt hatten wir die Chance, den Erfolg der grandiosen Generation von Alfredo Di Stéfano zu wiederholen. Deshalb hatte der Wunsch, nach 59 Jahren in Europa und in Spanien den Titel zu holen, für uns einen so hohen Stellenwert. Eines kam noch hinzu: Wenn wir Juventus bezwangen, würden wir in der Champions League einen neuen Rekord aufstellen, denn dann wäre Real Madrid der erste Verein, der den Champions-League-Titel erfolgreich verteidigt. Diese Aussicht kann eine Mannschaft schon gehörig hochpuschen. Wenn so viel Adrenalin in deinen Adern unterwegs ist, kann dich kein Gegner aufhalten.

Vor dem Finale gab es die gewohnte Portion Aufregung und Organisatorisches – die aberwitzige Schlacht um Tickets, die Vorbereitungen der Familie und Freunde, die nach Cardiff anreisten. Ich bewahre im Trubel die Ruhe, denn Vanja ist eine Meisterin im Organisieren. Sie arrangiert und präpariert alles so sorgfältig, dass unsere Reisegesellschaft aus Familienangehörigen und Freunden ohne das geringste Problemchen an den Zielort gelangt. Ich brauche mir keinerlei Gedanken zu machen. Wenn man sich auf ein wichtiges Spiel vorbereiten muss, ist das ein Riesenpluspunkt.

Endlich war der Tag des Finales im Millennium-Stadion da. Die Stimmung war magisch wie bei jedem Champions-League-Finale. Juventus kam gleich zu Beginn ein paarmal gefährlich vor unser Tor, aber Keylor Navas ließ nichts anbrennen. Dann, in der 20. Minute, bekam Ronaldo ein grandioses Zuspiel von der Strafraumkante in den Rücken der Abwehr und verwandelte es zur 1:0-Führung. Hier muss ich eines hervorheben, was für dieses Match letztlich entscheidend war und zeigt, was für ein kluger Coach Zidane ist. Bei unserer Vorbereitung auf das Endspiel hatte er uns erläutert, dass Juventus zwar hervorragend verteidigte und schwer zu knacken war, aber eine Schwachstelle hatte: Mit Pässen in den Rücken ihrer Abwehr kamen sie nicht gut zurecht. Beim ersten Tor wurde diese Schwachstelle deutlich.

Nur sieben Minuten später erzielte Juventus mit einem unglaublichen Fallrückzieher von Mario Mandžukić den Ausgleich. Aber das warf uns nicht aus der Bahn. Im Gegenteil: Ich hatte die ganze Zeit das Gefühl, dass wir das bessere Team waren, und war entsprechend siegesgewiss. In der zweiten Halbzeit bestätigte sich, dass ich richtig lag. Wir spielten Juventus an die Wand. Ich persönlich lief nach einer soliden ersten Hälfte zur Höchstform auf, und das nicht nur, weil ich Ronaldo die Vorlage für das 3 : 1 lieferte – auch wieder mit einem Zuspiel gegen die Laufrichtung der gegnerischen Abwehr. Ich spürte, dass der Mannschaft und mir heute alles gelingen würde. Und so war es auch: Wir gewannen mit 4 : 1 und schrieben Geschichte!

Das erste Double nach 59 Jahren und nach der legendären Generation um Di Stéfano, Francisco Gento und Raymond Kopa. Wir waren der erste Titelverteidiger in der Champions League. Der dritte europäische Titel innerhalb von vier Jahren – was für eine Story!

Mir fehlten die Worte. Nach den vielen Siegen, die ich in den Jahren in Madrid erlebt habe, fasziniert mich immer wieder, dass einen jede Trophäe von Neuem beflügelt. Das macht einen gehörigen Teil des Reizes von Real aus. Immer gibt es noch eine neue Stufe zu erklimmen, um dann wieder weiter hochzuklettern und etwas zu erreichen, was noch niemand erreicht hat. Etwas für andere Unerreichbares. Nach dem Endspiel in Cardiff wurden wir gefeiert wie Könige: Empfänge, die Heldenbegrüßung an der überfüllten Plaza de Cibeles, die Feiern mit den Fans im Bernabéu. Erst vor knapp zwei Wochen waren wir dort gewesen, und trotzdem jubelte die Menge, als wäre seither eine halbe Ewigkeit vergangen. Ich kostete jeden Augenblick aus, als würde ich ahnen, dass das Glück nicht von Dauer sein würde. Allerdings ahnte ich nicht, was für eine schwere Zeit folgen würde.

Als ich aus Madrid abflog, ging mir der Gedanke durch den Kopf, dass die Mannschaft in Cardiff noch nicht am Zenit angekommen war. Ich glaubte, dass wir das Zeug hatten, noch mehr Trophäen zu holen. Zwar: Pepe, James Rodríguez, Álvaro Morata und Danilo würden den Verein verlassen, aber klar war auch, dass der Verein exzellente neue Spieler finden würde. Ein Club, der so hohe Ambitionen hat wie Real Madrid, braucht eine breite Auswahl an Topspielern.

Im Juni hatte ich noch ein anderes entscheidendes Spiel vor der Brust: Kroatiens Auswärtsspiel gegen Island. In der Anfangsphase der Qualifikation für die Weltmeisterschaft 2018 kam ich nur im ersten Spiel zum Einsatz – in Zagreb gegen die Türkei. Es endete 1 : 1, obwohl wir die Partie dominiert hatten und mehrmals an Latte und Pfosten gescheitert waren. Gegen Kosovo und Finnland setzte ich wegen meiner Knieverletzung aus. Meine Teamkollegen gewannen beide Partien. Ich stieg gerade rechtzeitig wieder ein, um eine Halbzeit gegen Island zu absolvieren und das Jahr mit drei kroatischen Siegen nacheinander abzuschließen. In dem einzigen Match, das im Frühjahr stattfand, siegten wir in einem schwierigen Spiel verdient gegen die Ukraine, die zu der Zeit von Andrij Schewtschenko trainiert wurde. Unser Torschütze zum 1 : 0 war Nikola Kalinić. Wir waren in einer komfortablen Ausgangssituation, denn wir hatten uns am oberen Ende der Gruppentabelle mit der klaren Perspektive festgesetzt, uns ohne eine mühselige Play-off-Runde für die WM zu qualifizieren. Das Spiel in Island war entscheidend: Schon ein Unentschieden wäre ein Riesenschritt zum Gruppensieg gewesen. Aber wir spielten schwach. Wir wirkten unbeholfen, schwerfällig und ineffektiv. Die Heimmannschaft war auch nicht besser. Alles schien auf ein Unentschieden hinauszulaufen, was aufgrund der Leistung beider Teams ein faires Ergebnis gewesen wäre. Doch da verloren wir die Konzentration – typisch! Nach einem Eckball in der 90. Minute sprang ein isländischer Spieler hoch und beförderte den Ball mit seiner Schulter ins Netz! Wir verloren die Partie. Die Konsequenz: Um sich für die Weltmeisterschaft zu qualifizieren, musste Kroatien wieder einen beschwerlichen Weg gehen. Bis zu diesem Tag hatte alles so einfach ausgesehen und jetzt stand auf einmal die direkte Qualifikation für die WM infrage.

Schwere Zeiten

Es folgte eine schwierige Zeit – aber nicht aus fußballerischen Gründen und auch nicht wegen der Nationalmannschaft. Zwei

Tage nach dem Spiel in Reykjavik wurde ich vom Bezirksgericht Osijek als Zeuge geladen. Ich sollte in einem Strafprozess gegen mehrere Offizielle meines früheren Vereins Dinamo Zagreb aussagen. Hauptangeklagter war Zdravko Mamić. Ich sagte dem Gericht alles, was ich über die Ablösesumme, die Tottenham 2008 an Dinamo gezahlt hatte, und über die Verteilung dieser Summe an die beteiligten Akteure wusste. Ich sprach auch über die Geschäftsbeziehung zwischen Mamić und mir. Alles, was sich vor Gericht abspielte, ist inklusive meiner Zeugenaussage öffentlich bekannt.

Meine Aussage löste in Kroatien eine Welle der Missbilligung aus. Die Öffentlichkeit war der Meinung, meine Zeugenaussage würde Mamićs Verteidigung in die Hände spielen. Fakt ist: Ich habe nur die Wahrheit gesagt. Was die Aufteilung der Ablösesumme angeht, hielt ich mich an das, was in den Verträgen stand, die von allen Parteien unterzeichnet worden waren. Ich bekräftigte noch einmal meine Bereitschaft, den an mich ausgezahlten Anteil der Ablösesumme zurückzuzahlen, wenn das Gericht zu der Auffassung gelangte, dass ich gegen Gesetze verstoßen hätte.

Meine Zeugenaussage löste eine Empörung aus, wie es sie in Kroatien bis dahin noch nicht gegeben hatte. Von allen Seiten wurde ich auf das Übelste beschimpft. Im ganzen Land wurden beleidigende Graffiti an die Wände gesprüht, auch in meiner Heimatstadt Zadar. In den sozialen Medien hagelte es Drohungen und unflätige Posts, die in der Presse veröffentlicht wurden. Es war ein Albtraum – als hätte ich einen Mord begangen und wäre der schlimmste Problemfall, mit dem Kroatien fertigwerden musste. Und es war niederschmetternd – mir fällt kein anderer Ausdruck dafür ein. Binnen eines Tages wurde ich zur meistgehassten Person im Land. Das war für mich eine komplett neue Erfahrung und ein wirklich schwerer Schlag. Der wichtigste Rückhalt waren meine Familie und meine engsten Freunde. Ich wusste, wie sehr das Ganze auch sie mitnahm. Besonders besorgt war ich wegen Vanja, die mit unserem dritten Kind schwanger war und bisher ja immer Risikoschwangerschaften gehabt hatte. Ich fürchtete, der Stress könnte sie gesundheitlich beeinträchtigen. Auch meinen Eltern ging es elend. Ich versuchte, sie alle zu beruhigen, und sagte ihnen immer wieder, es werde sich alles einrenken.

Ich empfand diesen Volkszorn als ungerecht, zumal als er so eskalierte. Die Animositäten gegen Zdravko Mamić hatten eine lange Vorgeschichte, und nachdem meine Zeugenaussage seinen Kritikern nicht in den Kram passte, richteten sie ihre Wut gegen mich. Auf die tieferen Ursachen kann ich gar nicht eingehen. Seit Jahren spielte ich schon im Ausland. Als ich 2008 aus Kroatien wegging, waren die Zeiten andere.

Damals war Mamić ein wichtiger Faktor in meiner Karriere gewesen. Daraus habe ich nie einen Hehl gemacht. Als ich ein junger Spieler war, half er mir, mich zu beweisen, so wie er auch anderen half. Manche wurden erfolgreich, andere weniger. Tatsache ist: Es liegt an jedem Fußballer persönlich, ob er seine Qualitäten und sein Können auf dem Platz beweisen will, wenn er die Chance dazu bekommt. Die Unterstützung von Trainern und Mannschaftskollegen ist natürlich ein wichtiger Faktor, aber ich kann ohne falsche Bescheidenheit sagen, dass ich das Verdienst für alles, was danach in meiner Karriere passierte, für mich selbst in Anspruch nehme. Im Guten wie im Schlechten. An meinen späteren Transfers waren andere beteiligt und diese Transfers basierten auf meiner Leistung und auf meinem Verhalten. Das schmälert natürlich nicht meine Dankbarkeit gegenüber allen, die mir in meiner Karriere auf die eine oder andere Weise behilflich waren.

Vor dem Start der Saison 2017/18 beschloss ich, zu den Dingen, die in Kroatien abliefen, auf Distanz zu gehen. Mir stand der Sinn nach friedlichen Verhältnissen und dafür gab es zwei

Gründe. Erstens brauchte ich Ruhe nach der kräfteraubenden Spielzeit, die noch nicht lange zurücklag; der enorme mentale Stress kostete mich viel Energie. Ich schnappte mir meine Familie und wir verbrachten eine Woche außerhalb von Kroatien. Als wir wieder in Zadar waren, kamen enge Freunde zu uns und machten mit uns einen Bootstrip auf der Adria. Der zweite Grund war, dass ich über meine zukünftige Stellung in der Nationalmannschaft nachdachte. Einige Menschen, auf deren Urteil ich viel gebe, äußerten Zweifel, ob ich weiterhin im Kroatientrikot auflaufen sollte. Das Problem war nicht mein Verhalten, sondern die Sorge, die negative Stimmung könnte meine Leistung beeinträchtigen und für die ganze Mannschaft zur Belastung werden. Der Gedanke, dass die Nationalmannschaft womöglich meinetwegen leiden könnte, zwang mich, meine Position noch einmal zu überdenken und mich zu entscheiden. Sollte ich mich aus der Mannschaft zurückziehen oder mich der Unzufriedenheit der Fans und der aufgebrachten Öffentlichkeit entgegenstellen und alles geben, was ich zu Kroatiens Erfolg beitragen konnte?

Da ich wusste, dass ich nichts Falsches gemacht hatte, war die Entscheidung schnell getroffen: Ich wollte bleiben und kämpfen, so wie ich es immer getan hatte. Ich wollte versuchen, den Traum, den wir so lange schon geträumt hatten, endlich Wirklichkeit werden zu lassen. Ich fühlte mich erleichtert. Mir war klar, dass ich mich auf heftigen Gegenwind einstellen musste, aber ich wollte unbedingt alles in meiner Macht Stehende tun, um diesen entscheidenden Schritt nach vorne zu gehen. Ich war überzeugt: Kroatien hatte einen großartigen Kader, der mit etwas Glück sehr viel erreichen konnte. Darin bestärkten mich die Erfahrungen bei früheren Europa- und Weltmeisterschaften und auch die Tatsache, dass die meisten kroatischen Spieler auf dem Gipfel ihrer Leistungsfähigkeit nach Russland reisten. Den meisten von uns war klar, dass das die letzte

Chance war, etwas Großartiges für Kroatien zu erreichen. Noch etwas war wichtig: Wir spielten für große Clubs und viele von uns waren Schlüsselspieler in den anspruchsvollsten Ligen und europäischen Wettbewerben. Ich wusste, dass all diese Dinge einen Unterschied machten und ein Indiz für die Gesamtqualität des Teams waren.

Gegen Ende lief in der Qualifikation für Russland 2018 einiges nicht so günstig. Das erste Spiel – gegen Kosovo – am 2. September 2017 wurde in der 22. Minute abgebrochen, weil extremes Wetter herrschte und der Platz unter Wasser stand. Das Spiel musste neu angesetzt werden. Zu unserer Überraschung beschloss die FIFA, das Spiel gleich am nächsten Tag weiterspielen zu lassen – überraschend vor allem deswegen, weil in drei Tagen schon unser nächstes Match gegen die Türkei anstand. Die Partie gegen Kosovo wurde für den folgenden Tag also neu angesetzt, aber der Termin für unser nächstes Spiel gegen die Türkei blieb unverändert. Wir sollten demnach innerhalb von 48 Stunden die verbliebenen 68 Minuten gegen Kosovo absolvieren, nach Eskişehir fahren und gegen die bis in die Haarspitzen motivierten Türken antreten!

Gegen Kosovo lieferten wir keine überzeugende Vorstellung ab. Die Kosovaren kämpften wie die Löwen und an ihrer Abwehr bissen wir uns die Zähne aus. Dann bekamen wir in der 74. Minute einen Freistoß. Ich spielte den Ball in Richtung Strafraum, und Domagoj Vida stieg hoch und lenkte ihn per Kopf ins Netz. Endlich! Die drei Punkte waren das, was zählte; alles andere war egal. Andererseits war das nach den Turbulenzen vor zweieinhalb Monaten mein erstes Spiel vor heimischem Publikum. Die rund 7000 Zuschauer im Maksimir-Stadion bereiteten mir einen freundlichen Empfang, was mir viel bedeutete.

Zwei Tage später verloren wir in der Türkei mit 0 : 1. Die Gastgeber wurden von ihren Fans frenetisch angefeuert, waren aber als Mannschaft objektiv schwächer als in den Jahren zuvor. Wir hatten unsere Chancen und machten nichts daraus. Obendrein verwehrte uns der Unparteiische einen Elfmeter, der uns meiner Meinung nach zugestanden hätte. Die Gegner nutzten in der 74. Minute ihre einzige Torchance und entschieden damit das Spiel. In den nächsten Partien zeigte sich, dass die Türkei nicht stark genug war, um sich für die WM zu qualifizieren, aber das war für uns kein Trost. Ausgerechnet gegen Ende der Qualifikation rutschten wir in die nächste Krise; es war, als müssten wir es uns immer möglichst schwer machen.

Die beiden Spiele Anfang Oktober würden über Sein oder Nichtsein entscheiden – das erste gegen Finnland in Rijeka und das zweite in der Ukraine. Vor der Partie gegen Finnland wurden wir als Favoriten gehandelt, allerdings durfte Island nicht gegen die Türkei gewinnen. Wir dachten, die Türken würden sich nicht die Chance auf den zweiten Platz entgehen lassen, und Island hatte sich durch einen Sieg über die Ukraine in den Kampf um den Gruppensieg eingeschaltet. Es gab viele mögliche Kombinationen. Auf jeden Fall waren wir vor dem letzten Qualifikationsspiel in ernsten Schwierigkeiten.

Der Tag, bevor die Mannschaft zusammenkam, um sich auf die Spiele gegen Finnland und die Ukraine vorzubereiten, war der 2. Oktober. Während meine Teamkollegen in Zagreb eintrudelten, stand ich Vanja zur Seite. An diesem Tag brachte sie im Petrova-Krankenhaus unter den wachsamen Augen des tollen Personals, das dort arbeitet, unser drittes Kind zur Welt. Nach Ivano und Ema wurden wir stolze Eltern von Sofia. Am nächsten Morgen fuhr ich mit dem Rest der Mannschaft nach Rijeka.

Eltern reden oft darüber, welchen Charakter ihre Kinder haben und nach welchem Familienmitglied sie wohl kommen. Ich finde, Ema kommt nach mir: Sie ist ein lebhaftes Kind, genau wie ich als kleiner Junge. Ivano ist ruhiger, er kommt mehr nach seiner Mutter. Wie es mit Sofia ist, wird sich erst noch herausstellen. Ich fände es toll, wenn sie als Erwachsene die Güte und den Gerechtigkeitssinn ihrer Mutter und dazu mein Kämpferherz und den Wunsch erben würde, für ihre Träume zu kämpfen. Und alle drei Kinder sollen so schön sein wie ihre Mutter!

Damit ich möglichst viel an ihrem Alltag teilhabe, verbringe ich jede freie Minute mit unseren Kindern. Da ich so oft nicht da bin, ist mein Anteil an der Betreuung der Kinder natürlich nicht annähernd mit Vanjas Anteil vergleichbar. Selbst wenn ich zu Hause bin, muss sie voll für sie da sein, weil ich mit meinen Gedanken woanders bin, an Fußballprobleme, Erschöpfung, Verletzungen oder den Stress vor wichtigen Spielen denke. Vanja merkt, wenn ich in schlechter Stimmung bin, und ihr Verständnis ist für mich eine große Entlastung. Wenn ich allerdings nicht im Verein oder in der Nationalmannschaft eingespannt bin, verbringe ich viel Zeit mit den Kindern. Ich bringe sie zur Schule und hole sie ab. Seit Ivano Fußball spielt, fahre ich ihn zum Training und warte, bis er fertig ist. Als sie noch ganz klein waren, stand ich nachts auf und wechselte ihre Windeln, gab ihnen die Flasche oder was auch immer sie gerade brauchten. Das war vor allem bei Ivano so, weil wir damals in London alleine wohnten und Vanja ab und zu eine Pause brauchte. Bei Ema und Sofia war das nicht nötig, weil wir ein Kindermädchen engagiert hatten, das Vanja half, wieder zu Kräften zu kommen, und die Kleinen betreute.

Vor dem Match gegen Finnland, das im Rujevica-Stadion stattfand, überreichte Davor Šuker, der Präsident des kroatischen Fußballverbands, mir ein speziell angefertigtes Trikot als Erinnerung an mein 100. Länderspiel für Kroatien. Nike hatte ein Trikot mit dem Design aller Trikots kreiert, in denen ich jemals gespielt hatte. Das ist wirklich etwas ganz Besonderes. Dieses Jubiläum war für mich ein aufregender Meilenstein. Mir kam es so vor, als wäre es erst gestern gewesen, dass ich davon träumte, einmal für Kroatien zu spielen, und jetzt stand ich vor meinem 100. Einsatz. Nur Darijo Srna hatte mehr Länderspiele als ich absolviert. (Den Rekord stellte ich 2021 ein.) Im Gegensatz zu diesem besonderen Jubiläum war das Spiel gegen Finnland eine Qual. Wir hatten deutlich mehr Ballbesitz, aber wir spielten nur wenige Chancen heraus, die wir obendrein nicht nutzten. Als Mario Mandžukić in der 57. Minute endlich traf, dachte ich, jetzt könnten wir befreiter aufspielen. Das Gegenteil passierte: Aus Angst vor einem Gegentreffer zogen wir uns zurück und ließen die Finnen ins Spiel kommen. Woran es lag, weiß ich nicht genau. Die Strafe folgte jedenfalls in der 90. Minute, genau wie zuvor gegen Island. Wir waren bedient.

Das war ein kolossaler Patzer und zugleich eine Bestätigung, dass sich unsere Formkurve im Laufe des Herbstes nach unten bewegt hatte. Bei dieser Mannschaft mit dieser Kaderqualität war das nicht zu erwarten gewesen. Wenn wir fit und konzentriert sind, können wir gegen jeden Gegner bestehen. Aber wenn nicht, kann uns auch jeder Gegner das Leben schwer machen. Als der Referee die Begegnung abpfiff, wussten wir alle, dass sich etwas ändern musste. Die Stimmung in der Kabine war deprimierend. Am Abend setzte sich Davor Šuker mit ein paar erfahreneren Spielern zusammen und eröffnete uns, er habe sich zu einem Trainerwechsel entschieden. Am nächsten Morgen erfuhren wir, dass Ante Čačić nicht mehr Cheftrainer war. Sein Nachfolger wurde Zlatko Dalić.

Ich war Dalić bis dahin nie begegnet, fand sein Konzept aber gut. Drastische Veränderungen konnte er in dem Moment nicht vornehmen, weil wir am Tag nach dem Finnlandspiel direkt nach Kyjiw flogen, um gegen die Ukraine anzutreten. Das Team brauchte einen Schub für sein Selbstvertrauen, eine gute Kampfmoral und die Überzeugung, dass ein Sieg möglich war. Aus heutiger Sicht erscheint das vielleicht ganz einfach, in Wirklichkeit hätte die Situation nicht schwieriger sein können: Wir hatten nicht genügend Zeit, um uns auf das Spiel vorzubereiten; wir mussten das Spiel gewinnen, hatten einen neuen Trainer und ein angekratztes Selbstbewusstsein. Dalić sprach viel mit uns, sowohl beim Training als auch im Hotel. Er zeigte uns, dass er an uns glaubte. Er sprach von der geballten Qualität, die wir im Kader hatten, und sagte, wir bräuchten jetzt, wo wir so dringend darauf angewiesen waren, diese Qualität einfach nur auf dem Platz auszuspielen. Er gab uns großes Selbstvertrauen. Die Stimmung in der Mannschaft wandelte sich von Grund auf, und man merkte, dass jeder einzelne Spieler entschlossen war, gegen die Ukraine zu gewinnen. Das Unentschieden gegen Finnland hing uns ebenso nach wie der Trainerwechsel, aber die stärkste Motivation war vermutlich die Angst davor, bei der WM nicht dabei zu sein. Die erfahreneren Spieler und auch ich wussten: Das war vielleicht unsere letzte Chance.

Als Dalić einmal seine Taktik erläuterte, sagte er zu mir: „Ich sehe dich als offensiven Mittelfeldspieler, hinter den Stürmern. Von Defensivaufgaben will ich dich freihalten."

Ich sagte das einzig Mögliche: „Ich spiele überall – wo immer ich spielen soll."

Ich glaube, Dalićs wichtigster Beitrag war die Art, wie er die Spieler mental vorbereitete und dadurch das Maximum aus der Mannschaft und seiner auf die Schnelle festgelegten taktischen Ausrichtung herausholte. Vrsaljko verteidigte links, Vida rechts, Lovren und Mitrović übernahmen die Innenverteidigung. Rakitić und Badelj spielten im defensiven Mittelfeld hinter Kramarić, Perišić und mir, und vorne stürmte Mandžukić. Dalić sagte, wir sollten die Außenverteidiger der ukrainischen Mannschaft zustellen, denn dort seien sie besonders schlagkräftig aufgestellt. Die Idee war, das Spiel in der ersten Halbzeit zu kontrollieren und möglichst wenig zu riskieren, bis der Ukraine die Puste ausging und sie sich aus der Deckung wagte, um die hohen Erwartungen ihrer 70 000 Fans auf der Tribüne nicht zu enttäuschen. Das sollte für uns der Moment sein, zum Angriff überzugehen. In der ersten Hälfte ging von den Gastgebern die größere Gefahr aus, aber wir hielten dagegen. In der zweiten Halbzeit sortierten wir uns neu und spielten unsere Stärke aus. Wir kamen in Fahrt, während der Gegner den Schwung verlor und durch unser Tor in der 62. Minute auf den Boden der Tatsachen geholt wurde. Ich flankte zu Andrej Kramarić, der mit einem herrlichen Kopfball das 1 : 0 klarmachte. Die Ukraine wackelte, und als Kramarić – diesmal nach einer Vorlage von Ivan Rakitić – zum zweiten Mal traf, waren die Ukrainer bedient. Danach brachten wir das Spiel abgeklärt und selbstbewusst zu Ende. Endlich konnten wir durchatmen – zumindest für einen Moment. Wir hatten uns eine zweite Chance erarbeitet. Als ich aus Kyjiw zurück war, kreiste immer wieder derselbe Gedanke durch meinen Kopf. Zwanzig Jahre zuvor hätte Kroatien in Kyjiw um ein Haar die Qualifikation für die WM 1998 verpasst – in einem aufreibenden Rückspiel im Play-off der WM-Qualifikation. Das Hinspiel in Zagreb hatte Kroatien damals – das war 1997 – mit 2 : 0 gewonnen. Und dann sorgte Andrij Schewtschenko in demselben Stadion, in dem wir uns jetzt mit diesem wichtigen Sieg zur Weltmeisterschaft 1998 schossen, mit seinem Treffer in der 5. Minute dafür, dass die Ukraine Kroatiens Vorteil aus dem Hinspiel beinahe zunichtegemacht hätte. Doch in der 27. Minute erzielte Alen Bokšić den Ausgleich und dämpfte die ukrainische Euphorie. Sein Tor schürte das Feuer, in dem später die Bronzemedaille geschmiedet wurde. Schewtschenko, einst ein talentierter Stürmer auf dem Weg an die Spitze des Weltfußballs, hatte sich als Cheftrainer soeben Kroatien geschlagen geben müssen. War das ein Omen?

Als ich erfuhr, welchen Gegner man uns für die Play-off-Runde zugelost hatte, war ich nicht begeistert. Ich hatte nicht die Sorge, dass unsere spielerischen Qualitäten nicht für einen Sieg über Griechenland reichen würden, sondern vielmehr wegen des destruktiven Mauerfußballs der Griechen. Außerdem dachte ich daran, dass wir das Hinspiel zu Hause absolvieren würden und die Zuschauer, falls wir nicht gut ins Spiel kämen, unruhig werden könnten und diese Unruhe sich womöglich auf die Mannschaft übertrug. Aber an jenem Abend im Maksimir-Stadion passierte das genaue Gegenteil; ich spürte eine neue Qualität. Vielleicht war es auch eine Qualität, die wir früher schon einmal gehabt hatten und die uns dann abhandengekommen war: eine enorm positive Grundeinstellung. Als wir die dicht besetzten Ränge sahen und die vertrauten Gesänge der Fans hörten, ging uns das Herz auf und wir fühlten uns beflügelt. Wir konnten kaum abwarten, dass das Spiel endlich losging. Als hätte uns jemand von der Leine gelassen, rannten wir aufs Spielfeld, weil wir unseren Anhängern und uns selbst Freude bereiten wollten. Zum ersten Mal seit langer Zeit bekamen wir einmütige Unterstützung – und wenn wir die bekommen, sind wir nicht mehr zu stoppen.

Griechenland war chancenlos. Kroatien machte ein phänomenales Spiel. Schon in der 13. Minute brachte ich uns mit einem Elfmeter in Führung, nachdem Nikola Kalinić im Strafraum gefoult worden war. Sechs Minuten später wurde Kalinić von Ivan Strinić mit einer perfekten Flanke bedient und schlenzte den Ball genial mit der Hacke ins Netz. Das Maksimir-Stadion war total aus dem Häuschen. Der Dämpfer folgte in der 30. Minute: Griechenland gelang nach einem Eckball der Anschlusstreffer. Eckbälle entwickelten sich zu einer unserer Schwachstellen. Drei Minuten später schlugen wir aber direkt zurück und stellten klar, dass dieser Abend uns gehörte. Ivan Perišić verwertete eine erstklassige Flanke von Šime Vrsaljko mit dem Kopf zum 3 : 1. Kurz nach Wiederanpfiff stibitzte Vrsaljko sich nach einem weiteren Schnitzer der griechischen Abwehr den Ball und Kramarić traf zum 4 : 1. Wir hatten die Griechen auseinandergenommen.

Dank der Bombenstimmung und der großartigen Unterstützung unserer Fans schüttelten wir den ganzen Frust und alles, was uns belastet und gebremst hatte, ab. Wir fegten regelrecht über den Rasen. An diesem Abend passte einfach alles, und ich glaube, dass wir dadurch den Glauben an unsere eigene Stärke wiederfanden. Den Glauben daran, dass wir es weit bringen konnten. Unser neuer Trainer Dalić hatte inzwischen taktisch mehr neue Impulse setzen können, weil er nun endlich Zeit hatte, seine Ideen ins Spiel zu bringen – jedenfalls mehr Zeit als vor dem Match in der Ukraine. Mit dem, was er tat, bewies er erneut, wie sehr die mentale Verfassung der Mannschaft und der Spieler ihm am Herzen lag. In der letzten Spielminute wurde ich ausgewechselt; für mich kam Mario Pašalić. Ich hörte, dass die Fans lautstark applaudierten und meinen Namen skandierten. Mir ging das Herz über. Auf dem Weg zur Seitenauslinie dachte ich nicht mehr an das Rückspiel in Griechenland – ich wusste, dass wir zur WM fahren würden. Das Einzige, was ich denken konnte, war: Unsere Zeit war gekommen. Ich wusste es einfach; ich lebte dafür. Es bahnte sich etwas ganz Besonderes an. Auf einmal war Dalić aus dem Nichts aufgetaucht und alles passte. Die Menschen glaubten wieder an uns.

***

Auch die Hinrunde mit Real lief in der neuen Saison unglaublich gut. Im August hatten wir ein glamouröses und anspruchsvolles Programm: innerhalb von nur acht Tagen im europäischen Supercup gegen Manchester United und ein Hin- und ein Rückspiel gegen Barcelona im spanischen Supercup. Im europäischen Supercup mussten wir in Skopje antreten. Auf der Trainerbank von Manchester United saß der Coach, der mich zu Real geholt hatte: José Mourinho. Wenige Wochen zuvor waren wir uns im Sommer während unserer Saisonvorbereitungstour in

Los Angeles über den Weg gelaufen. Mateo Kovačić und ich spazierten durch Beverly Hills und sahen auf einmal Mourinho entgegenkommen. Er umarmte mich. Wir plauderten und lachten ein bisschen miteinander.

Im Stadion in Skopje, in dem ich zuletzt fünf Jahre zuvor bei Kroatiens Sieg über Mazedonien aufgelaufen war, machte Real ein glänzendes Spiel. Wir gewannen 2 : 1, aber unsere Leistung war viel überzeugender, als das Ergebnis wiedergibt. Wir holten die erste Trophäe der Saison – und mit einem Sieg zu starten ist immer gut. In den beiden Clásicos machten wir genau so weiter. Im Hinspiel war ich nicht im Kader, weil ich drei Jahre zuvor im spanischen Supercup gegen Atlético vom Platz gestellt worden war und jetzt, weil es der gleiche Wettbewerb war, für ein Spiel aussetzen musste. Real gewann 3 : 1 und auch beim Rückspiel im Bernabéu waren wir die dominierende Mannschaft und triumphierten mit 2 : 0. Das Gesamtergebnis lautete 5 : 1; so deutlich hatten wir Barcelona schon lange nicht mehr bezwungen. Unsere Erwartungen für die neue Saison stiegen dadurch noch mehr. Doch in der Liga zeigten wir unerklärliche Leistungsschwankungen. Wir gaben gegen objektiv schwächere Gegner aus dem Tabellenkeller Punkte ab. Im Oktober war nicht mehr zu übersehen, dass wir in der Krise steckten. Als wir in Madrid das erste von zwei aufeinanderfolgenden Spielen in der UEFA Champions League gegen Tottenham bestritten, lieferten wir eine dürftige Leistung ab. Die Partie endete 1 : 1 unentschieden, aber es wirkte so, als wären wir nicht recht bei Kräften. Zwölf Tage später verloren wir unerwartet mit 1 : 2 gegen den Tabellenfünfzehnten Girona. Das war ein schlechtes Omen; drei Tage später zogen wir im Wembley-Stadion schon wieder den Kürzeren. Die Spurs, trainiert von Mauricio Pochettino, nahmen uns mit 3 : 1 auseinander. Es war das erste Mal, dass ich in London gegen meinen früheren Verein antrat. Das Spiel fand allerdings nicht in dem alten Stadion an der White Hart Lane statt, weil dort gerade die neue Arena gebaut wurde, sondern wurde in Wembley ausgetragen. Von meinen früheren Teamkollegen war nur noch Danny Rose da. Mehr als fünf Jahre waren vergangen und meine Verbundenheit war vielleicht nicht so tief ausgeprägt, aber ich hatte nach wie vor größten Respekt vor Tottenham und seinen Fans. Auch wenn der Abschied nicht ideal abgelaufen war, konnte nichts die Erinnerung an die vier Jahre auslöschen, die ich bei dem Verein verbracht hatte und in denen sowohl der Club als auch ich persönlich eine positive Entwicklung durchmachten. Heute sind die Spurs in jeder Hinsicht ein Topclub, sie haben ein neues Stadion der Spitzenklasse und ein neues, erstklassiges Trainingszentrum sowie einen exzellenten Kader und werden kontinuierlich erfolgreicher. 2010 hatte sich Tottenham zum ersten Mal für die Champions League qualifiziert. Neun Jahre später stand der Club zum ersten Mal im Endspiel der Champions League. Damit war klar, dass die Spurs nun zur Elite gehörten. Sie mischten in der Premier League ganz vorne mit und traten regelmäßig in der Champions League an. Die Investitionen zahlten sich aus. Das Einzige, was noch fehlte, war eine prestigeträchtige Trophäe, und für den Verein und für die Fans hoffte ich, dass dieser Traum möglichst bald in Erfüllung ging.

Mitte Dezember 2017 traten wir in den Vereinigten Arabischen Emiraten wieder bei der FIFA-Klub-Weltmeisterschaft an. Unser erster Gegner war Al Jazira – ein kniffliger Gegner, der in der 41. Minute in Führung ging. In der 53. Minute erzielten wir dank Cristiano Ronaldos Tor – und meiner Vorarbeit – den Ausgleich. In der 81. Minute erzielte Gareth Bale für uns den Siegtreffer. Ich wurde zum Mann des Spiels gewählt. Im Endspiel traten wir gegen Grêmio an – ein weiteres hart umkämpftes Match. Ronaldo verwandelte einen Freistoß in der 53. Minute und das war auch schon der Siegtreffer. Ich wurde von einer Sonderjury zum besten Spieler des Finales und des Turniers gekürt. Nach dem Silbernen Ball aus dem Vorjahr hatte ich jetzt den Goldenen Ball gewonnen – den ersten in meiner Karriere! Zu dem Zeitpunkt hätte ich mir nicht träumen lassen, dass das der Auftakt zu einer fantastischen Serie von Trophäen sein könnte, die mit dem Ballon d'Or ihren krönenden Abschluss finden sollte. Ich fand, ich hatte in dem Turnier auf höchstem Niveau gespielt, und freute mich, dass meine guten Leistungen gewürdigt wurden. Normalerweise ist die Auszeichnung Offensivspielern und Stürmern vorbehalten, und dass sie diesmal an einen Mittelfeldspieler ging, machte sie zu etwas Besonderem. Die Trophäe war der Abschluss eines aufregenden Jahres, in dem Real Madrid nach einer fast sechzig Jahre währenden Durststrecke das erste Double gewonnen hatte und ich zum ersten Mal in die beste Elf der Champions League gewählt wurde. Und all das in dem Jahr, in dem sich Kroatien zwar holprig, aber umso erfreulicher für die Weltmeisterschaft 2018 in Russland qualifizierte. Für mich persönlich war es wegen der negativen Reaktionen auf meine Zeugenaussage im Gerichtsprozess gegen Zdravko Mamić auch ein schwieriges Jahr. Ich hatte überlegt, ob ich aus der Nationalmannschaft zurücktreten sollte, aber dann kriegten wir gemeinsam die Kurve. Ich übernahm sogar noch mehr Verantwortung, indem ich Kapitän und Führungsspieler wurde. Und schließlich – auch wenn ich das vielleicht an erster Stelle nennen sollte – wurde ich zum dritten Mal Vater. Aus den Vereinigten Arabischen Emiraten kam ich als glücklicher Mensch nach Madrid zurück. Doch vor den Weihnachtsferien stand noch ein Clásico gegen Barcelona im Bernabéu an.

Erst Absturz, dann Höhenflug

Das Stadion war bis auf den letzten Platz besetzt. Der Clásico ist das Spiel, mit dem die Weichen für den Rest der Ligasaison gestellt werden. Barcelona hatte acht Punkte Vorsprung und wir hatten ein Spiel weniger bestritten als Barça. Wegen der FIFA-Klub-Weltmeisterschaft musste das Spiel gegen Leganés auf den 21. Februar 2018 verschoben werden. Unser Kalkül war naheliegend: Wenn wir Barça schlugen, verkürzten wir unseren Rückstand auf fünf Punkte, und mit einem Sieg im Nachholspiel gegen Leganés würden wir uns auf zwei Punkte heranpirschen. Das hieß: Es war alles offen. Aber man kann nicht immer alles haben; das mussten wir in diesem Spiel auf die harte Tour lernen. Anpfiff war um 13 Uhr; das war ungewöhnlich. Die Gäste gingen in der 54. Minute in Führung, und als Dani Carvajal in der 63. Minute den Ball mit der Hand spielte, war die Sache gelaufen – nicht nur in diesem Clásico, sondern auch für unsere Titelambitionen. Carvajal wurde vom Platz gestellt und den fälligen Elfmeter verwandelte Lionel Messi zum 2 : 0. Wir versuchten, ins Spiel zurückzukommen, stattdessen erzielte Barcelona in der Nachspielzeit sogar noch einen dritten Treffer. Zwei Tage vor Weihnachten war dieses Ergebnis für uns der Stimmungskiller. Um ehrlich zu sein: Schon vor dem Spiel spürte ich, dass uns diese Ligasaison nicht viel Freude bereiten würde.

Die Ferien verbrachte ich in Zagreb. In den beiden Jahren zuvor waren wir wegen Verpflichtungen im Verein zu Silvester nicht nach Kroatien geflogen. Mateo Kovačić und seine Frau Izabel waren bei uns gewesen; wir hatten nicht groß gefeiert, weil wir früh ins Bett mussten, damit wir fit für die Spiele waren. In das Jahr 2018 konnten wir endlich mal wieder zu Hause hineinfeiern.

Den Silvesterabend verbrachten wir mit unserer Familie und engen Freunden; es war wundervoll. Für 2018 wünschte ich mir unter anderem weitere fußballerische Erfolge. Es klingt vielleicht überzogen, aber mein Ziel war immer, der Beste zu sein. Als ich noch Nachwuchsspieler war, wollte ich mich als

Fußballprofi in Kroatien beweisen. Gleichzeitig hoffte ich, eines Tages für einen großen europäischen Club aufzulaufen und um prestigeträchtige Titel zu spielen. Als ich mit Real La Décima gewonnen hatte, dachte ich sofort an die nächste Trophäe und konnte es gar nicht abwarten. Als wir zwei Jahre später wieder die UEFA Champions League gewannen, wollte ich, dass wir als erste Mannschaft den Titel verteidigten. Ich war überzeugt, dass wir all diese Ziele erreichen konnten. Wenn ich meinen fußballerischen Weg von Dinamo und Tottenham zu Real Madrid und zur Nationalmannschaft Revue passieren lasse, kommt mir eine bekannte Redensart in den Sinn: *Du musst nur fest an deine Träume glauben, dann gehen sie auch in Erfüllung.* In das Jahr 2018 startete ich mit dieser Einstellung und war fest entschlossen, meine Träume Wirklichkeit werden zu lassen.

Das Jahr fing allerdings mies an: Das Spiel in Vigo gegen Celta ging 2 : 2 unentschieden aus und eine Woche später verloren wir zu Hause gegen Villarreal. Unsere Situation in der Liga war deprimierend: Barcelona hatte sechzehn Punkte Vorsprung; wir standen auf Tabellenplatz vier, sieben Punkte hinter Atlético und fünf Punkte hinter Valencia. Es sollte aber noch schlimmer kommen: Leganés warf uns im Viertelfinale aus der Copa del Rey! Das war alles ausgesprochen frustrierend, denn der Pokal wäre eine geeignete Trophäe gewesen, um den schlechten Nachgeschmack der erfolglosen Saison in der Liga loszuwerden. Besonders bitter war, dass wir das Hinspiel auswärts mit 1 : 0 gewonnen hatten. Das Rückspiel im Bernabéu war einfach nur peinlich. Ich will die Leistung von Leganés nicht kleinreden; Leganés gebührt für den leidenschaftlichen Kampf und den historischen Erfolg absolute Anerkennung. Aber wir gingen mit einem Vorteil in dieses Spiel, im eigenen Stadion, gegen einen objektiv unterlegenen Gegner – und so ein Debakel hätten wir uns einfach nicht erlauben dürfen. Einmal mehr zeigte sich, dass Hochmut vor dem Fall kommt. Wegen eines Problems im

Wadenmuskel spielte ich in jedem Pokalspiel nur zwanzig Minuten. Zidane wollte mich für die wichtigen Spiele schonen, die uns bevorstanden, vor allem für die Partie gegen PSG in der Champions-League-Runde der sechzehn.

Reals wichtigstes Spiel nach der Winterpause stand am 14. Februar im Bernabéu auf dem Programm. Aus der Copa del Rey und dem Rennen um die Meisterschaft waren wir raus. Die Champions League war der einzige Titel, den wir noch holen konnten – die letzte und zugleich glamouröseste Chance, die Saison mit einem Triumph zu beenden. Nach einem Unentschieden gegen PSG wurde die Mannschaft aus Paris von den meisten Beobachtern als Favorit gehandelt. Das war einigermaßen merkwürdig. Bei zwei Titelrennen waren wir zwar nicht mehr dabei und besonders gut in Form waren wir auch nicht, aber im Großen und Ganzen war unser Kader derselbe wie im Jahr zuvor – und der hatte sehr viel Erfahrung, zumal in der Champions League. Trotz der Leistungsschwankungen im Saisonverlauf waren wir stark genug, um in der K.-o.-Phase der Champions League jeden beliebigen Gegner auszuschalten. PSG hatte auch einige überragende Spieler und vor allem ein enormes Offensivpotenzial dank Spielern wie Kylian Mbappé, Neymar und Edinson Cavani. Doch PSG hatte trotz riesiger Investitionen noch in keinem europäischen Wettbewerb irgendeinen Titel gewonnen.

Das Hinspiel fand im Bernabéu statt. Wir starteten gut in die Partie und kamen auch zu Chancen, scheiterten aber am glänzenden PSG-Torhüter Alphonse Aréola. Die Pariser hielten dagegen, bis zur 33. Minute fiel dennoch kein Tor. Dann staubte Adrien Rabiot nach einem Konter einen nicht richtig geklärten Ball ab und drosch ihn ins Netz. PSG ging 1 : 0 in Führung, und ich glaube, nach diesem Treffer hatten viele Zuschauer Real Madrid abgeschrieben.

Da irrten sie sich allerdings gewaltig. In der 45. Minute wurde Toni Kroos im Strafraum gefoult und Cristiano Ronaldo erzielte vom Elfmeterpunkt den Ausgleich. Die zweite Hälfte erinnerte mich an einen Kampf zweier Schwergewichtsboxer, die jeweils versuchen, dem Gegner den entscheidenden Schlag zu versetzen. Wir hielten das Tempo weiterhin hoch und in der 83. Minute traf Ronaldo mit etwas Glück zum 2 : 1. Nur drei Minuten später erhöhte Marcelo zum 3:1-Endstand. Ein irres Spiel und ein ganz wichtiger Sieg! Uns war klar, dass das erst die halbe Miete war, aber wir spürten, dass wir besser und kompakter spielten. Was Neymar draufhatte, wussten wir aus der spanischen Liga, und über Mbappé konnte man sowieso nur staunen: Er war schlagkräftig, schnell, leidenschaftlich – und das in so jungen Jahren. Beim Rückspiel saß ich auf der Bank. Ich hatte nur selten Muskelprobleme, doch diesmal brauchte ich eine Auszeit. Das Ärzteteam hatte eine klare Ansage gemacht: An einem Monat Pause führte kein Weg vorbei, wenn ich für die extrem aufreibende Schlussphase der Saison wieder komplett fit werden wollte.

Ich kam eine Woche eher als geplant zurück. Diesmal machte mir das Pausieren nicht so viel aus – ich wusste ja, dass noch einige Knüller in der Champions League auf uns warteten und dass ich außerdem für die WM fit sein musste. Ich sah die Zwangspause als Chance, durchzuatmen, mich auszuruhen und genug Energie zu tanken für das, was vor uns lag. Ich wollte wieder die Champions League gewinnen und außerdem mit Kroatien bei der Weltmeisterschaft in Russland etwas reißen – als hätte ich geahnt, dass es genau dieses Jahr passieren würde.

Im Rückspiel zeigte sich PSG nicht überzeugend. Dass Neymar verletzungsbedingt fehlte, war für das Team ein Riesennachteil. In der 51. Minute brachte uns Ronaldo nach einer Bilderbuchflanke von Lucas Vázquez in Führung. So wie PSG spielte, hatte das Team keine Chance, die drei Tore zu schießen, die nötig gewesen wären, um eine Verlängerung zu erzwingen. In der 71. Minute gelang Cavani zwar der Ausgleich, nachdem der Ball wie eine Flipperkugel durch unseren Strafraum gesprungen war, aber Casemiro stellte in der 80. Minute die Führung wieder her. Wir zogen verdient ins Viertelfinale ein. Der Sieg bestärkte uns in der Hoffnung, dass uns ein Wunder gelingen könnte und wir den Titel ein zweites Mal hintereinander verteidigen und mit drei europäischen Titeln hintereinander einen neuen Rekord aufstellen könnten.

Nach dem Triumph in Paris hatten wir noch ein Auswärtsspiel in Eibar. Ich spielte die vollen neunzig Minuten und steuerte zum 2:1-Sieg einen Assist für Ronaldos ersten Treffer bei. Nach dem Match gab uns Zidane ein paar Tage frei.

Mateo Kovačić und ich nahmen unsere Frauen mit nach Marrakesch, um vor der Schlussphase der Saison noch einmal auszuspannen. Etwas Abstand vom täglichen Leistungsdruck zu bekommen tat ungeheuer gut. Wir hatten eine tolle Zeit in Marokko und trafen dort zufällig auf Keylor Navas und seine Familie. Als ich nach Madrid zurückkam, strotzte ich vor Energie. Damals wurde in den Medien häufig mein Name erwähnt, wenn es um die Frage ging, welche Spieler am Saisonende wohl ihren Verein verlassen. Das kratzte mich nicht, zumal ich wusste, dass das einfach nur Spekulationen waren. Dennoch war es das erste Mal in meinen sechs Jahren bei Real Madrid, dass so etwas als Möglichkeit überhaupt zur Sprache kam. Der Hauptgrund war, so stand in den Zeitungen zu lesen, mein Alter, auch wenn ich mich körperlich absolut fit fühlte. Die Medien brauchen eben etwas zum Berichten; wenn Real eine schwierige Phase hat, überbieten sich die Zeitungen gegenseitig mit Prophezeiungen, was die Vereinsführung wohl als Nächstes tun wird. Ich blieb ganz ruhig und gelassen. Ich war motiviert bis in die Haarspitzen. Nachdem ich nach meiner Zwangspause endlich wieder aufs Spielfeld durfte, lieferte ich ein paar Topleistungen ab. Der entscheidende Faktor war vermutlich meine physische und mentale Frische.

Nach einem 6:3-Sieg über Girona, in dem ich einen weiteren Assist verbuchen konnte, folgten einige Länderspiele. Mit Kroatien flog ich in die USA und spielte dort gegen Peru und Mexiko. Weil meine Verletzung und die Regeneration noch nicht lange zurücklagen, wollte der Verein, dass ich mich ganz in Ruhe auf das Saisonfinale vorbereitete und nicht mit in die USA fuhr. Doch diese Reise war die einzige gemeinsame Zeit für die kroatische Nationalmannschaft vor der Vorbereitung auf die WM und allein schon für den Teamgeist wichtig. Ich wollte unbedingt mitfahren, weil ich fest daran glaubte, dass wir in Russland etwas bewegen konnten. Ich sprach mit Zlatko Dalić und erläuterte ihm, ich müsse bei der Mannschaft sein, aber behalte auch im Auge, dass ich gerade eine Verletzungspause hinter mir hatte. In vier Tagen zwei kräftezehrende Spiele zu absolvieren, mit viel Reiserei und wenig Training, war nicht das Allersinnvollste. Wir verständigten uns darauf, dass es am besten wäre, wenn ich beim ersten Spiel gegen Peru dabei sein und dann nach Madrid zurückfliegen würde. Andere Spieler waren in einer ähnlichen Lage und hatten sich einverstanden erklärt, es in dieser Form zu machen.

Die Amerikatour war fantastisch. Die kroatische Community in den USA bereitete uns einen wunderbaren Empfang. Es fügte sich, dass wir auch ein Basketballmatch zwischen Miami und den New York Knicks live miterleben konnten. Viele kroatische Nationalspieler sind eingefleischte NBA-Fans. Obendrein gab es ein Treffen mit Novak Đoković, der ein fantastischer Tennisspieler und toller Mensch ist. Die positive Stimmung rund um die Mannschaft und die Gelegenheit, Zeit zusammen zu verbringen, stärkten unser Gemeinschaftsgefühl. Und dann gab es da noch das Spiel in Miami vor rund 46 000 Fußballfans. Peru war besser, beweglicher und schneller als wir und bezwang uns mit 2 : 0. Peru ist eine sehr gute Mannschaft und war damals die Nummer 11 in der FIFA-Weltrangliste – lag also im Ranking vor uns. Die Niederlage sorgte in Kroatien für die übliche Alarmstimmung. Obwohl es nur ein Freundschaftsspiel und das Resultat bedeutungslos war, machten die Medien ein Drama daraus und kritisierten Dalić außerdem, weil er Subašić, Mandžukić, Perišić, Brozović, Kalinić und mich nach der Begegnung hatte abreisen lassen. Auch Rakitić sollte eigentlich nach Barcelona zurückfliegen, aber er überlegte es sich anders und blieb.

Es wirkte so, als würden einige Leute nur auf eine Gelegenheit warten, uns an den Pranger zu stellen. Dass ich zum Beispiel wegen meiner Verletzung einen Monat lang außer Gefecht war und gerade erst wieder zu meiner Form zurückfand, schien niemanden zu interessieren. Die Medien waren voll mit Kommentaren aller Art, aber egal was die Journalisten denken mögen – ich fühle mich nicht auf den Schlips getreten, wenn sie mich kritisieren. Das Einzige, was ich nicht akzeptieren kann, sind Beleidigungen und Unwahrheiten. Wenn Journalisten und Experten ihren Standpunkt darlegen und sagen, ich oder wer auch immer habe eine lausige Leistung abgeliefert, ich sei kein guter Spieler oder Ähnliches, macht mir das nichts aus. Die Medien machen ihren Job und zu diesem Job gehören auch gegensätzliche Theorien und Analysen. Als sie mich kritisierten, weil ich die Mannschaft in den USA verlassen hatte, und darauf beharrten, das sei für den Mannschaftskapitän nicht angemessen, wollte ich nicht reagieren. Ich wusste, wohin das führen würde: von einer Kontroverse zur nächsten. Wenn allerdings andere Spieler die Nationalspieler, die zu ihren Vereinen zurückgekehrt waren, öffentlich kritisierten, störte mich das sehr wohl. Ich konnte ihre Argumentation nicht nachvollziehen, denn es war ja alles mit Dalić abgesprochen. Bei allem Respekt hatte in dieser Situation niemand das Recht, mich zu kritisieren. In den bis dahin zwölf Jahren im kroatischen Trikot war ich bei jedem Mannschaftstreffen und sogar bei jedem Promotionevent dabei gewesen, auch wenn es gar kein Pflichttermin war, sondern die

Trainer mich baten, den Fans und der Moral der Mannschaft zuliebe zu kommen. Ich habe nie darum gebeten, von irgendwelchen Terminen freigestellt oder anders behandelt zu werden als die anderen. Ich war nur dann nicht bei der Mannschaft, wenn ich ernsthaft verletzt war, operiert werden musste oder mich von einer Verletzung erholte.

Besonders enttäuscht war ich, als ich die Kommentare von Vedran Ćorluka las. Er hätte mir seine Meinung einfach persönlich sagen können, als wir in den USA waren. Obendrein äußerte er seine Kritik auf einer Pressekonferenz und provozierte damit nur Diskussionen in den Medien. Ćorluka und ich sind befreundet, standen in unseren Karrieren immer Seite an Seite, spielten zusammen bei Dinamo, Inter Zaprešić, Tottenham und für die Nationalmannschaft. Wir waren unzertrennlich. Von ihm hätte ich am allerwenigsten erwartet, dass er mich öffentlich attackiert. Er kannte mich besser als jeder andere und wusste auch, wie ernst es mir mit meiner Verantwortung für den Verein und für die Nationalmannschaft war. In jeder anderen Situation hätte ich die Sache wahrscheinlich auf sich beruhen und Gras darüber wachsen lassen. Aber dafür hatten wir keine Zeit, denn das hätte unsere Moral bei der WM in Russland belastet, und diese Moral war unverzichtbar, wenn wir etwas Großes erreichen wollten. Ich beschloss, mich vor der WM mit Ćorluka zusammenzusetzen und alles in Ruhe miteinander zu besprechen. Ob er missverstanden worden war, war jetzt nicht mehr wichtig; wir einigten uns darauf, dass es eine ungerechtfertigte und unnötige Aktion war. Es zeigte sich, dass es immer eine gute Idee ist, miteinander zu reden. Ich bin überzeugt: Wenn es Redebedarf gibt, ist ein offenes und ehrliches Gespräch das A und O für eine echte und starke Freundschaft. So ist es auch bei Charlie und mir.

Auch mit Dalić sprach ich über die Nachwehen der US-Tour. Er fragte gerne die erfahrensten Spieler und mich als Kapitän nach unserer Meinung zu den wichtigen Themen. Die Tour sollte dazu dienen, uns vor der WM zusammenzuschweißen und eine gute Kampfmoral zu erzeugen, doch am Ende löste sie eine Menge Kritik aus, was der Harmonie innerhalb unserer Gruppe nicht guttat. So gesehen hielt ich seine Äußerung nach unserem Sieg über Mexiko für unangebracht: Er hatte die erfahreneren Stammspieler kritisiert und sinngemäß gesagt, sie sollten sich über ihre Einstellung zur Mannschaft Gedanken machen, denn schließlich würden jüngere Spieler nachrücken und immer besser und besser spielen. Niemand, so betonte er, habe seinen Platz im Kader aufgrund früherer Verdienste gepachtet. Als Beispiel nannte er Ante Rebić, der gegenüber Ivan Perišić im Vorteil sei. Einfach so und aus heiterem Himmel. Und warum? Weil Kroatien das Freundschaftsspiel gegen Mexiko gewonnen hatte, während das Team nur vier Tage zuvor mit den scheinbar erfahreneren Spielern in der Startelf gegen Peru den Kürzeren gezogen hatte. Dieses Argument, bei dem Perišić als Beispiel bemüht wurde, überraschte mich. Perišić ist ein bewährter Spieler, ein starker Flügelspieler und ein alter Hase, der schon viele Schlachten geschlagen hat – nicht nur für seinen Verein, sondern auch für die Nationalmannschaft. Niemand ist konstant in Bestform. Jeder Spieler hat gute und schlechte Phasen, aber Perišić – von uns Perija genannt – ist immens wertvoll für die kroatische Nationalmannschaft. Ich sagte Dalić, dass mich solche Äußerungen befremden würden, und er beteuerte, er sei falsch interpretiert worden. Er habe die Spieler – und zwar alle Spieler – motivieren wollen, damit sie mit der richtigen Einstellung nach Russland fuhren. Ich entgegnete, die US-Tour sei nicht dadurch in ein schlechtes Licht geraten, dass die Journalisten Storys darüber geschrieben hätten. Die Journalisten machten einfach nur ihre Arbeit und hatten das Recht, Fragen zu stellen. Das Problem war, dass wir innerhalb der Mannschaft zu öffentlicher Kritik eingeladen und die Moral ruiniert hatten.

Nach meiner Erfahrung würde das Ganze kein gutes Ende nehmen, wenn es so weiterginge. Daraufhin traf sich Dalić während der Vorbereitung auf die WM in Russland zu einer Besprechung mit den Spielern; das war sehr wichtig.

Es gab eine persönliche Angelegenheit, die mir keine Ruhe ließ, und ich war entschlossen, vor der WM-Vorbereitung alle Missverständnisse auszuräumen. Es ging um Mario Mandžukić. Wir hatten zusammen im Dinamo-Trikot gespielt und elf Jahre Seite an Seite in der kroatischen Nationalmannschaft. Mario ist ein spezieller Typ. Wer ihn nicht kennt, könnte meinen, er sei ein Griesgram, dabei hat er eigentlich gute Laune. Ich habe Mario als außergewöhnlichen Menschen mit einem großen Herzen kennengelernt. Er war mir auf Anhieb sympathisch, auch wenn andere Leute länger brauchen, bis sie ihn verstehen. Wir haben in der Nationalmannschaft eine Menge zusammen durchgestanden.

Als wir in der Qualifikation für die WM 2014 in Brasilien im Play-off in Island antraten, traf ich Mandžukić einmal zufällig vor dem Hotelaufzug. „Auf gehts, Mario. Gib heute alles!“, sagte ich zu ihm. Das waren die üblichen aufmunternden Worte, die man sich oft im Training oder vor einem Spiel gegenseitig zuwirft.

Seine Reaktion wunderte mich: „Lass mich in Ruhe! Kümmere dich um deinen eigenen Kram.“

Ich war überrascht. Hatte er schlechte Laune? Eine logische Erklärung kam mir nicht in den Sinn. Wir hatten immer ein gutes Verhältnis gehabt und Kontakt gehalten. Und auf einmal – Funkstille. Unser Verhältnis kühlte sich ab. Hätte ich damals gewusst, was ich heute weiß, hätte ich gleich an Ort und Stelle oder zumindest noch während der nächsten Länderspielpause die Sache aus der Welt geräumt. Doch so trug ich es ihm nach. Wenn zwei starke Charaktere aufeinanderprallen, schlagen sie Funken und dann – Kurzschluss! Ich fühlte mich, ehrlich gesagt, nicht gut damit, ich war aber auch nicht gewillt, den ersten Schritt zu tun. Und er auch nicht. Als Mannschaftskollegen hatten wir keine Probleme; auf dem Rasen war alles unverändert. Auch abseits des Spielfelds kommunizierten wir normal miteinander, zumal bei Teambesprechungen und Ähnlichem. Er gratulierte mir zu meinem ersten Champions-League-Sieg; er wusste, wie glücklich mich dieser Sieg machte, denn ein Jahr zuvor hatte er mit Bayern das Gleiche erlebt. Das war also nicht das Problem. In der Nationalmannschaft läuft natürlich vieles zwangsläufig anders als im Verein, wo sich die Spieler jeden Tag sehen. Im Nationalteam wechseln die Spieler; sie kommen von verschiedenen Clubs und aus verschiedenen Umfeldern, haben unterschiedliche Einstellungen und gehören unterschiedlichen Generationen an. Jemandem, den du besser kennst oder der zur gleichen Generation gehört wie du, fühlst du dich natürlich näher, sodass du mehr Zeit mit ihm verbringst. In der Nationalmannschaft kommt mehr als anderswo alles zusammen, denn man hat eine gemeinsame Verantwortung und die gemeinsame Ehre, das Trikot des eigenen Landes zu tragen. In diesem Punkt funktionierten Mario und ich gut zusammen. Aber wir hatten darüber hinaus eigentlich ein enges, freundschaftliches Verhältnis, und diese unausgesprochene Situation und dieses So-tun-als-wäre-nichts störten mich.

Der Zufall wollte, dass im Sommer 2014 Mandžukić von Bayern München wegging und zu Atlético Madrid wechselte. Wieder einmal lebten wir in derselben Stadt und traten im Stadtderby als Rivalen an – genau wie viele Jahre zuvor, als er für Zagreb und ich für Dinamo spielte. Als ich von seinem Transfer erfuhr, wollte ich ihm spontan eine SMS schicken, aber ich hatte seine Nummer nicht. Ich glaube, kein Fußballer wechselt seine Handynummer so häufig wie Mario. Als ich mir die Nummer endlich besorgt hatte, schickte ich ihm eine SMS, gratulierte ihm zu dem Transfer und schrieb ihm, er solle mich kontaktieren, wenn er bei der Wohnungssuche in Madrid oder bei irgendetwas anderem Hilfe oder was auch immer brauchte. Er antwortete, bedankte sich bei mir, und das wars. Mandžukić blieb nur eine Spielzeit in Madrid. Real und Atlético spielten in dieser Saison achtmal gegeneinander: jeweils zweimal in der Liga, im spanischen Supercup, in der Copa del Rey und in der Champions League. Wir traten in vier Spielen gegeneinander an. Die restlichen Spiele verpasste ich wegen der schweren Verletzung, die ich mir beim Länderspiel in Mailand zugezogen hatte.

In dem Jahr begegneten Mario und ich uns nur bei diesen vier Spielen und begrüßten uns jeweils mit einem „Hallo". Wir waren zugeknöpft und blieben es auch in der Nationalmannschaft.

Vor der WM in Russland beschloss ich, dieser Situation ein Ende zu bereiten. Ich ging davon aus, dass das unsere letzte WM und höchstwahrscheinlich das letzte Turnier sein würde, bei dem wir Mannschaftskollegen waren und bei dem wir richtig erfolgreich sein konnten. Mario war in der kroatischen Nationalmannschaft einer der wichtigsten Spieler – auf dem Spielfeld und auch sonst. Wie jeder von uns hat er seine Eigenarten, aber er ist ein aufrichtiger Typ. In manchen Punkten sind wir uns ähnlich: Wir sind beide ein bisschen introvertiert, zeigen selten unsere Emotionen und können ziemlich stur sein. Aber Mario ist jemand, dem ich blind in jede Schlacht folgen würde. Er würde immer sein Bestes geben, was auch passierte; er würde mir den Rücken freihalten und mich nie im Stich lassen. Es gibt nur eine einzige Situation, in der man nicht darauf zählen kann: wenn er nicht in Form ist.

Ich wartete auf den richtigen Moment, um ein Gespräch zu beginnen; ich wollte ihm sagen, wie gern ich ihn mochte und wie sehr ich bedauerte, dass wir kein besseres Verhältnis hatten. Ich wollte wissen, was vorgefallen war und warum wir seit über drei Jahren nicht mehr wie Freunde kommunizierten. Wir wussten beide, dass das vielleicht unsere letzte große Chance sein würde und wie wichtig Zusammenhalt und Geschlossenheit waren. Ich sagte ihm, ich sei sicher, dass wir stark seien und die Zeit für uns gekommen sei. Wir redeten offen miteinander, und in diesem Moment schmolz das Eis, das sich zwischen uns gebildet hatte.

„Ich war nicht sauer auf dich. Ich dachte, du wärst sauer auf mich", war seine Antwort.

Da sieht man, was aus einer guten Beziehung werden kann, wenn man nicht miteinander redet. Deswegen: Wenn dich etwas stört, ist es am besten, es sofort anzusprechen. Zwischen Mario und mir entstand sofort wieder eine positive Energie, die sich im weiteren Verlauf steigerte. Es kann sein, dass ich übertreibe, aber ich glaube, es war ab diesem Zeitpunkt stärker als zuvor. Nach Russland und allem, was wir durchgemacht haben, werden wir uns eine Menge zu erzählen haben, wenn wir einmal alt sind.

Jagd aufs Triple

Das Frühjahr in Madrid hatte seine Höhen und Tiefen. In den letzten elf Ligaspielen wollten wir einen besseren Eindruck hinterlassen und am Ende hatten wir sechs Siege, vier Unentschieden und eine 2:3-Niederlage gegen Sevilla auf dem Konto. Wir zogen an Valencia vorbei und beendeten die Saison als Tabellendritter. Atlético hatte drei Punkte mehr als wir und ein dritter Platz hat für Real keinen hohen Stellenwert. Dass wir gut in Form waren, wurde im letzten Clásico der Saison drei Wochen vor dem Finale der UEFA Champions League deutlich. Für den Kampf um die Tabellenplätze spielte das Derby im Camp Nou keine Rolle mehr, trotzdem wurde es so intensiv ausgetragen wie immer. Die Anspannung war mit Händen zu greifen. Barcelona ging zweimal in Führung und zweimal glichen wir aus. Je mehr sich die Saison ihrem Ende näherte, umso mehr wuchs unser Selbstvertrauen.

Nachdem wir PSG aus dem Weg geräumt hatten, waren wir sicher, dass wir es erneut bis ins Endspiel der Champions League schaffen würden. Als Viertelfinalgegner wurde uns Juventus zugelost und im Hinspiel in Turin waren wir die spielbestimmende Mannschaft. Wir schlugen die „alte Dame" mit 3 : 0 – Cristiano Ronaldo traf zweimal und Marcelo einmal. In der 64. Minute wurden wir Zeugen eines der spektakulärsten Tore des Mannes, der schon Hunderte von Toren auf dem Konto hatte: Ich spreche von Ronaldo. Sein Fallrückzieher nach einer Flanke von Dani Carvajal war der absolute Bilderbuchtreffer, erzielt genau im richtigen Moment und gegen genau den richtigen Torwart. Schon seit einer Weile hatte sich Ronaldo an Fallrückziehern versucht, und jetzt war es ihm geglückt – und dann auch noch gegen Gianluigi Buffon, einen der besten Torhüter aller Zeiten. Noch fantastischer als das Tor selbst war die Reaktion der Zuschauer in Turin: Alle erhoben sich von ihren Plätzen und spendeten Ronaldo lange Applaus. Heute glaube ich, dass diese Szene einer der Hauptgründe war, der Cristiano drei Monate später bewog, zu Juventus zu wechseln.

Nach dem Resultat und unserem überragenden Spiel in Turin fühlten wir uns vermutlich etwas zu sicher. Das Rückspiel wäre um ein Haar zum Debakel geraten. Wir hatten in dieser Saison auch in anderen Heimspielen schon unsere Schwierigkeiten gehabt, aber der Nervenkrieg gegen Juventus war einfach unglaublich. Am Tag vor dem Spiel hatte AS Rom gegen Barcelona den Beweis geliefert, dass nichts unmöglich ist. Barça kam mit einem 4:1-Polster aus dem Hinspiel nach Rom, und in einem fantastischen und leidenschaftlichen Spiel landete AS Rom im heimischen Stadio Olimpico dann drei Treffer, ließ kein Gegentor zu und warf Barcelona aus dem Wettbewerb. Das war ein sensationelles Ergebnis. Wir zogen leider keine Lehren daraus. Juventus trat beherzt auf und ging in der zweiten Spielminute in Führung. *Das kann ja heiter werden,* dachte ich angesichts unserer Leistung, und als die Turiner in der 37. Minute zum zweiten Mal trafen, fühlte ich mich in meinen Befürchtungen bestätigt. Beide Tore schoss mein Freund Mario Mandžukić. Zwei Kopfbälle, zwei Tore, zwei Schritte auf dem Weg zum nächsten Riesenüberraschungserfolg. Gegen Real traf Mario besonders gerne: In zwölf Spielen kam er auf fünf Tore und einen Assist. Als Blaise Matuidi in der 61. Minute das 3 : 0 für Juventus erzielte, brannte die Hütte. Wir mussten unbedingt ein Tor schießen, denn ein weiterer Gegentreffer konnte bedeuten, dass wir uns aus der Champions League verabschieden mussten. Wir warfen alles nach vorne und in den letzten Spielminuten bekamen wir einen Elfmeter. Lucas Vázquez hatte allein und einschussbereit vor Buffon gestanden und wurde von hinten umgestoßen. Juventus flippte aus vor Wut – allen voran Buffon, der Erfahrenste von allen. Dafür sah er die Rote Karte und flog vom Platz. Die Erregung der Turiner war nachvollziehbar: Sie waren so nah dran, die Überraschung zu schaffen. Aber der Unparteiische lag richtig: Es war ein klares Foul. Ronaldo verwandelte den Elfmeter souverän und schoss uns damit ins Halbfinale.

Das Hinspiel gegen Bayern fand in München statt. „Unser“ Carlo Ancelotti saß nicht mehr auf der Trainerbank; er war zu Saisonbeginn entlassen und durch Jupp Heynckes ersetzt worden, zu dem wir ebenfalls „unser“ hätten sagen können, denn „unser Jupp“ hatte 1998 mit Real Madrid die Champions League gewonnen. Unter Heynckes als Chefcoach hatte Bayern etliche Titel abgeräumt und zuletzt 2013 die Champions League gewonnen. Die Gastgeber erwischten in der Allianz-Arena den besseren Start und gingen in der 28. Minute durch Joshua Kimmich in Führung. Doch auch wir schlugen uns tapfer und erzielten in der 44. Minute den Ausgleich durch Marcelo. Marco

Asensio, der nach der Halbzeitpause für den verletzten Isco in die Partie kam, machte in der 57. Minute für uns das 2 : 1. Das war zugleich der Endstand, sodass wir dem Rückspiel auch diesmal wieder mit einem dicken Polster entgegensehen konnten. Nachdem wir uns gegen die Bayern und in anderen Heimspielen schon einmal die Finger verbrannt hatten, nahmen wir das Rückspiel diesmal sehr ernst. Leider gingen die Bayern schon in der 3. Minute in Führung – wieder durch Kimmich. Es schien sich der nächste Nervenkrieg anzubahnen, auch wenn Karim Benzema in der 11. Minute der Ausgleich gelang. Zu Beginn der zweiten Halbzeit brachte uns Benzema nach einem krassen Fehler von Bayern-Torhüter Sven Ulreich mit 2 : 1 in Führung. Die Bayern attackierten weiter und ließen uns keine Atempause. Im Gegenteil: Das Spiel wurde zunehmend schwieriger. Ich weiß nicht, warum das immer wieder passierte, obwohl wir ein Spitzenteam waren und so viel Erfahrung hatten.

Die Fans im Bernabéu treiben uns jedes Mal nach vorne. Aber in schweren Spielen sollten wir es besser wissen und einen Gang zurückschalten, wenn wir vorne liegen, statt auf das nächste Tor zu gehen. Da fingen wir uns den Gegentreffer ein: In der 63. Minute erzielte James Rodríguez, von Real Madrid an München ausgeliehen, den Ausgleich. Bayern und speziell James hatten noch ein paar weitere Chancen, ebenso wie wir, aber es blieb beim 2 : 2. Wir hatten in den Abgrund geschaut, jetzt durften wir uns auf das vierte Champions-League-Finale innerhalb von fünf Jahren freuen. Sensationell! Und hochverdient. Es gab Kritik an der Schiedsrichterleistung in diesem Spiel, und solche Kritik wird umso lautstärker geäußert, wenn ein Referee zugunsten von Real entscheidet. Es gab mehrere falsche Schiedsrichterentscheidungen gegen uns, aber fast immer meinen die Leute, alle Fehlentscheidungen seien zulasten unseres Gegners gegangen.

Ein weiteres Grande Finale also! Wieder einmal war ich in Kyjiw – in demselben Stadion, in dem ich sieben Monate zuvor mit Kroatien den Sieg über die Ukraine in der WM-Qualifikation gefeiert hatte. Diesmal trat Real gegen den legendären FC Liverpool an – ein Verein mit einer fantastischen Tradition, einer großen Vergangenheit und charismatischen Namen, die in der glorreichen Geschichte Liverpools bis dahin sage und schreibe fünf Europa-Cup- und Champions-League-Titel nach Anfield geholt hatten. Liverpool, mit seinem Coach Jürgen Klopp – und mit meinem guten Freund Dejan Lovren in der Startformation –, hatte eine Traumsaison hinter sich. Es war ein sehr besonderes Match.

Nach drei Endspielen in der Champions League war ich vor dem Spiel in Kyjiw nicht mehr ganz so unruhig. Aufgeregt war ich zwar schon, aber dank meiner Vorerfahrungen bekam ich mich gut in den Griff. Für manche Mitspieler war es das erste Finale. Als uns Zinédine Zidane ein Video mit Botschaften von unseren Familien vorspielte, wurden alle Spieler emotional, die Debütanten aber waren sichtlich bewegt. Zidane hatte das vorausgesehen und ein zweites Video vorbereitet, um uns zu motivieren. Er zeigte uns die Erfolge der LA Lakers, der Chicago Bulls und der Boston Celtics – Basketballdynastien, die zu ihrer Zeit das Maß aller Dinge waren und dank ihrer fantastischen Dominanz einen Titel nach dem anderen gewannen. Ich bin ein großer Fan der NBA – und auch der NFL, vor allem der New England Patriots und ihres phänomenalen Quarterbacks Tom Brady. Die Basketballmannschaft meines Herzens sind die Bulls – wegen des unvergleichlichen Michael Jordan, ein King! Weltberühmte Champions wie Muhammad Ali, Roger Federer und Tiger Woods, die großen Legenden, die eine ganze Sportdisziplin geprägt, ganz neue Maßstäbe gesetzt und neue Generationen mitgerissen haben. Als ich in diesem Frühjahr mit Kroatien auf USA-Tour unterwegs war, wurde mir die Ehre zuteil, einem meiner Idole persönlich zu begegnen: dem dreimaligen

NBA-Champion Dwyane Wade, der für Miami Heat spielte. Wir tauschten Trikots und plauderten eine Weile miteinander.

Ich war überrascht, dass sich Dwyane Wade für europäischen Fußball interessierte; die meisten Leute glauben, Amerikaner könnten mit Fußball nichts anfangen. Dass das nicht stimmte, merkte ich bei meiner Begegnung mit Julia Roberts, die mit ihren Kindern und ihrem Mann Danny einmal im Bernabéu zu Besuch war. Obwohl sie selbst eine berühmte Schauspielerin ist und alle Welt Selfies mit ihr machen will, freute sie sich sehr, uns zu sehen. Besonders happy war sie, als sie sah, wie viel Spaß ihre Kinder hatten, als sie sich mit den Spielern von Real fotografieren lassen durften.

Was uns Zidane mit dem Motivationsvideo vor dem Champions-League-Finale sagen wollte, war klar: Die Großen finden immer neue Motivation, um neue Titel zu gewinnen – das macht ihre Größe aus. Sie laufen zur Höchstform auf – ganz unabhängig davon, wie viele Siege hintereinander sie schon eingefahren haben, weil Gewinnen einfach Spaß macht.

„Geht raus auf den Rasen und vergnügt euch. Freut euch am Fußballspielen." Das war Zidanes Kernbotschaft in der Besprechung vor dem Anpfiff.

Seine Taktik war so schnörkellos wie immer. Wir sollten möglichst schnell die Seiten wechseln, weil Liverpool immer Hochdruckfußball spielt und ein hohes Tempo vorgibt. Deshalb sollten wir unbedingt den Ball schnell zirkulieren lassen, um ihre erste Abwehrreihe zu durchbrechen und in ihre Hälfte vorzustoßen. Wir waren gerüstet. Auch das war wieder ein Spiel für die Geschichtsbücher: Wir wollten einen neuen Rekord aufstellen und an der Legende einer zweiten goldenen Real-Madrid-Generation weiterstricken.

Wir liefen aufs Spielfeld, wo von zwei Musikern aus Kroatien – den berühmten 2Cellos – die Champions-League-Hymne gespielt wurde. Die Stimmung war majestätisch, die Arena bis auf den letzten Platz gefüllt.

Liverpool kam gut ins Spiel. Ihre Spielweise war für uns keine Überraschung: schnell und technisch versiert. Sie gingen mit Elan zu Werk, aber wir hielten gut dagegen und Ronaldo und Benzema sorgten im Angriff für Gefahr. In der 30. Minute musste Liverpool einen Rückschlag hinnehmen: Mohamed Salah ging verletzt vom Platz. Es war eine ganz unglückliche Situation. Salah fiel in einem Zweikampf mit Sergio Ramos auf die linke Schulter und hatte solche Schmerzen, dass er nicht weiterspielen konnte. Über das Tackling von Sergio Ramos gab es ausführliche Diskussionen. Es wurde behauptet, er hätte Salah absichtlich verletzt. Was für ein Unsinn! Jeder Fußballspieler weiß, dass keine Absicht im Spiel war. Als Salah ausgewechselt wurde, dachte ich, das Spiel würde jetzt einfacher für uns werden. Doch da täuschte ich mich. Nur sechs Minuten später musste auch Carjaval verletzt ausgewechselt werden, der für unser Spiel sehr wichtig war. Schon wieder bekam er in einem Finale eine Verletzung ab – was für ein Pech für Dani!

Es war ein extrem schweres Spiel – ein echter Kampf, bei dem beide darauf lauerten, den anderen zu überlisten. In der ersten Hälfte hatten beide Teams ihre Chancen. In der zweiten Halbzeit erwischten wir einen Traumstart: Liverpools Torwart Loris Karius wollte den Ball einem seiner Abwehrspieler zuwerfen und dabei unterlief ihm ein Schnitzer. Benzema war zur Stelle und stupste den Ball in Richtung Tor. Und der Ball kullerte gemächlich ins Netz. Benzema ist ein echtes Schlitzohr! Ich bin immer wieder verblüfft, dass er in jedem Augenblick hellwach ist. Vier Minuten nach dem 1 : 0 stand es wieder unentschieden – James Milner trat einen Eckball, Lovren stieg am höchsten und köpfte den Ball in Richtung Torraum, wo Sadio Mané ihn ins Tor beförderte.

In der 61. Minute schickte Zidane Gareth Bale für Isco in die Partie. Drei Minuten später schoss Bale eines seiner schönsten und wichtigsten Tore überhaupt. Marcelo flankte von der linken Seite zu Gareth, der dreizehn oder vierzehn Meter vor dem Tor stand und den Ball mit einem Fallrückzieher am chancenlosen Loris Karius vorbei ins rechte obere Eck zimmerte. Dieselben Spieler waren auch am dritten Treffer beteiligt, der uns endgültig zu Champions machte. Bale zog aus dreißig Metern ab und der Ball flog in hohem Bogen in Richtung Tor. Karius war zwar mit den Händen noch dran, doch die Kugel glitt ihm durch die Finger und landete im Netz. Der eine bejubelte seinen zweiten Treffer im Champions-League-Finale und der andere – der Torwart – stand unter Schock. So ist Fußball: Freude und Verzweiflung liegen nah beieinander. Für Karius tat es mir natürlich leid, aber ich war begeistert, dass wir erneut eine historische Leistung vollbracht hatten. Wir hatten zum dritten Mal hintereinander die Champions League gewonnen! Außer uns war es noch keinem Verein gelungen, auch nur zwei Champions-League-Titel hintereinander zu holen, und jetzt hatten wir das Triple geschafft! Uns würde in Europa so bald niemand übertrumpfen; Real Madrid hatte soeben seinen dreizehnten Titel gewonnen. Dieses großartige Gefühl begleitete mich in den nächsten Tagen.

Ich versuchte, Lovren zu trösten; er war am Boden zerstört. Und dann wurde gefeiert. Ich hatte das alles schon erlebt und doch fühlte es sich einfach unglaublich an. Meine Kinder kamen zu mir aufs Spielfeld, und am Tag darauf bereiteten uns die Fans in Madrid einen fantastischen Empfang, mit Begrüßungszeremonien und noch einer Party im Bernabéu. Eines war diesmal anders: Obwohl ich krass übermüdet war, konnte ich nicht einschlafen. Ich war einfach zu aufgekratzt, zu sehr in meinen Emotionen – und dann kam noch die Hitze hinzu.

Der einzige Wermutstropfen bei dieser Geschichte hatte mit Ronaldo zu tun. Noch als wir unten auf dem Spielfeld waren, machte er Andeutungen, dass er Madrid vielleicht verlassen würde. Das hatte ich immer für unmöglich gehalten. Da in dem Moment nur Feiern angesagt war, fragte ich nicht weiter nach. Ich dachte, es wäre vielleicht nur eine Phase. Doch wenn man so etwas mitten im Siegesjubel sagt, muss man damit rechnen, dass es sich im Gedächtnis festsetzt.

Ronaldo trug sich also mit Abschiedsgedanken. Und das sollte nicht die einzige Überraschung bleiben.

KAPITEL NEUN

Morgens in unserem Haus in Madrid aufzuwachen ist zauberhaft. Fast immer ist es warm und sonnig und in La Moraleja ist es wunderbar still. Es ist schön, auf die Veranda hinauszutreten, den Blick über die Pflanzen im Park schweifen zu lassen und den Vögeln zu lauschen. Wenn Ivano und Ema zu Hause sind und das Wetter gut ist, springen sie in den Pool und spielen. Dann ist es mit der Stille vorbei, stattdessen hört man die Kinder rufen und lachen. Es gibt nichts Schöneres auf der Welt, als die eigenen Kinder unbeschwert spielen zu sehen. Ich genieße es, zu Hause zu sein.

In solchen Morgenstunden werfen Vanja und ich gerne einen Blick zurück oder schauen in die Zukunft. Oft reden wir über die Ereignisse, die uns hierhergeführt haben. Unsere intensiven Gespräche gehören zu den wunderbaren Dingen in unserer Beziehung. Wir sind nicht immer auf derselben Wellenlänge; wir haben unsere Differenzen und können uns manchmal richtig fetzen. Das gehört zu einer Ehe dazu; wenn wir in allem einer Meinung wären, wäre das auch langweilig. Unsere Gespräche bedeuten mir viel. Wenn ich über irgendetwas nachdenke, macht es mir die Sache leichter, mich ihr anzuvertrauen. Auch schöne Geschichten werden ja noch schöner, wenn man sie teilt. Manchmal reicht es schon, ihr einfach nur zuzuhören und über das nachzudenken, was sie sagt – vor allem wenn es um etwas geht, mit dem sie sich besser auskennt als ich. Gelegentlich brauche ich einfach ihr offenes Ohr, wenn ich meinen Frust über Fußball oder irgendetwas anderes ablasse. Meistens aber unterhalten wir uns einfach angenehm.

Nach den zwei Tagen, die mit Feiern und Festivitäten im Rahmen des Finales der Champions League gefüllt waren, nahm ich mir etwas Zeit, um auszuruhen und das ganze Geschehen in Ruhe sacken zu lassen. Ich schaffte es sogar, ein bisschen zu schlafen; der Adrenalinpegel war inzwischen gesunken.

Am Tag des Endspiels in Kyjiw versammelte sich die kroatische Nationalmannschaft in Zagreb und machte sich an die Vorbereitung für die Weltmeisterschaft. Dejan Lovren, Mateo Kovačić und ich verabredeten mit Zlatko Dalić, dass wir am 31. Mai in Rovinj dazustoßen würden. Nach der Saisonschlussphase im Verein brauchten wir ein paar Tage Entspannung. Müde war ich nicht; die Verletzung hatte mich ja im zweiten Teil der Saison zu einer Zwangspause genötigt. Deshalb war ich in dieser besonders fordernden Phase immer noch frisch und auf dem Höhepunkt meiner Leistungsfähigkeit. Mein vierter Champions-League-Titel hatte mich mit sehr viel positiver Energie aufgeladen. Ich war Teil einer Mannschaft, die die „goldene Generation“ genannt wurde. Die spanischen Zeitungen und Real-Fans aller Altersgruppen hatten uns sogar schon vor dem Sieg so genannt, weil sie wussten, dass unser Team zu dieser Leistung fähig war – und das fühlte sich gut an. Der dritte europäische Titel hintereinander und in Kombination mit den zwölf anderen Titeln, die ich seit meiner Ankunft bei Real 2012 gewonnen hatte, lieferte tatsächlich den Beweis, dass diese Spieler- und Trainergeneration von historischer Bedeutung war. Deswegen hatte ich nach Kyjiw dieses ganz besondere Gefühl. Was auch immer als Nächstes passieren würde – ich hatte mit Real erreicht, was ich erhofft und worauf ich hingearbeitet hatte, und das konnte mir niemand mehr nehmen.

Als ich 2012 meinen Vertrag bei Real unterschrieb, war ich fest davon überzeugt, dass ich mit diesem Club Titel gewinnen würde. Real ist einfach ein Verein, der Trophäen holt und dazu berufen ist, oben zu stehen. Doch wer hätte gedacht, dass so unglaublich viele stolze Titel zusammenkommen würden?

An jenem Morgen schwelgten Vanja und ich in Hochgefühlen. Wir saßen in unserem Patio in Madrid und dachten über diese unglaubliche Erfolgsgeschichte nach. Und dann, nach einem kurzen Moment des Nachdenkens, platzte es aus mir heraus: „Vanja, weißt du was: Ich fühle mich so gut und bin so extrem motiviert – ich glaube, wir werden es unseren Gegnern bei der WM richtig zeigen!"

Sie sah mich verdutzt an, als wollte sie fragen: Was ist denn mit dir los? Aber Fragen erübrigten sich; ich schüttete einfach mein Herz aus. „Das habe ich im Gefühl, und zwar schon seit einer Weile. Ich will, dass Kroatien etwas gewinnt. Das treibt mich die ganze Zeit um. Früher habe ich wie alle anderen gedacht: Es wäre super, wenn wir die Gruppenphase überstehen. Diesmal bin ich sicher: Das ist unser Turnier. Frag mich nicht warum. Ich weiß es einfach."

Wenn sie mich nicht gekannt hätte, hätte sie wahrscheinlich angenommen, ich wäre von den Titelfeierlichkeiten noch verkatert. Doch wenn es einen Menschen gibt, der weiß, wie ich über das scheinbar Unerreichbare denke, dann ist es Vanja. Deshalb tat sie meine Worte nicht ab und sagte mir auch nicht, ich solle mit dem Fantasieren aufhören. Mich vor Kroatiens großem Turnier derart entschlossen zu erleben, muss auch für sie überraschend gewesen sein, und sie hoffte natürlich, meine Erwartungen würden sich ebenso erfüllen wie andere im Verlauf meiner Karriere.

In diesen drei Tagen mit meiner Familie in Madrid tankte ich reichlich Energie. Ich wusste, dass ich lange weg sein würde, und hatte im Gefühl, dass die Trennung von meiner Frau und meinen Kindern vielleicht nicht nur zwei, drei Wochen, sondern einen ganzen Monat dauern könnte. Getrennt voneinander zu sein ist nie einfach, trotzdem fuhr ich voller Energie nach Rovinj zur WM-Vorbereitung der kroatischen

Nationalelf. Ich konnte es kaum abwarten, bei meinen Mannschaftskollegen zu sein.

Auf dem Weg nach Kroatien wurde ich abrupt aus meinen Gedanken an die Weltmeisterschaft in Russland gerissen: Zinédine Zidane gab bekannt, dass er Real Madrid verlassen werde. Ich war, gelinde gesagt, entsetzt. Inzwischen stand auch fest, dass Cristiano Ronaldo uns verließ. Jetzt also die zweite Nachricht, auf die niemand im Verein gefasst war. Die Handys liefen sofort heiß. Ich telefonierte mit vielen Leuten, auch mit Sergio Ramos, Mateo Kovačić und Javier Coll, der beim Club offiziell für die Logistik der A-Mannschaft zuständig war. Wir standen alle unter Schock.

Die Nachricht schlug mir auf die Stimmung. Dass Zidane ging, machte mich traurig. Zwischen uns hatte vom ersten Moment an die Chemie gestimmt, und sein Rat und sein Glaube an mich haben mir geholfen, ein besserer Fußballer zu werden. Er ist einfach auch ein toller Mensch. Für mich war er nicht nur ein Coach, sondern ein Vorbild, von dem ich jede Menge lernen konnte. Wenn die Beziehung zu einem so charismatischen Menschen wie Zizou auf einmal der Vergangenheit angehören soll, ist das schwer zu akzeptieren.

Und zum Glück war das dann auch nicht dauerhaft der Fall.

„Operation WM 2018“

Am 31. Mai stieß ich in Rovinj zu meinen Nationalmannschaftskollegen. Sie trainierten gerade im Valbruna-Stadion. Wir begrüßten uns auf dem Spielfeld und machten uns an die Arbeit. Ich will unsere Trainingseinheiten nicht im Detail beschreiben, um niemanden zu langweilen. Nur so viel: In Sachen Taktik, Fitness und Technik war unsere Vorbereitung auf die WM in Russland top. Es war meine sechste Vorbereitung auf ein großes internationales Turnier. Seit 2006 hatte ich an drei Europameisterschaften und zwei Weltmeisterschaften teilgenommen. Am besten hatten wir 2008 in Österreich und der Schweiz und 2016 in Frankreich abgeschnitten. Beide Male waren wir über die Gruppenphase hinausgelangt. Weiter waren wir leider bisher nicht gekommen, weil uns 2008 die Türkei und 2016 Portugal in der ersten K.-o.-Runde aus dem Turnier geworfen hatten. Bei der WM 2006 in Deutschland und bei der WM 2014 in Brasilien mussten wir schon nach der Gruppenphase nach Hause fahren. Am schlechtesten lief es für uns bei der WM 2010: Da qualifizierten wir uns erst gar nicht.

Für Zlatko Dalić war es in jeder Hinsicht ein Debüt. Als Spieler wurde ihm nie die Ehre zuteil, im Trikot der kroatischen Nationalmannschaft aufzulaufen. Er hatte auch keinen der beiden größten kroatischen Vereine Hajduk und Dinamo trainiert. Doch bei unserer WM-Vorbereitung wirkte er souverän. Zwei entscheidende Faktoren halfen ihm, die gesamte Mannschaft zu inspirieren: Er ging mit beinahe jugendlichem Elan zu Werk, und er freute sich sichtlich darüber, dass er Kroatien zur WM führen durfte. Motiviert und enthusiastisch waren wir natürlich vor jedem großen Turnier, aber diesmal war die Stimmung anders als sonst. Normalerweise verkündeten wir, dass wir bestimmt gut abschneiden würden. Diesmal sagten wir nichts, wir waren uns unserer Sache aber absolut sicher.

Eine maßgebliche Rolle spielte mit Sicherheit Dalićs psychologische Vorbereitung. Wir hatten von Anfang an ein gutes Verhältnis zu ihm. Es hatte einfach klick gemacht, und das bestärkte uns in dem Glauben, in Russland könnte unsere Stunde schlagen. Entscheidend war auch der Rückhalt der Öffentlichkeit und der Fans, die positiven Reaktionen und die massive Unterstützung, die wir nach der Partie gegen Griechenland in Zagreb – in der Play-off-Runde der Qualifikation – erhalten hatten und die an die Zeiten der Bronzegeneration von 1998 erinnerten.

Dalić tat eine Menge, um eine gute Atmosphäre zu schaffen. Unser Aufenthalt in Rovinj und anschließend in Opatija war gut durchdacht, mit dem richtigen Quantum an Entspannung außerhalb des Trainings. Ein Abend in Opatija ist mir besonders in Erinnerung geblieben. Wir gingen zum Abendessen aus und es war einfach toll. Klar, wir hatten so was früher auch schon gemacht. Aber wir kamen uns dieses Mal dadurch als Mannschaft noch einmal näher. Wir waren die ganze Zeit zusammen; niemand stand abseits oder versuchte, sich abzusondern. Und das Wichtigste zumindest für mich war, dass wir das nicht als Selbstzweck machten, weil jemand dazu die Order gegeben hatte, sondern es kam von innen heraus.

Die Gegner in unseren Vorbereitungsspielen waren perfekt gewählt. Gegen Brasilien zu spielen ist immer sensationell – und eine ausgezeichnete Gelegenheit, um herauszufinden, wo man steht. Wir spielten ungefähr eine Stunde auf hohem Niveau. Im letzten Drittel verloren wir die Partie – sie ging 2 : 0 für Brasilien aus. Aber unsere Formkurve entwickelte sich vielversprechend.

Die Partie gegen Senegal lieferte den Beweis, dass afrikanische Teams sehr gefährlich werden können, wenn man sie ins Spiel kommen lässt. Mit Blick auf unsere bevorstehenden Spiele gegen Argentinien und Nigeria in Russland erfüllten diese Spiele ihren Zweck und machten uns fit für die Herausforderungen, die auf uns warteten. Das Spiel gegen Senegal, das wir 2 : 1 gewannen, fand in Osijek statt. Hier zeigten uns die begeisterten Zuschauer wieder einmal, dass ganz Kroatien wie ein Mann hinter uns stand und an uns glaubte. Das gab uns vor unserer Abreise nach Russland großen Auftrieb.

Ein wichtiger Moment während der Vorbereitung war eine Besprechung mit Dalić in Opatija. Wir waren gerade aus Liverpool zurückgekommen, wo wir gegen Brasilien gespielt hatten. In Anfield hatten wir den ersten Akt des Dramas „Der Fall Nikola Kalinić" miterlebt. Worum ging es? Als Kalinić erfuhr, dass er nicht in der Startelf gegen Brasilien stehen würde, meldete er sich wegen einer Rückenverletzung ab. Dalić war überzeugt, dass bei ihm nur eines verletzt war: sein Ego.

„Die Mannschaft hat oberste Priorität. Das Interesse Kroatiens hat Vorrang vor euren persönlichen Interessen; das muss jeder Einzelne von euch verstehen. Anders geht es nicht. Nur mit vereinten Kräften können wir etwas bewegen. Wer nicht hier sein will, wer nicht bereit ist, der Mannschaft zu helfen, und sei es für eine, für fünf oder für zehn Minuten, soll sich jetzt melden. Wir brauchen positive Energie und keine Spannungen." Dalić machte klar, dass er „undiszipliniertes Verhalten" grundsätzlich nicht tolerieren werde.

Ich sprach mit Nikola während einer gemeinsamen Physiobehandlung. Nikola beklagte sich über seinen Status. Er war überzeugt, dass er gut in Form war und gegenüber anderen Angreifern in der Mannschaft einen Vorteil haben sollte.

Ich hörte mir an, was er zu sagen hatte, und antwortete ihm: „Der Coach hat das Recht, die Spieler nach seinem freien Ermessen auszusuchen. Mandžukić ist ein Arbeitstier, er spielt für Juventus, beackert das Spielfeld über volle neunzig Minuten, nonstop. Wenn du aber mit Blick auf die WM nicht zu allem bereit bist, solltest du dich jetzt zu Wort melden und das klar sagen."

Nikola antwortete versöhnlich: „Es ist nicht einfach für mich. Mir ist klar, dass ich mit Mario konkurriere und er in einer besseren Position ist, aber gut, ich gedulde mich. Ich bin hier und werde helfen, wo ich kann."

Ich ging davon aus, dass sich die Krise in Wohlgefallen auflösen würde. Überhaupt war ich während der Vorbereitung in allem sehr optimistisch. Ich sah auch bei Ćorluka, Mandžukić,

Rakitić, Subašić, Lovren und Vida – wir wurden „Senatoren“ genannt – dieses besondere Leuchten in den Augen, als wollten wir einander sagen: *Das ist unsere letzte Chance, Jungs. Wir dürfen sie nicht vermasseln!* Das sprachen wir aber nicht laut aus. Ich dachte viel über meine Rolle nach und sagte mir: „Du musst der Kapitän sein, mit allem, was dazugehört. Der Anführer, der die Mitspieler aufmuntert, mit gutem Beispiel vorangeht und jeden Einzelnen motiviert, sein Bestes zu geben. Ein Kapitän, der ein offenes Ohr hat, wenn sich jemand über irgendetwas beschwert, und der diejenigen, die negativ auffallen, in die Schranken weist.“

Für mich als Kapitän spielte Dalićs Haltung eine entscheidende Rolle. Vom ersten Tag an – das war direkt vor unserem Spiel gegen die Ukraine – entwickelte sich zwischen ihm als Trainer und mir als Kapitän ein gutes Verhältnis. Wir redeten viel miteinander. Er verstand sich nicht als Boss, dem die anderen aufs Wort zu gehorchen hatten, sondern als Coach, der vor einer Entscheidung erst einmal die erfahrensten Spieler nach ihrer Meinung fragte. Wie gesagt: Nach so vielen Jahren in der kroatischen Nationalmannschaft bin ich der Meinung, dass ein Trainer vor allem die Aufgabe hat, für eine gute Einstellung in der Mannschaft zu sorgen. Da die Spieler in den Länderspielpausen immer nur wenige Tage zusammen verbringen, ist es schwer, ausgefeilte taktische Konzepte ins Spiel zu bringen. Besonders katastrophal wird es, wenn ein Trainer versucht, die Spieler einem vereinsähnlichen Regime zu unterwerfen, denn das kann innerhalb so kurzer Zeit sowieso nicht den angestrebten Effekt haben. Wichtig ist, dass in der Kabine die Chemie stimmt, dass für jedes Spiel die richtige Aufstellung gewählt wird und der Trainer mit einer positiven Einstellung die Spieler motiviert. Und das konnte Dalić sehr gut, wie sich zeigte. Nachdem wir in der Qualifikation gegen die Ukraine den Kopf noch einmal aus der Schlinge gezogen und dann im Play-off die Griechen außer Gefecht gesetzt hatten, spürte die Mannschaft die positive Energie des Trainers, und deswegen leistete sie ihm Gefolgschaft.

Manche hielten Dalić für entscheidungsschwach oder meinten, er gehe zu stark auf die Wünsche der Spieler ein – dabei hatte er einfach nur Verständnis für unsere Standpunkte. Mir kamen alle möglichen Geschichten über die Spieler zu Ohren; unter anderem wurde behauptet, wir hätten gegen frühere Trainer agiert und ihren Rauswurf herbeigeführt, wenn ihre Methoden uns nicht in den Kram passten. Oft pickten sich diese Schlauberger – von denen es überall etliche und auch in der Mannschaft welche gab – mich heraus, weil sie mich für den Drahtzieher hielten. Das sollte vermutlich den Anschein erwecken, als wäre an ihren hohlen Storys etwas dran. Solche Lügen und Halbwahrheiten war ich seit Langem gewohnt, aber ich habe mich davon nicht unterkriegen lassen.

Wenn mich jemand nach meiner Meinung fragt, gebe ich eine ehrliche Antwort – sowohl bei Real als auch in der Nationalmannschaft. Ich halte nie hinter dem Berg und bin sehr für offene Kommunikation.

Genau das war bei Dalić gegeben: Es ging offen und ehrlich zu. Er fragte mich als Kapitän nach meiner Meinung, aber er suchte auch das Gespräch mit Mandžukić, Ćorluka, Rakitić, Subašić, Lovren und Vida – also mit den Spielern, die schon mehr Erfahrung hatten. Auch mit anderen Spielern führte er Einzelgespräche. Außerdem gab es Besprechungen mit allen Spielern zusammen, und anschließend entschied er, was das Beste war. Manchmal griff er unsere Ideen auf, manchmal nicht. Das Wesentliche war, dass immer er die Entscheidung traf – so, wie man es auch erwarten konnte.

Nach dem Spiel gegen Senegal gab uns Dalić ein paar Tage frei. Ich nutzte die kleine Auszeit, um nach Madrid zu fliegen, weil ich wusste, dass ich danach meine Familie eine Weile nicht sehen würde. Auch wenn es mich noch so hart ankam, von meiner Familie getrennt zu sein, hoffte ich, nicht vor Mitte Juli wieder da zu sein.

Am 10. Juni trafen wir uns alle in Zagreb. An diesem Abend besuchte ich die sechste Auflage des Trofej Nogometaš – des kroatischen Fußball-Oscars. Nachdem mich der kroatische Fußballverband drei Tage zuvor in Vukovar geehrt hatte, kürten mich die Spieler und Trainer der ersten kroatischen Liga zum Spieler der Saison.

Am nächsten Morgen ging die „Operation WM 2018" in die heiße Phase. Die ganze Reisegesellschaft versammelte sich am Flughafen. Die Aufregung war mit Händen zu greifen. Wir alle wollten möglichst schnell am Zielort ankommen, auch um endlich in unsere bequemen Trainingsanzüge schlüpfen zu können. Wir trugen edle offizielle Anzüge, aber am wohlsten fühlen sich Fußballer eben in ihrer Arbeitskleidung.

Als WM-Quartier hatten die Offiziellen vom kroatischen Fußballverband eine Hotelanlage in Ilitschewo ausgesucht, etwa eine Autostunde von Sankt Petersburg entfernt, mit allem Komfort und idealen Rahmenbedingungen zum Trainieren. Die „Wald-Rhapsodie" – so hieß die Anlage – bot alles, was wir brauchten: atemberaubende Natur, einen See, Wald, Ruhe und Frieden und ein angenehmes Klima. Das Personal war extrem freundlich und zuvorkommend. Alle waren sehr um unser Wohl bemüht, ausgezeichnete Gastgeber – und waschechte Fans. Jeder von uns hatte ein eigenes Zimmer. (Wenn ich bei Länderspielreisen ein Zimmer teilen musste, war mein Zimmergenosse fast immer Vedran Ćorluka.) Unser Trainingsgelände in Roschtschino lag eine gute Viertelstunde vom Hotel entfernt. Es wird oft unterschätzt, wie wichtig die Trainingsmöglichkeiten und die Unterbringung sind; eine Mannschaft braucht Ruhe und Frieden und muss alles von sich fernhalten können, was sie stören oder die täglichen Teamabläufe durcheinanderbringen könnte.

Aus meinen Erfahrungen bei den fünf vorhergegangenen Turnieren wusste ich, wie sehr es auf das erste Spiel ankommt. Bei der Europameisterschaft 2008 schlugen wir Mitgastgeber Österreich, 2016 die Türkei. Beide Male gab uns das den Rückenwind, der uns durch die Gruppenphase half. Bei den beiden Weltmeisterschaften in Deutschland und Brasilien verloren wir jeweils die Eröffnungsspiele gegen Brasilien und schafften es nicht in die K.-o.-Phase. Bei der EM 2012 in Polen und der Ukraine starteten wir zwar mit einem Sieg gegen Irland, aber mit Spanien und Italien hatten wir zwei Hochkaräter in der Gruppe, die das Weiterkommen erschwerten. Insgesamt hatte sich in den großen Turnieren seit der Unabhängigkeit Kroatiens gezeigt, dass ein Sieg im ersten Spiel auf dem Weg in die K.-o.-Phase hilfreich war. Immer wenn wir das erste Spiel verloren, war das Turnier für uns mit dem Ende der Gruppenphase vorbei gewesen.

Wir befassten uns die ganze Zeit mit Zahlenspielen, die uns in unseren Hoffnungen bestärkten. Zum Beispiel war Kroatien immer dann erfolgreich, wenn in der Jahreszahl des Turniers eine 8 vorkam. 1998 wurde Kroatien bei seinem WM-Debüt in Frankreich auf Anhieb Dritter. Zehn Jahre später, 2008, spielten wir bei der Europameisterschaft in Österreich und der Schweiz ein großartiges Turnier und rückten mit drei Siegen sehr überzeugend in die K.-o.-Phase vor. Jetzt traten wir bei der WM 2018 an – und gingen davon aus, dass wir wieder erfolgreich sein würden.

In den Jahren mit einer 0 am Ende schnitt Kroatien interessanterweise bis dahin nie gut ab. Nur zweimal verpassten wir die Qualifikation: 2000 für die EM in den Niederlanden und Belgien und 2010 für die Weltmeisterschaft in Südafrika. Die Qualifikation für die Euro 2020 lieferte zum Glück den Beweis, dass solche Zahlenspiele dann doch nur Hokuspokus sind. (Wobei diese EM dann ja wegen der Coronapandemie erst 2021 stattfand.)

Nigeria

Vor der ersten Partie in Russland waren wir extrem motiviert und wollten allen zeigen, dass wir uns nicht ohne Grund so große Hoffnungen machten. Unser Gegner war schwer zu bespielen. Nigeria hatte einige herausragende Leute im Kader, und wir wussten: Wenn sie gut zusammenspielten, konnten sie jedem Gegner das Leben schwermachen. In den Tagen vor dem Match spürten wir keinen Druck. Das Wichtigste war die Moral in der Mannschaft. Das, was ich darüber schon gesagt habe, zeigte sich in Russland ganz besonders deutlich. Wir waren eine eingeschworene Truppe, jeden Tag und jede Stunde – wir empfanden eine große Verbundenheit und waren hoch motiviert; einer unterstützte den anderen. Nach den Mahlzeiten setzten wir uns zusammen und redeten miteinander. Wir gingen spazieren und genossen die wunderschöne Landschaft rund um die Wald-Rhapsodie, trieben Sport oder spielten. Dejan Lovren, Marcelo Brozović, Mateo Kovačić und ich spielten zum Beispiel mit wildem Ehrgeiz Tischtennis. Beim Dart zogen Domagoj Vida und ich gegen Kovačić und Brozović regelmäßig den Kürzeren. Wir spielten FIFA auf der PlayStation oder schauten uns die Spiele der anderen Mannschaften an. Ermutigend fand ich, dass sich niemand auf sein Zimmer verkrümelte, um alleine einen Film zu gucken. Geschlossenheit und Verbundenheit – das waren meiner Meinung nach zwei entscheidende Faktoren für unseren Erfolg.

Zlatko Dalić wusste, wie man die richtige Balance zwischen intensivem Training und entspannter Atmosphäre schafft. Das Spiel rückte näher und die Spannung stieg. Es war gut, dass wir unseren üblichen Reiseablauf änderten. Dalić wollte, dass wir zwei Tage vor dem Match an den Austragungsort reisten – eine weise Entscheidung. Von der Wald-Rhapsodie zum Flughafen brauchten wir eine Stunde und dazu kamen noch ein paar Stunden im Flieger. Dalić war wichtig, dass wir uns auf die neue Umgebung einstellen konnten und genug Zeit hatten, uns auf das Match zu fokussieren. Nach dem Spiel übernachteten wir nie in der Stadt, in der das Match stattgefunden hatte. Auch das war klug – nach einem Spiel sind die Spieler zwar müde, aber der Adrenalinpegel ist immer noch hoch und erschwert das Einschlafen. Deshalb beschlossen wir, diese Phase im Flieger oder im Bus hinter uns zu bringen; so ersparten wir unserem Körper Stress und hatten am nächsten Tag reichlich Zeit, um auszuspannen und wieder zu Kräften zu kommen.

Als wir in Kaliningrad ankamen, sah ich, dass das Turnier bestens organisiert war und dass auch für die Sicherheit gesorgt war. In unserem Quartier und bei den Spielen hatten wir eine exzellente Securitytruppe um uns herum; überall nur Topniveau. Die Stimmung vor dem ersten Spiel war natürlich gigantisch: rund ums Stadion Massen von kroatischen Fans in Karotrikots, unglaubliche Unterstützung von den Rängen. Die Kulisse fühlte sich an wie bei einem Heimspiel. Die Partie lief so, wie wir sie uns vorgestellt hatten. Wir standen kompakt und ließen die Nigerianer gar nicht erst ihr Spiel aufziehen. Vor allem hinderten wir sie daran, ihre schnellen Konter zu fahren. Dalić hatte uns instruiert, beim Passspiel auf Nummer sicher zu gehen, oft die Seite zu wechseln und das Tempo hoch zu halten, nach Ballverlusten sofort nachzusetzen und uns den Ball zurückzuerobern. Wir lieferten – zumal für ein erstes Spiel – eine solide Leistung ab und gewannen 2 : 0. Damit war ein Ziel bereits erreicht: Wir hatten das erste Spiel gewonnen und konnten jetzt mit weniger Druck in das Match gegen Argentinien gehen. Ich hatte den Eindruck, dass ich gut gespielt hatte – nicht weil ich einen Elfmeter verwandelt hatte, sondern weil ich mich stark und hoch konzentriert fühlte.

Nach dem Spiel kam Ćorluka auf mich zu: „Luka, wir haben ein Problem." Es gab neue Entwicklungen im „Fall Nikola Kalinić".

Als ich das hörte, wusste ich schon, dass es unangenehm werden würde. Bei dem Spiel gegen Brasilien in Liverpool hatte Dalić seinen Unmut über Nikolas Verhalten geäußert. Und was war jetzt wieder passiert? Charlie und ich gingen zu Dalić. Er berichtete, er habe Nikola gegen Ende der Partie einwechseln wollen, aber Kalinić habe ihm über Co-Trainer Ivica Olić ausrichten lassen, ihm tue der Rücken weh. Dalić hatte die Nase voll und wollte Nikola nach Hause schicken. Wir schlugen vor, er solle eine Nacht darüber schlafen und am nächsten Morgen entscheiden. Dalić war einverstanden. Es war besser, uns über unseren ersten Sieg zu freuen, weil er weitere positive Energie rund um das Team erzeugte. Unsere Fans sorgten in Kaliningrad für eine absolut fantastische Stimmung. Ich hoffte – so wie andere Spieler, und mit Sicherheit war das auch Dalićs Erwartung –, Kalinić würde auf irgendeine Weise versuchen, den Zorn des Trainers zu besänftigen. Das wäre angemessen gewesen. Dalić wartete also bis zum Abend und schickte dann Olić los, um Kalinić auszurichten, dass er am nächsten Morgen abreisen solle. Gegen 22 Uhr rief mich Kalinić auf dem Handy an und bat mich, in sein Zimmer zu kommen. Er berichtete mir, was Olić ihm gesagt hatte, und ich merkte, dass er wirklich ein schlechtes Gewissen hatte. Ivan Perišić, Ivan Strinić und Ante Rebić, die am häufigsten mit ihm zusammen waren, waren ebenfalls anwesend. Auch ihnen tat es leid, aber es war klar, dass Nikola einen Riesenfehler gemacht hatte. Er ist ein toller Kerl und ein exzellenter Fußballer, doch ihm kam erst jetzt zu

Bewusstsein, was er angerichtet hatte. Nachdem er mit Dalić und Olić gesprochen hatte, musste er erkennen, dass es kein Zurück gab.

Die Situation war extrem unangenehm. Für den Rest des Turniers mussten wir mit einem Spieler weniger auskommen. Zum Glück litt die Moral innerhalb der Mannschaft nicht darunter. Die Spieler erholten sich und rückten als Gruppe zusammen, was zu einem großen Teil an der Freude über unseren Sieg gegen Nigeria lag.

Argentinien

Am nächsten Tag richteten wir in der Wald-Rhapsodie unsere volle Aufmerksamkeit auf die Partie gegen Argentinien. Wir waren sehr aufgeregt. Fußballerisch sind die Argentinier eine Supermacht: Sie haben Leo Messi und waren zu dem Zeitpunkt bereits zweimaliger Fußballweltmeister. Nach Brasilien, gegen das wir bei den beiden vorherigen Turnieren gespielt hatten, war Argentinien der größte Gegner. Das weckte bei mir Erinnerungen: Mein Debüt für Kroatien hatte ich im März 2006 in dem Spiel gegeben, in dem Messi seinen ersten Treffer für Argentinien erzielte.

Wir warteten ungeduldig auf den Moment, in dem wir das Spielfeld betreten und uns mit den Argentiniern messen konnten. Wir hatten es mit einem Gegner zu tun, der bei jedem Turnier zu den Favoriten zählt – eine echte Nagelprobe für unsere Hoffnungen, in Russland etwas Außergewöhnliches zu erreichen.

Wir hatten uns das Spiel der Argentinier gegen Island angeschaut und gesehen, dass wir es mit ihnen aufnehmen konnten. Soll ich ein paar Worte über das Genie Messi verlieren? Nein, das ist wirklich überflüssig, jeder weiß, dass er ein Genie ist. So wie wir wussten, dass auf seinen Schultern die mit Abstand größte Verantwortung lastete und dazu alle Titelhoffnungen und -erwartungen der Argentinier. Aufgrund meiner Position innerhalb der kroatischen Nationalmannschaft konnte ich mir in Ansätzen vorstellen, wie sich Messi gefühlt haben mag. Die Erwartungen an unsere Mannschaft waren auch immer eng mit mir verknüpft. In diesem Zusammenhang war alles Mögliche zu hören und zu lesen. Manche behaupteten, Kroatien sei mir gleichgültig und ich schone meine Kräfte für Real. Was kann ich dazu schon sagen?

Ich fand es nie richtig, einzelnen Spielern zu viel Bedeutung beizumessen. Ich habe viele Spitzenmannschaften spielen sehen und viel über gefeierte Clubs und ihre Stars gelesen und finde, niemand kann sagen, dieser oder jener Spieler sei ein entscheidender Faktor für einen Turnier- oder Meisterschaftssieg. Fußball ist ein Mannschaftssport, und kein Einzelspieler kann die Schwächen seines Teams kompensieren – da kann er noch so talentiert oder außergewöhnlich sein.

Der unerträgliche Druck, der auf Messi lastete, erschwerte die Situation für Argentinien. 2014 in Brasilien war Argentinien mit Messi nah daran gewesen, Weltmeister zu werden. Die Frage, ob Messi bedeutender ist als Diego Maradona oder genauso bedeutend, sollte man nicht auf ein Tor im Endspiel reduzieren – das Tor, das Messi eben im Finale von Rio de Janeiro gegen Deutschland nicht gelang. Ein Ausnahmespieler allein reicht nicht aus; die ganze Mannschaft muss ihr Bestes geben. Nur dann kann man erwarten, dass sich alles zusammenfügt und das Team am Ende siegt. Und selbst wenn sich alles zusammenfügt, kann trotzdem noch allerhand schieflaufen.

***

Ort des Geschehens war diesmal Nischni Nowgorod. Dort waren die kroatischen Fans nicht ganz so zahlreich vertreten wie in Kaliningrad, aber es waren genug, um einmal mehr für eine fantastische Atmosphäre zu sorgen. Wir hatten uns natürlich überlegt, wie Messi am besten zu stoppen war. Ich hatte ebenso wie Mateo Kovačić in vielen Clásicos gegen ihn gespielt und wusste: Leo ist nicht zu stoppen, wenn er einen seiner Alleingänge startet und seine Haken schlägt. Einen Manndecker auf ihn anzusetzen bringt nichts – Messi macht sich einfach auf und davon. Sinnvoller war es, ihn von der Gefahrenzone fernzuhalten und zu verhindern, dass er an den Ball kam, sodass er sich immer mehr fallen lassen und sich die Bälle von weiter hinten holen musste. Ivan Strinić und Ivan Perišić lauerten dazu auf der linken Seite. Phänomenal – eine andere Bezeichnung fällt mir für diesen Plan nicht ein, mit dem wir es schafften, diesen unglaublichen Spieler zu stoppen.

Die Partie war ausgeglichen. Argentinien hatte mehr Ballbesitz und kam in der ersten halben Stunde ein paarmal gefährlich vor unser Tor. Auch Perišić und Mario Mandžukić hatten die eine oder andere Großchance. Wir spielten gut, und ich war sicher, dass wir uns in der zweiten Halbzeit noch steigern würden. Ich spürte, dass wir der Situation gewachsen waren. Der entscheidende Moment war das erste Tor. Es kam durch ein missglücktes Zuspiel des argentinischen Keepers Willy Caballero zustande, aber den Patzer hatte Ante Rebić durch seine Beharrlichkeit ganz geschickt provoziert. Er lief auf den Torwart zu, als die Situation schon geklärt schien – und zwang Caballero zu seinem Aussetzer. Rebić ist ein spezieller Charakter und wahrscheinlich deswegen machte er ein so irrwitziges Tor. Ich vermute, die meisten Spieler würden versuchen, einen so hohen Ball erst einmal unter Kontrolle zu bringen. Aber nicht Ante Rebić. Er nahm ihn Volley und drosch ihn ins Netz. Von diesem Moment an spielten wir – angefeuert von unseren euphorischen Fans – wie beflügelt. In der zweiten Hälfte gaben wir den Argentiniern den Rest und der 3:0-Endstand machte den Unterschied zwischen beiden Mannschaften an diesem Tag deutlich.

Wir brauchten diesen grandiosen Sieg; ich brauchte diese Glanzleistung. Ich erzielte das 2 : 0, und der Treffer war fast eine Eins-zu-eins-Kopie des Tores, das ich 2013 im Old Trafford gegen Manchester United geschossen hatte. Damals hatte ich allerdings nicht so ausgelassen gejubelt, weil wir immer noch ein Tor zu wenig hatten. Diesmal aber mussten die Emotionen einfach raus. Als ich sah, dass der Ball im Netz war, freute ich mich wie ein kleiner Junge. Bei einer WM gegen einen so starken Gegner ein wichtiges Tor zu schießen, dann zu den Fans zu rennen, die auf den Rängen ausflippen, und mit den Mitspielern und dem Trainerteam auf der Bank zu jubeln, ist einfach das Größte.

In der Kabine machten wir Party. Wir feierten, dass wir uns schon nach dem zweiten Gruppenspiel für die Runde der letzten sechzehn qualifiziert hatten. Unser Minimalziel hatten wir erreicht. Wir ließen alle Hemmungen fallen und genehmigten uns nach dem Spiel ein oder zwei Biere, übertrieben es aber nicht. Die ganz große Party würde erst noch kommen. Argentinien zu schlagen war nicht so einfach gewesen, wie es vielleicht aussah, und der Sieg gab uns Selbstvertrauen. Wir traten dominant auf. Auf dem Rasen und auf der Bank leisteten alle ihren Beitrag. Das ist die Geschlossenheit, auf die es ankommt; ohne sie braucht man gar nicht erst darüber nachzudenken, wie man seinen Gegner auf dem Spielfeld überlistet.

Dass wir in einem Spiel, in dem es um so viel ging, einen der Turnierfavoriten bezwangen, wirkte wie ein Katalysator. Wie sehr wir als Mannschaft gereift waren, zeigte sich dann auf dem Weg zum Flughafen. Zuerst feierten wir im Bus und sangen Lieder, die verschiedene „DJs" aussuchten – allen voran Mandžukić und Domagoj Vida. Doch dann drehten wir die Lautstärke herunter und redeten über den weiteren Turnierverlauf.

Die Belegschaft der Wald-Rhapsodie bereitete uns einen warmherzigen Empfang. Unsere Handys glühten von den vielen Nachrichten, die uns den Rücken stärkten. Videos aus Kroatien vermittelten uns einen Eindruck von der Euphorie in unserer Heimat. Schon als Kind dachte ich an die Generation von 1998 und fragte mich, was das für ein Gefühl sein muss, wenn ganz Kroatien auf die Straßen und Plätze strömt, um den Erfolg seiner Mannschaft zu bejubeln. Dank Argentinien durfte ich dieses Gefühl zum ersten Mal selbst erleben. Ich fühlte mich mit unserem ganzen Volk verbunden – in Kroatien und im Ausland, und anderen Spielern ging es ebenso.

Nach jedem Match rief ich Vanja, die Kinder und meine Eltern an. Ihre Freude machte meine Freude umso größer. Ich hätte direkt weiterspielen und jeden Gegner bezwingen können. Ich war aufgedreht und dachte die ganze Zeit, ich könnte auf dem Rasen alles vollbringen, was ich mir wünschte.

Den Tag nach dem Argentinienspiel verbrachten wir in Ruhe und Frieden in unserem Quartier. Dejan Lovren, Šime Vrsaljko und ich machten einen Spaziergang zum See. Wir setzten uns hin und plauderten. Dejan und Šime sind eng befreundet; sie müssen sich nur anschauen und prusten sofort los. Diesmal unterhielten wir uns ernsthaft. Als wir über unsere Ambitionen redeten, kamen wir am Ende auf den gemeinsamen Wunsch, die Gruppenphase zu überstehen und zumindest das erste K.-o.-Spiel zu gewinnen. Wenn man bedenkt, dass in Kroatien nur etwa vier Millionen Menschen leben und davon gerade einmal 120 000 bis 130 000 Fußball spielen, war es einfach grandios, dass wir uns in den 28 Jahren unserer Unabhängigkeit für zehn von dreizehn möglichen Turnieren qualifiziert hatten. Italien zum Beispiel war in Russland nicht dabei, obwohl diese Fußballnation vierfacher Weltmeister ist. Es gehört zu den aufregendsten Facetten des Fußballs, dass eben auch David gegen Goliath gewinnen kann. Deswegen sind, wenn sich Kroatien erfolgreich für ein großes Turnier qualifiziert, die Ambitionen immer enorm; wir fahren nicht zur WM, um bloß dabei zu sein. Nach dem dritten Platz bei der WM 1998 waren die Erwartungen jedes Mal hoch, doch seitdem waren wir nicht mehr über die Gruppenphase hinausgelangt. Wir mussten vor allem die erste Hürde nehmen; der weitere Weg bis zum Ende würde sich dann schon auftun. Vrsaljko, Lovren und ich waren sicher, dass wir für diesen Weg gerüstet und stark genug waren, um im Kampf um die Medaillen mitzumischen. Dass wir auch patzen und scheitern konnten – daran verschwendeten wir keinen Gedanken.

In der ersten Turnierphase bekamen wir einen Tag frei. Sankt Petersburg soll wunderschön sein und es war nur anderthalb Stunden von unserem Quartier entfernt, aber niemandem war nach einem Ausflug zumute; alle Spieler nutzten den freien Tag für Einzeltrainings. Im Fitnessstudio herrschte Hochbetrieb. Noch nie in meinen ganzen Jahren im Karotrikot hatte ich so viele Spieler gesehen, die aus eigenem Antrieb Einzeltraining betrieben. Wir waren voll und ganz auf das konzentriert, was vor uns lag.

Island

Der nächste Gegner war Island. Wir waren zuletzt häufig auf die Isländer getroffen – das war mein fünftes Spiel gegen sie innerhalb von fünf Jahren. Sie hatten sich ebenfalls weiterentwickelt und uns ein Jahr zuvor in der Qualifikation für diese WM geschlagen. Als entlegener Inselstaat mit gerade einmal 370 000 Einwohnern hatte das Land allen Grund, auf seine Mannschaft stolz zu sein. Die Isländer mussten gegen uns gewinnen: Wenn sich in der Gruppe D alles so fügte, wie sie es brauchten, konnten sie als Gruppenzweiter in die K.-o.-Phase einziehen. Wir waren schon durch, aber dachten gar nicht daran, uns zurückzulehnen. Unser Kampfgeist sollte auf keinen Fall nachlassen. Niemand hätte uns einen Vorwurf gemacht, wenn wir verloren hätten, aber jeder Schritt in die falsche Richtung wirkt sich irgendwie negativ aus.

Zlatko Dalić wollte mich für die K.-o.-Phase schonen und nur zwanzig Minuten spielen lassen. Es war, als hätte er meine Gedanken gelesen – auch ich fand, dass es mir guttat, erst einmal auf der Bank zu sitzen und durchzuatmen. Andererseits war mir sowohl im Verein als auch in der Nationalmannschaft ein Phänomen immer wieder aufgefallen. Wenn meine Kontinuität gestört wird, weil der Trainer mich zum Beispiel ein Spiel aus Angst pausieren lässt, dass ich mich verletzen könnte, bin ich im nächsten Spiel ein bisschen aus dem Rhythmus. So ging es mir 2008 gegen die Türkei, nachdem ich beim dritten Spiel gegen Polen pausiert hatte. 2016 bei der Europameisterschaft in Frankreich passierte das Gleiche, als ich im dritten Spiel gegen Spanien aussetzte: Im folgenden Spiel gegen Portugal war ich aus dem Tritt. Deshalb brauche ich in jedem Pflichtspiel zumindest ein bisschen Einsatzzeit, um fit zu bleiben. Zwei Tage vor dem Islandspiel änderte Dalić allerdings seine Meinung. Er wollte neun neue Spieler bringen, die sich durch ihre Arbeit und ihr verantwortungsvolles Verhalten einen WM-Einsatz verdient hatten. Damit sich die Neulinge sicherer fühlten, sollte ich als ihr Kapitän mit auf dem Platz sein. „Wenn du auf dem Rasen bist, trauen sie sich mehr zu."

Ich war einverstanden. Ich will immer spielen, auch wenn alle sagen, es wäre klüger, ein Spiel auszusetzen. Das Match gegen Island wurde in Rostow am Don ausgetragen. Es war extrem heiß – solche Temperaturen hatten wir in Russland noch nicht erlebt. Die Stimmung in der Rostow-Arena war sagenhaft. Die kroatischen Karos bestimmten das Bild. Unsere Mannschaft mit neun neuen Spielern, Ivan Perišić und mir machte eine gute Partie. Alle waren motiviert; jeder Spieler nutzte den kleinsten sich bietenden Freiraum, um zu zeigen, was er draufhatte, und ein Stück Geschichte zu schreiben. Milan Badelj brachte uns mit einem fantastischen Tor in Führung, aber in der 76. Minute erzielte Island per Elfmeter den Ausgleich. Ich war bereits ausgewechselt worden, denn Dalić wollte Filip Bradarić, der als Einziger aus unserem Kader noch nicht gespielt hatte, auch einen Einsatz gönnen. Der Einzige, der in Russland keine Minute auf dem Platz stand, war unser dritter Torwart Dominik Livaković – aber bei jungen Keepern ist es so, dass die Zeit für sie arbeitet. Was Dominik in der WM 2022 in Katar mit seiner Glanzleistung belegt hat! Island ging auf das zweite Tor, und dann – das kommt immer wieder vor – fingen sie sich in der letzten Spielminute noch einen Gegentreffer. Nach einem Konter hämmerte Perišić den Ball ins Netz. Zum ersten Mal in unserer WM-Geschichte hatten wir in unserer Gruppe alle neun Punkte geholt!

Das war ein wohlverdientes Sahnehäubchen für die Spieler, die bis dahin von der Ersatzbank aus ihren Beitrag geleistet hatten. Sie spielten gut, was schon mal ein Pluspunkt war, aber der Sieg war für sie auch eine beglückende Erfahrung – sie hatten an Kroatiens Siegeszug mitgewirkt. Das sagte ich auch zu Vedran Ćorluka. Es war unser erstes Gespräch, seit klar war, dass er bei der WM Ersatzspieler sein würde.

Wir beide waren 2006 zur Nationalmannschaft gekommen und bis zur Weltmeisterschaft in Russland war er immer für die Startelf gesetzt gewesen. Im Jahr vor dem Turnier war seine Achillessehne gerissen. Das war eine schwere Verletzung, die eine komplizierte Operation und eine lange Regenerationszeit erforderte. Eine schwierige Situation für Charlie, weil es für ihn ein Wettlauf gegen die Zeit war: Er wollte unbedingt bei der WM spielen und deshalb so schnell wie möglich wieder fit werden und in den Spielbetrieb einsteigen. Es war nicht klar, ob Dalić ihn in den Kader nehmen würde; Ćorluka musste beweisen, dass er voll wiederhergestellt und dem kräftezehrenden Tempo gewachsen war. Anfang März begann er wieder zu spielen. Ich redete ihm gut zu, weil ich wusste, wie groß sein Wunsch war, bei der WM zu spielen. Er war in Russland durch seine Rolle als Kapitän von Lokomotive Moskau enorm beliebt. Kurz vor der WM war er russischer Meister geworden und davor hatte er schon dreimal den russischen Pokalwettbewerb gewonnen. In seinen fast acht Jahren in Russland hatte er Legendenstatus erlangt.

Er schaffte es, wieder fit zu werden. In nur drei Monaten einsatzbereit zu sein ist nicht leicht, wenn man acht oder neun Monate nicht auf dem Platz stand. Doch Dalić entschied sich für Domagoj Vida und Dejan Lovren als Innenverteidiger. Das war für Charlie nicht leicht zu schlucken, dennoch blieb er positiv gestimmt. Er war lange Zeit ein Schlüsselspieler gewesen, dabei hatte er die Interessen der Mannschaft stets über seine eigenen gestellt. Er bewies Größe und Charakter. Bei früheren Turnieren hatten sich andere Spieler in einer ähnlichen Situation beschwert und die Atmosphäre vergiftet. In Russland lief außer für Nikola Kalinić alles perfekt. Alle Spieler in der Mannschaft wahrten eine positive, offene und lautere Einstellung und das war eine der Grundlagen für unseren Erfolg.

Dänemark

Noch fünf Tage trennten uns vom ersten K.-o.-Spiel, in dem wir gegen Dänemark antreten mussten. Die irrwitzige Jagd auf Tickets bei Europa- und Weltmeisterschaften war ich längst gewohnt – vor allem dann, wenn wir gegen höherklassige Gegner oder in kleineren Stadien spielten. Doch vor unserer Partie gegen Dänemark nahm diese Jagd Formen an, die auch ich noch nicht erlebt hatte. Es war total verrückt. Du kannst noch so gut organisiert sein und noch so gewissenhaft planen – wenn die Euphorie um sich greift, nützt das alles nichts. Ich hatte für jedes K.-o.-Spiel dreißig bis fünfzig Tickets vorbestellt. Wenn ich nach dem Viertelfinale mehr Tickets hätte bekommen können, hätte ich sie reserviert. Jedenfalls verteilte ich alles, was ich in die Finger bekam. Ich gab in Russland an die 100 000 Euro für Tickets aus und bereute es nicht: Lieber Gott, lass dasselbe ruhig noch einmal passieren!

Meine Eltern flogen von Turnierbeginn an zu jedem Spiel. Sie hatten eine schöne Zeit und ich freute mich für sie. Sie sind Rentner, haben ihr ganzes Leben lang gearbeitet, drei Kinder großgezogen und sich um die älteren Familienangehörigen gekümmert. Als ich bei Dinamo ein bisschen Geld verdiente, schlug ich meiner Mutter vor, nicht mehr zu arbeiten, für die Familie da zu sein und sich Zeit für sich selbst zu nehmen. Davon wollte sie nichts hören. Mein Vater war noch schlimmer. Als ich bei Tottenham gutes Geld verdiente, konnte ich wenigstens meine Mutter endlich dazu bewegen, sich zur Ruhe zu setzen. Mein Vater war beim Militär und ging nach 42,5 Dienstjahren in die mehr als verdiente Rente.

Vanja und ich überlegten, wie wir es mit der WM halten wollten – Sofia war noch zu klein zum Verreisen und Ivano und Ema hatten Schule. Deshalb beschlossen wir, dass Vanja mit Ivano und Ema nach der Achtelfinalrunde nach Russland kommen sollte. Sie musste lachen, denn das hieß natürlich, dass ich sicher war, dass Kroatien die Gruppenphase überstehen und das erste K.-o.-Spiel gewinnen würde. Ich vermisste meine Frau und die Kinder sehr. Zum Glück gab es FaceTime.

Auf das Dänemarkspiel bereiteten wir uns mehr oder weniger genauso vor wie auf die vorherigen Partien. Dalić warnte uns vor den Stärken der Dänen und ihren gefährlichen Standards. Wir arbeiteten an unserem Abwehrverhalten. Dalić schärfte uns ein, das Mittelfeld zuzustellen und dafür zu sorgen, dass die

Innenverteidiger den Spielaufbau übernehmen mussten. Die Dänen waren eine zähe Truppe, ließen kaum Gegentreffer zu und spielten guten Fußball. Außerdem hatten sie ein paar gute Einzelspieler im Kader – allen voran den kreativen Offensivstar Christian Eriksen, der für seine erlesenen Flanken und Standards bekannt war. Nachdem ich mir frühere Spiele der Dänen angeschaut hatte, war ich trotzdem überzeugt, dass wir besser waren und sie bezwingen konnten.

Die Tage vor dem Spiel zogen sich in die Länge, was zum Teil an unserer gespannten und erwartungsvollen Unruhe lag. Immerhin hatten wir eine Hürde zu nehmen, an der Kroatien in den zwanzig Jahren zuvor immer gescheitert war. Nach der euphorischen Stimmung in Kroatien und unseren Spitzenleistungen in der Gruppenphase konnte schon bald alles vorbei sein. Wie die Reaktionen ausfallen würden, konnte man sich leicht ausmalen: Wir würden als „Modrićs Verlierergeneration" gebrandmarkt werden.

Ich hatte mich auf die Weltmeisterschaft auf besondere Weise vorbereitet – vor allem mental. Natürlich vernachlässigte ich weder meine körperliche Fitness noch die Verletzungsprävention. Ich hatte während der Saison mit mehreren Verletzungen zu kämpfen und vier oder fünf Spiele versäumt, wobei ich dank dieser Auszeit bis zum Ende der Saison frisch blieb. Seit einigen Jahren trainiere ich mit Vlatko Vučetić, Professor für Kinesiologie an der Universität in Zagreb. Das stärkt mich.

Das Spiel gegen Dänemark begann als Albtraum – wir hatten unsere Positionen noch gar nicht richtig eingenommen, da lagen die Dänen schon in Führung! In der ersten Spielminute landete ein Einwurf des Linksverteidigers Jonas Knudsen irgendwie bei einem dänischen Abwehrspieler, gelangte zwischen vielen Beinen hindurch zu unserem Torwart Danijel Subašić und kullerte von dessen rechtem Bein ins Netz. Die Abwehr der dänischen Standards hatten wir eingeübt, auf weite Einwürfe waren wir nicht vorbereitet. Unser Verhalten bei gegnerischen Standards war grundsätzlich unsere größte Schwachstelle. Wer weiß, was in den Geschichtsbüchern über die WM 2018 in Russland stünde, wenn wir in diesem Punkt stärker wären?

Wir ließen uns aber nicht hängen. Vielleicht zum ersten Mal in diesem Turnier wurde uns die eigene mentale Stärke bewusst. Wir reagierten sofort und erzielten wenig später den Ausgleich. Dabei half das Glück ein bisschen nach – so wie kurz zuvor beim dänischen Führungstreffer auch: Der Ball prallte von einem dänischen Abwehrspieler ab und Mario Mandžukić versenkte ihn an Kasper Schmeichel vorbei im Tor. Damit stand es in der 4. Minute bereits 1 : 1. Wer hätte zu dem Zeitpunkt geahnt, dass sich in den nächsten 116 Minuten an diesem Spielstand nichts mehr ändern würde? Für die Zuschauer war die Partie kein Genuss; beiden Teams war allzu bewusst, was auf dem Spiel stand. Dänemark überraschte uns mit seinen langen Bällen und Einwürfen, aber alles andere lief wie erwartet. Unser Spiel litt unter dem Dauerdruck, der hohe Einsatz forderte allerdings auch von den Dänen seinen Tribut.

Auch in Nischni Nowgorod war es heiß. Die hohe Luftfeuchtigkeit kostete uns Kraft und erschwerte die Konzentration. Für uns war es das schwerste Spiel des Turniers. Experten sagen oft, auf dem Weg ins Finale müsse jede Mannschaft *ein* kritisches Spiel überstehen. Wenn alles gut ausgeht, hat man leicht reden, aber diese 120 Minuten und das Elfmeterschießen hinter uns zu bringen war purer Stress! Wenn du verlierst, ist alles Drama und Tragik, wie 2008 in Wien. Wenn du gewinnst – Freudentaumel.

Seit dem Tag meiner Vertragsunterzeichnung bei Real Madrid gab es in Kroatien zunehmend Kritik an meiner Spielweise. Weil ich bei einem so berühmten Club wie Real spielte, dachten die Leute wohl, ich müsste irgendwie galaktischen Fußball abliefern, zumal im Kroatientrikot. Die spanischen

Medien überschütteten mich mit Komplimenten, seit ich mich in die Madrider Fußballwelt eingespielt hatte, besonders nach der Glanzpartie in Manchester. Die Fans standen hinter mir, meine Mitspieler und Trainer respektierten mich und ich spielte dauerhaft hervorragend. In Kroatien hingegen wurde mir vorgehalten, ich würde nicht genug Tore und zu wenig Assists machen und zu zurückhaltend agieren. In Spanien lobte man mein Passspiel und meine Entscheidungen als hochklassigen und wichtigen Beitrag zu unserem Angriffsspiel – besonders dann, wenn sie zu einem Treffer führten. In Kroatien wurde das alles mit dem ironischen Begriff „Pre-Assist" abgetan. Manche Trainer bestärkten auch noch solche Ansichten. Wenn Kroatien nicht die gewünschten Resultate ablieferte, richtete sich die Kritik meistens direkt gegen mich und den sogenannten Alibifußball. Bei jedem Fehlschlag waren wir „Modrićs Verlierertruppe".

Auf der anderen Seite hatten mich die kroatischen Fußballspieler und Trainer seit 2013 ohne Unterbrechung zum besten Fußballer gewählt. Auch die Fans auf den Rängen waren mir gewogen – eigentlich sogar in noch stärkerem Maße. Dieses zweigeteilte Bild war mehr oder weniger die Norm bis zum Herbst 2017. Dann änderte sich für mich alles. Nach der heftigen Kritik an meiner Zeugenaussage bei Gericht in Osijek hinterfragte ich meine Position. Ich wusste, dass es jetzt deutlich schwerer werden würde, aber ich spielte so gerne für mein Land, dass ich auf keinen Fall abtreten wollte, ohne noch einmal ein wirklich großes Ziel in Angriff zu nehmen. Ich sagte mir: *Es müssen Taten her! Jetzt oder nie!*

Im Herbst 2017 fing Kroatien an, Punkte abzugeben, aber die Fans unterstützten mich umso leidenschaftlicher. Die Medien lobten mich mehr als früher. Trotz der Niederlage gegen die Türkei und des Unentschiedens gegen Finnland hieß es, ich hätte als einer der Wenigen ein hohes spielerisches Niveau und die anderen sollten sich an mir ein Vorbild nehmen. Ich glaube, es war das erste Mal, dass jemand in Kroatien so etwas über mich geschrieben hatte, und es fühlte sich seltsam an. Ich spielte gut, trotzdem hatten wir vier von sechs Punkten liegen lassen. Was war passiert? Aus heutiger Perspektive sieht es so aus, als hätte die Öffentlichkeit zur Kenntnis genommen, dass ich mich verändert hatte.

Nach allem, was passiert war, beschloss ich, mich als Führungsspieler durchzusetzen. Als die vielen negativen Reaktionen auf mich einprasselten, wurde mir klar: Bevor ich meine Karriere im Trikot der Feurigen beende (das war einer der Spitznamen der kroatischen Nationalmannschaft: die „Vatreni"), werde ich alles geben, um mit dieser Mannschaft etwas Besonderes zu leisten.

Davon rückte ich nicht mehr ab. Ich glaube, das war bei den letzten drei Spielen unter Ante Čačić gegen Kosovo, Türkei und Finnland deutlich zu sehen. Und die Öffentlichkeit war nach den tollen Partien unter Dalić gegen die Ukraine und gegen Griechenland ganz aus dem Häuschen. Sämtliche Experten und auch das Umfeld der Nationalmannschaft waren des Lobes voll für den neuen Cheftrainer und auch für mich als „Anführer dieser Generation". Ich muss gestehen: Dass die Dinge diese Wendung nahmen, bedeutete nicht zuletzt, einen Teil dessen, was vorher passiert war, auf meine Kappe nehmen zu müssen. Es zeigte, dass ich es bis dahin nicht verstanden hatte, mich durchzusetzen, oder als Führungsfigur nicht genug überzeugt hatte. Innerhalb der Mannschaft und nach außen. Jetzt gab es kein Zurück mehr – ich wusste, die Öffentlichkeit erwartete von mir, dass ich alles gab. Die Fans zogen wieder mit. Ich durfte sie nicht enttäuschen.

***

Als wir auf das Elfmeterschießen gegen Dänemark warteten, hatte ich das Gefühl, alle Verantwortung, alle Last und alles

Risiko steckten in diesem einen Moment. Die Adrenalinwellen in meinen Adern ebbten nicht ab, aber das war gut, denn mit dem Adrenalin kamen die Entschlusskraft und der Mut. In der Verlängerung hatte ich einen Elfer verschossen; schon davor hatte mir Dalić zugeredet, im Elfmeterschießen einen Schuss zu übernehmen. Da hatte ich mich bereits entschieden: Ich konnte meine Mitspieler und auch mich selbst nicht hängen lassen. Was hätte ich für ein Signal ausgesendet, wenn ich mich vor der Verantwortung gedrückt hätte? Irgendjemand sagte, ich hätte in dem Moment gewirkt wie jemand, der nicht mehr wusste, wo er war. Ich wusste aber genau, wo ich war, was ich wollte und vor allem: was ich riskierte.

Wenn Dänemark Kroatien abgesägt hätte, wären wir wieder als Loser beschimpft worden und ich wäre der Schuldige gewesen. Das wäre auch gerechtfertigt gewesen, nachdem ich in der 116. Minute den Elfer verschossen hatte. Hätte ich mich vor dem Elfmeterschießen gedrückt und unser Team verloren, hätte ich alle in Kroatien enttäuscht – und auch mich selbst. Und: Hätte ich den zweiten Elfer vergeigt, wäre ich der größte Verlierer aller Zeiten gewesen.

Mir war bewusst, was auf dem Spiel stand. In dem Moment versuchte ich nur, ruhig zu werden. Meine Mitspieler halfen mir dabei. Sie sprachen mir Mut zu. Ich wusste, dass sie gerade ziemlich bedient waren, weil wir in der Verlängerung das Spiel für uns hätten entscheiden können. Ich hatte das Gefühl, dass ich ihnen und allen etwas schuldig war.

Spulen wir ganz kurz noch einmal zu dem verschossenen Strafstoß in der 116. Minute zurück. Es begann mit einem wunderbaren Spielzug: Ich komme im Mittelfeld an den Ball und sehe Ante Rebić in Richtung Strafraum rennen. Ich stecke den Ball zu ihm durch, während er in den Sechzehner stürmt und Schmeichel umkurvt. Wir alle sehen den Ball schon im Netz, aber ein dänischer Verteidiger reißt Rebić zu Boden. Der

Unparteiische zeigt auf den Punkt. Ich schaue mir an einem Spieltag nie den gegnerischen Keeper an. Vor dem Spiel hatte allerdings unser Torwarttrainer Marjan Mrmić unserem Torhüter Danijel Subašić und mir gezeigt, wie die dänischen Spieler ihre Elfmeter schießen und wie Schmeichel mit Elfern umgeht – er springt, kurz bevor der Schütze abzieht. Ich nehme mir vor, unten in die Mitte zu zielen, denn da wäre er schon auf dem Weg in die Ecke. Ich lege den Ball auf den Punkt. Der Schlüssel zu der Tür, die uns zwei Jahre lang verschlossen war, liegt in meiner Hand. Es sind nur noch ein paar Minuten zu spielen, und ich glaube nicht, dass die Dänen in diesen paar Minuten noch einmal einen Treffer landen. Vielleicht fangen sie sich eher noch einen Konter und ein drittes Tor. Ich nehme Anlauf, ohne Schmeichel anzusehen. Doch im Bruchteil einer Sekunde entscheide ich mich um und ziele nach rechts. Es darf nicht wahr sein: Schmeichel hält! Später in den Videoaufnahmen – und ich weiß nicht, wie oft ich mir die Szene angeschaut habe – sehe ich, dass sich Schmeichel früh bewegt. Wie er es immer macht. Aber ich habe nicht so geschossen wie sonst. Eines steht fest: Nie wieder werde ich mir vor einem Spiel anschauen, wie ein Torhüter Elfmeter hält.

Schmeichel hält den Ball in den Händen, seine Mitspieler und Fans jubeln und rufen in Sprechchören seinen Namen und sein Vater Peter auf der Tribüne springt auf. Und ich bin am Boden zerstört. Ich will mich nur noch in mir selbst verkriechen. *Das darf nicht wahr sein! Wiederholt sich das ganze Drama von 2008? Nein, das kann doch nicht sein.* Ich reagiere sofort. Früher hätte ich vielleicht den Kopf hängen lassen, aber diesmal habe ich es satt.

In den letzten fünf Spielminuten spielten nur noch wir. Unser Team stellte seinen Kampfgeist unter Beweis. Anders als damals in Wien gegen die Türkei sah ich, dass meine Mitspieler an den Erfolg glaubten. Ich sah es in ihren Augen. Wir machten es mal wieder spannend, aber diesmal würden wir den zehnjährigen Kreislauf aus Qual und Elend beenden.

„Los, Leute, lasst uns das Ding für Luka gewinnen! Er hat uns aufgebaut, jetzt bauen wir ihn auf."

Das schreit Ivan Rakitić in unsere Gruppe hinein, als wir im Mittelkreis die Köpfe zusammenstecken. Wir feuern uns alle gegenseitig an und dann geht es los. Subašić hält den ersten Schuss – Vorteil Kroatien. Schmeichel wehrt Milan Badeljs Schuss ab – Gleichstand. Dänemark trifft, Andrej Kramarić auch. Die Dänen verwandeln erneut – 2 : 1. Ich löse mich aus dem Kreis meiner Mitspieler und gehe zum Punkt. Wenn ich nicht treffe und Dänemark das 3 : 1 macht, ist die Sache so gut wie gelaufen. Auf keinen Fall darf ich in so einem Spiel zwei Elfmeter verschießen. Es wird mich für immer verfolgen. Als ich den Ball auf den Punkt lege, bin ich die Ruhe selbst. Jetzt kommts drauf an. Entweder gehe ich gleich mit gesenktem oder mit erhobenem Kopf zurück. Ich bin voll konzentriert. Ich bin sicher, dass ich treffe. Beim Anlauf sehe ich im Augenwinkel, dass sich Schmeichel vor dem Schuss nach rechts bewegt, und ziele in die Mitte. Drin! Der Ball fliegt knapp an Schmeichels ausgestreckten Beinen vorbei ins Netz. Was für eine Erlösung! Auf dem Weg zurück zum Mittelkreis haue ich mir vor Wut selbst an den Kopf. *Warum hast du in der 116. Minute nicht so geschossen?*

Jetzt ist der dänische Spieler an der Reihe und trägt die ganze Last auf seinen Schultern. Subašić hält – seine zweite Heldentat. Josip Pivarić vergibt die Chance, uns in Führung zu bringen, und damit ist Schmeichel nah daran, sich in Dänemark unsterblich zu machen. Der fünfte Elfmeter. Der dänische Schütze tritt den Elfmeter so ähnlich wie ich; Subašić springt genau wie zuvor Schmeichel bei meinem Schuss, aber Subašićs Beine sind zwei oder drei Zentimeter länger und das macht den Unterschied. Jetzt kommt es auf Rakitić an. Er tritt als Letzter an – so wie er es wollte. 2008 in Wien verschoss er ebenso wie ich. Das Schicksal schuldet ihm einen verwandelten Elfer. Alle Augen und Hoffnungen richten sich auf ihn. Er wirkt so, als hätte er schon getroffen. Er versenkt den Ball lässig im Netz und nimmt ihn hinterher in die Hand, als wären wir im Training, und dann bewegt er sich langsam, als wäre gar nichts Besonderes vorgefallen, in unsere Richtung. Was für eine Coolness! Wir explodieren alle vor Glück. Wir rennen zu Rakitić, zu Subašić, zu unseren Fans. Wir springen alle aufeinander drauf, kriegen hier einen Ellenbogen und da ein Bein ab. Das tut nicht weh, wir spüren keinen Schmerz, wir sind im siebten Himmel! Ich muss jeden Mitspieler umarmen, Umarmung und Kuss für jeden meiner Mitspieler. *Ihr habt mich gerettet! Wenn wir verloren hätten, hätte mich die Schuld bis zum Ende meiner Tage verfolgt.*

Der Jubel auf dem Rasen entspricht den Qualen, die wir durchlitten haben. Wir sind total aus dem Häuschen; wir haben die erste K.-o.-Hürde genommen. Unser ganzer Frust ist wie weggeblasen. Wir winken den Fans zu und ich bekomme eine Gänsehaut – ich kann mir nur ungefähr vorstellen, was jetzt in Kroatien los ist; dort steht wahrscheinlich alles Kopf. Der Geist von 1998 ist aus der Flasche und alles erinnert uns an den Siegeszug der Bronzegeneration. Mit dem Unterschied, dass *ich* hier auf dem Rasen bin. Ich bin nicht mehr der kleine Junge, der vor dem Fernsehschirm mitfiebert und sieht, wie die Älteren im Freudentaumel herumspringen und Kroatiens Sieg feiern. Jetzt spiele ich mit und zittere vor Aufregung. Ich schließe Subašić in die Arme. Er muss nie wieder in seinem Leben einen Schuss halten; er hat dieses Ding gemeistert, er ist eine Legende. Er weint vor Glück und zeigt sein T-Shirt mit dem Bild von Hrvoje Ćustić darauf. Ich habe einen Kloß im Hals. Ich rufe: „Danke, Suba, danke!" Er ist derjenige, der uns hierhergebracht hat! Ich bin zu glücklich, um mir über die dänischen Spieler Gedanken zu machen. Das ist ihr Wien-Erlebnis; das ist ihre Tragödie und sie wird ihnen noch lange, lange nachhängen. So ist Fußball – Dramatik pur. Den einen bringt er Freude, den anderen Leid. Manchmal ist der Grat zwischen Helden und Verlierern sehr, sehr schmal. An diesem Abend wird Subašić zur Legende. Schmeichel muss warten, bis seine Stunde schlägt.

In der Kabine herrscht Ausnahmezustand. Zum ersten Mal feiert die kroatische Staatspräsidentin Kolinda Grabar-Kitarović mit uns zusammen. Sie gratuliert jedem Spieler und ist sichtlich bewegt. Sie berichtet uns, dass in Kroatien alle ausflippen. Die Leute sind auf den Straßen. Jeder, aber auch wirklich jeder feiert. Zusammengehörigkeit! Dieses Wort ist in unserer Zeit oft ausgesprochen worden, aber wirklich gelebt haben wir es hier zum ersten Mal. Was für ein Gefühl!

Diesmal übernachteten wir in Nischni Nowgorod. Wir fuhren nicht zur Wald-Rhapsodie zurück; unser Hotel war selbst eine einzige Rhapsodie des Jubels: Überall sangen die Leute und freuten sich. Bis in die Morgenstunden war an Schlaf nicht zu denken. Es ging einfach nicht; unsere Adern waren immer noch vollgepumpt mit Adrenalin. Wir hatten die schwere Tür aufgestoßen. Zum ersten Mal waren die Medaillenplätze in Sichtweite, und wir wollten, dass dieser Augenblick nie vergeht.

Kurz vor Morgengrauen versuchte ich zu schlafen – zumindest für eine kleine Weile. Vor meinem inneren Auge liefen immer wieder die Szenen des Abends ab. Ich dachte an das Selbstvertrauen, das die Spieler ausstrahlten. An Dalić, unseren Trainer, der so perfekt zu uns passte. Ich malte mir aus, was passiert wäre, wenn das Elfmeterschießen anders ausgegangen wäre. Ich konnte diese Gedanken nicht ruhen lassen, auch wenn ich wusste, dass sie mich vom Schlaf abhielten. Bevor ich endlich wegdämmerte, schweiften meine Gedanken noch einmal zurück zu dem Moment, in dem wir uns vor dem Spiel gegen Dänemark als ganzes Team umarmt hatten. Wenn wir zum Mannschaftskreis zusammenkommen, sagen traditionell der Trainer und dann der Kapitän die Schlussworte. Danach schreit der Kapitän: „Auf Sieg!“, und das Team schreit zurück: „Kroatien!“

Diesmal musste ich allerdings etwas anderes sagen: „Heute spielen wir für uns selbst, für unsere Familien, für unsere Kinder, für alle, die das mit uns zusammen durchgestanden haben. Dieses Match ist unser Endspiel! Merkt euch meine Worte: Wenn wir heute gewinnen, sehen wir uns im Finale wieder!“ Ich war von meinen Worten überzeugt und wollte die Mannschaft auch davon überzeugen.

Mit diesen Gedanken kam ich endlich zur Ruhe und schlief ein.

Russland

In Sotschi am Schwarzen Meer warteten wir bei dreißig Grad Celsius auf das Viertelfinale gegen Russland. Es waren noch sechs Tage bis dahin. Wir waren so gut drauf, dass die Hitze uns nicht störte. Wir vertrieben uns die Zeit damit, die Spiele der anderen Mannschaften zu schauen. Alles ist einfacher und unbeschwerter, wenn du weißt, dass du es in die nächste Runde geschafft hast. Coach Dalić gab uns einen halben Tag frei, und am Abend versammelte sich die Mannschaft, als hätte sie sich verabredet, fast vollzählig in einem Restaurant. Wir aßen zusammen zu Abend und schauten uns die Partie zwischen Belgien und Japan an.

Die Zeit verging, wir begannen uns auf Russland zu konzentrieren und die Spielanlage zu analysieren. Dalić und ich redeten viel über Taktik und er behandelte mich wie seine rechte Hand. Wenn ich eine Idee nicht so gut fand, konnte ich das offen aussprechen. Dalić hörte jeden bis zum Ende an. Er plusterte sich nicht auf, war nicht herablassend und hatte nie die Befürchtung, er könnte seine Stellung gefährden, wenn er die Taktik mit seinen Spielern diskutierte. Einmal sagte er, dass seine Spieler für die größten Clubs spielen und die entsprechende Erfahrung aus den anspruchsvollsten Ligen der Welt mitbringen und dass er nicht einsehe, warum er diese Erfahrung nicht nutzen sollte. Ich war seiner Meinung – die Erfahrungen mit dem nächsten Gegner und mit dem eigenen Team waren ein großer Pluspunkt und die Spieler sollten diese Erfahrungen einbringen. Ivan Rakitić redete über Lionel Messi, über die Russen wusste Vedran Ćorluka alles oder brachte es in Erfahrung. Als wir seinerzeit gegen die Ukraine gespielt hatten, halfen uns Darijo Srnas wertvolle Einblicke und Ratschläge immens. Dalić hörte zu, saugte alles auf, dachte gründlich darüber nach und traf dann seine Entscheidung. Manchmal machte er sich unsere Gedanken zu eigen, manchmal nicht. Sein letztes Wort galt – genau so sollte es sein. Die Chemie stimmte.

Am Vorabend des Russlandspiels waren wir bereits seit 42 Tagen zusammen. Eine spezielle taktische Vorbereitung war nicht nötig. Wir wussten, was der Trainer von uns erwartete; nur an kleinen Details wurde noch gefeilt. Wir sprachen über die Russen, analysierten ihre Spielweise und arbeiteten an den Standards, vor allem in der Abwehr. Wir kümmerten uns um die Zonenverteidigung, mit einem 4-3-2-System, und wollten die Russen nicht zum Flanken kommen lassen. Es sah so aus, als könnte es gut funktionieren – wenn alle Spieler an einem Strang zogen. Im Training klappte das mehr oder weniger gut, aber in vorhergehenden Spielen hatten wir nicht das umgesetzt, worauf wir uns vorher verständigt hatten.

Dalić erläuterte seinen Plan für die Startphase der Begegnung: Er wollte mit zwei Stürmern spielen, Andrej Kramarić und Mario Mandžukić, mit Ivan Perišić und Ante Rebić auf den Außenbahnen und Rakitić und mir in der Mitte. Dalić rechnete mit einer eher defensiven Ausrichtung der Russen und wusste, dass sie keinen Spieler in ihren Reihen hatten, der schnell und beweglich genug war, um uns mit Kontern Probleme zu bereiten. Artjom Dsjuba durften wir ruhig an den Ball kommen lassen, und auch Zweikämpfen mit ihm sollten wir aus dem Weg gehen, weil das seine Stärke war. Alexander Golowin lauerte immer im Hintergrund, um dann vorzupreschen. Wir setzten auf Offensive, und Dalić wollte, dass wir Druck machten und das Tor von Igor Akinfejew belagerten.

45 000 Zuschauer waren ins Olympiastadion in Sotschi gekommen. Die meisten von ihnen waren natürlich Russen. Sie waren begeistert von ihrer eigenen Nationalmannschaft – erst recht, seit sie Spanien ausgeschaltet hatte. Russland übertraf alle Erwartungen und jetzt waren die russischen Fans Feuer und Flamme. Die Russen hinterließen als Gastgeber einen sehr guten Eindruck. In der Wald-Rhapsodie wurden wir vom ersten Tag an bestens behandelt. Das Personal feierte jeden Sieg mit uns. Vielleicht waren die Russen uns auch etwas schuldig, nachdem wir ihnen 2007 durch unseren Sieg über England bei der Qualifikation für die Europameisterschaft 2008 geholfen hatten. Wir merkten auf Schritt und Tritt, dass man uns großen Respekt entgegenbrachte, und bei jedem Spiel drückten sie uns die Daumen – außer natürlich bei der Partie gegen ihre eigene Mannschaft.

Die Begegnung in Sotschi war vertrackt. In der ersten Hälfte blieben wir unter unseren Möglichkeiten und die Russen überraschten uns mit ihrem offensiven Auftreten. Sie setzten uns permanent unter Druck und hinderten uns daran, unser Spiel aufzuziehen. Dann drückte auf einmal ein Spieler auf die Tube, den ich von Real Madrid kannte. Wir hatten eine Weile zusammen für Los Blancos gespielt und uns gut verstanden. Denis Tscheryschew war ein bescheidener, stiller Typ und ein exzellenter Fußballer. Ich schaffte es nicht, ihn vom Ball zu trennen; er war einen Tick schneller, zog aus zwanzig Metern ab und zimmerte den Ball ins Tor. Die Russen waren total aus dem Häuschen und mich durchzuckte der Gedanke: *Nicht schon wieder! Müssen wir schon wieder einen Rückstand aufholen?!*

Acht Minuten später spielte Mandžukić von links eine Bilderbuchflanke zu Kramarić, der souverän einköpfte! Wieder egalisierten wir fast postwendend eine Führung des Gegners. In der zweiten Hälfte machte Dalić einen brillanten Schachzug: In der 63. Minute wechselte er Marcelo Brozović für Perišić ein. Damit hatten wir im Mittelfeld einen Mann mehr und sofort gestalteten wir unser Spiel ausgeglichener. Wir dominierten das Geschehen, hatten mehr Ballbesitz und spielten unsere Chancen heraus. Diese zweite Halbzeit war eine unserer stärksten Phasen im Turnier.

Verlängerung. Zum zweiten Mal innerhalb einer Woche spielten wir dreißig Minuten mehr. Šime Vrsaljko und Ivan Strinić hatten als Außenverteidiger viele Kilometer gemacht und spürten es in den Beinen. Strinić ging als Erster aus dem Spiel; er war einfach platt. Vrsaljko hatte während des ganzen Turniers Knieprobleme. Ich bewunderte ihn dafür, dass er das alles überhaupt durchstand. Er musste ein paar Minuten nach Beginn der Verlängerung ausgewechselt werden. Ćorluka rückte für Domagoj Vida in die Innenverteidigung und Vida übernahm Vrsaljkos Rolle. Diese beiden Helden leiteten in der 101. Minute unseren zweiten Treffer in die Wege. Ich brachte die Ecke rein, Mandžukić blockte einen Abwehrspieler, und Vida stieg am Elfmeterpunkt am höchsten und köpfte den Ball ins Netz. Ćorluka stand direkt vor dem Tor und damit im Weg, aber er ließ mit einer geschickten Bewegung den Ball durch in den Kasten der Russen! Wir jubelten, als würde dieser Treffer uns bis in alle Ewigkeit retten – und auf jeden Fall ins Halbfinale. Doch dann die nächste katastrophale Wendung: Nach einem Handspiel von Josip Pivarić, der für Strinić ins Spiel gekommen war, bekam Russland einen Freistoß nahe unserer rechten Strafraumecke. Ein Freistoß aus so gefährlicher Position? Konnte es für uns noch schlimmer kommen? Ja, konnte es: Der Freistoß wurde zur Flanke für Mário Fernandes, der sich hochschraubte und den Ball einköpfte – 2 : 2! Wieder Gleichstand. Jetzt gab es bei den Russen kein Halten mehr und ich konnte es nicht fassen: Da war es wieder passiert! Ich stand am Anstoßpunkt bereit, aber statt den Ball zur Seite zu spielen, schoss ich ihn mit voller Kraft in Richtung Seitenauslinie. Ich war dermaßen frustriert – was hatten wir uns da wieder eingebrockt?!

Elfmeterschießen! Schon wieder! Ich war einer der Schützen – und übernahm auch diesmal den dritten Elfmeter. Ich spürte bei uns eine große Konzentration und Nervenstärke. Auf den Russen lastete der Erwartungsdruck des ganzen Landes. Den ersten Elfmeter verschossen sie – Subašić hielt. Brozović traf. Nach einem erfolgreichen Elfer der Russen hielt Akinfejew den Schuss von Mateo Kovačić. Alles wieder auf Anfang. Dann schoss Fernandes, der den Ausgleichstreffer in der Verlängerung erzielt und das Elfmeterschießen erzwungen hatte, links am Tor vorbei. Jetzt war ich an der Reihe. Es war ein bisschen leichter als gegen Dänemark, weil nach dem russischen Fehlschuss der Vorteil bei uns lag. Ich zielte nach links unten, aber Akinfejew sprang reaktionsschnell ebenfalls in die linke Ecke und war mit der Hand am Ball. Der Ball ging an den Pfosten, und einen Augenblick sah es so aus, als würde er vom Tor abprallen. Ich erstarrte ganz kurz, aber im Augenwinkel sah ich Subašić, der hinter der Torauslinie stand und wartete, bis er wieder an der Reihe war – und er riss die Arme in die Luft. Dann erst schaute ich zum Tor, sah den Ball im Netz zappeln und riss auch die Arme hoch. Vorteil Kroatien. Alle weiteren Elfer gingen rein. Vidas Schuss war fantastisch. Und Rakitić?! Was soll man über ihn sagen? Solche Momente sind wie für ihn gemacht.

Er versenkte den Ball routiniert ins Tor und schoss damit wie schon gegen Dänemark den spielentscheidenden Elfmeter. Es war wieder Partytime. Kroatien stand im Halbfinale!

Bei unserer Rückkehr im Hotel empfingen unsere russischen Gastgeber uns mit Applaus wie die Fans im Stadion, obwohl sie mit ihrer Mannschaft fühlten und die verpasste Chance betrauerten. Was für wunderbare Menschen!

Die Party ging in die nächste Runde: Es wurde gesungen, getanzt – die Freude war grenzenlos. Totale Euphorie. Unsere Handys liefen von den vielen Nachrichten mal wieder heiß. Die Videos brauchten wir uns gar nicht anzusehen – wir wussten, dass in Kroatien Ausnahmezustand herrschte und es niemanden zu Hause hielt. Ich weinte fast vor Glück.

Über die EM 2008 und jene tieftraurigen Minuten im Wiener Praterstadion werde ich nie hinwegkommen. Nie werde ich das Tor in der 120. Minute und die anschließenden Elfmeter vergessen. Das ist die schmerzhafteste Wunde meiner ganzen Laufbahn. Damals war ich genau wie heute überzeugt, dass wir für den Kampf um den Titel alles mitbrachten. Aber wie hätte ich das sagen können, nach allem, was passiert war? Zehn Jahre später brauchte ich nichts mehr zu sagen: Kroatien war im Halbfinale der Weltmeisterschaft. Genau wie 1998! Ich brauchte eine Weile, bis ich realisierte, dass der Traum Wirklichkeit war.

England

Wir zogen nach Moskau um. Schon vor dem Spiel gegen Russland wussten wir, dass wir gegen England antreten würden, wenn wir es ins Halbfinale schafften. Vor diesem Team musste man auf der Hut sein; es war ein anderes England als früher, jung und voller Energie. Dass alle Welt Tickets haben wollte, wusste ich. Zum Glück war Vanja wieder da und konnte sich der Sache annehmen. Sie machte die Liste, organisierte die Reise, und ich hatte dafür zu sorgen, dass alle ihre Eintrittskarte bekamen. Ich brauchte über hundert, aber es war schon ein Wunder, dass ich fünfzig ergattern konnte. Meine Familie und meine engsten Freunde würden in meiner Nähe sein. Das bedeutete mir viel. Vanja reiste mit Ivano und Ema an; endlich waren wir wieder zusammen.

Viel Freizeit hatten wir nicht. Bis zum Spiel gegen England waren es noch drei Tage. Nach dem Abendessen konnten wir ein paar Stunden mit unseren Familien verbringen und dann zog sich die Mannschaft in die Ruhe unserer separaten Hoteletage zurück. Wir waren ausgepowert und hatten wenig Zeit, uns zu regenerieren. Aber wir waren weniger nervös als vor dem Dänemarkspiel. Wir hatten uns für das Halbfinale qualifiziert und somit zwei Chancen im Kampf um die Medaillen. Schon jetzt hatten wir alle Erwartungen übererfüllt – egal wie es weiterging. Dadurch waren wir gelassen und konnten uns in Ruhe überlegen, was wir wollten. Und es war klar, was wir wollten: gewinnen!

Wir hatten fünf Spiele in drei Wochen absolviert. Dazu kamen zwei Verlängerungen und der enorme Druck von zweimal Elfmeterschießen. Kein anderer Halbfinalteilnehmer hatte so eine Ochsentour hinter sich. Vor dem Englandspiel merkten wir, dass die Belastung ihren Tribut forderte: Subašić, Lovren, Strinić, Perišić und Vrsaljko waren verletzt und nahmen nicht am Training teil. Mandžukić trainierte mit, obwohl unser medizinisches Team ihm abgeraten hatte. Rakitić bekam in der Nacht vor dem Halbfinale Fieber, und am Morgen vor der Partie erklärte Rebić, er habe einen steifen Hals und könne nicht spielen. Die Ärzte und Physios machten ihren Job – das war sozusagen ihr Match. Was sie leisteten, war phänomenal. Sie wirkten wahre Wunder und schafften es, alle so weit zusammenzuflicken, dass sie spielen konnten. Am schlimmsten war Vrsaljko dran – sein Knie machte ihm schon seit einer ganzen Weile Ärger und während der WM waren die Schmerzen unerträglich geworden. Zum Glück ist er unglaublich hart im Nehmen, wie alle Jungs aus Zadar, und gibt niemals auf. Ich sagte zu ihm: „Beiß die Zähne zusammen, diese Chance hast du nur einmal im Leben!" Er wusste, was auf dem Spiel stand, und hielt bis zum Ende durch.

Dalić präsentierte uns seinen Spielaufbau für das Englandspiel: eine 4-4-2-Raute. Das hieß: ein Stürmer weniger, ein Mittelfeldspieler mehr. Wir hatten, vorsichtig ausgedrückt, unsere Bedenken. Dalić wollte Mateo Kovačić bringen und Ivan Perišić auf der Bank lassen. Sein Gedanke war, uns im Mittelfeld zu stärken und mehr Ballbesitz zu ermöglichen. Ich sagte Dalić, für die Kontrolle im Mittelfeld kämen wir mit drei Spielern aus. England trat in einer 3-5-2-Formation mit zwei offensiven Außenverteidigern an. Wenn wir auf Außenstürmer verzichteten, würden die Engländer uns über die Flügel attackieren und mehr Druck aufbauen, als wir abwehren konnten. Bei ihrem Spielaufbau wären die Flügelräume unbesetzt. Also brauchten wir schnelle Leute auf den Außenbahnen, die das ausnutzen konnten – vor allem auf der rechten Seite, wo Ashley Young mit seinen 33 Jahren Mühe hatte, bei hohem Tempo mitzuhalten. Perišić und Ante Rebić waren Schlüsselspieler für unseren Angriff. Dalić nahm meinen Vorschlag an – er merkte, dass die Spieler hinter Perišić standen, auch wenn er zuletzt unter seinem gewohnten Leistungsniveau blieb. Perišić ist ein Tier, manchmal ein bisschen verschlafen, aber wenn das Tier erwacht, ist es nicht zu bändigen. Auch Dalićs Assistent Ivica Olić, der als Spieler selbst Flügelstürmer gewesen war, vertraute auf Perišić.

Dass wir es ins Halbfinale der Weltmeisterschaft geschafft hatten, putschte uns auf. Verstärkt wurde unsere Entschlossenheit noch durch die englischen Experten und Kommentatoren, die uns eindeutig unterschätzten. Dass sie keinen Respekt vor uns hatten, motivierte uns nur noch mehr. Die englische Mannschaft und ihr Trainer Gareth Southgate verhielten sich uns gegenüber respektvoll und sportlich. Wir hielten es umgekehrt genauso. England hatte sich in Russland hervorragend geschlagen. Mit Raheem Sterling, Harry Kane und Marcus Rashford hatten sie schnelle Offensivleute, jung und energiegeladen. Auch im Mittelfeld und in der Abwehr waren sie gut besetzt – wobei wir noch besser besetzt waren. England ist eine großartige Fußballnation mit einem großartigen Team. Der Coach hatte seinen Kader geschickt zusammengestellt und zu einer Einheit geformt, und nach langer Zeit schienen die Engländer wieder das Zeug zu haben, zu großen Erfolgen zu kommen. Die Zeit arbeitete für sie. Doch in diesem Match – da waren wir sicher – konnten wir sie bezwingen.

Der Bus brachte uns zum Luschniki-Stadion. Die Spannung war mit Händen zu greifen. Jeder blieb für sich: Kopfhörer auf, Musik an. In der Kabine herrschte positive Stimmung. Wir waren hoch konzentriert und sprachen uns gegenseitig Mut zu. Aus den Lautsprechern kam kroatische Musik. Beim Aufwärmen ließ ich wie andere Spieler auch den Blick über die Ränge schweifen und suchte sie nach meiner Familie und meinen Freunden ab. Wir wissen, wo sie sitzen, und können sie aus der Ferne erkennen. Wir winken uns zu; alle sind da. Das gibt uns einen zusätzlichen Energieschub. Es sind viele Leute aus Kroatien im Stadion – das gibt uns Kraft. Alle Sorgen, Verletzungen, Fieberschübe und Erschöpfungszustände sind vergessen. Der Kampf um den Einzug ins Endspiel beginnt.

Das Spiel fängt gar nicht gut an – jedenfalls für uns. In der 5. Minute versuche ich, Dele Alli auf dem Weg in den Strafraum zu stoppen. Der Unparteiische gibt Freistoß. Die Position ist gefährlich. Kieran Trippier läuft an und zirkelt den Ball über die Mauer ins obere rechte Eck. Die Engländer jubeln; sie haben einen Traumstart erwischt. Wir sind erschüttert, aber spielen weiter nach vorne. In der 22. Minute haben die Engländer eine weitere Großchance: Kane steht frei vor Danijel Subašić. Wenn er trifft, liegen die Engländer 2 : 0 vorne, aber zum Glück verfehlt Kane den Kasten. Wieder einmal macht es uns das Schicksal ganz schön schwer. Mit zwei Toren Rückstand wäre es für uns fast unmöglich geworden, wieder zurückzukommen. Nach und nach gelangen wir besser ins Spiel. Entscheidend ist, dass wir den Ball halten – unsere Pässe sind präziser und wir powern uns weniger aus. In der zweiten Halbzeit werden wir dominanter und spüren, dass der Ausgleich in der Luft liegt. In der 68. Minute schlägt Šime Vrsaljko eine weite Flanke in den Strafraum, Perišić schleicht sich von hinten an Trippier an, macht sein Bein ganz lang und befördert den Ball ins englische Tor! Der Ausgleichstreffer bringt die Engländer aus dem Konzept. Das Blatt wendet sich. Jetzt geben wir das Tempo vor; dass wir so viel mehr Spielzeit in den Knochen haben als die englischen Spieler, ist uns nicht anzumerken. Jetzt zahlt sich aus, dass wir im Trainingslager, in der Vorbereitung und auch vorher schon in unseren Clubs mehr Arbeit investiert haben. Wir sind gerüstet. Den Rest besorgt das Adrenalin, das auch die Schmerzen unserer verletzten Mitspieler lindert. Es gibt noch einmal dreißig Minuten drauf – zum dritten Mal hintereinander geht es für uns in die Verlängerung. Damit haben wir rechnerisch ein Spiel mehr absolviert als alle anderen WM-Teilnehmer. Wir setzen die Engländer unter Druck. In der ersten Hälfte der Verlängerung sind wir erneut die spielbestimmende Mannschaft und in der 109. Minute landet der Ball irgendwie bei Mario Mandžukić. Der fackelt nicht lange und drischt den Ball ins Netz! Wir flippen aus vor Freude und schubsen hinter der Torauslinie mit unserer Jubeltraube aus

Versehen einen mexikanischen Fotografen um. Unsere Spieler helfen ihm wieder auf und umarmen und küssen ihn dabei – er ist unser Glücksbringer!

In der zweiten Hälfte der Verlängerung sind wir stehend k. o. Dalić wechselt Mandžukić in der 115. Minute aus. Ich schaue zu, wie dieses Schlachtross vom Spielfeld geht; er kann vor Erschöpfung kaum mehr laufen. Wenn dieser Mann, der zwei Tage am Stück nonstop rennen kann, so gebeutelt vom Rasen geht, kann ich mir ungefähr ausmalen, wie es den anderen geht. England rennt gegen unseren Strafraum an, aber die Zeit läuft ab. Dalić wechselt Vedran Ćorluka ein, der uns mit seiner Frische und Erfahrung Auftrieb gibt. In der 119. Minute werde auch ich ausgewechselt. Ich bin erledigt; für mich kommt Milan Badelj in die Partie. Diese letzten Momente der Anspannung von der Bank aus zu verfolgen ist noch anstrengender als das Mitspielen. Kurz vor dem Abpfiff haben wir dann eine Zwei-gegen-eins-Situation: Andrej Kramarić stürmt in den Sechzehner – zwei Abwehrspieler wollen ihn am Schuss hindern, während Perišić mutterseelenallein vor dem Tor steht. Kramarić braucht den Ball nur zu Perišić zu passen, aber er will es selbst machen und schießt aus einem total ungünstigen Winkel weit am Tor vorbei! Perišić regt sich tierisch auf – wir sind alle sauer, denn damit hätten wir den Sack zumachen können. So sitzen wir weiter auf glühenden Kohlen.

Der Referee lässt vier Minuten nachspielen. Ich finde das zu viel und beschwere mich beim vierten Offiziellen, der uns auffordert, Ruhe zu bewahren. Wie sollen wir Ruhe bewahren? Wir sind nur einen Schritt vom Fußballhimmel entfernt. Wie sollen wir da diese vier Minuten Nachspielzeit überstehen? Und dann kommt Marcelo Brozović an den Ball und rennt auf das englische Tor zu – doch da kommt der Schlusspfiff! Es ist vorbei! Zum ersten Mal steht Kroatien im WM-Finale!

Das Finale

Nach dem Schlusspfiff bleibe ich auf dem Rasen und lasse genüsslich den Blick über die Ränge schweifen. Für diesen Anblick habe ich zwölf Jahre im kroatischen Trikot gespielt. Auf diesen Moment habe ich gehofft, seit ich dreizehn war und der Generation zusah, die WM-Dritter wurde. Hier erreichen meine Karriere und meine Geschichte als Fußballer ihre Erfüllung. Ich habe mit Real alle Titel geholt. Jetzt spiele ich mit Kroatien im Endspiel der Weltmeisterschaft. Wie auch immer es ausgeht – ich habe das Gefühl, das erreicht zu haben, was ich mir erhofft habe.

Ich fasse mir an den Kopf und sehe den Jubel um mich herum. *Am Sonntag steigt das wichtigste Fußballspiel der Welt – und wir werden dabei sein!* Ich brauche noch einen Moment, um mich davon zu überzeugen, dass das alles wirklich passiert.

Ich gratuliere den englischen Spielern, obwohl ich weiß, dass sie am Boden zerstört sind. In solchen Momenten möchtest du dich am liebsten einfach nur verkriechen, niemanden sehen und deine Wunden lecken. Gareth Southgate zeigt sich als echter Gentleman – er geht auf mich zu und beglückwünscht mich zu unserem Sieg.

Ich reiche Danny Rose und Kyle Walker die Hand und wir tauschen die Trikots. Wir bekommen immer einen Satz Trikots und ich habe von allen Partien in Russland eines aufgehoben. Ich habe die Trikots von fast allen Mannschaften, gegen die ich in meiner Karriere gespielt habe. Ich liebe solche Erinnerungsstücke. Eines Tages wird jedes dieser Trikots eine Geschichte erzählen und den Augenblick, in dem ich es bekam, wieder lebendig werden lassen.

Das einzige Trikot, das ich nicht tauschen wollte, ist das aus dem Endspiel. Es wird eine ganz besondere Geschichte erzählen. Wenn wir über unsere denkwürdigen Karotrikots und Karokits reden, muss ich sagen, dass die Kombination mit dem helleren Rot und dem Weiß exzeptionell ist. Aber meine Vorliebe gilt aus einem bestimmten Grund dem dunkleren Kit: Es hat uns mehr Erfolg gebracht.

Allmählich fange ich an, etwas nervös zu werden. Ich halte Ausschau nach Vanja und den Kindern, kann sie aber nicht finden. In diesem großartigen Moment meiner Karriere will ich sie an meiner Seite haben. Als wir in die Kabine kommen, in der der blanke Wahnsinn herrscht, rufe ich sie an, um zu erfahren, wo sie sind, und ich fange schon an, mir ein bisschen Sorgen zu machen, weil sie den Anruf nicht annehmen. Irgendwann ruft Vanja endlich zurück. Sie erklärt, dass sie schon vor Spielende aufbrechen musste, weil sie einen Flug nach Zagreb gebucht hatten und entsetzlicher Verkehr herrschte. Ich bin wütend und traurig – beides. Es schmerzt mich sehr, dass sie nicht mit mir zusammen auf dem Spielfeld waren. Aber Vanja musste sich um unsere Familien und Freunde kümmern und dann mit zwei Kindern nach Moskau und zurück nach Zagreb fliegen. Sie ist auch traurig, dass es so gekommen ist, aber es war nichts zu machen.

In der Kabine sehe ich lauter lachende Gesichter. Alle kommen, um uns zu gratulieren. Auch Zvonimir Boban ist da, damals FIFA-Offizieller, und wir fallen uns in die Arme. Da stehen wir beieinander, zwanzig Jahre nach der WM in Frankreich: der Kapitän, der 1998 die Mannschaft zur Bronzemedaille führte, und ich, der Kapitän der Mannschaft, die mindestens mit einer Silbermedaille um den Hals nach Hause kommt.

Im Hotel steigt die nächste Party. Wie sollte es anders sein! Das Hotel platzt aus allen Nähten; es fühlt sich an, als wären wir daheim in Kroatien. Familien, Freundinnen, Freunde, Delegationen. Alle singen, tanzen – die totale Show! Geschlafen wird heute Nacht sowieso nicht. Ich versuche, irgendwann vor dem Morgengrauen die Augen zuzumachen, aber es gelingt mir nicht. Immer wieder läuft in meinem Kopf das Halbfinale ab und lässt mir keine Ruhe. Besser kann man sich die Zeit nicht vertreiben.

Der Tag danach ist immer speziell. Als ich nach ein paar Stunden unruhigen Schlafs aufwache und realisiere, dass das alles wirklich passiert ist, freue ich mich total. Erstaunlicherweise fühle ich mich nicht müde. Ich bin zu gut drauf, um irgendwelche körperlichen Schmerzen zu spüren. Bis zum Finale sind es drei Tage. Die Franzosen haben gewissermaßen ein Spiel weniger absolviert als wir. Obendrein haben sie auch einen Tag länger Pause. So kann es gehen, wenn es einmal läuft. Ich checke mein anderes Handy und sehe eine Unzahl von Nachrichten. Die kann ich unmöglich alle lesen und erst recht nicht beantworten. Ich hoffe, die Leute werden dafür Verständnis haben. Wir sind mit den Gedanken im Luschniki-Stadion, beim Endspiel. Ich denke daran, wie nah wir dem Weltmeistertitel sind. Ich male mir aus, wie meine Mitspieler und ich die Trophäe hochheben! Was das für ein Moment wäre – für uns, für Kroatien und für alle Anhänger unserer Mannschaft überall in der Welt. Viele Menschen drücken uns die Daumen. Prominente und Berühmtheiten in aller Welt, deren Herz für Kroatien schlägt, posten in den sozialen Netzwerken entsprechende Botschaften. Wir sind ein kleines Land, und die Menschen haben ein besonderes Herz für Underdogs, die es mit den Großen und Mächtigen aufnehmen. Zumindest für einen Tag scheint die Welt überwiegend auf unserer Seite zu sein.

Das Training dient nur der Muskelerwärmung. Was soll man drei Tage vor dem Finale und fünfzig Tage nach Beginn der „Operation WM 2018“, nach sechs Spielen auf höchstem Niveau innerhalb von 25 Tagen üben? Zlatko Dalić hält es mit der Tradition: Er lässt im Training die jungen Spieler gegen die alten antreten. Vor dem ersten Spiel gegen Nigeria gewannen die Jungen. Danach besiegten wir Nigeria. Deshalb lassen wir die Jungen alle Trainingsspiele bis zum Ende des Turniers gewinnen. Warum sollten wir unser Glück riskieren? Ich bin nicht abergläubisch, aber ich muss objektiv feststellen, dass die jüngeren Mannschaftskollegen mehr Energie haben. Sie wollen sich beweisen. Wir sind ein bisschen nachsichtig mit ihnen, aber nicht zu sehr. Vor dem ersten Match gab es gewisse Spannungen. Die Trainingseinheit verlief nicht so wie geplant; es wirkte, als wären wir allzu entspannt. Wir übten weiter Ballbesitzsituationen. Drei gegen drei. Ante Rebić ging zu lässig in einen Zweikampf und verlor den Ball. Ich fragte: „Was war das denn?!" Er reagierte positiv und war ab diesem Moment mit Ernst bei der Sache. Das ist immer so. Wenn etwas nicht richtig ist, mache ich den Mund auf. Auch in Madrid werde ich sauer, wenn ich sehe, dass jemand im Training nicht sein Bestes gibt.

Bei der Europameisterschaft 2016 gab es vor dem ersten Spiel gegen die Türkei einen Streit zwischen Milan Badelj und Darijo Srna. In einem Match hatte sich Badelj umständlich angestellt und Srna sagte zu ihm: „Spiel einfach und machs nicht zu kompliziert." Badelj holte aus, um sich zu erklären, aber ich schaltete mich ein: „Quatsch nicht rum. Tu, was er sagt, und fertig!" Auf Außenstehende wirkt das vielleicht heikel, aber vor einem wichtigen Spiel sind solche Szenen eher gut – sie zeigen, dass eine positive Spannung da ist und der Adrenalinpegel steigt. Solche Spannungen gab es auch in Russland. Vor dem Spiel gegen Dänemark spielte das junge Team gegen die Alten und gewann. Ich war frustriert und irgendwann rastete ich kurz aus. Ich ging bei einem Tackling Andrej Kramarić so heftig an, dass ich ihn umrempelte und er auf dem Boden landete. Das war nicht in Ordnung; ich entschuldigte mich sofort. Aber ich stellte auch etwas Positives fest: Kramarić jammerte nicht rum. Er reagierte gut; er steckte das weg und sagte nichts, denn revanchieren wollte er sich, wenn schon, dann auf dem Platz.

Solche Situationen sind in einer Mannschaft normal. Sie zeigen, dass das Team lebt, dass das Adrenalin zirkuliert. Am Tag vor dem Finale war das Adrenalin sowieso am Siedepunkt.

Vor den Franzosen hatte ich keine Angst. Physisch waren sie uns überlegen, aber technisch waren wir besser. Ihre Laufleistung war hervorragend; sie hatten viel Power. Mit Kylian Mbappé in der Spitze konnten ihre Konter brandgefährlich sein. Ihre Standards und ihre Effizienz beunruhigten mich – zumal in diesem Bereich unsere Schwächen lagen. Trotz alledem hatte ich das Gefühl, dass wir sie tatsächlich bezwingen könnten.

Dalić sagte klar, was er wollte: Wir sollten kompakt stehen, den Ball halten und bei Standards konzentriert bleiben. Mehr als einmal schärfte er uns ein: „Ihr müsst aufpassen, wenn wir den Ball haben, denn dann sind die Franzosen am gefährlichsten. Sie lauern auf eine Chance, den Ball zu erobern und mit wenigen Pässen schnelle Konter zu fahren."

In der Nacht vor dem Endspiel schlief ich gut. Ich stand früh auf – gegen 8 Uhr morgens. Ich schlafe normalerweise nicht viel; sechs oder sieben Stunden Schlaf reichen mir. Diesmal verspürte ich eine innere Unruhe. Nach dem Frühstück wollte ich in meinem Zimmer allein sein. Ich habe es mir zur Regel gemacht, dass ich an Spieltagen mit niemandem rede außer mit Vanja. Sie rief mich an und berichtete, alles sei in bester Ordnung und den Kindern gehe es gut. Ich sprach eine Weile mit ihnen. Das gab mir Energie. Ich bekam zahllose Nachrichten. Ich hatte nicht die Zeit, sie alle zu lesen, aber auf die Nachrichten von meinen Eltern und von meinem Onkel Željko reagierte ich und schrieb zurück.

An diesem Sonntag in Moskau vergeht die Zeit extrem langsam, obwohl das Spiel schon um 17 Uhr anfängt. Bis dahin haben wir bei dieser WM immer nur am Abend gespielt. Mittagessen gibt es um 13 Uhr. Wir sind alle hundertprozentig konzentriert. Wir wissen alles, was wir wissen müssen; es gibt nichts weiter zu bereden. Nach dem Mittagessen, während unserer vorgeschriebenen Ruhezeit, kann ich nicht schlafen. Ich schaffe es einfach nicht. Ich nehme etwas zu lesen zur Hand, um die Zeit totzuschlagen. Eine halbe Stunde bevor wir uns treffen, absolviere ich mein Aufwärmprogramm. Ich verwende Gymnastikbänder, um meine Muskeln auf Vordermann zu bringen. Zwei Stunden vor Anpfiff kommen wir in der Hotellobby zusammen. Die Fahrt zum Luschniki-Stadion ist ein Erlebnis der besonderen Art. Manche sagen, dass man das nur einmal im Leben zu sehen bekommt; wahrscheinlicher ist, dass die meisten Spieler es überhaupt nie erleben. Deshalb koste ich jeden Moment aus. Wir werden von Polizeimotorrädern zum Stadion eskortiert, als wären wir die wichtigsten Leute auf dem Planeten. Du weißt, dass die halbe Welt wegen des Spiels, in dem du mitspielst, innehält.

Im Bus, mit dem wir zum wichtigsten Spiel unserer Laufbahn fahren, laufen unsere Motivationssongs. Jeder bereitet sich auf seine Weise vor. Die Aufstellungs- und Taktikbesprechung fand am späten Vormittag statt. Wir schauten uns Videobotschaften an, in denen uns Menschen in Kroatien viel Erfolg wünschten. Wir sind voll energetisiert und motiviert. Für alles andere ist kein Platz. Wir kommen am Stadion an und gehen wie üblich gleich aufs Spielfeld. Dieses Ritual hat eine besondere Wirkung: Du spürst bereits die Atmosphäre des Spiels. Die Fans sind schon im Stadion. Sie geben alles, ihre Unterstützung ist das A und O; das spürt man einfach. Wir wissen, dass heute ein Tag für die Geschichtsbücher ist. Im Mittelkreis unterhalte ich mich mit Dejan Lovren, Domagoj Vida und Kovačić. Sie sind meine Freunde, meine Mitspieler, meine Kameraden. Wir sind uns bewusst, dass wir etwas Großartiges für unser Land geleistet haben – wenn auch nur in unserem Metier. Aber die Bilder aus

Kroatien führen uns die gewaltige Tragweite vor Augen. Für alle geht es definitiv um mehr als um Fußball.

Die Aufstellung ist wie erwartet. Ivan Strinić war bis zuletzt nicht sicher, ob er auflaufen wird. Es ist das Endspiel der Weltmeisterschaft und das vertreibt alle Schmerzen. Bevor es losgeht, verabreichen mir die Ärzte noch eine Spritze. Seit den Spielen gegen Dänemark und Russland tut mir der Rücken weh – ein eingeklemmter Nerv im unteren Rückenbereich. Im Halbfinale gegen England bekam ich eine Injektion in der Halbzeitpause. Sie wirkte Wunder: Der Schmerz war komplett verschwunden. In der Kabine ist alles wie immer: Konzentration, gegenseitige Aufmunterung. Der einzige Unterschied zu sonst: Wir bereiten uns gerade auf das WM-Finale vor. Ein gigantischer Unterschied! Die großen Fernsehschirme sind an. Die Kamera schwenkt über die Ränge und fängt die Stimmung vor dem Match ein. Und dann ist plötzlich meine Ema im Bild! Sie guckt irgendwo in die Ferne und verspeist gerade ein Sandwich. Sie ist so entspannt und unbekümmert, wie nur Kinder sein können. Es rührt mich, sie zu sehen. Ich kann es nicht abwarten, bis ich sie und Ivano und Sofia in die Arme schließen kann. Und ich bei Vanja bin und wir unsere Zeit mit den Menschen verbringen können, die uns in unserem Leben am allerwichtigsten sind.

Dann kommt unser großer Moment. Wir betreten das Spielfeld des WM-Finales! So aufgeregt war ich noch nie in meinem Leben. Ich erschauere fast beim Anblick der voll besetzten Zuschauertribünen. Ich sauge die unglaubliche Atmosphäre ein und versuche, mir alle Einzelheiten einzuprägen, damit ich mich eines Tages an diese Augenblicke erinnern kann. Wenn die kroatische Nationalhymne gespielt wird, überkommt mich jedes Mal ein ungeheurer Stolz. Unsere Hymne zu erleben ist etwas Besonderes. Diesmal hört und sieht die ganze Welt zu. Später erfahren wir, dass 1,3 Milliarden Menschen das Finale live gesehen haben. Insgesamt hatte die Weltmeisterschaft 3,5 Milliarden Zuschauer.

Als die Hymne verklungen ist, bin ich sofort auf das Spiel konzentriert. Wir kommen gut in die Partie und übernehmen schon bald die Initiative. Wir haben mehr Ballbesitz, unsere Pässe kommen an – es ist ein ausgeglichenes Spiel. Frankreich erspielt sich keine Chancen, aber dann – aus heiterem Himmel – passiert das Desaster. Schiedsrichter Néstor Pitana pfeift Freistoß für Frankreich, obwohl es zwischen Marcelo Brozović und Antoine Griezmann keinen Kontakt gab. Der Franzose ließ sich fallen und der Unparteiische ließ sich täuschen. Noch schlimmer: Griezmann zirkelt den Freistoß in den Sechzehner, der Ball streift Mario Mandžukić am Kopf und landet im Tor. Der blanke Horror in der 18. Minute – wie gegen Dänemark, Russland und England müssen wir einem Rückstand hinterherjagen. Ich hoffe, wir finden auch diesmal die richtige Strategie, um das Blatt zu wenden. Zehn Minuten später erfüllt sich diese Hoffnung: Der Ball segelt in den französischen Strafraum, Vida spielt ihn zu Ivan Perišić und der legt ihn sich auf den linken Fuß und hämmert ihn hart und platziert ins Netz! Wir sind wieder gleichauf und diesmal werden wir sie in allen Belangen übertrumpfen.

Doch es dauert nur zehn Minuten, bis wir aus heiterem Himmel den nächsten Gegentreffer kassieren. Hugo Lloris' weiter Abschlag scheint für Vida kein Problem, aber der verschätzt sich und köpft den Ball über dreißig Meter ins Toraus. Es gibt Ecke. Griezmann tritt den Eckstoß, aber Blaise Matuidi am ersten Pfosten kommt nicht an den Ball, der Perišić – er steht direkt hinter Matuidi – am Arm berührt. Die Pfeife des Unparteiischen bleibt stumm, was auch logisch ist, denn Perišić hat den Ball nicht bewusst mit der Hand gespielt. Er hat nur kroatische Spieler um sich herum gehabt und keine gegnerische Chance verhindert. Die französischen Spieler umlagern den

Referee und fordern Elfmeter. Der Schiedsrichter wartet die Überprüfung durch den Videoassistenten ab. Das Warten fühlt sich an wie eine Ewigkeit. Als Pitana nach dreißig oder vierzig Sekunden an die Seitenlinie läuft, um sich die Szene noch einmal am Monitor anzusehen, wissen wir schon, dass er Strafstoß geben wird. Meine Meinung ist vielleicht subjektiv, aber ich würde im Endspiel einer Fußballweltmeisterschaft niemals eine so zweifelhafte Entscheidung treffen. Wir sind schwer angezählt. Ein zweites Mal wieder ins Spiel zu kommen – das ist nach den ganzen Strapazen des Turniers und gegen einen so schweren Gegner beinahe unmöglich. Dass die Franzosen aus zwei halben Chancen zwei ganze Tore gemacht haben, ist einfach niederschmetternd.

In der Halbzeitpause wissen wir, dass wir vor der härtesten Herausforderung stehen, die man sich vorstellen kann. Es geht um alles oder nichts, und wenn die Franzosen in Führung liegen, sind sie besonders gefährlich. Mit Mbappé und Griezmann haben sie zwei brillante Konterspezialisten – ergänzt durch Olivier Giroud, der es überragend versteht, für einen schnellen Spielfluss zu sorgen und seine Mitspieler in Szene zu setzen. Es wird oft übersehen, wie wichtig Giroud für das französische Spiel ist, weil das Duo Mbappé/Griezmann mit seinen schnellen und direkten – und für den Gegner tödlichen – Aktionen die ganze Aufmerksamkeit auf sich zieht.

Es ist nachvollziehbar, dass sich Didier Deschamps für diese Spielanlage entschieden hat. Bei der Weltmeisterschaft spielten die Franzosen auf Sieg und kümmerten sich nicht darum, welchen Eindruck sie hinterließen. Zwei Jahre zuvor hatten sie das Endspiel der Europameisterschaft im eigenen Land verloren und diese Wunde war nicht verheilt. Damals spielte Frankreich attraktiveren Fußball. In Russland waren sie pragmatisch: ein kompakter Block vor der eigenen Abwehr, kombiniert mit schnellen Kontern, mit denen sie die Gegner eiskalt bestrafen.

Vielleicht hätten wir uns einen Plan B zurechtlegen sollen. Als wir den Ausgleich erzielten, wäre es vielleicht besser gewesen, den Franzosen mehr Ballbesitz zu lassen, uns kompakt hinten reinzustellen und auf Konterchancen zu warten. Aber nach dem Treffer von Perišić griffen wir weiter an und hofften auf Erfolg durch Ballbesitz. Hinterher, wenn alles vorbei ist, kann man natürlich leicht theoretisieren und sich Gedanken darüber machen, was gewesen wäre, wenn …

In der Kabine machen wir uns gegenseitig Mut, und Dalić meint, dass wir ein gutes Spiel machen und am Ball bleiben sollen. Als Frankreich in der 59. Minute zum dritten Mal trifft, stirbt unsere Hoffnung. Schon wieder ein Konter: Paul Pogba spielt einen zauberhaften Steilpass zu Mbappé. Der spielt den Ball hinter die Abwehr in die Mitte zu Griezmann, und der legt den Ball für Pogba vor – ganz ähnlich wie vorhin Vida für Perišić bei unserem 1 : 1. Pogbas erster Schuss wird abgeblockt, aber der Ball prallt zu ihm zurück und er versenkt ihn mit einem strammen Linksschuss im Netz! Wir haben uns noch gar nicht wieder sortiert, da kassieren wir das 4 : 1, einen Gewaltschuss aus 25 Metern von dem neuen Phänomen namens Mbappé. Diese Strafe ist zu hart, wenn man bedenkt, was beide Teams auf dem Platz gezeigt haben. Aber so ist Fußball. Wir geben nicht auf, greifen weiter an, und Mandžukić zwingt Lloris zu einem Fehler und schiebt den Ball ins Netz zum 4 : 2. Für mehr reicht unsere Kraft nicht.

Frankreich war stärker und wurde verdient Weltmeister – zum zweiten Mal in seiner Geschichte. Unsere Schicksalswege hatten sich schon einmal gekreuzt: Als Kroatien bei der WM 1998 Dritter wurde, scheiterte unser Team im Halbfinale an den Franzosen. Sie holten als Gastgeber ihren ersten WM-Titel. Zwanzig Jahre später stehen wir im Endspiel, und wieder sind es die Franzosen, die uns stoppen – einen Schritt vor der Erfüllung des schönsten Traums.

Beim Schlusspfiff sind wir absolut ausgepowert. Ich sinke ebenso wie viele meiner Mitspieler auf die Knie. Wir haben alles gegeben. Wir sind bitter enttäuscht, aber von Minute zu Minute wird uns bewusster, dass wir stolz auf uns sein und uns feiern sollten. Was wir in Russland geschafft haben, ist eine historische Sensation.

KAPITEL ZEHN

Es ist, als wollte der heftige Regen im Luschniki-Stadion unseren Kummer wegspülen, damit sich die Freude Bahn brechen kann. Auf dem Weg zum Spielertunnel fängt mich ein Reporter vom kroatischen Fernsehen ab. Ich sage ein paar Worte in die Kamera und habe wieder mal einen Kloß im Hals. Ich kann nicht mehr. Der Reporter sieht, in welchem Zustand ich bin, und lässt mich ziehen.

In der Kabine kommt uns bald zu Bewusstsein: Wir haben etwas geschafft, das Grund zur Freude und nicht zur Traurigkeit sein sollte. Wir machen Fotos mit allen möglichen Leuten, die zu uns kommen; wir posieren mit unseren Medaillen, das Lachen und die Musik werden lauter.

Wir fahren zurück ins Hotel. Dort treffen wir auf unsere Familien und essen mit ihnen zu Abend. Allmählich bricht die Euphorie durch. Für musikalische Stimmung sorgt der berühmte kroatische Sänger und Partygroßmeister Mladen Grdović. Die Party geht bis 5 Uhr morgens. Alle sind da. Dann ziehen wir uns nacheinander in unsere Zimmer zurück. Ich versuche, die Augen für ein paar Stunden zuzumachen, bevor wir in die Heimat fliegen. Doch an Schlaf ist nicht zu denken. Immer wieder schaue ich mir die Bilder aus Kroatien an – ich sehe Glück in den Gesichtern der Menschen; sie haben die Niederlage in stundenlangen Jubel verwandelt. Das hellt unsere Stimmung auf und ermuntert uns, es ihnen nachzumachen. Im Moment unseres größten Triumphs Trübsal zu blasen macht keinen Sinn. Und wir freuten uns *wirklich*, vielleicht so sehr wie noch nie zuvor, auch wenn wir die Niederlage erst einmal verdauen mussten.

Die Stimmung im Flieger, der uns nach Kroatien zurückbringt, ist lebhaft und vergnügt. Wir singen, machen Fotos und posieren, geben Autogramme. Alle mischen mit – die Spieler, das Trainerteam, die Ärzte, die Physios, das technische Personal und Davor Šuker, der Präsident des kroatischen Fußballverbandes. Trotz der Geräuschkulisse schaffe ich es, noch einmal eine Stunde zu schlafen, übermannt von Müdigkeit. Als wir den kroatischen Luftraum erreichen, wache ich auf. Ein erhebender Anblick: Unser Flugzeug wird von MiGs in Empfang genommen und eskortiert – eine Begrüßung der besonderen Art. Wir können nur mutmaßen, was nachher auf uns zukommt. Schon bald merken wir: Diese Party würde einem Weltmeister alle Ehre machen. Schon die Stimmung am Flughafen ist beeindruckend, aber wir brennen darauf, zum Ban-Jelačić-Platz zu fahren, dem zentralen Platz in Zagreb. Kroatien wartet darauf, dass wir uns zeigen – persönlich vor Ort und auf den Fernsehbildschirmen. Als wir in den Cabriobus steigen, kommt uns immer mehr zu Bewusstsein, dass hier etwas Unglaubliches im Gange ist. An der rund sechzehn Kilometer langen Strecke vom Flughafen zum Hauptplatz stehen überall Menschen! Wir sind sprachlos. Wir haben erwartet, dass der Ban-Jelačić-Platz voll sein würde, aber dass die ganze Strecke von begeisterten Menschen gesäumt sein würde, hätten wir uns nicht träumen lassen. Die Polizisten, die unseren Bus begleiten, sprechen von 200 000 Menschen auf den stadteinwärts führenden Straßen. Auf den Straßen rund um den Ban-Jelačić-Platz herum haben sich 250 000 und auf dem Platz selbst noch einmal 100 000 Leute versammelt! Mehr passen dort auch nicht hin.

Wir können es nicht glauben: Mehr als eine halbe Million Menschen warten geduldig in der brütenden Hitze, um uns diesen Empfang zu bereiten. Mir steigen Tränen in die Augen beim Anblick der vielen Menschen, die uns begrüßen, zuwinken und zujubeln – Alt und Jung, Omas und Opas, Kinder mit ihren Eltern. Von dem Moment, in dem das Flugzeug auf der Landebahn aufsetzt, bis wir auf dem Ban-Jelačić-Platz auf die Bühne klettern, brauchen wir unfassbare fünfeinhalb Stunden! Der Bus arbeitet sich zentimeterweise durch die mit Menschen überfüllten Straßen voran. Wir sind alle in Trance.

Auf der Bühne danken wir allen, die uns auf dem Platz und auf dem Weg hierher begrüßt haben. Ein unglaublicher Empfang. Die Menschen wollen uns zeigen, wie viel Freude wir ihnen gemacht haben. Ich frage mich: Kann es ein größeres Glück geben als das Glück, das dein eigenes Volk dir gibt? Ein klares Nein! Der Coach, die Spieler – jeder sagt ein paar Worte und bedankt sich bei den Fans. Das kommt uns so wenig vor und kann nicht annähernd ausdrücken, wie glücklich wir sind und welche Unmengen von positiver Energie durch unsere Körper strömen. Diese Begrüßung übertrifft unsere kühnsten Träume. Kroatien feiert uns, als wären wir die Weltmeister.

Wir stimmen Gesänge an, die wir in der Nationalmannschaft immer singen und auch in Russland gesungen haben – Lieder, die uns beflügeln und motivieren, wie *Lijepa li si, Moja domovina, Nije u šoldima sve* („Wie schön du bist", „Meine Heimat", „Nicht im Geld liegt das Glück"). Dazu bitten wir Marko Perković Thompson, Mladen Grdović und den kroatischen Marinechor zu uns auf die Bühne. Über 100 000 Fans singen mit – stellvertretend für ganz Kroatien.

Das war so ergreifend und unvergesslich, dass ich noch heute Gänsehaut bekomme, wenn ich daran denke. Die Menge direkt vor der Bühne winkte und jubelte mir zu, und ich erinnere mich an meinen kleinen Freund Petar, einen Jungen mit Downsyndrom, der stundenlang in der Sonne ausgeharrt hatte. Er war ein großer Fan von mir und wollte mir Hallo sagen. Ich bat ihn zu uns auf die Bühne und wir sangen zusammen. Er steckte mich mit seiner Liebe und Freude an und ich bin ihm für immer dankbar. Ich weiß, wie viel Liebe Kinder unserer Mannschaft entgegenbringen, und deshalb lassen wir keine Gelegenheit aus, ihnen etwas zurückzugeben und ihnen dafür zu danken, dass sie uns so herzlich zugetan sind und an uns glauben. Die Begegnung mit Petar ist Teil des großen Geschenks, das das stolze kroatische Volk mir mit diesem fantastischen Empfang gemacht hat.

Irgendwann nach Mitternacht, als die Feierlichkeiten vorbei waren, trafen wir uns in einem Restaurant. Wir aßen zu Abend und chillten bis 2 oder 3 Uhr morgens mit einer Band. Zu Hause angekommen, fiel ich in einen tiefen Schlaf.

Am nächsten Tag fuhren Vanja, die Kinder und ich nach Zadar. Unsere Heimatstadt bereitete ihren Silbermedaillengewinnern – Danijel Subašić, Dominik Livaković, Šime Vrsaljko und mir – ebenfalls einen begeisterten Empfang. Es war ein echtes Spektakel. Auf einem Boot fuhren wir an der Uferpromenade entlang, auf der sich ganz Zadar versammelt hatte. Ich kann mich an keine vergleichbare Party erinnern. Von dieser Geste waren wir alle vier sehr ergriffen. Wenn die Menschen aus deiner Heimatstadt dir so einen Empfang bereiten, geht dir das Herz über. Dich in den Augen deiner eigenen Landsleute auszuzeichnen ist das Schwerste überhaupt, aber wenn sie dich in ihr Herz schließen, kannst du wirklich stolz sein.

Drei Tage später fuhr ich nach Istrien zu Vedran Ćorlukas Hochzeit; wir hatten also noch einen Grund zum Feiern. Nach einer Woche im Kreis der Familie kreuzten wir über die Adria. Endlich konnte ich zur Ruhe kommen und ausspannen. Aber die Auszeit war allzu kurz – Anfang August 2018 musste ich wieder bei Real Madrid antreten. Ein paar Trainingseinheiten und vier oder fünf Tage später stand für mich das nächste Spiel an – diesmal in Estland: das Finale des europäischen Supercups gegen unseren Lokalrivalen Atlético Madrid.

Ich saß zunächst auf der Bank und wurde in der 57. Minute eingewechselt. Nach neunzig Minuten stand es 2 : 2; für uns hatten Karim Benzema und Sergio Ramos getroffen. Schon wieder eine Verlängerung! Am Ende verloren wir 2 : 4. So begann meine achte Saison bei Real, die sich ähnlich turbulent gestaltete wie das Spiel in Estland – Niederlagen und die entsprechende Stimmung inklusive.

Ich war mental erschöpft und körperlich ausgelaugt. Die Strapazen der fantastischen Weltmeisterschaft hatten ihre Spuren hinterlassen. Aber das war es wert gewesen.

Florentino Pérez ist vom ersten Tag an fair mit mir umgegangen. Der Verein hielt alle Zusagen ein und erfüllte den Vertrag aufs Wort und Pérez bringt mir großen Respekt entgegen. Wir haben ein sehr gutes Verhältnis. Ich halte ihn für einen hervorragenden Präsidenten. Ob es um die Qualitäten des Kaders geht, um das Vereinsmarketing, den Bau eines beeindruckenden Trainingszentrums oder um die spektakuläre Modernisierung des Santiago-Bernabéu-Stadions: Er setzt neue Maßstäbe für den Club. Die Titel, die Real unter Pérez gewann, sprechen eine deutliche Sprache. Als im Sommer nach der Weltmeisterschaft 2018 Gerüchte durchsickerten, ich würde Real möglicherweise verlassen, sagte mir der Präsident kurz und bündig: „Dein Platz ist bei Real. Und hier sollst du bleiben."

Ich stand immer noch unter dem Eindruck dessen, was in Russland passiert war, und traf nach reiflicher Überlegung eine wegweisende Entscheidung. Meine Freunde Danijel Subašić, Vedran Ćorluka und Mario Mandžukić gaben ihren Abschied von der Nationalmannschaft bekannt. Sie beschlossen, es sei der richtige Zeitpunkt, um als Helden zu gehen. Ich entschied mich anders. Viele rieten mir aufzuhören, wenn der größte Erfolg erreicht ist. Doch mein Herz sagte mir, ich solle bleiben. Für die Nationalmannschaft zu spielen ist eine der erfüllendsten Erfahrungen überhaupt, und die mochte ich nach wie vor nicht missen. Ich fühlte mich fit und motiviert. Was meine Karriere im kroatischen Trikot anging, hätte ein Rückzug nach der Silbermedaille in Russland den größten Eindruck hinterlassen – aber es kam mir nicht darauf an, irgendeinen Eindruck zu hinterlassen. Nichts wird je etwas daran ändern, dass wir Vizeweltmeister wurden – und auch nicht an all dem, was drum herum sonst noch alles passiert ist. Deshalb beschloss ich, der Mannschaft so lange weiterhin zur Verfügung zu stehen, wie der Trainer mich brauchte und ich gut genug war, um das Nationaltrikot zu tragen. Ich war sicher, dass ich auch jüngeren Spielern helfen konnte, sich weiterzuentwickeln und Schritt für Schritt wichtige Aufgaben zu übernehmen.

Wenn eines Tages meine Entscheidung fällt, meine Karriere in der kroatischen Nationalmannschaft zu beenden, wird das wohl der schwerste Moment in meiner gesamten Karriere.

And the awards go to ...

Nach der Weltmeisterschaft in Russland fing für mich ein neues Fußballerleben an. Nichts blieb, wie es war. Die Jahre der Erfolge und Titelfeiern bei Real wurden davon überstrahlt, dass Kroatien die historische Leistung vollbracht und das Endspiel der WM erreicht hatte. Ich stand kurz vor meinem 33. Geburtstag und hatte meine Träume verwirklicht.

Aber wie das Leben so spielt: Auf einen großen Erfolg folgen manchmal dann doch noch weitere. Ich musste also auf meinem Regal im Wohnzimmer in Madrid weiteren Platz schaffen, etwa für den Goldenen Ball als bester Spieler der WM. Als höchste persönliche Auszeichnung im Rahmen des wichtigsten Fußballturniers überhaupt hat der Preis natürlich einen besonderen Platz auch in meinem Herzen.

Ich flog zusammen mit Keylor Navas und Sergio Ramos nach Monaco, wo die Preisverleihung für die UEFA-Spieler des Jahres 2017/18 stattfand. Keylor wurde zum besten Torhüter der Saison, Sergio zum besten Abwehrspieler und ich zum besten Mittelfeldspieler gewählt. Außerdem war ich für die Auszeichnung als bester Fußballer nominiert. Es war ein tolles Gefühl, über den roten Teppich zu dieser Preisverleihung zu gehen. Ich traf David Beckham und seine Frau Victoria. Er ist ein cooler Typ, offen und unkompliziert. In der Halle sah ich Mo Salah vom FC Liverpool, wir saßen nicht weit weg voneinander, aber ich bemerkte auch, dass Cristiano Ronaldo nicht da war. Neben Salah und mir war auch er für die UEFA-Auszeichnung „Bester Fußballer" nominiert; er hätte auch deswegen hier sein sollen, weil er zum besten Stürmer gewählt worden war. Als UEFA-Präsident Aleksander Čeferin meinen Namen in der Kategorie „Bester Fußballer" verlas, war ich aufgeregter als erwartet. Diese Würdigung ließ mich dann doch erschauern. Als ich auf die Bühne stieg, bekam ich weiche Knie. Für mich war es die erste Auszeichnung dieser Art. Ich glaubte, eine Rede halten zu müssen. Ehrlicherweise muss ich sagen, dass reden nie mein Ding war, erst recht nicht vor der versammelten Fußballprominenz, die in Monaco zusammengekommen war, darunter die Real-Delegation, angeführt vom Präsidenten und von Vereinslegenden wie Emilio Butragueño und Roberto Carlos. Bei Anlässen wie diesem beweist Real zuverlässig, wie sehr sich der Verein um seine Spieler kümmert.

Dass Ronaldo nicht erschienen war, wurde von den Medien kritisiert. Am nächsten Tag schickte er mir eine SMS und gratulierte mir zu meiner Auszeichnung.

Gleich nach der Zeremonie flogen wir mit dem Real-Flieger nach Madrid zurück, weil wir zwei Tage später in der Liga antreten mussten. Sogleich ging in den Medien die Diskussion los, ob ich ein Anwärter für den Ballon d'Or – Weltfußballer des Jahres – sei. Die renommierteste Auszeichnung im Fußball! Über den Ballon d'Or hatte ich nicht groß nachgedacht. Ich ging sowieso davon aus, dass die von *France Football* vergebene Auszeichnung an jemanden aus Frankreich gehen würde, nachdem die Franzosen die Weltmeisterschaft gewonnen hatten. Auf die Auszeichnung als FIFA-Weltfußballer des Jahres dagegen rechnete ich mir durchaus Chancen aus. *Man weiß ja nie,* dachte ich mir, während in den Medien leidenschaftlich darüber debattiert wurde, ob sich die Herrschaft von Cristiano Ronaldo und Lionel Messi nach zehn Jahren dem Ende neigte. Auf solche Geschichten gab ich nicht viel. Ich spiele Fußball, weil ich diesen Sport liebe, und betrachte mich als Teil des Teams. Wenn das, was ich der Mannschaft gebe, als etwas Besonderes gewürdigt wird – prima. Wenn nicht, ist es auch okay. Für mich ist das Entscheidende, dass meine Mannschaft erfolgreich ist.

Wenig später teilten mir die Vertreter der FIFA mit, dass ich zusammen mit zwei weiteren Spielern für die Wahl zum Weltfußballer nominiert sei. Außerdem hätte mich die FIFA FIFPro für die Welt-Elf des Jahres ausgewählt. Dementsprechend freute ich mich auf den Trip nach London. Vanja und die Kinder nahm ich mit. Mit London verbinden uns einige wunderschöne Erinnerungen. Ich freute mich sehr, so vielen bekannten Gesichtern von aktiven und ehemaligen Akteuren des Weltfußballs zu begegnen. Auch Zinédine Zidane sah ich zum ersten Mal seit seinem Abschied von Real wieder.

Als ich mich zu meinem Platz begab, stellte ich fest, dass der für Ronaldo reservierte Stuhl leer war. Er war nicht gekommen. Auch Messi nicht. Beide sollten eigentlich die Ehrung als Mitglieder der Welt-Elf entgegennehmen. Vor der Zeremonie wurde viel darüber spekuliert, ob sie auftauchen würden. Ganz ehrlich: Ich war so von den Socken, dass ich zum Weltfußballer des Jahres 2018 gekürt wurde, dass ich mir nicht den Kopf darüber zerbrach, warum sie nicht gekommen waren. Ich ging auf die Bühne und nahm die Trophäe aus den Händen von FIFA-Präsident Gianni Infantino entgegen. Ich hatte mir für den Fall, dass die Wahl auf mich fiel, ein paar Sätze zurechtgelegt. Aber als ich auf der Bühne stand, sprudelte etwas völlig anderes aus mir heraus, und ich glaube, gerade deswegen war das eine meiner besseren Ansprachen. Ich schaffte es sogar, Zvonimir Boban zum Weinen zu bringen! Ich glaube, ich traf die richtigen Worte, um allen für diese große Ehre zu danken – auf Englisch, Spanisch und Kroatisch. Ich fühlte mich tief geehrt durch die persönlichen Komplimente von Fußballlegenden wie Il Fenomeno Ronaldo, einem meiner absoluten Favoriten, und Didier Drogba. Die ranghöchsten Vertreter von Real Madrid, allen voran Florentino Pérez, waren an meiner Seite, was mich sehr stolz machte. Ich konnte auf einmal nachvollziehen, wie sich Messi und Ronaldo in den vergangenen zehn Jahren gefühlt haben mussten, wenn ihnen diese Ehre zuteilwurde. Als alles gesagt und getan war, bedauerte ich, dass sie an diesem unvergesslichen Abend nicht dabei waren. Es wäre stilvoller gewesen, wenn sie erschienen wären. Sie hätten damit all jenen Respekt gezollt, die in der Vergangenheit für sie gestimmt hatten, aber auch der Fußballwelt insgesamt. Beide sind schließlich echte Ausnahmeerscheinungen. Sie haben den Fußball durch ihr einzigartiges Können bereichert. Später erfuhr ich, dass Messi für mich gestimmt hatte – und empfand das als große Würdigung durch einen Ausnahmespieler.

Ich ging davon aus, dass die ganzen Feierlichkeiten und fantastischen Würdigungen nun vorbei seien, da kam noch das i-Tüpfelchen. Ich bekam einen Anruf von *France Football* und erfuhr, ich sei einer der drei Anwärter auf den Ballon d'Or! Wenn die Wahl auf mich falle, werde mich die Organisation eine Woche vor der Preisverleihung anrufen und in die Einzelheiten des protokollarischen Ablaufs einweihen. Da dachte ich zum ersten Mal: *Ob ich wirklich den Ballon d'Or gewinne? Ist das möglich?* Schon beim Gedanken daran bekam ich Gänsehaut. Aber wie sollte ich mich, realistisch betrachtet, gegen die ganzen französischen WM-Spieler durchsetzen? Und dazu noch als Mittelfeldmann? So viele überragende Mittelfeldspieler wie Andrés Iniesta, Xavi, Andrea Pirlo, Francesco Totti hatten diesen renommierten Preis nicht gewonnen. Überhaupt gab es so viele grandiose Spieler wie zum Beispiel Zlatan Ibrahimović, denen diese Ehre versagt blieb.

Es war Montag, der 19. November 2018, und ich war gerade aufgewacht. Nach dem Spiel gegen England in der UEFA Nations League blieb ich mit Vanja in London. Ich hatte einen Tag frei. Ich wälzte mich noch im Bett, als ich mich erinnerte, dass an diesem Tag *France Football* anrufen wollte. Oder eben auch nicht. Ich wusch mir das Gesicht, zog mich an und wollte gerade frühstücken. Da klingelte mein Handy. Ich erkannte die Nummer – es war der Direktor von *France Football* – und erstarrte augenblicklich. Vielleicht wollte er mir nur mitteilen, es tue ihm leid, aber jemand anderes habe den Ballon d'Or gewonnen? Ich beschloss, den Anruf nicht anzunehmen. Ich wollte die Hoffnung noch eine kleine Weile am Leben erhalten. Nach den Auszeichnungen, die ich von der UEFA und der FIFA erhalten hatte, rechnete ich nicht mit einem so heftigen Adrenalinschub. Aber der Ballon d'Or ist eben etwas geradezu Magisches. Er hat eine lange Tradition und steht für all die Legenden, die diese sagenhafte Trophäe schon gewonnen haben.

Ich schaute nach Vanja. Sie war im Bad. „Vanja, sie haben angerufen. *France Football* hat angerufen."

„Und was haben sie gesagt?", fragte sie. Ich sah die Spannung in ihren Augen.

„Ich bin nicht drangegangen", sagte ich. Vanja musste mich für total durchgedreht halten.

„Warum das denn?! Komm, ruf sie zurück", meinte Vanja aufgeräumt wie immer.

„Warte, warte, noch eine Minute. Ich muss erst mal runterkommen."

Ich war allmählich schon ein bisschen durch den Wind, aber nach fünf oder sechs Minuten wählte ich endlich die Nummer. Pascal Ferré, der Direktor von *France Football*, war am anderen Ende: „Glückwunsch, Luka, du hast den Ballon d'Or 2018 gewonnen! Ich freue mich für dich. Mit deiner Persönlichkeit und deiner Leistung hast du dir diese Auszeichnung wahrlich verdient!“

Ich fragte mich, ob das jetzt gerade wirklich passierte.

„Du liegst mit großem Abstand auf dem ersten Platz. Niemand reicht auch nur annähernd an dich heran. Ich gratuliere dir noch einmal und freue mich darauf, dich bald zu sehen.“

Ich war im siebten Himmel. Vanja und mir kamen die Tränen. Das war das Sahnehäubchen – der Ballon d'Or machte 2018 zum rundum perfekten Jahr. Wir fielen uns in die Arme und drückten uns fest und lange. Den Weg hierher waren wir gemeinsam gegangen. Ich musste meine Eltern anrufen, auch wenn mich Pascal Ferré gebeten hatte, niemandem etwas zu verraten. Diesen perfekten Augenblick wollte ich mit meinem Vater teilen, gerade mit ihm. Und es war so, als hätte er es geahnt.

„Du hast es verdient, mein Sohn. Es wäre nicht fair gewesen, wenn sie den Preis jemand anderem gegeben hätten!“ Mehr konnte er nicht sagen, dann kamen ihm die Tränen.

Florentino Pérez rief an und sagte: „Glückwunsch, Luka, du hast es verdient!“

Vanja und ich besuchten in London Mateo Kovačić und seine Frau Izabel. Mateo ist für mich wie ein jüngerer Bruder. In den gemeinsamen Jahren bei Real sind wir enge Freunde geworden. Er ist ein toller Kerl und fantastischer Fußballer. Obwohl wir so eng befreundet sind, meisterte ich die schwerste Herausforderung des Tages: meine Euphorie zu verbergen. Dass ich die großartige Nachricht vom Ballon d'Or niemandem verraten durfte, war wirklich hart. Vor lauter Aufregung wusste ich nicht, wo mir der Kopf stand.

Die Preisverleihung in Paris, in der prächtigen Halle des Grand Palais, war überwältigend. Moderiert wurde sie von der früheren Tottenham-Legende David Ginola. Er fand warmherzige Worte: „Gratulation, Luka, ich freue mich sehr für dich!“

Didier Deschamps, ein hervorragender Coach und echter Gentleman, kam zu mir, und ich spürte, dass seine Glückwünsche von Herzen kamen. Ich bekam Komplimente von allen Seiten und genoss jeden Augenblick. Meine Familie und meine engsten Freunde saßen im Publikum. Auch alle Offiziellen von Real Madrid waren zugegen. Nach dem Festakt gab es ein großes Dinner.

Am nächsten Morgen flogen wir nach Madrid zurück. Die Spieler waren beim Training, aber Santiago Solari hatte es etwas nach hinten verschoben, damit ich rechtzeitig dazustoßen konnte.

Als ich mit der Ballon-d'Or-Trophäe im Real-Trainingszentrum Valdebebas eintraf und in die Kabine kam, wurden gerade ein Dutzend Spieler von den Physiotherapeuten behandelt. Kaum sahen sie mich, flippten sie aus. Ihr Applaus dauerte über eine Minute. Das war ein eindrücklicher und berührender Moment. Damit hatte ich, ehrlich gesagt, nicht gerechnet und ich war ein bisschen verlegen. Ich glaube, ich bin sogar rot geworden. Die Jungs zeigten mir, dass sie sich von Herzen für mich freuten. Anschließend fotografierten wir uns alle mit meiner neuesten Trophäe. Ohne meine Mitspieler von Real Madrid und meine Mannschaftskollegen aus Kroatien wäre 2018 für mich nicht das perfekte Jahr geworden. Für Real endete das Jahr übrigens mit einem weiteren Titel, denn wir gewannen auch die FIFA-Klub-Weltmeisterschaft. Damit schloss sich der goldene Kreis, der ein Jahr zuvor ebenfalls mit dem Klub-Weltmeisterschaftstitel begonnen hatte. Was in diesen 365 Tagen alles passiert war, war einfach unglaublich.

***

Wenn ich mir nach diesem fantastischen Jahr 2018 Gedanken darüber machte, wie es weitergehen sollte, sah ich mehrere mögliche Szenarien vor mir. Eins stand aber fest: Meine Karriere als Spitzenfußballer wollte ich bei Real Madrid beenden.

Als ich das Angebot, das mir Real nach der Weltmeisterschaft machte, annahm und den bisherigen Vertrag bis 2020 nun bis 2021 verlängerte, war das ein wichtiger Schritt auf dem Weg zu diesem Ziel. Wie ich aus früheren Jahren und von anderen Spielern wusste, kommt es selten vor, dass Veteranen meiner Altersklasse (ich war zu dem Zeitpunkt 33) einen Vertrag mit einer Laufzeit von mehr als einem Jahr angeboten bekommen. Dass der Verein meinen Vertrag um eine weitere Saison verlängern wollte, verstand ich als Zeichen der Anerkennung und des Respekts.

Im Fußball ist nichts gewiss. Als wir Ende Mai 2018 zum dritten Mal hintereinander den Pokal der UEFA Champions League in die Höhe hoben, hätte ich mir nicht träumen lassen, dass es in unserer grandiosen Mannschaft bald so massive Veränderungen geben würde. Zinédine Zidane verließ plötzlich den Verein. Auch Cristiano Ronaldo ging. Ohne sie war die „große Generation" nicht mehr dieselbe. Trotzdem war ich fest davon überzeugt, dass die Qualität des Real-Kaders mit seiner außergewöhnlichen Ansammlung von Talenten auch unter dem neuen Coach Julen Lopetegui ähnliche Erfolge einholen würde.

Das bewahrheitete sich leider nicht. Die Mannschaft geriet in schweres Fahrwasser und wie so häufig musste der Trainer seinen Kopf hinhalten. Wenn Trainer ausgetauscht werden, tut es mir immer leid für sie; es ist nur menschlich, sich in ihre Position hineinzuversetzen. Trainer bei Real Madrid zu sein ist ein Traum, und wenn man gerade realisiert hat, dass man diesen Job jetzt tatsächlich hat, spürt man auch schon die Last, die der unersättliche Ehrgeiz des Vereins und sein Drang an die Spitze bedeuten. Wenn die erwarteten Resultate ausbleiben, wirst du in der Luft zerrissen. Lopetegui machte seinen Job solide, aber als wir im Oktober drei Niederlagen hintereinander einfuhren – die dritte war obendrein ein 1 : 5 im Clásico –, war klar, dass er dem Druck nicht standhalten würde. Sein Nachfolger wurde

Santiago Solari, der ebenfalls früher bei Real Madrid gespielt hatte. Die Resultate wurden besser und sahen mit Blick auf die Ambitionen des Clubs vielversprechend aus. Leider waren wir trotzdem im März 2019 in keinem Titelrennen mehr dabei. In der Liga standen wir auf Platz drei, weit abgeschlagen hinter Tabellenführer Barcelona. Auch aus der Copa del Rey warf uns unser großer Rivale hinaus, und die Hoffnung, die Saison durch einen Erfolg in der Champions League zu retten, wurde in der Runde der sechzehn von Ajax zunichtegemacht.

Mir wurde klar, dass uns eine lange und deprimierende Saisonendphase bevorstand. Für Real gibt es nichts Schlimmeres als eine Situation, in der die Mannschaft in keinem Titelrennen mehr dabei ist. Es wartete jedoch schon die nächste große Überraschung: Weniger als ein Jahr nach seinem Weggang kehrte Zidane auf die Trainerbank zurück. Alle in der Mannschaft waren überrascht. Zidanes Rückkehr hob unsere Stimmung. Wir fuhren bessere Ergebnisse ein, aber mit der Zeit ging es mit unserer Formkurve wieder nach unten und am Ende der Spielzeit 2018/19 war die Lage so trostlos wie zu Saisonbeginn. Auf das erfolgreichste Jahr meiner Karriere war eine Saison voller Enttäuschungen gefolgt. Ich hatte große Schwierigkeiten, damit zurechtzukommen – obwohl das realistisch betrachtet ja der normale Lauf der Dinge ist, im Fußball wie im Leben.

Im Sommer 2019 hatte ich endlich echten und langen Urlaub. Den hatte ich bitter nötig, denn ich fühlte mich völlig ausgepowert. Die Anspannung, der Stress und auch das Hochgefühl nach dem fantastischen Jahr 2018, nach den vielen Würdigungen und Auszeichnungen, und der Erfolgsdruck auf dem höchsten Leistungsniveau hatten ihren Tribut gefordert.

In diesem Sommer bekam ich verschiedene Transferangebote. Doch für mich war Real Madrid von Tag eins an die erste und einzige Option. In den Medien wurde mit Blick auf mein Alter eifrig über Neuverpflichtungen und über meinen Status im Team spekuliert. Es hieß, meine Position im Kader sei gefährdet. Ich hatte nie Angst vor Konkurrenz – im Gegenteil: Konkurrenz war für mich immer ein Ansporn, noch besser zu werden. Das Wichtigste war, dass ich gesund und einsatzbereit blieb, wenn der Coach mir eine Chance gab. Ich wusste, dass ich meinen Wert beweisen würde. Im Urlaub telefonierte ich mit Zidane. Er machte klar, dass ich für seine Pläne eine wesentliche Rolle spielte, und das genügte mir vollauf. Es begann eine Saison, in der wir einige Glanzleistungen und Erfolgsserien ablieferten, uns aber auch ab und zu üble Patzer leisteten. Im März 2020 war die Situation so: Real war zwar aus der Copa del Rey ausgeschieden, mischte aber in der Champions League und im Rennen um die spanische Meisterschaft weiter mit.

Niemand ahnte, was demnächst passieren würde – nicht nur in der Welt des Fußballs, sondern im Leben aller Menschen. Ein Albtraum. Wir hatten davon gehört, dass in China eine neue Virusepidemie ausgebrochen war. Aber das beschäftigte uns, ehrlich gesagt, nicht besonders. Es war nicht das erste Mal, dass die Welt von einem neuen Virus erfuhr und bisher schienen diese Epidemien für Europa keine echte Gefahr zu sein. Als wir zum spanischen Supercup nach Saudi-Arabien flogen, hieß es, einige Spieler dürften nicht mitreisen, weil sie grippeähnliche Symptome hatten. Uns beunruhigte das nicht. In unseren beiden Spielen in Dschidda setzten wir uns gegen Valencia und Atlético Madrid durch und gewannen den spanischen Supercup. Es war mein sechzehnter Titel mit Real. Ich freute mich besonders, weil wir streckenweise überragend gespielt hatten und ich das 100. Tor meiner Karriere schoss. Es war das dritte Tor bei unserem 3:1-Sieg über Valencia und einer der schönsten Treffer, die ich in meiner ganzen Laufbahn erzielt habe: Ich kam an der Strafraumgrenze an den Ball, täuschte den gegnerischen Abwehrspieler mit einem Übersteiger und zirkelte den Ball mit dem rechten Fuß ins Eck. Der perfekte Schlusspunkt in einem tollen Spiel.

Zwei Monate später hieß es, der gesamte Fußballbetrieb werde eingestellt. Was für ein Schock! Corona veränderte unser Leben von Grund auf. Alles, was wir gewohnt waren, von dem wir dachten, es würde immer so weitergehen, kam von jetzt auf gleich zum Stillstand. Ich erinnere mich an den Moment, als man uns sagte, wir dürften das Haus nicht verlassen. Es war unfassbar. Zu Hause bleiben, andere Menschen meiden, kein Fußball – war das ein schlechter Scherz?! Leider, leider war all das Wirklichkeit. Es kam mir so vor, als hätte irgendjemand per Knopfdruck unser Leben auf den Kopf gestellt. Dass der Fußballbetrieb mitten in der Saison eingestellt wurde, war einfach surreal. Keine Spiele, kein Training, die Kollegen nicht treffen – stattdessen zu Hause verkriechen und auf bessere Zeiten hoffen.

Abgesehen von der bizarren Fußballsituation und neben der Angst um die eigene Familie und der Ungewissheit, wohin diese Pandemie noch führte, nahm die Katastrophe ihren Lauf. Das Coronavirus breitete sich überall aus, nach Italien wurde Spanien zum Hotspot Europas. Mit verheerenden Folgen.

Nicht nur ich, sondern die meisten Menschen haben diese Pandemie als entscheidende Zäsur unserer Zeit erlebt. Die Welt erstarrte buchstäblich zum Stillstand. Das Virus begrenzt noch immer unser Leben und macht die Zukunft komplizierter. Ein mit den Augen nicht sichtbarer Erreger hat uns alle gestoppt. Wir sind gezwungen, unser Verhalten auf den Prüfstand zu stellen – wir müssen uns bewusst machen, wie massiv wir der Natur und uns selbst schaden. Wir müssen anders miteinander umgehen und unsere Lebenseinstellung ändern.

Hätten wir ohne Coronapandemie jemals eine Gelegenheit zum Reset bekommen? Wer hätte sich die Zeit dafür genommen, am Anfang des dritten Jahrtausends, das ein Tempo vorlegt wie ein Formel-1-Rennen?

Ich glaube, ich verbrachte noch nie zuvor zwei Monate am Stück nur in meinen eigenen vier Wänden. Vanja und ich machten mit unseren Kindern das Beste daraus. Anfangs dachte ich, die Zeit würde mir ewig lang werden, aber zu meiner Verblüffung ging sie dann doch schnell vorbei. Wir unterstützten Ivano und Ema beim Homeschooling. Sofia, unsere Jüngste, forderte Spaß und Fürsorge ein, wie es für Zweieinhalbjährige typisch ist. Wir verbrachten viel Zeit zusammen, kochten, unterhielten uns und spielten alle möglichen Spiele. Ich kann damit angeben, dass ich gelernt habe, wie man Pfannkuchen macht, und dass sie den Kids echt schmeckten. Ich sprach oft per Videoanruf mit meiner Familie und meinen Freunden daheim in Kroatien.

Als wäre die Pandemie nicht schon schlimm genug, wurde Kroatien und besonders die Hauptstadt Zagreb von einem verheerenden Erdbeben heimgesucht. Doch die Menschen vor Ort reagierten beherzt. Ausgerechnet zu dem Zeitpunkt, als jeder zu Hause bleiben sollte, um sich vor dem Virus zu schützen, verloren viele Familien in Zagreb das Dach über dem Kopf. Wie meine Landsleute – wie immer in schweren Zeiten – in dieser Situation zusammenrückten, machte uns stolz. Sie zeigten sich als eine große Gemeinschaft. Es gab eine überwältigende Hilfsbereitschaft unter den Menschen. Auch als es in Zagreb noch Nachbeben gab, taten sie sich zusammen, halfen in Krankenhäusern und andernorts. Persönlichkeiten aus dem Sport beteiligten sich mit humanitären Aktionen und Spenden am Kampf gegen das Coronavirus und an der Hilfe für Zagreb. Solidarität ist eine der größten Stärken der Kroatinnen und Kroaten. Ich bin wahnsinnig stolz auf meine Landsleute. Und ich finde, dass sie mit ihrer Solidarität und Menschlichkeit, mit Zusammenhalt, Selbstdisziplin und dem Respekt vor Institutionen und Regeln ein gutes Vorbild für die Pandemiebekämpfung in der ganzen Welt abgeben.

Doch noch einmal zurück zum Fußball. Auch im Lockdown trainierte ich jeden Tag und absolvierte das Programm, das der Verein und mein Personal Trainer für mich zusammengestellt hatten. Ich hatte das Privileg, in einem Haus mit viel Grün drum herum zu leben, mit Platz zum Trainieren und einem gut ausgestatteten Fitnessraum. Ich arbeitete intensiv und nach einem genauen Zeitplan. Zu meiner Überraschung war ich total motiviert, obwohl lange niemand wusste, wann wir unsere Aktivitäten wieder aufnehmen konnten. Ich fragte mich nie, wozu ich eigentlich so hart trainieren sollte, wenn wir sowieso bis zum Herbst nicht spielten. Im Gegenteil: Von Tag zu Tag hatte ich mehr Lust, zu trainieren und wieder Fußball zu spielen. Aber ja: Mir fehlte die Arbeit mit der Mannschaft, die gemeinsame Zeit mit meinen Teamkollegen. Ich habe Fußball immer geliebt und liebe ihn bis heute. Und dann kam endlich der Tag, an dem wir wieder ins richtige Training einsteigen durften – erst einzeln und dann in Gruppen. Der Fußball war zurück! Das war ein positives Zeichen und machte Hoffnung, dass das Leben wieder zur Normalität zurückkehrte.

Mein aktueller Vertrag bei Real läuft noch bis Juni 2023. Nach Zidanes erneutem Weggang rückte Ancelotti wieder auf die Trainerbank. Mit ihm holten wir 2022 den sage und schreibe fünften Champions-League-Titel. Wird sich nach dem Sommer 2023 etwas ändern? Ich weiß es wirklich nicht. Doch in einem Punkt bin ich sicher: Ich werde in Madrid bleiben, bis mein Vertrag ausläuft. Dann sehen wir weiter.

***

Ich habe in diesem Buch versucht, meinen Weg in den Spitzenfußball zu beschreiben. Ob mir das gelungen ist, weiß ich nicht. Meine wichtigste Botschaft ist vielleicht, dass ich genug Durchhaltevermögen und Selbstvertrauen hatte, alle Hindernisse zu überwinden. Jeder von uns geht seinen eigenen Weg. Jede Geschichte ist einmalig, so wie wir als Spieler und als

Menschen eben auch ganz unterschiedlich sind. Die Basis für jeden Erfolg ist, dass du an dich selbst glaubst, auch wenn andere sagen: „Das hat doch keinen Sinn." Es hat immer Sinn, glaub mir. Nachdem ich 2018 mit 33 Jahren meinen persönlichen Zenit erreicht hatte und zum besten Spieler der Welt gekürt worden war, für einen der weltweit besten Vereine und für die kroatische Nationalmannschaft spielte, hörte ich immer wieder, es wäre unmöglich, anschließend weiter auf dem gewohnten Niveau Fußball zu spielen. Das hat mich erst recht motiviert. Solche Aussagen sind für mich nur eines der vielen Vorurteile, die mich in meinem Leben und in meiner Karriere begleitet haben. Meine stärkste Motivation, die mich von meinem ersten Training bis zum heutigen Tag angetrieben hat und immer noch antreibt, ist meine Liebe zum Fußball. Diese Liebe ist der Grund, warum ich so lange spielen werde, wie meine Füße mich tragen und der Ball mir gehorcht. Und ich werde weiter alles geben.

Ich weiß, dass das nicht einfach wird, aber ich weiß aus Erfahrung: Die besten Dinge im Leben bekommt man nicht geschenkt.

Nachwort

der deutschen Ausgabe von Kai Psotta

Es war ein seltener Ausbruch der Gefühle.

„Wir haben uns, galanter kann man es nicht ausdrücken, bepisst vor Glück, weil wir mit diesem Erfolg gar nicht unbedingt gerechnet hätten", sagte Kroos rückblickend nach dem abermaligen Gewinn der Champions League.

Modrić und Kroos zeigten in den Sekunden nach dem Spiel, in denen die beiden kühlen Strategen ihrer Begeisterung freien Lauf ließen, vor allem, wie weit die Liebe zum Fußball sie tragen kann. Denn wie sagte Modrić so schön: „Meine stärkste Motivation, die mich von meinem ersten Training bis zum heutigen Tag angetrieben hat und immer noch antreibt, ist meine Liebe zum Fußball. Diese Liebe ist der Grund, warum ich so lange spielen werde, wie meine Füße mich tragen und der Ball mir gehorcht. Und ich werde weiter alles geben."

Der Ball gehorchte Modrić auch nach der Coronaunterbrechung. Seine Füße trugen ihn weiterhin. Er machte einfach weiter, als hätte er ein Mittel für ewige Jugend für sich entdeckt.

Im November 2019 erschien Modrićs Autobiografie in Kroatien. Im Juni 2020 in Spanien, in England im August desselben Jahres. Und im Mai 2023 schließlich die deutsche Ausgabe. Doch kaum war die nächste Aktualisierung jeweils abgeschlossen, die neue Fassung in Druck gegangen, schon hatte Modrić, der dieses Jahr seinen 38. Geburtstag feiert, bereits die nächste Geschichte geschrieben.

„El Pony", wie er in Spanien wegen seiner blonden, wehenden Mähne genannt wird, hört einfach nicht auf zu galoppieren.

Man könnte vermuten – angesichts der vielen magischen Momente, die er uns Fußballfans auch nach der Weltmeisterschaft 2018 und seiner Auszeichnung beim Ballon d'Or beschert hat –, dass die Naturgesetze für ihn außer Kraft gesetzt sind. Er hat sein Leistungsvermögen, wie auch immer, einfach konserviert. Nach seiner Auszeichnung zum Weltfußballer absolvierte Modrić noch über einhundert Pflichtspiele für Real Madrid.

Er hat einen Rundumblick, der dem unverwüstlichen Strategen fünf Lösungen eingibt, ehe seine Gegner auch nur angefangen haben zu denken.

Vielleicht ist sein Aktionsradius ein klitzekleines bisschen kleiner geworden, was aber nicht schlimm ist, da er das Spiel vornehmlich durch seine Pässe bestimmt, mit denen er Räume öffnet, in die Rodrygo, Marco Asensio, Vinícius Júnior oder Karim Benzema laufen. Es scheint beinah so, als würden Modrićs Füße, mit denen er den Bällen Tempo, Schärfe und Spin verleiht, mit jedem Zuspiel noch mehr Gefühl und Präzision bekommen.

Er hat weder seine Frisur noch hat sich seine hagere Gestalt verändert. Er folgt stets seinem Instinkt und bleibt ein zeitloses Inventar der großen Wettbewerbe. Luka läuft mit der Präzision einer Atomuhr, die nicht einmal eine Sekunde in einer Milliarde Jahren verliert.

Manchmal verschleppt er das Tempo, dann stellt er sich geschickt in den Weg, um auch mal ein Foul zu ziehen, wenn Real es braucht. Oft lässt er seine Gegner mit einer Körpertäuschung ins Leere laufen. Er ist auf jeden Fall – für diese Verlässlichkeit steht er – immer bereit, den Ball zu übernehmen, der bei ihm auch bestens aufgehoben ist.

Der Mozart vom Balkan, dieser Gentlemanfußballer, ist sich seiner Verantwortung als Dirigent des königlichen Ensembles bewusst. Und so spielt er einfach weiter, obwohl man vermuten könnte, dass seine Geschichte bereits geschrieben, veröffentlicht und damit abgeschlossen ist.

Modrić funktioniert auch dann noch weiter, wenn ein scheinbar entscheidendes Puzzleteil aus dem königlichen Maschinenraum entfernt wird. So wie im Sommer 2022, als Casemiro Real Madrid verließ und nach sechseinhalb gemeinsamen Jahren mit seinen kongenialen Partnern zu Manchester United wechselte. „Ich nenne", verriet Madrid-Coach Carlo Ancelotti, „Casemiro, Toni Kroos und Luka Modrić das Bermudadreieck. Weil der Ball darin verschwindet."

Statt Frust über den Abgang zu hegen, zollten die beiden Übriggebliebenen ihrem Ex-Partner höchsten Tribut. „Du warst der beste Leibwächter der Welt", schrieb Modrić. „Ich werde dich vermissen, wünsche Dir aber das Beste. Das verdient ein Profi und ein Mensch wie Du. Danke für alles und viel Erfolg, Kumpel."

Und das Bermudadreieck mit den Hauptakteuren Kroos und Modrić funktionierte fortan mit Aurélien Tchouaméni oder Federico Valverde.

„Der Fußball lebt gerade bei Unterhaltungsgiganten wie Real Madrid auch vom Reiz des Neuen", schrieb der in Spanien lebende deutsche Journalist Florian Haupt im *Spiegel*. Grundsätzlich mag er damit recht haben. Aber das Reizvollste bei Real Madrid sind Siege und Pokale – und für deren Gewinn benötigt man vor allem Fußballer, die wissen, wie man große Spiele dreht und sie gewinnt.

Modrić steht nicht für den Reiz des Neuen – aber er ist und bleibt ein Trophäensammler. Neben dem Gewinn der Champions League in Paris – einem Titel, den Modrić fünfmal holte – sammelt er weiter fleißig Pokal um Pokal. In Marokko gewann er 2023 die FIFA-Klub-Weltmeisterschaft gegen Al-Hilal, den siebzehnmaligen saudi-arabischen Meister. 2020 und 2022 holte er die spanische Meisterschaft, wobei der Erfolg im Coronajahr nicht gefeiert wurde, anders als 2022, als wie üblich an der Plaza de Cibeles, im Herzen von Madrid, Zehntausende Fans an dieser Triumphstätte für große Erfolge zusammenkamen. Eintracht Frankfurt, der Europa-League-Sieger, wurde im UEFA-Supercup in Helsinki geschlagen. Den spanischen Superpokal sicherten sich die Blancos rund um Modrić auch noch. Und dann spielte Modrić mal eben noch eine Weltmeisterschaft, bei der der Herausragende mal wieder herausragte.

„Wenn wir mit ihm spielen, ist alles einfacher", beschrieb Josip Juranović, der kroatische Innenverteidiger, welchen Wert der 37-jährige Modrić noch immer für seine Nationalmannschaft hat.

Josip Stanišić, der Bayern-Jungprofi, gestand ehrfürchtig: „Er ist der beste Fußballer aller Zeiten in unserem Land. Als ich ihn das erste Mal sah, war ich schon ein wenig eingeschüchtert."

Und Mateo Kovačić sagte: „Wir können Gott dankbar sein, dass er Kroate ist."

In Katar wollte Brasilien mit Superstar Neymar den sechsten WM-Titel. Dem Rekordweltmeister gelangen bis zum Viertelfinale spektakuläre Tore und Siege unter anderem gegen Serbien und Südkorea. Dann trafen die Brasilianer auf die Spielverderber um Modrić, der alle mit seiner Ballfertigkeit und Coolness verzückte. Am Ende einer beeindruckenden Weltmeisterschaft hing die Bronzemedaille um den Hals von Modrić. „Wir verlassen Katar als Gewinner. Diese Medaille ist für uns, für mich, für Kroatien sehr wichtig."

Im März 2023 ging dieses Buch, dass Sie nun in der Hand halten, in Druck. Eigentlich ist die Geschichte des zeitlosen Strategen mehrfach fertig erzählt. Er hat es allen bewiesen. Er hat über zwanzig Titel mit Madrid geholt. Aber seine Liebe zum Fußball wird gewiss dazu führen, dass auch diese Zeilen schon ganz bald dringend einer Überarbeitung bedürfen …

DANK

2018 durfte ich die schönsten und bewegendsten Momente meiner Karriere erleben und mit meinen Teamkollegen bei Real Madrid und in der kroatischen Nationalmannschaft alle meine Kindheitsträume wahr werden lassen. Und mehr als das. Mit Real gewann ich 2018 zum vierten Mal die UEFA Champions League und gleich danach wurde Kroatien bei der WM in Russland Vizeweltmeister. Gekrönt wurden diese Erfolge für mich persönlich durch die Wahl zum besten Spieler in Europa und zum Weltfußballer des Jahres. All das hat mich nachhaltig geprägt und macht mich stolz und glücklich. Ich habe Glück, Strapazen, Traurigkeit, Leid und Freude erfahren – die ganze Palette von Gefühlen, die jeder Mensch auf seine Weise durchlebt. So wurde ich zu dem, der ich bin – als Mensch und als Fußballer. Jeder von uns hat das Recht zu träumen und darf darauf hoffen, dass er seine Träume verwirklichen kann. Ich habe euch meine Geschichte erzählt und freue mich, wenn sie dazu beiträgt, dass ihr immer – auch in den schwersten Momenten – an euch glaubt und eure Ziele nicht aufgebt. Mir hat diese Einstellung geholfen, meine Träume wahr werden zu lassen.

Dieses Buch erzählt meine Geschichte, aber viele Menschen haben mir geholfen, es zu schreiben. An erster Stelle möchte ich Vanja und meinen Kindern danken. Sie bereiten mir nicht nur viel Freude, sondern haben mich auch mit ihrem Rückhalt beim Schreiben unterstützt, was unter anderem bedeutete, dass ich weniger Zeit mit ihnen verbringen konnte. Vanja hat mit ihren Erinnerungen die meinigen ergänzt. Ich danke meinen Eltern, die auch in diesem Fall für mich da waren und dazu beitrugen, über meine Kindheits- und Jugendjahre zu schreiben.

Ich möchte auch meinen liebevollen Schwestern, engen Freunden und Weggefährten danken.

Mein Dank gilt Sir Alex Ferguson, Zvonimir Boban und Toni Kroos für ihre Vorworte zu diesem Buch. Ihre freundlichen Worte berühren und ehren mich.

In besonderer Weise zur Entstehung dieses Buches beigetragen haben Drago Sopta und der kroatische Fußballverband, die mir gestattet haben, ihre Fotos zu verwenden. Ich bin ihnen ebenso dankbar wie meinem Verein Real Madrid, der mir die Erlaubnis gab, sein Foto- und Videomaterial zu nutzen. Ich danke Antonio Villalba Calderón für das Titelfoto und meiner geschätzten Lehrerin Maja Grbić, die meinen Drittklässleraufsatz und Fotos aus meiner Schulzeit aufbewahrt hat.

Mein besonderer Dank gilt zwei Menschen, die mir in dem Jahr, in dem ich dieses Buch schrieb, zur Seite standen: Meine Agentin und Verlegerin Diana Matulić und ihr Team haben hervorragende Arbeit geleistet und mir mit ihrer Erfahrung und ihrem Wissen sehr geholfen. Und ich danke Robert Matteoni, der mir geholfen hat, alles zu Papier zu bringen, was mir für meine Geschichte wichtig erschien – besonders meine Gefühle. Sie sind das Herzstück jeder Geschichte.

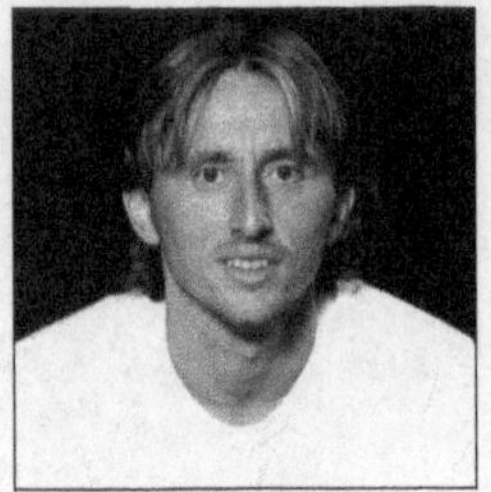

© Antonio Villalba

ZUM AUTOR

Luka Modrić, geboren 1985, ist ein kroatischer Fußballspieler, der zurzeit bei Real Madrid spielt. Er ist Kapitän der kroatischen Nationalmannschaft, mit der er 2018 Vize-Weltmeister wurde und als bester Spieler des Turniers mit dem Goldenen Ball ausgezeichnet wurde.

IMPRESSUM

Übersetzung: *Andreas Bredenfeld*
Projektkoordination: *Lisa Ebelt*
Nachwort: *Kai Psotta*
Lektorat: *Dorit Aurich*
Coverfoto: *Antonio Villalba*
Layout, Satz und Bildstrecke: *Name*
Umschlaggestaltung: Datagrafix GSP GmbH, Berlin
Bilder Innen: Groothuis. Gesellschaft der Ideen und Passionen GmbH
Lithografie: *S. 1-12 Familienarchiv der Familie Modric, Drago Sopta and the Croatian Football Federation, Real Madrid C.F., restliche wie angegeben.*
Producing: *Frische Grafik, Hamburg*
Druck & Bindung: *GGP Media GmbH, Pößneck*

2. Auflage 2023
© 2023 Edel Verlagsgruppe GmbH
Neumühlen 17
D-22763 Hamburg
ISBN: 978-3-98588-079-9

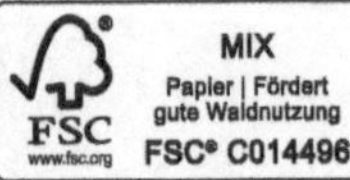

LIEBE LESERINNEN, LIEBE LESER

wie schön, dass Sie ein Buch von EDEL SPORTS lesen! Wir lieben große Geschichten, herausragende Persönlichkeiten und starke Meinungen aus der faszinierenden Welt des Sports und freuen uns sehr, dass Sie diese Leidenschaft mit uns teilen. Sport ist Emotion, Entertainment und Business zugleich. Geben Sie uns gern Ihr Feedback auf Instagram (@edel.sports) oder schreiben uns an: *info-edelsports@edel.com.*

UNSER VERLAGSHAUS

Mit Standorten in Hamburg und München zählt die Edel Verlagsgruppe zu den größten unabhängigen Buchanbietern Deutschlands. Zur Gruppe gehören die Verlage Dr. Oetker Verlag, Edel Sports, KARIBU und ZS.

EDEL Sports – Ein Verlag der Edel Verlagsgruppe
www.edelsports.com
www.instagram.com/edel.sports